증보개정판 **한국항해선박사**

김성준

한국해양대학교 항해융합학부 교수

역사학박사·Master Mariner(STCW 95 II/2)

주요 저서 : 『해양탐험의 역사』(신서원), 『산업혁명과 해운산업』(혜안), 『서양항해선박사』(혜안), 『영화에 빠진 바다』(혜안), 『해양과 문화』(문현), 『역사와 범선』(교우미디어), 『해사영어의 어원』(문현), 『유럽의 대항해시대』(문현), 『세계의 해양박물관』(글터), 『중국항해선박사』(혜안)

주요 역서 : 『역사와 바다』(한국해사문제연구소), 『약탈의 역사』(신서원), 『전함 포템킨』(서해문집), 『서양해운사』(혜안), 『미친 항해』(혜안), 『현대해사용어의 어원』(문현), 『바다에서 생명을 살린 플림솔 마크』(장금상선)

email : s-junekim@daum.net

증보개정판 **한국항해선박사**

김 성 준 지음

초판 1쇄 발행 2021년 8월 31일

펴낸이 오일주
펴낸곳 도서출판 혜안

등록번호 제22-471호
등록일자 1993년 7월 30일

주 소 ⓟ04052 서울시 마포구 와우산로 35길 3(서교동) 102호
전 화 3141-3711~2
팩 스 3141-3710
이메일 hyeanpub@hanmail.net

ISBN 978-89-8494-666-8 93910

값 32,000 원

증보개정판

한국항해선박사

김 성 준 지음

혜안

책을 내며

이 책은 우리 조상들이 사용한 배와 항해에 관한 논문을 모아 엮은 논선집이다. 이미 해양사란 서명의 책들이 몇 권 출판된 현 시점에서 생각해보면 이들 책들이 다루고 있는 내용은 주로 배와 항로 등을 다루고 있음으로 엄밀하게 얘기한다면 항해선박사라고 할 수 있을 것이다. 인간이 바다에서 어떤 활동을 하기 위해서는 '배'를 타고 바다로 나아가지 않으면 안되기 때문에 항해선박사는 해양사에 속한 분야사 가운데 가장 기본적이고 핵심적인 분야다. 따라서 항해선박사에 대한 올바른 이해 없이는 해양사도 제대로 이해할 수 없다. 저자가 이 책을 『한국항해선박사』라 정하게 된 것은 바로 그러한 생각에서 비롯된 것이다.

이 책에 실린 16편의 논문 가운데 7편은 이전에 출판된 『배와 항해의 역사』(혜안, 2010)에 수록된 것들이다. 『배와 항해의 역사』는 2010년 문화관광부 우수학술도서에 선정된 바 있는데, 이는 이 책이 그만큼 대중들에게 인기가 없는 책이었음을 역설적으로 보여준다. 하지만 2014년 즈음 책이 모두 팔렸다는 소식을 들었다. 『배와 항해의 역사』에는 한국사 관련 논문 7편, 서양사 관련 논문 5편 등 총 12편이 수록되어 있었다. 따라서 출판사에서 재판을 요청해 왔을 때 그대로 다시 찍기보다는 그 동안 발표한 한국사 관련 논문 9편을 추가하여 한국사 관련 논문들로 책 한 권을 엮을 수 있을 것으로 생각했다. 그에 따라

『한국항해선박사』(2014, 문현)란 서명으로 분책하여 출판할 수 있었다. 그러나 초판 제11장과 12장에서 한선의 역풍 접근각을 계산할 때 착각으로 오류를 범했음을 알게 되었다. 이번에 이러한 오류를 바로잡았다. 이 책의 초판을 읽은 독자들에게 혼란을 드린 것에 대해 깊이 사과드린다.

이 책의 초판에는 12편의 논문이 수록되었는데, 전체적으로 보면 조선시대의 비중이 압도적으로 컸고, 고려시대 이전의 비중이 다소 부족했다. 그러나 이번 증보판에서는 16편이 수록되었는데, 통시대 6편, 통일신라시대 3편, 고려시대 3편, 조선시대 4편 등 각 시대별로 고르게 분포되었다. 이로써 독자들은 각 시대별로 어느 정도 균형 있게 한국항해선박사를 이해할 수 있게 되었다. 하지만 각 장이 개별논문이다보니 각 장의 논리전개상 반복되는 부분이 일정 정도 포함될 수밖에 없었다. 이 점 독자들의 넓은 혜량을 기대한다.

이 책이 우리 조상들의 배와 항해의 역사를 민족주의적 관점에서가 아니라 보다 객관적이고 보편적인 관점에서 바라보는 데 길잡이가 되었으면 하는 마음 간절하다.

이 책에 새로 수록된 7장과 8장, 그리고 9장을 출판할 수 있도록 허락해 주신 호남사학회와 부경사학회에 감사드리며, 이 책을 발간해

주신 혜안의 오일주 사장님과 편집을 맡아주신 김현숙 편집장님과
김태규 실장님에게 고마운 마음을 전한다.

2021년 가을
아치섬 해죽헌海竹軒에서
김 성 준

1. 한글로 적는 것을 원칙으로 하되 독자들의 이해를 위해 원어 및 한자를 혼용하기도 했다.

2. 중국 인명은 신해혁명 이전은 한자 독음으로 적고, 그 이후는 중국 현지 발음으로 적는 것을 원칙으로 하였으며, 현대의 중국 지명 중 널리 알려진 것은 한자 독음으로 적었다.

3. 한자는 현대의 고유명사(인명, 서명, 논문명 등)는 간자체 그대로 적고, 그 이외에는 정자체로 적었다.

4. 숫자는 만 단위로 읽고, 셋째 단위에 쉼표(,)를 찍지 않았다.
   예) 1,000 → 1000

5. 단위는 영문 그대로 적는 것을 원칙으로 하되, 문장 속에서 단독으로 쓰일 때는 한글로 적었다.
   예) 미터 → m, 몇 백 m → 몇 백 미터

6. 서장의 참고문헌은 각주로 대치하였으며, 본문의 참고문헌은 뒤에 따로 정리해 두었다.

서장

역사·해양사·항해선박사

Ⅰ. 새로운 의미의 역사

우리는 '역사[1]'를 보통 다음과 같은 두 가지 의미로 사용하고 있다. 첫째는 '과거에 일어났었던 일들', 즉 '사건 事件(Geschechen, Begebenheit)'을 가리키는 용어로, 둘째는 '일어난 일에 대한 연구', 즉 역사학(Geschichte)을 가리키는 용어로 사용하고 있는 것이다.[2] 헤겔(Georg Wilhelm Friedrich Hegel, 1770~1831)은 이를 역사란 말에 내포된 '객관적 측면'과 '주관적 측면'이라고 지적하였다.[3] 여기에서는 학문의 한 분과로서 역사학을 다룰 것이므로 역사학을 두 번째 의미로 사용하기로 한다.

인문과학의 한 분과로서 역사학이 갖추어야 할 가장 기본적인 요소는

---

1) 역사란 어휘 자체는 명말 袁黃의 『歷史綱鑑補』라는 책명에서 유래하였다.
2) Friedrich Hegel, 김종호 역(1992), 『역사철학강의』, 삼성출판사, p.121 ; E. Bernheim(1912), *Einleitung in der Geschichtswissenschaft* / 박광순 역(1991), 『역사학입문』, 범우사, p.15 ; Willliam Dray(1964), *Philosophy of History*, N. J. : Eaglewood Cliffs / 황문수 역(1986), 『역사철학』, 문예출판사, p.9.
3) Friedrich Hegel(1992), 『역사철학강의』, p.121.

'시간'에 대한 관념이다. 역사학에서 시간에 대한 관념이 중요하기 때문에 어떤 연구나 저서에서 시간에 대한 관념이 빠져있을 때는 우리는 이를 '비역사적'(nicht-geschichtlich, ungeschichtlich)이라고 비판할 수 있는 것이다. 그렇다면 역사에서 얘기하는 시간은 구체적으로 어떠한 시간을 의미하는가?

역사학이 주로 다루는 대상은 과거이기 때문에 역사학을 '호고적 학문'이라고 비판하는 학자도 있다.[4] 그러나 역사학이, '객관적 역사서 술의 창시자'[5]라고 일컬어지는 랑케(Leopold von Ranke, 1795~1885)가 언명한 바와 같이, 과거에 '그것이 과연 어떠했는가'(wie es eigentlich gewesen ist)[6]만을 다루는 것으로 끝나는 것은 아니다. '역사는 과거와 현재와의 부단한 대화이자 현재와 다가오는 미래 사회와의 대화'[7]라고 얘기한 카아(E. H. Carr, 1892~1982)에게 역사는 오히려 현재였다. 왜냐하면 크로체 (Benedetto Croce, 1866~1952)가 정식화한 "모든 진정한 역사는 현재의 역사 이다"[8]라는 명제를 받아들였던 카아는 "살아있는 현재적 관심만이 우리에게 하나의 가버린 사실을 연구하도록 충동하기 때문"[9]에 역사는 과거가 아니라 현재에서부터 시작된다고 생각했기 때문이다.[10] 그러

---

4) F. W. Nietzsche(1973), *Vom Nutzen und Nachteil der Historie für das Leben*, Reclam Stuttgart, s.24 / 이상신(1994), 『역사학개론』, 신서원, p.53 재인용.

5) Helmut Berding(1971), Leopold von Ranke, *Historiker I*, hrs. von H. Wehler, Göttingen : Vandenhoeck- Ruprecht, p.7.

6) Leopold von Ranke(1867~1890), *Geschichte der romanischen und germanischen Völker von 1494 ~1514*, Vorrede, *Sämtliche Werke*, 33~34 Bände, Leipzig, s. VII [Helmut Berding, Ibid., p.13 재인용].

7) E. H. Carr(1961), *What is History?*, Cambridge / 길현모 역(1996), 『역사란 무엇인 가?』, 탐구당, p.39.

8) Benedetto Croce(1915), *Zur Theorie und Geschichte der Historioraphie*, Tübingen / 이상신 역(1987), 『역사의 이론과 역사』, 삼영사, p.12.

9) Benedetto Croce(1915), 『역사의 이론과 역사』, p.12.

10) E. H. Carr, 『역사란 무엇인가?』, p.39.

나 "역사는 과거의 사건과 점차적으로 출현하게 되는 미래의 목적과의 대화"[11]라고 얘기했을 때, 카아가 염두에 두었던 것은 역사에는 미래의 식이 담보되어 있어야 한다는 것이었다. 역사연구에서는 미래가 중요하기 때문에 모든 역사가들은 자기가 연구하는 사건이 후속 시대에 어떠한 영향을 끼쳤는가에 대해 서술하게 되는 것이며, 이는 역사가가 늘 염두에 두어야 할 바이기도 하다. 따라서 역사는 단순히 과거나 현재만이 아니라 또한 미래이기도 하다. 이상에서 살펴본 바와 같이 역사학에서의 시간은 과거와 현재, 미래가 불가분하게 통시적通時的으로 결합되어 있는 것이다.

그러나 역사에서 취급하는 시간은 과거, 현재, 미래가 단순하게 서로 연관되어 있는 것으로 끝나는 것은 아니다. 역사학이 다루는 시간은 장기적 시간, 중기적 시간, 단기적 시간으로 보다 세분화 할 수 있다. 역사학에서 시간을 이와 같이 세분한 사람은 페르낭 브로델 (Fernand Braudel, 1902~1985)이다. 브로델은 역사 속에서의 시간을 각각 지리적 시간, 사회적 시간, 개인적 시간으로 구별하면서[12] 지리적 시간을 장기지속 또는 구조(structure), 사회적인 시간을 국면(conjuncture), 단기적 시간을 사건이라고 불렀다.[13] 브로델이 이렇게 시간을 세분한 것은 역사학에서 가장 핵심적인 요소는 시간인데,[14] 지금까지의 역사학이 개인에 초점을 맞춘 사건사에 치중한 나머지 사건의 심층에

---

11) E. H. Carr, 『역사란 무엇인가?』, p.194.

12) Fernand Braudel(1966), *La Méditerranéen et le monde méditerranéen a l'epoque de Philippe II*, rev ed., Armand Colin / trans. by Siân Reynolds(1972), *The Mediterranean and the Mediterranean World in the Age of Philip II*, Harper Colophon Books, vol.1, p.21.

13) Fernand Braudel(1958), "Hisotire et Science Sociales ; la Longue Durée," *Annales* 13 / 이정옥 역(1993), 「역사와 사회과학 ; 장기지속」, 신용하 편, 『사회사와 사회학』, 창작과비평사, p.260.

14) Fernand Braudel, 「역사와 사회과학 ; 장기지속」, p.260.

자리잡고 있는 국면이나 구조를 등한시 해 왔던 것에 대해 비판하고 역사 속에서의 시간을 다양한 각도에서 복구해 냄으로써 궁극적으로 구조사를 통해 전체사를 지향하기 위함이었다.15) 브로델에게 역사는 "있을 수 있는 모든 역사의 총체 즉, 어제, 오늘 그리고 내일의 모든 관점과 모든 작업들의 총체였다."16) 브로델은 위의 세 가지 시간 가운데 장기지속의 역사를 가장 중요시하였다. 그렇다고 하여 장기지속의 구조가 역사 속에서 단독으로 작용하는 것은 아니고 위의 세 개의 시간이 중층적으로 상호작용한다.17)

이상에서 살펴본 바와 같이, 역사학에서 가장 본질적인 요소는 시간이며, 이 시간은 과거와 현재 그리고 미래가 통시적으로 연관되어 있을 뿐만 아니라 구조와 국면 그리고 사건이 상호 중층적으로 작용하고 있는 것이다.

역사학은 또한 인간을 연구대상으로 한다. 역사학이 사회적 존재로서의 인간을 연구대상으로 한다는 면에서는 사회학과 유사하다. 그러나 사회학이 현재 사회 속의 인간을 다룬다는 면에서 차이가 있다.18) 마르크 블로끄(Marc Bloch, 1886~1944)는 역사학의 연구대상에 대해 "본래 인간(l'homme), 정확하게는 인간들(les hommes)"19)이라고 간결하게 언명

---

15) 민석홍(1989), 「아날르학파의 성립과 논리」, 이광주·이민호 외 편, 『현대의 역사이론』, 한길사, p.39 참조.

16) Fernand Braudel, 「역사와 사회과학 ; 장기지속」, p.270.

17) 민석홍, 「아날르학파의 성립과 논리」, p.44.

18) 1960년대 이후 서구에서는 역사사회학(Historical Sociology)에 대한 관심이 고조되어 역사학과 사회학을 통합하려고 시도하는 연구가 일단의 사회학자들 사이에서 행해졌고 상당한 성과를 올리고 있다. 역사사회학에 대해 필립 아브람즈는 "시간 속에서 형성되는 것으로서의 개인의 활동과 경험의 관계를 이해하고 다른 한편으로 사회조직을 이해하기 위한 시도"라고 정의하고 있다. Philip Abrams(1982), *Historical Sociology*, Cornell Univ. Press / 신용하 외 역(1992), 『역사사회학』, 문학과 지성사, p.41 참조.

19) March Bloch(1941), *Apologie pour, ou métier d'histoiren*, Paris / 정남기 역(1981),

하면서 루시앙 페브르(Lucien Febvre)의 말을 인용하여 "결코 인간이 아니라 인간사회이며, 조직되어진 집단"[20]이라고 부연 설명하고 있다. 이처럼 역사학의 대상은 "고립된 개인이 아니라 사회적 인간, 즉 조직된 집단 또는 사회 내의 인간"[21]인 것이다. 따라서 역사학은 사회 속에서 조직된 인간의 다양한 활동들, 예를 들면 정치적·경제적·문화적·사회적·사상적 활동 등에 관한 탐구라고 할 수 있다. 이런 측면을 상기한다면, 비코(Giambatista Vico, 1668~1744)가 역사를 "인간이 언어, 습관, 법률, 정부 등의 체계를 만듦으로써 이루어지는 하나의 과정"이며, "인간의 사회와 인간의 제도의 발생 및 그 발전의 역사"[22]로 생각한 의도도 이해될 만하다.

그렇다면 역사학에서 다루는 인간은 어떠한 인간인가? 전통적인 역사학에서는 주로 영웅적인 인간들을 다루었다. 흔히 '역사학의 아버지'로 일컬어지는 헤로도토스(Herodotos)가 저술한 『역사』(Historiai)[23]나 투키디데스(Thucydides, B.C. 460?~398?)가 저술한 『펠로폰네소스전쟁사』[24] 등은 왕들과 전쟁의 영웅들의 이야기로 가득차 있다. 그 시대에 역사를 이끌고 갔던 원동력이 정치적 사건들이었기 때문에 이들이 왕과 전쟁 영웅을 중심으로 역사를 서술한 것도 무리는 아니었다. 랑케조차도 정치사에 치중하였음은 주지의 사실이다.[25] 19세기까지

『역사를 위한 변명』, 한길사, p.43.
20) Lucien Febvre, *La Terre et l'évolution humaine*, p.201 [Bloch, Ibid., p.44 재인용].
21) 민석홍(1978), 「하나의 새로운 역사 - Annales학파에 관하여」, 『역사학보』 79호, p.159.
22) R. G. Collingwood, *Idea of History* / 이상현 역(1990), 『역사학의 이상』, 박문각, pp.166~167 재인용.
23) Herodotos, *The Histories*, Penguin Classics / 박광순 역(1996), 『역사』, 범우사 참조.
24) Thucydides, trans. by R. Crawley(1952), *The History of the Peloponnesian War*, Encyclopedia Britannica, INC. / 박광순 역(1994), 『펠로폰네소스전쟁사』, 범우사 참조.

정치사가 역사학의 주류를 형성하고 있었다는 데 대해서는 더 이상 재론의 여지가 없을 것이다.[26]

그러나 전통사학에 대한 반성으로 등장한 프랑스의 아날학파나 독일의 사회사는 역사를 국가 중심으로 파악하기보다는 사회 중심으로 파악하였고, 그 결과 개인이 주도하는 정치 중심의 역사서술에서 인간들이 활동하고 있는 전체 구조 내지는 사회를 중심으로 역사를 서술하게 되었다.[27] 이로써 역사학에서 다루는 인간은 영웅이나 한 개인이 아니라 집단적인 민중이 되었으며, 이들은 단순한 정치적인 인간이 아니라 문화적 인간, 사회적 인간이 되었던 것이다.

구조사가 역사학이 사건 중심의 역사에서 탈피하는 데 기여한 것 이외에도 인간을 심성이라는 측면에서 파악하고자 했다는 면에서도 크게 기여하였다. 사실 심성이라는 것은 아날학파가 추구한 전체사의 한 측면에 불과하다.[28] 그러나 아날학파가 심성사를 연구하게 됨으로써 전통적인 역사학에서 인간을 외면적인 측면에서만 파악했던 것을 극복하고 인간을 내면에서 바라볼 수 있게 되었다.

이상에서 살펴본 바와 같이, 역사학에서 다루는 인간은 영웅에서

25) F. Meinecke(1988), 「문화와 문명의 개념 - 랑케 및 부르크하르트와 관련하여」, 차하순 역, 『랑케와 부르크하르트』, 탐구당, p.50.
26) Jürgen Kocka(1975), Sozialgeschichte-Strukturgeschichte-Gesellschafts geschichte, *Archiv für Sozialgeschichte* 15 / 서관모·장영배 역(1993), 「사회사 - 구조사 - 전체사회사」, 신용하 역, 『사회사와 사회학』, 창작과비평사, p.325.
27) 물론 구조사와 사회사는 차이점이 있는 것도 사실이다. 코카가 지적한 것처럼, 구조사는 "개별적 사건이나 인물보다는 관계와 상황에 초점을 둔 역사연구"인 반면(Kocka, 「사회사 - 구조사 - 전체사회사」, p.349), 사회사는 "사회적 구조·과정·행동 그리고 계급·계층·집단 및 이것들의 운동·갈등·협동을 다룬다"(Kocka, 「사회사 - 구조사 - 전체사회사」, p.365)는 면에서 차이가 있다. 그러나 구조사나 사회사가 모두 개별 사건 내지는 인물 중심의 역사서술에서 벗어나려고 했다는 면에서는 동일하다고 할 수 있다.
28) 김정자(1988), 「망탈리테사의 가능성과 한계점」, 『서양사론』 31호, p.50.

일반 민중으로, 개인에서 집단으로, 정치적 인간에서 사회적 인간, 나아가 심성적 인간으로 그 폭이 점차 넓어지게 되었던 것이다.

역사학에서 간과되어서는 안 될 또 하나의 요소는 공간적 배경이다. 인간이 활동하는 공간적 배경을 파악하지 않고서는 인간의 활동을 정확하게 이해할 수 없기 때문이다.[29] 미슐레(Jules Michelet, 1798~1874)는 1869년판 『프랑스사』(Histoire de France) 서문에서 "지리적인 기초가 없다면 역사의 창조자인 인민(the people)들은 공기 위를 걷고(walk on air) 있는 것이나 다름없다. 토양(soil)을 행위의 무대로서만 간주해서는 안된다. 그것은 수많은 면에 영향을 미친다"[30]고 하였으며, 블로크는 "우리가 사료들을 해석하고, 올바른 질문을 던지고, 우리가 논의하고 있는 것을 제대로 알기 위해서는 우리의 현재의 경관(landscape)을 관찰하고 분석해야 할 필요가 있다. 왜냐하면 그러한 작업만이 종합적인 전망을 제공해주기 때문이다"[31]라고 하였다. 마윅(Arthur Marwick)은 역사학과 지리학과의 관계[32]에 대해 "역사학과 지리학 간에는 유서깊은 유대가 있으며, 국가사는 적절한 지리적인 맥락 속에서 파악되어야 한다"[33]고

---

29) 이런 측면에서 보았을 때, 헤겔이 『역사철학강의』의 서론에서 「세계사의 지리적 기초」를 다룬 것은 아주 적절해 보인다(Hegel, 『역사철학강의』, pp.144~168 참조). 송종극은 이를 헤겔이 지리를 세계사의 기초로 보았다고 해석하였다. 송종극(1963), 『교통지리학』, 동국문화사, p.18.

30) Jules Michelet(1869), *Histoire de France* [Arthur Marwick(1989), *The Nature of History*, 3rd ed., Macmillan, p.162 재인용].

31) M. Bloch(1954), *The Historian's Craft*, Manchester and N. Y., p.46 [Marwick, *The Nature of History*, p.162 재인용].

32) 칸트는 지리학과 역사학의 관계에 대해 다음과 같이 말하였다. "지리학과 역사학 사이의 차이점은 단지 하나는 공간에 의한 고찰이고, 다른 하나는 시간에 의한 고찰이라는 것뿐이다" [Hartshone, 野村正七 譯(1925), 『地理學方法論』, 朝倉書店 ; 菊地利夫(1987), 『歷史地理學方法論』, 東京 : 大明堂 / 윤정숙 역(1995), 『역사지리학방법론』, 이회문화사, p.32 재인용]. 기쿠치 도시오(菊地利夫)는 이를 칸트가 지리학을 시간없는 공간세계에 대한 지식으로, 역사학을 공간없는 시간세계에 대한 지식으로 본 것이라고 설명하였다(菊地利夫, 『역사지리학방법론』, p.32).

주장하였다. 이처럼 역사에서 공간적인 배경, 특히 지리적 배경이 중요하다는 것은 더 이상 상론이 필요없을만큼 상식적인 문제가 되었다.[34] 따라서 듀란트 부처(W. J. Durant & Ariel Durant)는 "지리는 역사의 자궁이요, 역사를 젖먹이는 어머니이자 역사를 훈육하는 가정이다"[35]라고까지 말했던 것이다. 이처럼 역사에서 공간적 배경이 중요하다는 것에 대해서는 일찍부터 인식되어 왔다.

　그러나 이제까지는 주로 지리적 환경에만 초점을 맞추어 온 것이 사실이다.[36] 인간이 삶의 대부분을 육지에서 영위하고 있기 때문에 인간이 거주하는 공간을 육지의 지리적 환경을 기준으로 하여 온대지대, 냉대지대, 열대지대 혹은 평야지대, 삼림지대, 사막지대, 초원지대 등으로 구분하는 것도 의미가 없는 것은 아니다. 그러나 이렇게 육지에만 초점을 맞출 경우에는 인류 전체의 삶의 터전인 지구의 71%를 차지하고 있는 해양의 존재의의는 간과되어 버릴 수밖에 없다. 따라서 필자는 인간의 역사활동의 무대를 크게 육지와 바다로 구분하고자 한다. 왜냐하면, 바다는 육지만큼이나 인간의 삶에 막대한 영향을 끼친 공간이었기 때문이다.[37]

---

33) Marwick, *The Nature of History*, p.161.

34) Marwick, *The Nature of History*, p.162.

35) W. J. Durant & Ariel Durant / 천희상 역(1991), 『역사의 교훈』, 범우사, p.20.

36) 이에 대한 대표적인 예가 몽테스키외(Charles Baron de Montesquieu, 1687~1755)의 『법의 정신』이다 [C. B. de Montesquieu, 이명성 역(1993), 『법의 정신』, 홍신문화사 참조]. 몽테스키외는 이 책에서 법이 물적·정신적·사회적 현실과 상관관계가 있는 것으로 파악하고, 자연적·사회적 환경, 예를 들면 기후, 풍토, 관습, 종교, 상업 등이 법에 어떠한 영향을 미치고 있는지를 고찰하고 있다. 그리하여 그는 공화제는 빈약한 국가에, 군주제는 중간 크기의 국가에, 전제제는 광대한 국가에, 독재정치와 가톨릭교는 따뜻하고 자원이 풍부한 지중해 국가에, 온건정치와 프로테스탄트교는 춥고 가혹한 환경의 북유럽에 적합하다고 보았다. 이상신(1993), 『서양사학사』, 신서원, p.306 참조.

37) Sergei Gorshkov(1979), *The Sea Power of the State*, Pergamon Press / 국방대학원 역(1987), 『국가의 해양력』, p.19.

II. 역사에서 '바다'의 의의

바다는 인간에게 다음과 같은 의미를 지니고 있다. 첫째, 바다는 유사 이래로 교통로로 이용되어 왔다.[38] 이는 여객과 물자를 운송하는 해운으로 직결되는데, 과거에는 물론 현대세계에서 여객이나 물자의 운송이 세계경제에서 차지하는 중요성이 매우 크다는 것은 두말할 나위도 없다.[39] 실제로 오늘날 세계 교역량의 90% 이상이 해운에 의해 이루어지고 있다.[40] 이처럼 해운은 인간이 경제생활을 영위하는 데 필수적인 물자를 운송함으로써 국제사회가 성립하는 데 기본적인 필수조건이었다. 따라서 바다가 국가간의 통상로로 이용되고 있다는 사실은 바다가 갖고 있는 일차적이고 가장 중요한 기능이라 할 수 있다.[41]

둘째로 바다는 점점 증가하는 세계 인구를 부양하는 데 필요한 식량의 원천을 제공해 주고 있다.[42] 패리 교수(J. H. Parry)는 근대 초 유럽 팽창에서 대서양 어업이 차지하는 중요성에 대해 다음과 같이 말한 바 있다.

"북대서양 어업의 발전은 유럽 그 자체와 유럽 팽창의 역사에 심대한

---

38) Gorshkov, 『국가의 해양력』, p.19 ; A. Mahan, *Influence of Sea Power upon History, 1660~1783*, 12th ed., Little Browns and Company, p.25 ; Luc Cuyvers, 김성준 역(1999), 『역사와 바다』, 한국해사문제연구소, chap.1 참조.

39) 이에 대해서는 조정제·강종희(1997), 「해운과 신해양력」 및 진형인, 「해운과 해상안보」, 『해양전략』 96호, 해군대학, pp.1~27를 참조하라.

40) Michael Grey(1992), 「해상수송 ; 세계무역의 동맥」, *Science and Culture* vol.162, UNESCO, 『과학과 문화』한글판 4호, 한국과학기술진흥재단, pp.117~133 참조.

41) Mahan, *Influence of Sea Power upon History*, p.25.

42) 靑木榮一(1982), 『シーパウの世界史 I』, 東京 : 出版合同社 / 최재수 역(1995), 『시파워의 세계사 I』, 한국해사문제연구소, p.28.

영향을 끼쳤다. 막대한 양의 대구 수입은 많은 사람들이 매년 얼마 동안은 거의 굶어 죽을 정도의 처지에서 살아가야 했던 유럽대륙에게는 그 자체가 심대한 경제적인 사건이었다."[43]

이는 근대 유럽사에서 대서양 어업이 차지하는 경제적인 중요성을 단적으로 드러낸 말이다. 그러나 이는 비단 근대 유럽사에만 해당하는 일은 아니다. 사실 어업은 인간이 식량을 채취하는 가장 원시적인 방법 가운데 하나였으며, 오늘날에서조차도 인간은 바다에서 연간 수억 톤의 수산물을 채취하고 있다. 이는 바다가 역사상 인간의 식량원으로서 매우 중요한 역할을 해 왔다는 것을 단적으로 보여주는 예이다.[44]

셋째, 바다에는 무진장한 화학 및 광물자원이 함유되어 있다.[45] 바다는 인간의 삶에 필수적인 각종 천연자원들을 함유하고 있으며, 그 양은 육지 매장량을 능가하고 있다. 따라서 향후 육지의 광물 매장량이 고갈되고 나면 바다의 중요성은 더욱 커져갈 것이다.

넷째, 바다는 인간의 정서를 자극하는 사색의 대상이기도 하다. 『오딧세이아』나 『노인과 바다』 등의 해양소설을 읽으면서 자연에 맞서 분투하는 인간의 모습에서 불굴의 의지를 배우기도 하고, '항해열'(sea-fever)이나 '아! 배를 타고 항해했으면' 등의 해양시를 읽고 바다로의 귀소본능을 느끼기도 한다.

다섯째, 바다는 역사의 향방을 좌우하는 전쟁터로서도 중요한 역할을 했다. 살라미스해전, 악티움해전, 한산해전, 트라팔가르해전 등이 역사의 전개에 어떠한 영향을 미쳤는지를 생각해보면 이는 두말할

43) J. H. Parry(1966), *The Establishment of the European Hegemony 1414~1715-Trade and Exploration in the Age of Renaissance*, 3rd. ed., Harper & Row Publishers, p.69 ; 김성준 역(1998), 『약탈의 역사 - 유럽의 헤게모니 확립』, 신서원 참조.
44) Gorshkov, 『국가의 해양력』, p.19.
45) 이에 대해서는 Gorshkov, 『국가의 해양력』, pp.19~21를 참조하라.

나위도 없다.

여섯째, 바다는 여가와 휴식의 공간으로서 더욱 각광을 받고 있다. 해수욕과 바다낚시가 대중화 된 지는 이미 오래된 일이고, 요즈음에는 윈드서핑, 요트, 스킨스쿠버 등이 점차 사람들의 관심을 받고 있다. 뿐만 아니라 소득수준의 향상에 따라 해양생태관광이나 해양문화관광, 나아가 크루즈관광이 점차 중요한 여가 활동으로서 부각되고 있다.

일곱째, 오늘날 바다는 지구의 활력의 근원으로서의 가치가 더욱 중요시되고 있다. 라니냐와 엘니뇨, 태풍, 지진해일 등의 예에서 확인할 수 있듯이, 바다는 우리가 살고 있는 지구라는 행성의 생태 환경에 엄청난 영향을 미치고 있다. 따라서 혹자는 바다가 70%를 점유하는 행성을 지구(earth)가 아닌 수구水球(aqua sphere)라고 불러야 한다는 주장이 나오기도 한다.[46]

이처럼 바다는 인간의 역사발전에 중요한 역할을 담당해 왔으며, 향후 그럴 가능성은 더욱 커져 가고 있다. 그러나 이제까지 역사가들은 해양에 대해 그다지 관심을 기울이지 않았던 것이 사실이다. 정치사 중심의 역사서술에 대한 반발로 등장한 아날학파의 대가인 페르낭 브로델의 대표작인 『펠리페 2세 시대의 지중해와 지중해 세계』는 해양에 대해 관심을 기울인 작품이다. 그러나 이 작품도 해양 그 자체를 다루고 있지는 않다. 단지 레판토 해전(1571)이나 신성동맹(Holy League, 1566~1570) 등의 정치적 사건들과는 무관하게 지속되면서 일종의 장기적

---

46) Cuyvers, 『역사와 바다』, 서론 ; S. Gorshkov, 『국가의 해양력』, p.30. 송종극 교수는 다음과 같이 말하였다. "해양의 이용은 방어에 있는 것이 아니라, 교통에 있으며, 그것에 둘러싸여 있는 것이 아니라, 개방하기 위한 것이다. 따라서 해양의 역사는 확장의 역사이며, 초월과 평등이 존재하는 것이다. 특히 해양국의 위치는 세계사의 진전과정에서 문명의 수수자로서 세계사적 임무를 담당하고 있는 것이다." 송종극, 『교통지리학』, p.28 참조.

구조를 형성하는 지리적 배경의 한 요소로서 지중해라는 해양을 다루고 있을 뿐이다.[47) 이처럼 전통사학에 대한 반발로 등장한 아날학파에게도 해양은 그 자체로서 중요성을 획득하지 못하고 있다. 이처럼 해양이 역사학의 관심 밖에 놓이게 된 원인은, 알프레드 메이헌이 적절히 지적한 바와 같이, "일반적으로 역사가들은 해양의 사정에 대해서는 익숙하지 않으며, 특히 해양에 대하여 특별한 관심도 특별한 지식도 갖고 있지 않고",[48) 해양전문가들은 "단순히 사건들을 열거하는 것으로 자신들의 임무를 축소시키는 것으로 만족"[49)하기 때문인 것으로 생각된다. 해양사를 연구하는 의의가 바로 여기에 있다. 즉 그것은 이제까지의 역사학이 간과해 버린 해양이라는 공간을 복권시킴으로써 인간의 역사를 전체적으로 파악하는 데 일조하여 전체사를 지향하는 데 있는 것이다. 앞에서 역사를 구성하는 세 요소로 시간, 인간, 공간을 들었는데, 이 세 요소를 기준으로 역사학의 각 분야사를 나누어 보면 다음과 같다.

〈 역사학의 분야 〉

역사 ┬ 시간 - 고대사, 중세사, 근대사, 최근세사, 현대사 등
├ 인간 - 정치사, 경제사, 사상사, 문화사, 사회사, 심성사, 여성사 등
└ 공간 - 육지사,[50) 해양사 등

---

47) F. Braudel, *The Mediterranean and the Mediterranean World in the Age of Philip II*, Part One ; The Role of the Environment 참조.

48) Mahan, *Influence of Sea Power upon History*, p.iii.

49) Mahan, *Influence of Sea Power upon History*, p.v.

50) 이제까지 역사가들은 해양에 대해 이렇다 할 관심을 기울이지 않았고 인간들의 내륙에서의 활동에만 주로 관심을 기울여 온 것이 사실이다. 그 결과 일반사 (general history) 하면 곧 육지사(inland history)를 의미하게 되어 육지사라는 말이 다소 생경하게 들리게 되었다. 그러나 필자가 육지사를 하나의 독립적인 분야사로 상정하고 있는 것은 아니다. 단지 인간이 활동하는 공간을 기준으로 구분해 본다면 육지사와 해양사로 구분할 수 있을 것이라는 사실만 지적해

Ⅲ. 항해선박사

해양사는 단순히 해양을 소재로 한 역사는 아니며 '해양과 내륙 역사의 상호관계'51)를 규명하는 역사학의 한 분야라 할 수 있다. 이와 같은 해양사를 구성하기 위해 선행되어야 할 연구가 바로 항해선박사이다. 왜냐하면, 바다를 무대로 전개되는 해전, 해운, 수산, 해양개발 및 해양탐험 등은 배와 항해를 전제하지 않을 수 없기 때문이다.

배와 항해의 역사를 다루는 이 책을 시작하기에 앞서 해양사를 구성하기 위하여 필수적으로 선행되어야 할 연구인 항해선박사의 연구 대상은 무엇이고, 그 개념은 어떻게 정의할 수 있으며, 그 연구 의의는 어디에 있는가 하는 문제를 독자들에게 제시하는 것이 순서일 듯하다. 선박사는 기본적으로 선박의 발전에 초점을 맞추는 과학기술사의 한 분야사임에 자명하므로, 여기에서는 주로 항해사에 대해 중점적으로 다루고, 필요에 따라 항해사와 항해선박사를 혼용할 것이다.

어떠한 항해가 역사학의 연구 대상이 될 수 있는가? 우리말 사전에 항해는 '배를 타고 바다를 건넘' 또는 '선박에 의해서 여러 항구 사이를 왕복함'52)이라고 정의되어 있다. 항해를 이렇게 정의했을 경우, '배를 타고 바다를 건너는 단순한 행위'나 '배를 타고 여러 항구 사이를 왕복하는 모든 항해'가 역사학이 연구 대상이 될 수 있을지에 대해서는 의문이 들지 않을 수 없다. 따라서 학문으로서의 역사학의 연구 대상이 될

두고자 한다. 이는 남성사란 분야는 따로 존재하지 않지만, 여성사는 존재하는 것과 같은 이치이다.

51) 이와 같은 관점에서 서양근대사를 고찰한 사람이 알프레드 메이헌(Alfred Mahan)이다. 그러나 그는 기본적으로 해군사에 치중한 것으로 보인다. 메이헌은 "해양력의 역사는 비록 전적으로는 아니지만, 주로 군사(military history)이다"라고 밝히고 있다. A. Mahan(1890), *Influence of Sea Power upon History 1660~1783*, p.1.

52) 이숭녕 감수, 『국어대사전』, p.911.

수 있는 항해를 보다 정밀하게 정의할 필요가 있겠다. 앞서 살펴본 바와 같이, 우리말의 항해는 그 의미가 분화되어 있지 않기 때문에 어원학적으로 그 의미가 명확하게 분화되어 있는 영어의 경우를 원용하는 것도 한 방편이 될 수 있을 것이다. 영어에서 항해를 뜻하는 낱말에는 *navigate, sail, voyage*가 있는데, 이 낱말들의 어원학적 의미를 살펴보면 다음과 같다.

*navigate*는 라틴어의 '배'를 뜻하는 nauis(navis)와 '조종하다 또는 인도하다'를 뜻하는 agere가 결합된 말[53]로 역사적으로 크게 다음과 같은 세 가지 용법으로 사용되었다. 첫 번째는 '배를 타고 한 곳에서 다른 곳으로 이동해 가는 행위'(to go from one place to another in a ship)[54]를, 두 번째는 '배를 조선하거나 지휘 또는 조종하는 행위'(to sail, direct, or manage a ship)[55]를, 세 번째는 '수로를 통해 상품을 운송하는 행위'(to convoy goods by water)[56]를 가리키는 용어로 사용되어 왔다.

*navigate*가 라틴어에 어원을 둔 남방계 단어[57]라면 *sail*은 노르만 계통의 북방계 언어에 어원을 둔 단어로 앵글로 색슨(Anglo-Saxon)어에서는 segel, segl로 표기되어 사용되었고, 중세 시대에는 seil, seyl로 표기되어 사용되었다.[58] 역사적으로 *sail*은 888년 '돛'을 가리키는 용례로 처음으로 사용되었다가 893년에 이르러 '돛에 부는 바람을 추진력으로 사용하는 배를 타고 여행하는 행위'(to travel on water in a vessel propelled by action of the wind upon sails)를 뜻하는 동사로 전용되었다.[59] 이밖에도 *sail*은

---

53) *Oxford English Dictionary*(OED), 2nd ed., vol.X, p.259.
54) 이와 같은 용법으로 사용된 용례가 처음으로 등장한 것은 1588년이다. OED, p.259.
55) 이 용법으로는 1670년에 처음으로 사용된 것으로 나와 있다. OED, p.259.
56) 이 용법으로는 1795년에 처음으로 사용된 것으로 나와 있다. OED, p.259.
57) 佐波宣平, 『海の英語』, p.296.
58) OED, vol.XIV, p.373 ; 佐波宣平, 『海の英語』, p.362.

'바람의 추동력을 이용하거나 또는 다른 어떤 눈에 띄는 작용력을 이용하지 않고 수면이나 대기를 미끄러져 가는 행위'(to glide on the surface of water or through air, either by the impulsion of wind or without any visible effort)를 가리키거나 '돛단배의 움직임을 연상시키며 장엄하고 웅장하게 움직이다'(to move or go in stately or dignified manner, suggestive of the movement of a ship under sail) 또는 '돛을 준비하다'(to provide with sails) 등의 의미로 사용되어 왔다.[60] 이상에서 살펴본 바와 같이, *sail*은 능동적이고 목적의식이 내재된 항해라기 보다는 좁게는 요트를 타는 것에서부터 넓게는 돛단배를 타고 항해하는 것 등을 의미하는 다분히 '수동적이고 비상업적인 항해'를 뜻하는 단어이다.

한편, *voyage*는 '길'을 뜻하는 라틴어 'via'에서 유래한 말[61]로 최초에는 오늘날에는 거의 사용되지 않는 용법인 '육로로 여행하다'(to journey by land)는 의미로 사용되었다가 점차 '항해하다'(to make a voyage), 또는 '횡단하여 여행하다'(to cross or travel over) 등의 뜻으로 사용되었다.[62] 그러나 *voyage*는 그 자체로 동사로 사용되기 보다는 명사로서 make, do, take 등과 함께 '육로 여행'(a journey by land), '군사적 목적의 원정'(expedition undertaken with a military purpose), '해로 여행'(journey by sea) 등으로 사용되어 왔다. 이를 볼 때 *voyage*는 *navigate*와 *sail*을 포괄할 수 있는 일반적인 의미의 '여행'을 가리키는 단어라고 정리할 수 있을 것이다.[63]

---

59) OED, vol.XIV, pp.371, 373.
60) OED, vol.XIV, p.373.
61) 佐波宣平, 『海の英語』, p.448.
62) OED, vol.XIX, pp.778~779.
63) 항해자들이 원양에서 다른 선박을 만났을 때 '목적지까지 안전항해를 빕니다!'라는 뜻으로 'Bon Voyage!'라고 말하는데, 본래 이 말은 '즐거운 여행 되십시오!'(pleasant journey) 또는 '안녕히 가십시오!'(a farewell to a traveller)라는 뜻이다. (1991), *Webster's New World Dictionary*, Third College ed., p.159.

이상에서 살펴본 바와 같이 역사학의 연구 대상이 될 수 있는 항해는 sail이나 voyage가 아니라 navigation일 것임이 명백해졌다. 이와 같은 근거에서 필자는 항해사를 Sailing History나 History of Voyage가 아니라 History of Navigation이라 표기했던 것이다.

그렇다면 역사적으로 항해사의 연구 대상이 될 수 있는 예로는 어떤 것들이 있을까? 먼저 장보고張保皐(?~841?)의 해상활동海商活動을 들 수 있겠다. 장보고의 해상활동은 한·중·일간의 해상교류에 직접적인 영향을 끼쳤기 때문에 해운사적 측면에서 접근해 볼 수 있을 것이다. 정화鄭和(Cheng Ho, 1373~1434)도 7차례에 걸쳐 동남아 각국과 인도, 페르시아만까지 항해함으로써 문화교류에 끼친 영향이 적지 않기 때문에 항해사의 연구 대상이 될 수 있을 것이다. 이밖에도 콜럼버스(Christopher Columbus, 1451?~1506)의 대서양 항해, 바스쿠 다 가마(Vasco da Gama, 1469?~1524)의 인도항로 개척 항해, 마젤란(Ferdinando Magellan, 1480?~1521)의 세계주항, 드레이크(Francis Drake, 1540?~1596)의 해상활동, 제임스 쿡(James Cook, 1728~1779)의 탐사 항해 등도 항해사의 연구 대상이 될 수 있을 것이다.

위의 구분에서 명확해진 바와 같이, 해양사는 일반사를 공간을 기준으로 하여 구분할 때의 일반사의 한 분야사가 된다. 따라서 해양사는 '해양과 내륙 역사의 상호관계', 좀 더 구체적으로 부연한다면 '해양력이 역사 전개에 미친 영향을 분석하는 것을 주된 연구 테마로 삼는 분야가 될 것이다. 항해사는 바로 이와 같은 해양사를 구성하기 위한 기본전제라 하겠는데, 해양사를 구성하는 각 분야사를 정리하면 다음과 같다. 이를 부연 설명하면 1998년 처음 해양사의 정의와 범주를 제시하고자 시도했을 때 제안한 해양사의 각 분야사는 협의의 해양사라 할 수 있고, 2020년 제안한 각 분야사는 광의의 해양사라 할 수 있을 것이다.

위에서 정리한 것처럼, 해양사를 구성하기 위한 기본적인 전제조건

〈 해양사의 범주 〉

1998	2020	세부 분야
해운사	해양정치사	해양영토분쟁사, 해전사
수산사	해양경제사	해운사, 해양교통사, 수산사, 해양개발사
해전사	해양문화사	선원문화사, 해양문화사
해양탐험사	해양사상사	해양력의 개념사
해양개발사	해양과학사	조선기술(선박)사, 항해사
항해사	해양사회사	선원노동사
	해양생태사	
	해양도시사	해항도시 교섭사, 해양도서사
	...	

자료 : 김성준, '근현대 해양사 분과 연구동향과 발전을 위한 제언'에 대한 토론문, 국립해양문화재연구소·도서문화연구원, 전국해양문화학자대회 10년, 진단과 전망, 2020.6.23~24, p.138.

일 때의 항해선박사는 '선위측정술과 선박조종술 등의 항해술의 발달과정을 역사적인 배경 속에서 연구하는 역사학의 한 분야'라고 정의할 수 있을 것이다. 이를 구체적으로 설명한다면, 항해선박사는 '선박, 항해계기, 지도, 선박조종술 및 항로의 발전과정 등을 역사적인 배경 하에서 연구하는 분야'라 할 수 있겠다. 이러한 정의는 좁은 의미의 항해선박사라 할 수 있겠는데, 좁은 의미의 항해선박사는 엄격히 말하면 과학기술사의 중요한 부분을 점하고 있다.

그러나 항해선박사를 이렇게 좁은 의미로만 정의할 경우에는 Radar, GPS, Total Navigator 등 항해장비가 고도로 발달하여 항해사들의 역할이 과거에 비해 현격하게 축소된 오늘날의 경우에는 인간적 요소가 항해선박사에 끼어들 여지가 거의 없게 된다. 오늘날은 항로라든가 선위측정 등 과거에 항해사들이 자신들의 능력과 지식만으로 선택해야 했던 것들을 거의 전적으로 고도로 발달된 위성의 도움을 받아 행하고 있으며, 인간들은 단지 보조적인 역할을 담당하는 데 그치고 있는 것이 현실이다. 앞에서 언급한 바와 같이, 역사는 또한 인간에 관한

학문이기 때문에 항해선박사에 있어서도 인간에 대하여 고려하지 않을
수 없다. 왜냐하면 역사학에서 인간적 요소가 결여되어 있을 때에는
'탈역사화'[64] 되어버리기 때문이다. 따라서 항해선박사를 인간적 요소
가 포함된 보다 넓은 의미로 정의할 필요가 대두하게 된다.

그렇다면 넓은 의미의 항해선박사는 어떻게 정의할 수 있을까?
항해사를 넓은 의미로 정의한다면, '의식적이고 특정한 목적의식을
지닌 이른바 역사적 항해(historical navigation)가 역사 전개에 끼친 영향을
연구하는 역사학의 한 분야라 할 수 있겠다. 이는 곧 인간의 세계관이
확대되어 가는 과정과 밀접하게 연관되게 되는데 서구의 항해의 역사는
곧 서구인들의 세계관이 확대되어 가는 과정의 역사라고 해도 과언이
아니다. 따라서 넓은 의미의 항해사는 필수불가결하게 지리학사(History
of Geography)와 연관되게 된다.[65] 또한 넓은 의미의 항해사에서 주목할
분야는 해양사고(sea distress)이다. 널리 알려져 있는 바와 같이, 오늘날
항해의 기본법이라고 할 수 있는 '해상인명안전협약'(SOLAS, Safety of
Life at Sea)은 1912년 4월 처녀항해 도중 침몰한 타이타닉 호(Titanic)와
같은 사건이 재발되는 것을 방지하려는 취지에서 비롯된 것이며, 유조
선을 이중선체(double hull)로 건조해야 한다는 강제 규정은 1989년 3월
알래스카 연안에서 침몰한 엑슨 발데즈 호(Exxon Valdez)에서 유출된
기름으로 인해 야기된 것과 같은 해양오염 사건이 재발되는 것을
방지하고자 하는 의도에서 마련된 것이다. 이처럼 대형 해양사고들은
선사와 승무원들에게는 물론 해양과 주변의 자연환경에 치명적인 영향

---

64) 탈역사적 경향이란 개별 학문들, 예를 들면 경제학이나 정치학 등에서 자기
학문분야의 역사를 단지 시간적인 흐름에서 조망하고 이를 경제사나 정치사라고
명명하는 것을 일컫는다. 즉 시간적 흐름의 고찰만 있고 인간적 요인이 무시된
연구경향을 말한다. 이에 대해서는 이상신, 『역사학개론』, pp.35~36를 참조하라.
65) 이에 대한 훌륭한 예로 R. A. Skelton, 안재학 역(1995)의 『탐험지도의 역사』(새날)
가 있다.

을 미침으로써 해운과 기타 인간의 경제활동과 심리적 상태에 심대한 영향을 끼쳤다는 면에서 오늘날 해양사와 항해선박사를 연구할 때는 간과해서는 안 될 분야라 하겠다.

위에서 살펴본 바와 같이, 좁은 의미의 항해선박사가 과학기술사적인 측면에서 '항해술과 항로 등의 발전과정을 역사적인 배경하에서 연구하는 분야'라면, 넓은 의미의 항해선박사는 일반사적인 측면에서 '특정한 항해가 역사전개에 끼친 영향을 탐구하는 분야'라고 정리할 수 있겠다.

그렇다면 항해선박사를 연구하는 의의는 어디에 있을까? 먼저 과학기술사적인 측면에서 접근할 수 있는 좁은 의미의 항해사는 그 자체가 '과학사의 중요한 부분을 차지하고 있을 뿐만 아니라 과학기술사적인 시각에서 접근한 항해선박사도 이미 여러 편 나와 있다. 좁은 의미의 항해사는 어떠한 과정을 거쳐 항해계기와 항해술이 발달되어 왔는가에 초점을 맞춤으로써 이러한 항해와 관련된 과학과 기술이 역사 속에서 어떠한 역할을 해왔는가를 밝혀낸다는 데 그 연구 의의가 있다 하겠다.

좁은 의미의 항해선박사가 과학기술사적인 측면에서 접근하는 것에 비해 넓은 의미의 항해선박사는 일반사적인 관점에서 접근한다. 따라서 넓은 의미의 항해사는 역사전개에 막대한 영향을 끼친 이른바 역사적 항해에서 인간적 요인들이 어떻게 작용하고 있는가를 밝혀내는 데 그 연구의의가 있다. 그렇기 때문에 넓은 의미의 항해사에서 중심적인 위치는 해전사와 해양탐험사가 차지하게 될 것이다. 해운사나 수산사 또는 해양개발사 등에서는 아무래도 인간적 요소가 부차적인 중요성을 지니게 되는 반면, 해전사나 해양탐험사[66]에서는 인간적 요소 그

---

66) 김신은 탐험사는 '어떻게 탐험이 사회적·법제적·과학적으로 형성되어 왔는지를 해명하는 것이 그 중심과제'이며 '과거에 탐험활동이 어떠한 의미를 가졌었고, 그 변화가 어떻게 일어났는지를 해명하는 것이 일차적인 과제'라고 밝히고

자체가 중요한 역할을 담당하기 때문이다. 알프레드 메이헌이 이미 지적한 것처럼, 해전은 역사 전개에 결정적인 영향을 끼쳤다는 면에서 그 연구 의의를 찾을 수 있을 것이며, 해양탐험은 인간의 능동적이고 역동적인 역할이 가장 적나라하게 부각될 수 있는 분야로, 역사상 콜럼버스의 예에서 알 수 있는 바와 같이, 근대 세계의 형성에 커다란 영향을 끼쳤다는 면에서 그 연구 의의는 자못 크다고 하겠다. 그러나 세계의 오지까지 낱낱이 알려진 오늘날 탐험할 해양은 더 이상 남아있지 않고, 오늘날의 해전도 인간적 요인보다는 우수한 장비와 기계의 영향을 더 크게 받고 있는 것이 현실정이다. 그렇다면 해전사나 해양탐험사는 더 이상 연구할 대상을 가질 수 없게 된다. 앞에서 언급한 바와 같이, 역사는 시간과 더불어 항구적으로 지속되는 것인데, 더 이상 연구대상이 존재하지 않게 된다면 그 분야에 대한 연구는 중단될 수밖에 없다.

이런 측면에서 본다면 오늘날 넓은 의미의 항해선박사에서 주목할 분야는 점차 대형화되어 가고 있는 해양사고(sea distress)이다. 어떤 의미에서 해양사고는 해양인들의 치부를 드러내는 것일 수도 있는 일이지만, 역사가 반드시 영광과 승리의 기록일 필요는 없으며, 오히려 불명예와 실패의 원인을 탐구함으로써 내일의 교훈으로 삼을 수도 있다. 그런 의미에서 해양사고의 원인을 탐구하고 그와 유사한 해양사고의 재발을 방지할 수 있는 대책을 강구하는 데 주목하여 항해사를 연구하는 데 넓은 의미의 항해선박사를 연구하는 또 다른 의의가 있다 하겠다.

그러나 여기서 간과해서는 안 될 것은 항해선박사에 대한 연구가 이른바 좁은 의미의 항해선박사, 즉 과학기술사적인 차원에서 머물러

있다. 김신, 『탐험의 세계사 I ; 최초의 탐험가』, p.10 참조.

서는 안된다는 것이다. 역사에서 가장 중요한 요소는 무엇보다도 인간적인 요인이기 때문에 일단 좁은 의미의 항해선박사에 대한 연구 성과가 축적되고 난 뒤에는 역사 전개에 영향을 끼친 넓은 의미의 항해사에 대한 연구로 그 연구 시야를 넓혀야 한다는 것이다. 이는 항해선박사가 일반사와 어떠한 영향사적인 관계에 있었던가를 밝혀내는 것이 항해선박사를 연구하는 더 본질적인 의의가 있기 때문이다.

1장

한국은 해양민족인가?
―한반도 해양국가론에 대한 비판적 검토―

조선 1-2위, 해운 5-7위, 수산 12-13위. 최근 십여 년 동안 대한민국이 세계 해양산업에서 차지하고 있는 위상이다. 이렇게 높아진 위상을 반영이라도 하듯 해양산업계에서는 저마다 대한민국이 해양국가가 되어야 한다는 주장을 내어놓고 있다. 필자 또한 해양산업계에 몸담은 일원으로서 "우리의 지리학적 위치는 해양국가임에도 불구하고, 우리 는 늘 대륙국가라는 의식 속에 살아왔다"[1]고 언급한 바 있다. 하지만 지난 역사를 돌이켜 보건대, 강대국으로 성장했던 반도국가가 늘 해양 국가였던 것은 아니라는 선례를 확인하였다. 따라서 한반도 해양국가 론 역시 현 시점에서 재검토해 볼 필요가 있다고 생각하였다.

이 글은 이러한 문제의식에서 한반도의 해양국가론을 주장했던 여러 논자들의 의견을 재정리하여 그들이 어떠한 논리적 근거에서 이러한 주장을 펴게 되었는지를 살펴보고, 그러한 주장의 논리적 근거를 비판

---

1) 김성준(1999), 「서양선에 대한 조선인의 인식과 대응」, 『한국해운학회지』 제29 호, p.336(본서 종장 참조).

적 관점에서 재검토하기 위한 것이다. 이를 통해 한반도에 자리한 우리나라가 향후 어떠한 지향점을 갖고 국가발전론을 계획하고 추진해야 하는지 시사점을 제공하는 데 일조할 것이다.

Ⅰ. 20세기 한반도 해양국가론

1. 표해운의 '조선반도의 대륙정치성과 해양정치성'(1947)

해방 후 우리나라의 지정학적 위치를 분석한 이는 국학대학(현 우석대학에 합병) 교수였던 표해운이 처음인 것으로 보인다. 그는 1947년 출간한 『조선지정학개관』에서 '조선사는 4회의 분할과 독립의 되풀이였다[2]고 보고, 그 원인과 결과를 규명해 보고자 하였다. 그는 우리나라의 지정학적 위치를 아시아 대륙의 ① 부속적·주변적, ② 관계적 위치에 있다고 진단하고, 부속적·주변적 위치에 따른 조선의 위치는 반도적 영토로서, 그에 따라 조선의 역사는 "화려한 세계 역사의 건설이 아니고, 길고 가늘게 영속한 반도적 역사"라고 규정하였다. 그는 또한 "조선사는 정치사뿐만 아니라 문화사도 역시

---

2) 표해운(1947), 『조선지정학개관』, f.7.

타율적 부문이 많다"고 덧붙였다. 표해운은 우리나라가 아시아 대륙의 관계적 위치에 입지해 있음으로 해서 중앙적, 병참적兵站的, 문지방閾적 성격을 갖게 되어 대륙국가들(몽골, 중국, 러시아)과 해양국가들(일본, 미국)의 각축장이 되었다고 분석하였다.[3]

표해운은 이와 같은 우리의 과거사 분석을 통해 우리나라의 지정학적 위치를 대륙성과 해양성의 조합에서 찾았다. 표해운은 조선을 "삼면에 해양을 가진 해양성, 즉 임해성 반도국"으로 규정하고, "해양성이 농후한 조선민족이 해양을 충분히 이용하지 못하고, 오히려 일면에 인접하는 북부대륙에만 요지부동으로 고집해 왔던 것이며, 북환北患이 조선의 치명적 고질이었다"[4]고 진단했다. "국가의 본능에 있어서 대륙국가는 반드시 해양국가로 전이하여 육해성을 겸하고자 하는 반면에, 해양국가는 반드시 대륙국가로 전이하려는 본능이 있다"고 본 표해운은 "조선은 반도국이기 때문에 대륙정치성을 갖고 있으며, 다른 한편에서 조선의 해양성은 일본이 둘러싸고 있어서 조선의 해양성적 발전에 큰 지장을 주고 있다"고 지적했다.[5] 그는 해양을 "격리적 성격과 통합성 성격을 모두 갖고 있으며, 국민이 강대해지는 원천"[6]이라고 보고, 우리나라가 발전하려면 대륙성과 해양성을 적절히 조화시킬 것을 주장하였다.

대륙성 성격은 대륙에 환원하는 민족적 발전이 될 것이고, 해양적 성격은 해양발전의 기회를 파악하게 될 것이다. 이 양 발전에 따라 대륙국가와 해양국가와의 우호적 결합적 관계를 성립시키는 민족성의

---

3) 표해운(1947), 『조선지정학개관』, 2~3장.
4) 표해운(1947), 『조선지정학개관』, pp.20~21.
5) 표해운(1947), 『조선지정학개관』, 4장.
6) 표해운(1947), 『조선지정학개관』, pp.21~22.

역할을 각성할 것이다. 이 우호적 결합관계를 성립시키는 근본적 원인은 조선 민족 여하에 관계가 있다.[7]

결론적으로 표해운은 일본으로부터의 해방은 "우리 민족의 피로써 자율적으로 싸워 쟁취한 것이 아니라 전승연합국의 혜택에 의한 일본의 지배로부터 이탈한 해방에 불과한 것"이었기 때문에, "볼세비즘의 보루이자 대륙세력인 소련과 해양세력인 미국 등의 국제정치의 동향을 정확히 파악하면서 양국의 이해에 합치점을 발견하도록 촉진"시켜야만 진정한 의미에서의 해방이 이루어질 것이라고 주장하였다.[8]

표해운의 이러한 분석은 1947년 당시 미소가 한반도를 신탁통치하기로 결정한 뒤에 우리 민족의 장래에 대한 역사지정학적 대안을 제시하기 위한 것이었다. 그 동안 한국은 대륙으로의 진출이 차단되어 부득불 해양성을 지향하지 않을 수 없는 처지에 놓였고, 그 결과 해운, 수산, 항만, 조선 등 해양산업 분야에서 두각을 나타내어 괄목할 만한 경제성장을 이룩했다. 그의 책이 출판된 지 70여 년이 흐른 현 시점에서 그의 주장은 여전히 강력한 시사점을 주고 있다. 분단의 고착화로 대륙으로의 진출이 막혀 있고, 우리 정부의 해양지향성이 점차 감소하는 추세에 있는 현 상황을 고려하면 과거와 같은 발전 추세를 지속하기 위해서는 해양성의 강화가 필수불가결하다는 것이다.

---

7) 표해운(1947), 『조선지정학개관』, 4장 ; 김웅(1999), 『지정학과 해양세력이론』, p.262.
8) 표해운(1947), 『조선지정학개관』, p.57.

2. 육당 최남선의 '바다를 잊어버린 민족'(1954)

한반도 임해국가론을 역사적 지정학적 견지에서 논급한 이는 육당 최남선이었다. 그는 1954년 해군본부에서 발간한 『한국해양사』 서문에서 우리 겨레를 '바다를 잊어버린 민족'이라 명명하고, 우리 민족이 고대 신화 시대에는 바다를 중히 여겼으나, 역사 시대 이래 바다를 등한시 한 결과 ① 웅대한 기상의 상실, ② 가난, ③ 문약에 빠졌다고 보았다.[9] 육당이 이와 같이 주장하게 된 논리적 근거는 명확했다. "대제국은 대륙국으로, 해양국은 해양국으로, 산안국은 산악국으로, 반도국은 반도국으로 다 각각 저의 특질 장처를 발휘하여 그 당연한 복리를 향수하는 것"이기 때문이다. 육당이 보기에 우리 국토는 "지형상 3면에 바다를 두르고 1면만이 대륙에 연한 반도"였다. 육당은 그 근거를 다음과 같이 제시하고 있다.[10]

> 동남서 3면에 8693km의 해안선을 가지고 도서까지 합하면 1만7269km의 해안선이 있어서 면적에 비례하여 해안선 길기로 세계에 첫째 가는 연해국이다. … 조선은 매 3평방리에 대하여 1리의 해안선이 있는 섬이다.[11]

육당은 우리 민족사에서 가장 비통한 사실은 "분명히 반도국민, 임해국민으로서 바다를 잊어버린 일"이었다고 단언하면서,[12] "바다라는 큰 재산 큰 보배의 임자임을 조선 겨레가 잘 인식하지 못하고,

---

9) 최남선(1954), 「서」, 『한국해양사』, 해군본부 ; 정진술 외 공편(2007), 『다시 보는 한국해양사』, 해군사관학교, pp.19~50.

9) 최남선(1954), 「서」, 『한국해양사』, 해군본부 ; 정진술 외 공편(2007), 『다시 보는 한국해양사』, 해군사관학교, pp.19~50.
10) 이상 최남선, 「서」, 『한국해양사』, p.20.
11) 최남선, 「서」, 『한국해양사』, p.20.
12) 최남선, 「서」, 『한국해양사』, p.22.

따라서 잘 이용하지 못하고, 그래서 이 갸륵한 바다가 조선인에게는 돼지에 진주 격이 되고 말았다"고 비판하였다. 나아가 육당은 "정치가는 바다를 국계國計 민생의 추진에 활용하지 못했으며, 사업가는 바다를 식산흥업의 발전에 이용하지 못했으며, 청년은 광란노도에 혈기를 흥분시키지 아니하고 운외천변雲外天邊에 모험심을 발작하지 아니했다"고 지적하였다.[13]

결론적으로 육당은 신생독립국으로서 "우리가 반도국민 임해국민으로서 잊어버린 바다를 다시 생각하여 잃어버렸던 바다를 도로 찾아서 그 인식을 바르게 하고, 그 자각을 깊이하고, 그 가치를 발휘하고 그 지위를 확보하는 것이 가장 첫 걸음"이라면서, "한국을 구원할 자는 한국을 바다의 나라로 일으키는 자일 것"이라고 선언하였다.[14]

육당 최남선의 탁월한 문장력과 논리력은 이후 해양과 관련한 역사, 문학, 문화 등에 관련한 글을 쓰는 이들의 전범으로 활용되게 된다.

3. 이재우의 '해양강국의 꿈'

20세기 후반기에 해양문학을 통해 한국인의 해양의식을 일깨우려고 애쓴이는 목포해양대학에 재직했던 이재우 교수였다. 이재우 교수는 목포해양대학을 퇴임하면서 잡지 등에 연재한 글을 모아 엮은 『바다와 문학』이라는 제하의 미출간 간행물의 서 '해양강국을 겨냥하며'에서 다음과 같이 적고 있다.

우리 민족은 뿌리 깊은 해양민족임이 역사적으로 입증되고 있습니다. 그러나 현실은 어떠합니까? 바다를 외면하는 사회적 풍조가 우리

---

13) 최남선, 「서」, 『한국해양사』, p.27.
14) 최남선, 「서」, 『한국해양사』, pp.49~50.

사회의 저변에 도사리고 있다는 점을 부인할 수 없습니다. 바다를 천시하는 사회적 풍조를 씻어내고, 해양사상을 드높여 바다에 대한 국민적 인식을 새롭게 할 때 우리나라는 진정한 의미의 해양국가가 될 수 있다고 생각합니다. 삼면이 바다이기 때문에 해양국가라고 생각하는 것은 위험한 일입니다. 우리나라가 지속적으로 고도한 문명을 유지하고 발전해 나가는 길은 바다를 다각적으로 이용하고 개발하는 길밖에 없을 것입니다.[15]

이재우는 다른 이들과는 달리 지정학적 위치에서 해양국가론을 주장한 것이 아니라는 점에서 남달랐다고 평가할 수 있다. 그러나 그는 우리 민족이 뿌리 깊은 해양민족임을 전제하고 있다는 점에서 지나친 주장을 하고 있다고 할 수 있다.

II. 21세기 한반도 해양국가론

해양산업의 세계적 위상이 확인된 2000년대 들어 해양강국에 대한 비전과 전망을 제시하려는 다양한 시각의 연구가 이어져 왔다. 20세기의 해양강국론 논의가 주로 지정학적인 관점에서 이루어졌다면, 21세기의 해양강국론은 해운을 비롯한 경제적 관점은 말할 나위 없고, 역사, 의식, 문학 전반을 아우르는 양상으로 변모하였다. 특히 해양수산부의 정책적 과제를 연구해 온 해양수산개발원은 새 정부 성립 때마다 존폐론에 시달려온 해양수산부의 의뢰를 받아 역사와 해양의식간의 관계를 분석해 내고자 시도하였다.

---

15) 이재우(연도미상), 『바다와 문학』(미출간).

1. 이동근 외의 '역사와 해양의식'(2003)

이동근은 이 공동연구에서 '우리나라를 바다를 잃어버린 반도국가'
라고 전제하고, 500여 년간 잠재해 왔던 웅대한 해양의식을 일깨울
것을 주장하였다. 먼저 이동근은 다음과 같은 근거에서 우리나라를
해양국가로 정의한다.

> 우리나라는 만주대륙에서 남쪽으로 돌출한 반도국이다. 국토의 3면이
> 바다로 둘러싸여 있고, 아무리 깊은 내륙 지역도 해안으로부터 겨우
> 100마일 정도밖에 떨어져 있지 않다. 육지 면적의 3면이 넘는 대륙붕과
> 3150여개에 달하는 많은 섬을 가지고 있다. 특히 해안선의 길이는
> 1만 1500㎞를 상회하여 육지의 면적에 비해 해안선이 세계에서 가장
> 긴 나라가 바로 우리나라다. 따라서 자연이 역사를 결정한다는 자연결
> 정론적인 입장에서 볼 때 우리나라는 해양국가일 수밖에 없다.[16]

그러나 이동근은 "인문주의론적 관점에서 보면 조선시대의 우리
민족은 더 이상 친해성 민족으로 볼 수 없다"고 인정하고, "해방 이후
50여 년 만에 우리나라가 해양화를 이룩한 것은 우리 민족성에 깊이
내재해 있던 해양의식과 해양민족의 기상이 발현되었기 때문"이라고
주장한다. 결론적으로 이동근은 향후 당면 문제를 "깊이 내재되어
있는 우리의 바다지향성, 즉 해양의식을 여하히 일깨울 수 있느냐에
있다"면서, 해양의식을 제고할 수 있는 방안을 제시하고자 하였다.[17]

---

16) 이동근 외(2003), 『역사와 해양의식』, p.1
17) 이상 이동근 외(2003), 『역사와 해양의식』, pp.2~3.

2. 강종희의 '해양강국의 비전'(2004)

해운경제학자로서 수많은 실천적 연구를 해온 고故 강종희 박사는 당위성과 잠재력 양 측면에서 우리나라가 해양강국이 될 가능성을 다음과 같이 분석하고 있다. 우선 강종희는 당위성 측면에서 다음과 같은 근거를 찾고 있다.

> 우리나라는 지리적으로나 국가경제의 구조적 한계를 감안할 때, 해양 강국으로 나아가지 않을 수 없다. 우리나라는 국토가 협소하고 부존하 원이 부족한 반도국가다. 따라서 토지 이용의 한계 때문에 해양개발 및 이용이 불가피하다. 대외의존적 국가경제 발전전략은 필연적으로 해양진출을 강요한다. … 더욱이 우리나라는 해양세력과 대륙세력이 충돌하는 지정학적 위치에 놓인 만큼 시파워 확보는 생존전략 그 이상이다.[18]

그는 잠재력 측면에서 우리나라가 해양강국으로 발전할 가능성을 긍정적인 것으로 평가한다. "무엇보다 우리나라가 천혜의 해양국가라 는 점이다. 우리나라는 삼면이 바다이며, 이에 따른 바다관할면적이 남한의 4배에 이르는 44만 3천㎢나 된다. 해안선의 길이가 무려 1만 1542㎞에 이르며, 2393㎢의 광활한 갯벌이 있다."[19]
하지만 강종희는 우리나라가 해양국가로 가는 데는 걸림돌이 있다는 점 또한 간과하지 않았다. 그것은 우리 국민과 정부의 해양에 대한 낮은 관심이다. 그럼에도 불구하고 그는 우리나라가 '해양강국으로 발전하는 것은 선택이 아니라 당위요 필연'이며, '우리가 반드시 이룩해

---

18) 강종희(2005), 『해양강국비전』, p.19.
19) 강종희(2005), 『해양강국비전』, p.20.

야 할 생존의 목표'라 단언한다.[20]

3. 김길수의 '해양국가론'(2008)

이명박 정부의 정부조직 개편에 즈음하여 한국해양대학교의 김길수
교수는 '한국은 대륙국가인가 해양국가인가?'라는 질문을 던지고, 한국
은 반도국으로서 대륙과 해양을 선택할 수 있으나, 해양국가가 되어야
함을 역설하며 해양수산부의 기능에 더해 타 부서의 해양 관련 기능을
통합하여 종합적인 해양부로 확대해야 할 것이라고 주장하였다.[21]
그는 다음과 같은 근거를 제시하였다.

> 전통적으로 한국에 영향을 미친 중국은 대륙국가였다. 한국의 국가전
> 략의 패러다임은 중국의 대륙문화였다. 조선 말까지 쇄국정책 고수로
> 해양력을 앞세운 서구열강의 침략을 받았고, 동북아 해상권을 장악한
> 일본에 의해 국권이 침탈되었다. 박정희 이후 대외지향적인 경제정책
> 을 추구하여 왔고, 해양수산부가 설립되는 등 해양국가 지향의 토대가
> 마련되어 여러 방면에서 성과를 이루어왔다.

그러나 이와 같은 김길수 교수의 주장과는 반대로 해양수산부는
2008년 이명박 정부 출범과 함께 해운항만 분야는 건설교통부로 이관되
어 국토해양부로, 수산분야는 농림부 등과 통합하여 농림식품수산부로
이관되어 버렸다. 2013년 박근혜 정부 들어 복원된 해양수산부는 2014
년 4월 16일 세월호 참사와 2016년 한진해운 파산 사태 등으로 다시
한번 국민의 질타를 받았다.

---

20) 강종희(2005), 『해양강국비전』, pp.21, 23.
21) 김길수(2008), 「한국의 미래해양전략과 추진주체」, pp.94~107.

4. 역사학계의 해양사 연구

21세기 들어 두드러진 특징 가운데 한 가지는 사학계에서 바다의 역사에 관한 연구가 나타나기 시작했다는 것이다. 이는 학문적 관심의 소산이라기 보다는 장보고기념사업회의 연구공모와 연구비 지원 등에 힘입은 바 있으나, 한국사의 이해의 폭을 넓힐 수 있다는 점에서 주목해 볼 필요가 있다. 우선 윤명철은『장보고 시대의 해양활동과 동아지중해』의 머리말에서 다음과 같이 밝히고 있다.

> 우리 역사에서 그동안 소홀히 했고, 무지했던 분야가 바로 해양사이다. 삼면이 바다였음에도 불구하고, 해양활동을 했다는 가능성과 필연성을 미처 인식하지 못했고, 실제로 활발했던 해양활동의 실상을 이해하고 찾고 북돋우려는 노력을 게을리 했다. 하지만 우리 역사의 전 과정을 살펴보면 해양활동을 빼놓거나 소홀히 할 수 없는 중요하고 의미 있는 부분이었으며, 주변국들과 비교해 볼 때 활발하고 우월한 능력을 갖추었다. … 해양을 역사에서 소외시키면서 우리는 역설적으로 바다에 포위되어 능동성이 약해지고 개방성을 상실해 갔으며, 정체성의 핵심인 자신감과 자유의지를 상실해 갔다.[22]

윤명철은 나아가 고려시대까지 해양활동의 주역이었으나, 조선시대 들어와서 이른바 해금海禁과 공도空島 정책으로 쇠퇴하게 되었다고 보고 있다. 그는 이어『해양사연구방법론』(2012)에서도 비슷한 논지를 이어 가고 있다.

---

22) 윤명철(2002),『장보고 시대 해양활동과 동아지중해』, pp.4~5.

고려 무렵까지 동아시아의 해양문화는 활발했고, 동중국해에서 남중국해로 이어지는 바다를 제외한 동아지중해에서 해양 주역은 우리였다. 그런데 조선시대에 들어온 이후 현재에 이르기까지 해양문화에 대해 무관심했을 뿐 아니라, 우리 역사에서 해양력이 절대적인 역할을 해온 사실을 미처 깨닫지 못하고 있다.[23]

하우봉도 윤명철과 비슷한 논지를 펼치고 있는데, 그는 『해양사관으로 본 한국사의 재조명』의 머리글에서 다음과 같이 적고 있다.

사실 20세기 후반기의 한국사는 유목민족의 야성을 해양으로 발휘하여 잘 활용한 바다의 역사이자 해양국가로서의 입국이었다고 해도 과언이 아니다. … 이제 우리는 비현실적이고 자기기만적인 대륙적 사고에서 빨리 벗어나 해양적 사고를 적극적으로 수용해야 한다. … 21세기 우리의 미래를 해양국가 한국에서 찾아야 한다는 당위성이 인정된다면, 역사연구에서도 바다에서 본 한국사라는 새로운 패러다임이 필요하다. 반도라고 하는 지정학적 및 지문화적 입장을 능동적으로 살려 한국이 태평양 시대의 주역으로서의 역할을 할 수 있는 이론과 전망을 역사학이 제시해야 하는 것이다.[24]

이들 이외에도 장보고기념사업회의 지원을 받아 연구한 단행본들이 수 권에 이르지만, 이들의 해양사적 연구의 논거 역시 윤명철이나 하우봉의 논리와 크게 다르지 않다.

---

23) 윤명철(2012), 『해양사연구방법론』, p.41.
24) 하우봉 외(2004), 『해양사관으로 본 한국사의 재조명』.

III. 비판적 검토

이상에서 해방 이후 70여 년간 한반도의 해양국가론을 논급한 주요 논자들의 주장을 정리해 보았다. 이들의 논리적 근거를 명확히 할 필요성 때문에 인용문이 다소 길 수밖에 없었으나, 한반도 해양국가론을 주장하는 이들의 논리적 주장을 요약하면 다음과 같다.

첫째, 한반도가 반도라는 점을 으뜸으로 꼽고 있다. 표해운을 필두로, 최남선, 이동근, 강종희, 김길수, 하우봉 등이 모두 우리나라가 해양국가로 나아가야 할 당위성을 지리적으로 반도국이라는 사실에 근거를 두고 있다.

둘째, 우리 역사상 삼국시대부터 고려시대까지는 해양활동이 활발했었으나, 조선시대 이후 유교의 영향에 아래 대륙지향적으로 바뀌었으니 이제 다시 잠자고 있는 해양의식을 일깨워야 한다는 것이다. 이는 주로 윤명철, 하우봉, 강봉룡 등의 역사학계에서부터 유래된 주장들이다.

이상에서 정리해 본 것과 같이, 한반도 해양국가론의 논리적 근거는 단순 명료하다. 그렇다면 이들의 주장이 논리적으로나 역사적으로 타당한 것인가? 먼저 우리나라가 반도에 자리하고 있기 때문에 해양국가가 되어야 한다는 주장은 인류역사상 해양활동이 두드러졌던 민족이나 나라를 생각한다면 그 허상을 쉽게 확인할 수 있다. 세계사적으로 역사의 주무대에서 활동했던 나라들은 그리스, 로마, 노르만족, 포르투갈, 스페인, 네덜란드, 영국, 프랑스, 독일, 아랍민족, 미국, 중국, 일본 등을 꼽을 수 있을 것이다. 이들의 지경학적 위치를 분류해 보면, 반도국은 그리스, 로마, 포르투갈과 스페인, 노르만족 등을, 섬나라는 영국과 일본을, 대륙국은 프랑스, 독일, 아랍민족, 중국, 미국 등을 들 수 있을 것이다. 반도국이었던 로마나 포르투갈, 스페인 등이 해양민족이나 해양국가가 아니었음을 우리들은 잘 알고 있다. 일본의 해운경제학자인 고베대학의 요시다 시게루吉田茂 교수조차도 2013년 필자와의 대화에서 "일본은 해양민족이 아니라 농업민족"이라고 주장하기도 했다. 이재우가 이미 지적한 바와 같이, 섬이나 반도국이기 때문에 해양국가여야 한다는 주장은 역사적 반례에 의해 논박된다.

지정학적으로 보아 우리나라는 반도국임이 분명하지만, 반도 내부를 엄밀하게 살펴본다면 산악국가임이 분명하다. 반도에 살고 있는 우리 겨레 대다수는 사방이 산으로 둘러싸인 채 바다를 직접 접하지 못하고 살아 왔고, 현재도 마찬가지다. 전 국토에서 산악이 차지하는 면적이 70%에 이른다. 이러한 지정학적 사실에 눈을 감고 우리나라를 반도국 임해국으로서 해양국가가 되어야 한다고 주장하는 것은 170여 년 전 우리나라 연해안을 스쳐 지나간 로드 애머스트 호의 선의 귀츠라프와 다를 바 없다. 그는 배 위에서 바라본 한반도의 외양만을 보고 조선을 '해양국가'라고 단정하고 말았다.[25]

역사상 우리 조상들은 농지에서 쫓겨날 경우 바다로 가기보다는 산으로 가 산적이 되거나 화전민이 되어 생계를 이어갈 수 있었다. 메이헌은 이에 대한 적절한 예를 네덜란드를 들어 설명한 바 있다.

> 영국인이 바다로 이끌렸다면, 네덜란드인은 바다에 던져졌다고 할 수 있다.(If England was drawn to the Sea, Holland was driven to it) … 토양의 척박함과 바다에 접해 있다는 점 때문에 네덜란드인들은 바다로 몰릴 수밖에 없었다. … (네덜란드의) 번영이 네덜란드의 천연자원 부족 때문에 가능했던 것은 아니었다. … 가난이 그들을 바다로 나가도록 만들었

---

25) F. A. Gützlaff, 이규태 역(1978), 「규츠라프의 서해안 항해기」(1834), 『주간조선』, 1978.6.11, p.15.

다. … 네덜란드인의 모든 부는 가난에서 비롯되어 건설한 해양력을
바탕으로 했다.[26]

두 번째는 우리 역사상 해양활동이 활발했던 시대가 있었다는 주장이
다. 이 주장 역시 장보고의 해상활동이 채 20년도 지속되지 못하였고,
고려시대의 해상활동 역시 세계 역사의 흐름에서 보았을 때 특기할
만한 것이 그다지 많지 않다는 점을 고려하면 조금 지나친 감이 있다.
우리 역사에서 해상활동이 전혀 없었다거나 역사 전개에 아무런 영향도
끼치지 못했다고 얘기하는 것은 분명 잘못이다. 그렇다고 해서 우리
역사상 해양활동이 활발했던 짧은 시기의 영화를 과대평가하는 것
또한 잘못일 것이다.
　혹자는 우리 민족이 '천혜의 해양국가'(강종희), '뿌리 깊은 해양민족'(이
재우)이라거나, '우리 민족이 주변국과 비교해 볼 때 활발하고 우월한
능력을 소유하고 있다'(윤명철)고 단언하고 있다. 그러나 우리 민족을
해양민족이라고 생각하는 국민들이 얼마나 있을 것인가? 하물며 우리
민족이 주변의 중국이나 일본에 비해 해양활동이 활발했고, 그들보다
해양에서 우월한 능력을 소유하고 있다는 주장이 과연 역사적 사실에
얼마나 부합되는지는 의문이다. 이와 같은 극단적 주장은 한반도를
해양국가라거나 또는 해양국가가 되어야 한다는 주장을 허황되게 만들
어 버리고 만다.
　이와 관련하여 해양전문가인 루크 카이버스 박사의 말에 귀를 기울일
필요가 있다. 루크 카이버스 박사는 "해양국가는 지리적 요인과 정신적
요인에 의해 결정된다"고 전제하고, "대한민국은 지리적으로는 분명
해양국가이고, 경제적으로도 세계적인 해양국가이지만, 정부나 국민

---

26) Alfred Thayer Mahan, 김주식 역(1999), 『해양력이 역사에 미치는 영향 1』,
　　pp.86~87.

들의 바다에 대한 이해와 관심을 기준으로 한다면 해양국가라고 하기에는 미흡하다"고 지적한 바 있다.[27] 루크 카이버스가 제시한 해양국가의 조건과 이와 관련한 우리의 현재의 모습을 냉정하게 평가해 본다면 다음과 같다.

〈표 1-1〉 해양국가의 조건과 우리나라의 충족 여부

해양국가의 조건	우리나라
정부와 국민의 바다에 대한 관심도	×
자국민의 해양 산업에 이룩한 업적을 자랑스럽게 생각하는가?	▲
바다의 날과 같은 축제가 있는가?	▲
위대한 해양문학가가 있고, 대중에게 인기가 있는가?	×
TV에 해양 관련 프로그램이 방영되어 인기를 끌고 있는가?	×
해양을 주제로 한 박물관이 있는가?	▲

주 : ● = 충족, ▲ = 미흡, × = 불충분

Ⅳ. 교훈과 시사점

세계는 고전적 의미의 자본주의는 아니지만, '개방화'(openness)와 '규제 완화'(deregulation)를 기본으로 하는 자본주의적 원리가 지배하고 있다. 자본주의가 발전하는 데는 폐쇄적 국민경제체제나 자급자족경제체제로는 '한계', 조금 더 나아가면 '불가능'하다고까지 말할 수 있을 것이다. 그렇다면 자본주의 경제체제가 제대로 작동하기 위해서는 적어도 국민경제의 테두리를 넘어야 한다는 기본전제가 충족되어야 한다. 그럴 경우 원료의 수급과 재수출, 완제품의 판매를 대량으로 하기 위해서는 저렴하게 대량으로 운송할 수 있는 배를 이용하지

27) Luc Cuyvers(2006), "Korea National Maritime Museum : Suggestion and recommendations,"『국립해양박물관 전시물 확보 및 운영에 관한 연구』, 한국해양대학교 국제해양문제연구소, pp.445~458.

않으면 안 된다. 이 점에서 해양 활동은 그것 자체만으로도 민족이나 국가의 발전에 필수불가결한 요소라고 할 수 있다. 하지만 15세기 이후의 역사전개를 고려해 본다면, 해양 활동이 곧 자본주의 발전으로 이어진 것이 아니었다는 사실 또한 명백하다.

해양국가로서 영국이 포르투갈이나 스페인 보다 늦게 해양사업에 뛰어들었음에도 불구하고, 자본주의화에 성공할 수 있었던 것은 영국인들이 타 국가에 비해 해양 활동의 본질을 제대로 이해하고 실천하였음과 동시에 해양 활동을 해양문화로 승화시켰다는 데서 그 동인을 찾아볼 수 있지 않을까 한다. 인간이 바다로 나아가는 것은 바다 그 자체에 머물러 있기 위한 것이 아니다. 인간이 해양 활동을 하는 데는 두 가지 목적이 내재되어 있는데, 하나는 교역이고, 다른 하나는 약탈이다. 같은 문명권이나 비슷한 정도의 문화를 갖고 있는 문명권을 대상으로 해양 활동을 하는 민족은 주로 교역을 하게 되지만, 다른 문명권이나 하위 문화권에 대해서는 처음에는 교역을 가장하지만 결국은 약탈을 감행하게 된다. 이를테면 포르투갈은 엔리케 당시에는 아프리카의 하급 문화권과 접촉하면서 노예 무역과 사금 채취 등 약탈에 치중하였고, 인도 항로 개척 뒤에는 이질문명권인 인도와 교역을 추구하였으나, 그들의 힘의 실체를 파악한 뒤에는 결국 약탈로 이어졌다. 스페인의 경우는 콜럼버스의 서인도 도착 이후 하급 문화권인 서인도제도를 약탈하였고, 결국 고급문명권이지만 이질문명권이었던 잉카와 아즈텍 문명마저 유린하기에 이르렀다.

물론 이에 대한 반례를 얼마든지 찾을 수 있을 것이다. 이를테면 유럽의 경우 노르만족이 같은 유럽 문명권을 약탈한 경우와 일본의 경우 같은 문명권인 중국과 한반도를 침략한 예를 떠올릴 수 있을 것이다. 그러나 노르만족이 9~12세기 유럽을 유린하였을 당시 아직 기독교로 개종하기 이전이었다는 점에서 노르만이 유럽 기독교 문명권에 포함된다고 얘기할 수 없고, 일본의 경우도 같은 유교문명권이라고 생각할 수 있겠으나 지리적으로 일본은 대륙과 격리된 도서국가로서 중국의 압력이 상대적으로 적었다는 점이, 우리나라가 반도이자 산악국가였던 데 반해, 일본은 해양국가였다는 점에서 분명 이질적인 문명권이었다고 할 수 있을 것이다.

이와 같은 교역과 약탈은 거의 모든 민족과 국가의 해양 활동에 나타나는 공통된 특성이다. 영국이 이들 나라의 해양 활동과 달랐던 점은 해양 활동의 주체들이 주류 사회의 한 축을 형성하였고, 왕실 내지 정부 또한 국가의 정체성을 해양국가로 설정하고 정책을 추진하였다는 점이다. 영국의 경우 거의 모든 계층이 선원이 되었고, 선원이라는 직업을 통해 사회적 신분을 상승시킬 수 있었으며, 해양문학, 해양과학, 해양경제, 해양전략, 해양탐험 등을 통해 해양을 무대로 한 활동이 사회의 주류 문화를 형성하였다. 이 점에서 트레벨리안이 "영국의 운명은 언제나 선원(boat-crew)에 의해 좌우되어 왔다"[28]고 적었던 것은 아주 적절했다.

여기에서 해양 활동과 해양문화와의 관계를 정리할 필요성이 제기된다.[29] 여기에서는 해양활동이 한 국가의 해양문화로 승화되는 이념형적 과정(ideal process)을 제시하는 데 그치고자 한다.

역사상 바다에 연한 민족들은 바다에서 수산, 해운, 해전, 탐험, 여가활동을 벌여왔다. 이와 같은 해양활동이 특정 국가나 민족의 주류 해양문화로 승화되기 위해서는 최소한의 조건이 충족되어야 한다.

---

28) G. M. Trevelyan(1926), *History of England*, Longmans, Green and Co., p.xix.
29) 이미 2003년 한국해양문화학회에서 해양문화에 대해 학제적 접근을 시도한 바 있다. 이날 워크샵에서 여러 연구자들이 해양문화의 개념을 다양한 관점에서 정의내린 바 있다. 한국해양문화학회(2003), 『21세기 한국해양문화의 정의와 발전방향』, 2003.8.22.

첫째, 바다를 무대로 전개되는 여러 활동 분야가 고르게 발달해야 한다. 즉 바다를 무대로 전개되는 여러 분야 가운데 한두 분야에 나타난 해양 활동과 문화적 양상을 토대로 그 민족의 문화적 성격을 해양문화라고 칭해서는 안 된다. 즉 수산문화, 해운문화, 해군문화, 해양여가문화 등이 한데 어우러져 이루어진 해양문화가 특정 국가나 민족 문화의 주류를 형성하였을 경우에 한하여 그 국가 또는 민족의 문화를 해양문화라 칭할 수 있을 것이다.

둘째, 해양 활동의 주체, 곧 선원직을 포함한 해양산업 종사자와 해양산업 경영직을 선택하게 만드는 유인력이 있고, 사회 내에서 선원직과 해양산업에 대한 사회적 위상이 좋아야 한다. 금전적 보상이나, 사회적 입신, 또는 미지의 세계에 대한 동경심 충족, 탐험이나 탐사를 통한 명예 획득 따위의 유인력으로 사회 내에서 창의적이고 유능한 사람들을 선원직과 해양 산업으로 끌어들일 수 있어야 하며, 이들이 해양 직업과 사회 내에서 진급할 수 있는 길이 열려있어 지위상승을 꾀할 수 있어야 한다. 나아가 선원 경력이나 해양산업 경영자들이 사회의 최상층부로 진출할 수 있어야 한다. 이 점에서 영국은 포르투갈, 스페인, 중국과는 판이했다. 이와 관련하여 해상 관련 직업에 종사하는 사람들의 비율이 얼마나 많은가는 문제가 되지 않는다. 영국의 경우 1688~1830년에 이르기까지 선원이 전체 인구에서 차지하는 비율은 1%에도 미치지 못했다.[30]

셋째, 해양 활동이 일회적이거나 단속적이어서는 안 되고 지속적이어야 한다는 것이다. 해양활동이 최소한 3세대 동안은 지속되어야 해양문화를 창출할 여건을 갖추게 된다는 것이 필자의 생각이다. 우리나라의 경우 9세기 장보고가 동북아시아의 해상권을 장악하였고 중국

---

30) 김성준(2006), 『산업혁명과 해운산업』, p.285.

도 15세기 정화가 경이적인 해양 활동을 한 바 있지만, 그것이 한 세대도 채 이어가지 못함으로써 해양 활동이 문화로 승화될 기회를 상실하였다.

넷째, 해양 활동의 주체들이 배와 바다 위에서 창출한 노동과 일상, 그리고 그들의 체험이 사회 전반에 소개되고 일반 대중으로부터 호응을 얻어야 한다. 선원들의 항해기, 조난기, 미지의 지역 탐방기, 모험기, 해양역사, 선원의 생활을 다룬 해양시와 소설 등이 지속적으로 출판되고, 대중들로부터 호응을 얻는다는 것은 해양 활동이 해양문화로 승화되기 위한 마지막 단계이다. 여기서 한 걸음 나아가 문화로 승화된 해양 활동이 해당 민족이나 국가의 정체성에 영향을 미치기 위해서는 해양 전략 내지 철학과 같은 이론적 뒷받침이 있어야 한다. 이를 도식화해 보면 다음과 같다.

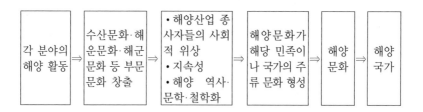

동양 3국의 근대화 과정은 위와 같은 필자의 논지를 뒷받침해 주고 있다. 일본은 해양국가로서 비록 서구에 의해 자본주의 체제에 편입되었지만, 이를 재빨리 흡수하여 자본주의를 발전시킬 수 있었다. 결과론적으로 대륙국가였던 중국은 반식민지로, 반도국가로서 대륙 지향적이었던 조선은 식민지로 전락한 반면, 해양국가였던 일본은 자본주의화에 성공하였다. 극동아시아 3국의 역사적 경험은 해양문화가 자본주의 발전에 우호적 영향을 미친다는 필자의 시론을 확인시켜 줄 수 있는 좋은 본보기이다.

우리나라는 그야말로 명실상부하게 해양강국이라고 얘기해도 지나친 말이 아니다. 해방 이후 현재에 이르기까지 우리나라가 이만큼 경제성장을 이룩할 수 있었던 배경에는 해운, 조선, 수산 등 해양산업에 창의적인 사람들이 유입되고, 이들이 제 능력을 발휘했기 때문이었다는 사실은 흔히 간과되어 왔다. 그러나 해방 이후 2세대가 지나가고 3세대로 접어든 현 시점에서 보면, 창의적인 사람들을 해양산업으로 유인할 수 있는 요인들이 감소되어 가고 있다. 게다가 해운사, 조선사, 수산사 등 해양의 각 분야의 역사서들이 우후죽순 격으로 간행되고 있지만, 이것들이 대중으로부터 아무런 반향을 불러일으키지 못하고 있다. 뿐만 아니라 해양문학이라는 미명하에 출판된 해양소설들이 해양에 대한 긍정적 인식을 부각시키기는커녕, 해양사고, 선원들의 방종, 선내의 갈등 등 부정적 인식을 확산시키는 데 이바지하고 있다. 해방 이후 2세대가 흘러가고 있는 현 시점에서 보았을 때, 우리나라가 현재 보다 한 단계가 더 발전하기 위해서는 해양 활동에 창의적인 사람들을 유인할 수 있어야 하고, 해양 활동의 지속성을 견지해야 하며, 해양문화를 창출하여 대중들로부터 호응을 얻어야 한다는 것이 필자의 생각이다.

우리의 역사를 돌이켜 볼 때 우리는 존재와 의식이 분리되어 살아왔다. 즉 우리의 지정학적 존재는 해양국가임에도 불구하고 우리는 늘 대륙국가라는 의식 속에서 살아 온 것이다. 이제 21세기 신해양시대를 맞이하면서 우리가 이에 어떻게 대처하는가에 따라 우리의 미래가 달라질 것이 분명하다. 그렇다면 우리에게 남겨진 과제는 우리의 존재와 의식을 일치시키는 일이다. 이상의 논의를 통해 얻을 수 있는 시사점을 정리해 보면 다음과 같다.

첫째, 인류의 문화와 문명의 발전을 위해 해양 활동은 필수불가결하며, 국가의 생존과 번영을 위해서는 우주와 바다를 통제하고 이용할 능력을 보유해야 한다.

둘째, 역사적, 민족적, 지경학적 측면에서 국가적 정체성을 일치시킨 나라는 중심국으로서 번영을 구가했으며, 15세기부터 20세기까지 세계사는 해양 활동을 선도한 국가가 주도하였다.

셋째, 해양국가가 중심국의 지위를 유지하기 위해서는 해양 분야로의 사회적 유인력이 커야 하고, 종사자들의 사회적 위상이 높아야 하며, 해양 활동이 능동적, 지속적이어서 해양문화가 창출되고 향유되어야 한다.

넷째, 지경제학적 측면에서 한반도는 병참적, 문지방적, 부속적, 주변적 위치에 있는 반도이나, 우리 민족 구성원의 무의식은 대륙지향적이어서 우리의 존재와 의식이 불일치한 상태다.

다섯째, 지난 2세대 동안 우리나라는 정부주도의 수출지향적 산업화에 힘입어 해양산업이 발전해 왔으나, 정부와 국민의 바다와 해양 분야에 대한 이해와 관심은 여전히 낮은 상태에 있다.

여섯째, 향후 우리나라의 생존 및 발전 가능성은 우리의 존재와 의식을 일치시켜야 하며, 이는 대륙지향 보다는 해양지향에 있다는 당위에 입각해 정부와 국민들의 역량을 집중해야 한다. 이를 위해 정부는 국민들이 바다를 친숙하게 접할 수 있는 정책을 적극적으로 추진해야 한다.

해양국가가 되기 위해서는 지리적 위치만이 아니라 국민들의 의식이 뒷받침 되어야 한다는 것은 의심의 여지가 없다. 바다는 관념으로 이해되지 않으며, 배를 타고 바다에서 고기를 잡고, 항해를 하고, 여행을 하는 생생한 삶의 터전이자 여가의 중심이어야 한다. 이를 위해서는 우리 국민들이 바다를 바라보는 대상이 아니라 '놀고, 즐기는 삶의 터전'이 되도록 하는 것은 매우 중요하다. 그런 점에서 우리나라를 해양국가로 만들기 위한 캐치프레이즈는 전 국민이 '바다에서 놀자!'가 되어야 한다. 왜냐하면 해사 관련 산업 종사자는 전체 인구에서 1%를 넘기기 어렵지만, 바다수영, 바다낚시, 해양레포츠를 즐기는 국민의 수가 전체 인구의 10%를 넘기는 것은 그리 어려운 일이 아니기 때문이다. 바다에서 놀기 위해서는 배를 타고 나갈 수밖에 없으며, 배와 바다를 가까이 접하는 사람들은 친해양적 성향을 갖게 될 것이라는 사실은 명백하다. 친해양적 성향의 사람들이 다수를 점하는 국가가 곧 해양국가 아니겠는가?

2장

한선의 역사적 발달과 조선술

2020년 말 현재 대한민국은 실질운용 선대 보유량 세계 7위, 선박건조량 세계 1위를 차지하고 있다. 1960년대까지만 해도 대한민국은 연간 선박 10만 총톤도 건조하지 못했고, 이렇다 할 대형 조선소조차 없었다. 한국이 불과 반세기 만에 세계 제1의 조선국으로 성장할 수 있었던 것은 일찍부터 바다로 나가 고래를 잡고, 이웃 나라인 중국과 일본과 교류하기 위해 배를 만들어왔던 역사적 경험이 축적되어 있었기 때문이었다. 이 글에서 원시시대부터 18세기까지 한선의 기술적 발전에 관해 역사적인 방식으로 설명할 것이다.

Ⅰ. 선사 ~ 삼국시대

한국에서 가장 오래된 배는 신석기 시대의 마상이獨木舟인 경남 창녕의 비봉리에서 출토된 '비봉리 통나무배'다. 2005년 창녕군 비봉리 44번지 일대에서 발굴된 비봉리 통나무배는 신석기 시대 초기의 배로 추정되며 편년상으로는 지금으로부터 약 8000년 전의 우리 조상들이 사용한 것으로 보인다. 비봉리 통나무배의 잔존량은 길이 3m 10㎝, 최대폭 60㎝, 깊이 약 20㎝, 두께 2~5㎝로 실제 크기는 4m에 이르렀을 것으로 추정된다. 이 통나무 배는 U자형으로 통나무의 속을 파내고 표면을 그을린 흔적이 남아 있다. 비봉리 통나무 배의 출토로 이제까지 일본에 비해 2000년 정도 뒤져 있던 우리 선박사의 시원이 일본을 앞지르게 되었다. 일본에서 발굴된 통나무 배인 후쿠이福井 도리하마鳥 浜 1호나 이키리키伊木力 유적지 출토 배는 약 5500년 전의 것으로 추정되고 있다(『국제신문』, 2005.9.6, 3면).

선사시대 우리 조상들이 선박을 어로를 위해 사용했음을 보여주는 유적으로는 울주군 언양읍 대곡리의 태화강 강변의 바위에 새겨진 암각화(국보 285호)가 있다. 신석기 시대에서 청동기 시대에 걸쳐 우리 선조들이 바위 위에 새겨놓은 이 바위그림에는 호랑이, 사슴, 고래 등의 동물과 함께 배 4척이 새겨져 있다. 이 배는 통나무를 파내 만든 마상이로서 한민족이 일찍부터 배를 만들어 바다로 나가 고래를 잡았음을 보여주는 자료이다.

〈그림 2-1〉 울주 태화강의 바위에 새겨진 고래잡이 배　자료 : 국립해양유물전시관, 『물, 바다, 사람, 배, 꿈, 삶, 그 자국』, p.97.

기원 전후로 만주와 한반도 일대에서 국가를 형성한 고구려, 백제, 신라, 가야 등이 상호 경쟁하면서 발전을 거듭하였다. 이 시기 한반도의 고대국가들은 중국과 일본으로 사신을 파견하기도 하고, 바닷길을 통해 타국을 공격하기도 하였다. 396년 고구려의 광개토대왕(375~413)이 해로를 통해 백제를 공격했고, 백제와 가야 또한 일본과 가장 밀접하게 교류하였으며, 신라는 왜구의 침입을 막기 위해 선부서船部署를 설치하여 배를 관장하게 하였다. 이러한 사실들은 고구려, 백제, 신라, 가야가 모두 배를 만들고 이용했음을 간접적으로 보여주는 증거들이다.

〈그림 2-2〉 5~6세기 가야 토기(보물 555호, 호암미술관 소장) 자료 :『한국해양
대학교박물관도록』

이 시기 우리 배의 모습을 보여주는 직접적인 증거들이 남아 있다. 현재까지 학계에 알려진 주형토기는 주로 5~6세기 신라와 가야의 무덤에서 발굴된 배 모양 토기이다. 이들 배 모양 토기는 두 가지 형태로 대별할 수 있다. 하나는 밑바닥이 평평한 평저형 배 모양 토기이고, 다른 하나는 밑바닥이 둥그스름한 모양의 토기이다. 평저형 배 모양 토기는 5~6세기 가야의 토기이고, 둥그스름한 배 모양 토기는 6세기 신라의 왕족 무덤에서 출토된 토기이다. 이들 배 모양 토기는 대개 왕족이나 귀족의 무덤에 부장품으로 매장되었던 것들이다. 우리 선조들은 사람이 죽으면 그 영혼이 황천黃泉으로 간다고 생각했는데, 영혼이 황천으로 안전하게 가기를 염원하는 마음에서 무덤에 배 모양 토기를 만들어 넣었던 것으로 보인다. 따라서 현재 남아 있는 배 모양

토기는 5~6세기 우리 조상들이 실제로 사용했던 배로 간주할 수는
없을 것이다.

〈그림 2-3〉 경주 금령총에서 출토된 6세기 신라 토기(국립중앙박물관 소장) 자료 : 『한국해
양대학교박물관 도록』

〈그림 2-4〉 안압지 선(국립경주박물관 전시)

1975년 신라의 고도 경주의 안압지에서 통나무 배 한 척이 발굴되었다. 흔히 안압지 선으로 불리는 이 배는 길이 18척(약 5.5m), 선수의 너비 약 2척(0.6m), 선미의 너비 약 4척 6촌(약 1.3m), 높이 1척 2촌(약 0.36m), 배 밑판의 두께는 5~6촌(15~18㎝)이다. 연못에서 놀잇배로 사용된 안압지 선은 통나무 3토막을 각각 속을 파내어 옆으로 잇댄 뒤, 좌우의 통나무 옆에 구멍을 뚫고 중앙 판의 가운데에 고리를 만들어 바닥판을 장삭(장쇠 또는 가룡목)이라는 나무못木釘으로 3쪽을 연결하였다. 깎아낸 통나무를 장삭을 사용하여 조립한 것은 후대 전통 한선의 선체 조립방법과 동일하다. 따라서 한국인들은 이미 7~9세기에 독특한 조선 기법을 개발했다고 할 수 있다.

II. 고려시대

1983~84년에 한반도 남서해안인 완도 부근에서 목선 한척이 발굴되었다. 3만여 점의 도자기를 적재하고 연안을 항해하다 침몰한 것으로 보이는 완도선은 대략 11세기 경의 연안상선으로 추정되고 있다. 상갑판의 선수부와 선미부는 남아 있지 않고, 선저판과 외판의 일부만이 남아 있다. 완도선은 먼저 5개의 두터운 목재를 나란히 잇댄 뒤 구멍을 내어 장삭이라고 부르는 긴 나무못으로 고정하여 저판을 만들었다. 저판을 조립한 뒤에는 좌우현에 나무 판재를 5단으로 '턱붙이 겹이음 방식'上角型 塔接(grooved clinker joint)으로 잇고, 피삭으로 고정하였다. 좌우현을 이어 붙인 뒤에는 좌우현판이 무너지지 않도록 장삭加龍木으로 연결하였다. 이 완도선에서는 철못을 일체 사용하지 않았고, 나무못을 사용하였는데, 이것도 전통 한선의 특징이라고 할 수 있다. 완도선의 실물 크기를 추정해 본 바에 따르면, 길이 약 9m, 너비 3.5m, 중앙부

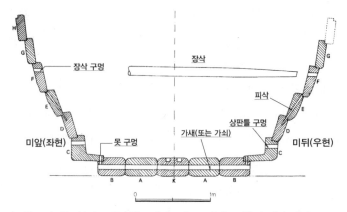

미앞(좌현)   장삭 구멍   장삭   피삭   상판틀 구멍   미뒤(우현)

못 구멍   가새(또는 가쇠)

〈그림 2-5〉 완도선의 조선기법(11세기)   자료 : 김재근, 『우리 배의 역사』, p.77.

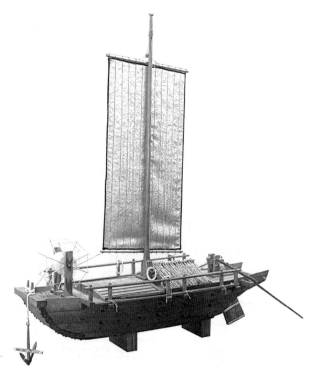

〈그림 2-6〉 완도선 복원선   자료 : 『한국해양대학교박물관 도록』

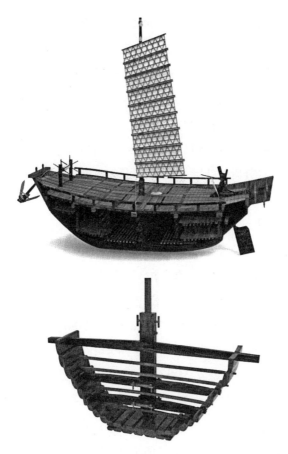

〈그림 2-7〉 마도 1호선 복원도 및 중앙단면 자료 : 국립해양문화재연구소(2013), 『마도1호선 구조설계 및 조선공학적 분석 Ⅰ』, p.100.

깊이 1.7m, 적재중량 10톤 내외이다.

2010년에는 태안군 마도 앞바다에서 1208년 난파된 조운선이 발굴되었다. 흔히 마도 1호선으로 불리는 이 선박은 전라도 나주, 해남, 장흥 등지의 먹거리를 개경으로 운반하다 안흥량 앞바다에서 난파된 상선으로 밝혀졌다. 침몰연대가 정확히 확인될 수 있었던 것은 목간이 함께 발굴되었기 때문이다. 마도 1호선의 잔존량은 길이 10.8m, 너비 3.7m이며, 저판 7열 23편, 이물비우(선수판) 7열, 좌현외판 2단 6편, 우현외판 3단 9편, 장삭 2점, 선체 내부구조물 13편 등이 남아 있었다. 국립해양문화재연구소가 복원한 바에 따르면, 마도 1호선은 길이 15.2m, 너비 6.5m, 깊이 3.2m, 흘수 1.4m로 배수량은 43톤에 이르는 야거리(돛대가 1개인 외대박이 돛배)로 추정된다. 마도 1호선이 한선에서 의미가 있는 것은 이물비우가 선저판에서 직각으로 결합되지 않고, 선저에서부터 유선형으로 결합되었다는 점이다. 이는 조파저항을 줄여 능파성을 증가시키기 위한 것으로서 완도선에 비해 항해성능이 우수했을 것으로 추정되고 있다.

2005년에는 중국 산동반도의 펑라이蓬萊에서 14세기 경의 고선이 발굴되었다. 보통 펑라이 고려고선으로 불리는 이 선박은 격벽과 늑골이 발견되어 한중 학계의 주목을 받았다. 중국에서 추정한 펑라이 고려고선은 길이 22.5m, 너비 7.2m, 깊이 3.0m, 배수량 128.5톤에 이른다. 흔히 한선은 격벽이나 늑골을 사용하지 않고, 장삭으로 횡강력을 보강한다는 것이 한국 선박사학계의 정설이었다. 그러나 펑라이 고려고선은 격벽과 늑골로 횡강력을 보강했을 뿐만 아니라, 앞돛대는 뒤로(한선식), 뒷돛대는 앞으로 눕혀(중국식) 지도록 만들어져 한선의 특징과 중국선의 특징을 함께 보여주고 있다. 그러나 외판을 홈박이 붙이 클링커 방식(상각형 탑접)으로 결합하고, 저판을 가새로 결합한 것 등으로 보아 한선인 것으로 밝혀졌다. 펑라이 고려고선은 이제까지 발굴된 한선으로서는 가장 규모가 클 뿐만 아니라, 한선에는 격벽과 늑골이 없었다는 기존의 학설을 뒤집었다는 점에서 한국선박사상 의의가 매우 큰 선박이다.

III. 조선시대

1392년 조선왕조가 건국되면서 한국의 조상들은 밖으로는 해적의
활동을 진압하고, 안으로는 국가재정의 기본인 세곡미를 지방에서
서울로 운송해야만 했다. 세종은 고려 말부터 한반도의 연해안을 약탈
하던 왜구를 토벌하고자 1419년 군선 227척과 1만 7000여 명의 병력을
동원하여 대마도를 정벌하였다. 15세기 초 세종 대에 조선은 대선,
중선, 병선, 맹선 등의 군선을 보유하고 있었으나, 이들 군선들은 특정한
조선기법에 따라 건조한 군선이 아니라 크기와 쓰임새에 따라 분류한
것으로 보인다. 조선 건국 초에는 세곡미를 운송하는 전용상선이 있었
던 것으로 보이지만, 15세기 중엽 세조(1455~1468) 때에 전선과 상선을
혼합한 병조선이 건조되기도 하였다. 이들 배들이 어떻게 건조되었는
지에 대한 자료는 남아 있지 않다. 하지만 다행히도 16세기 이후 조선의
주력 전선인 판옥선과 귀선, 그리고 상선인 조운선의 도면이 남아
있어 한국인들이 배를 어떻게 건조했는지 알 수 있다.

판옥선과 귀선, 그리고 조운선은 그 쓰임새와 외형은 다르지만,
건조기법에서는 기본적으로 동일하다. 18세기 말에 간행된 『각선도본
各船圖本』에 판옥선과 조운선의 건조법이 자세하게 설명되어 있다. 이
도면에 따르면, 판옥선은 판재 15개를 이어 붙여 저판을 만들고, 각각
7개의 판재를 홈박이붙이 겹이음 방식으로 조립하여 좌우현을 세운
뒤, 장삭 14개로 좌우현의 뱃전을 연결하여 횡강력을 보강하였다.
선수재는 판재 15개를 세로로 이어 붙였고, 선미부는 위로 치켜 올라가
도록 만들어 전선으로서의 위용을 과시하고, 파도로부터 타를 보호하
도록 했다.

판옥선은 2층 갑판선으로서, 1층 갑판에는 비전투원인 노잡이들이
타고, 2층 갑판에는 전투원이 배치되어 대포와 화살을 사용하여 적선을

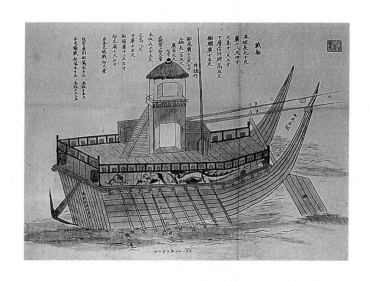

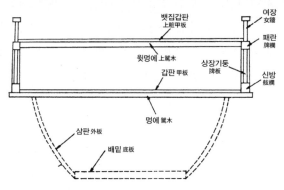

〈그림 2-8〉『각선도본』의 전선(판옥선)과 중앙 단면   자료 : 김재근, 『우리 배의 역사』, p.210.

공격할 수 있도록 했다. 1592~98년까지 계속된 조일전쟁에서 당시
수군통제사였던 이순신 제독은 기함인 판옥선을 지휘하여 일본 수군과
23차례 접전하여 23차례 모두 승전을 거두었다. 이순신 제독이 승선했
던 판옥선은 저판의 길이 20m 내외, 노 16자루(좌우에 각각 8자루씩),
탑승인원 160명 정도였을 것으로 추정되고 있다.
　판옥선과 함께 조일전쟁에서 조선 수군이 일본 수군을 격파하는

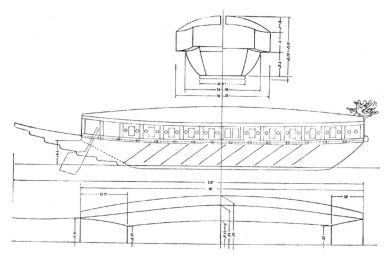

〈그림 2-9〉 김재근 교수가 복원한 귀선의 선형 자료 : 김재근, 『한국의 배』, p.237.

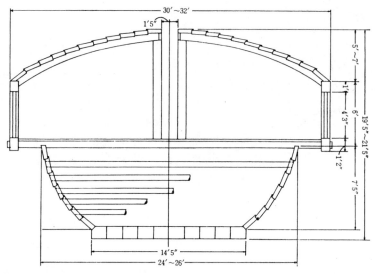

〈그림 2-10〉 김재근 교수가 복원한 귀선의 중앙 단면 자료 : 김재근, 『한국의 배』, p.238.

데 혁혁한 공을 세운 전선이 바로 귀선이다. 귀선이라는 명칭 자체는
이미 조선 초기에도 있었던 듯하지만, 이를 실전에 투입할 수 있는

〈그림 2-11〉 윤원영이 공개한 거북선도 자료 :『국제신문』, 2004. 8. 19.

전선으로 재창조한 것은 이순신 제독과 그의 휘하 장수였던 나대용이었
다. 조일전쟁이 끝나고 약 200년이 지난 1795년에 간행된 『이충무공전
서』에 '귀선' 그림 2점이 포함되어 있다. 이를 보면 귀선의 저판과
외판은 판옥선과 동일하지만, 상부구조물이 다르다는 것을 알 수 있다.
판옥선은 상부구조물이 복잡하게 구조되어 있지만, 귀선은 판옥선의
상갑판 위의 구조물을 없애고, 그 위에 개판을 씌웠다. 귀선은 현측에서

포를 쏠 수 있었고, 용두에서도 포를 쏘거나 연기를 뿜어내어 적선을 공격할 수 있었다. 귀선의 개판에는 십자로 작은 길을 내어 돛을 조작할 때 출입할 수 있도록 하는 한편, 곳곳에 철침을 박아 적군이 거북배로 난입하지 못하도록 했다. 일본 측 사료(『志魔軍記』/『征韓偉略』)에 의하면, 귀선의 외판과 개판 곳곳이 철편으로 뒤덮여 있었다.

지금까지 연구된 바로는 귀선은 주갑판과 상부개판의 단갑판선(2층 구조선은 잘못된 표현임)으로 되어 있다는 것이 연구자들의 일반적인 견해였다. 그러나 단갑판 구조로 되어 있을 경우, 노잡이와 포수(gunner)가 같은 갑판에 위치하게 되어 원활하게 전투를 수행할 수가 없다. 따라서 귀선이 단갑판 구조로 되어 있는지에 대해 의문이 제기되었지만, 자료가 발굴되지 않아 현재까지 복원된 귀선은 모두 단갑판 구조로 건조되어 있다. 그러나 2004년에 공개된 〈그림 2-11〉에는 귀선이 노역 갑판, 포갑판, 상부개판의 이중갑판(3층 구조라는 표현은 잘못된 표현임)으로 되어 있다. 기록에 따르면, 귀선은 전장 34m, 저판의 길이 19.6m, 저판의 너비 4.4m, 상갑판의 너비 9.1~9.7m, 높이 6-6.5m, 승조원 160명(노잡이 100명, 키잡이 등 10명, 포수와 사수 50명) 내외였다.

조운선은 세곡미로 징수한 쌀을 운송하는 데 이용된 배이다. 조운선의 건조법 또한 기본적으로 전선과 유사하지만, 몇 가지 점에서 차이가 난다. 우선 선수부의 경우 판옥선은 판재를 세로로 이어 붙였지만, 조운선은 판재를 가로로 이어 붙였다. 횡강력재인 장삭(가룡목)의 경우, 판옥선은 14개를 사용하였지만, 조운선은 단지 4개만 사용하여 좌우현판을 연결하였다. 이는 화물창을 가로지르는 선박 부재인 장삭이 많이 설치될 경우 짐을 실을 때 방해가 되었기 때문이다. 18세기 조운선은 바닥판의 길이 17m, 바닥판의 너비 3.9m, 깊이 3.3m 내외였고, 최대 100톤 가량을 적재할 수 있었다.

한국의 전통 사회에는 원양항해용 선박이 없었고, 근해용 선박만

〈그림 2-12〉 출범도(조영석 그림, 국립중앙박물관 소장) 자료 : 김재근, 『한국의 배』, f.5.

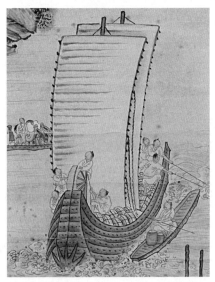

〈그림 2-13〉 세곡운반선(유운홍 그림, 19세기) 자료 : 국립중앙박물관 전시자료

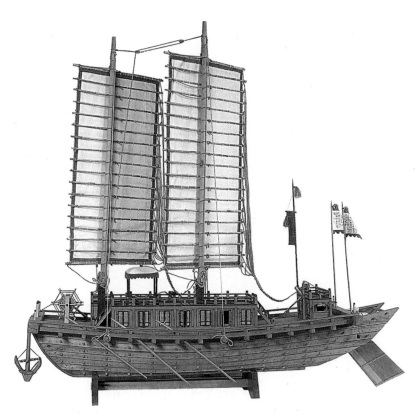

〈그림 2-14〉 통신사 정사선 모형   자료 : 한국해양대학교『박물관도록』

있었다는 이마무라 도모今村鞆나 언더우드(Underwood), 강만길 등의 주장
과는 달리, 통신사선과 같이 원양항해용 선박이 다수 건조되었음은
이미 언급한 바 있다. 조선은 철저하게 해금정책을 고수하였음에도
불구하고, 통신사선만은 예외였다. 조일전쟁 이후 총 12차례에 걸쳐
일본에 파견된 통신사행단은 부산을 출발하여 대한해협과 세토나이카
이瀬海內海를 통과하여 오사카까지는 해로로 이동하고, 이곳에서부터
도쿄까지는 육로로 이동하였다. 바로 이들 통신사 일행이 탑승하는
배가 통신사선이었다. 통신사 선단은 정사, 부사, 종사관이 타는 삼사선

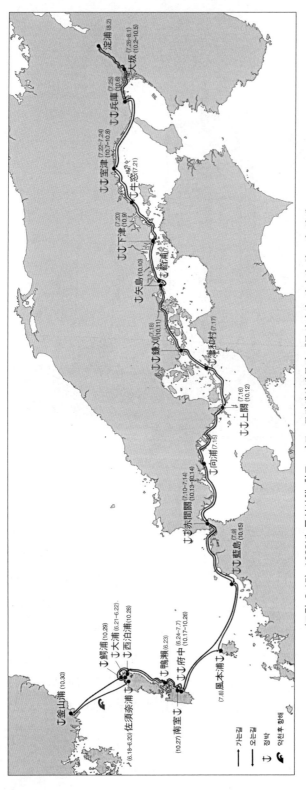

〈그림 2-15〉 1682년 통신사행 항로 자료 : 국립해양문화재연구소편, 『통신사선 선단의 항로와 항해』, 2017, p.239.

釜山浦(10.30)
鰐浦(10.29)
大浦(6.21~6.22)
西泊浦(10.28)
(佐須奈浦)(6.18~6.20)
鴨瀬(6.23)
南里(10.27)
府中(6.24~7.7)(10.17~10.26)
風本浦(7.8)
藍島(7.9)(10.15)
赤間關(7.10~7.14)(10.13~10.14)
向浦(7.15)
上關(7.16)(10.12)
津和村(7.17)
鎌刈(7.18)(10.11)
鞆浦(7.19)
矢島(10.10)
下津(7.20)(10.9)
牛窓(7.21)
室津(7.22~7.24)(10.7~10.8)
兵庫(7.25)(10.6)
大坂(7.26~8.1)(10.2~10.5)
淀浦(8.2)

가는길
오는길
정박
익선후 항해

(또는 기선騎船) 3척과 삼사선에 딸려 주로 화물을 운송하는 복선卜船 3척 등 총 6척으로 이루어졌고, 사행단은 총 300~500명으로 구성되었다. 통신사선은 조선기술 면에서는 기본적으로 한선의 전통을 그대로 따르고 있지만, 갑판 위에 선실을 설비한 여객 수송용 평갑판선인 점과 원양항해에 적합하도록 길이는 길고 깊이는 더 깊게 건조하였다. 통신사선은 한국의 역사상 최대선으로서 일본에 대해 문화와 기술의 우월성을 과시하기 위해 화려하게 꾸몄으며, 1763년 통신사선 중 큰 정사선의 경우 전장 30m, 너비 9.5m, 깊이 3m로서 오늘날의 톤수로 환산하면 약 150중량톤급의 목선에 해당한다.

19세기 서세동점의 시대적 조류 속에서 조선도 예외 없이 1876년에 이르러 쇄국을 포기하기에 이르렀다. 이후 일본을 선두로 한 열강들이 한반도로 밀려들어왔고, 그와 더불어 근대 기선들이 한반도에 입출항하기 시작하였다. 1882년 부산과 원산에 입항한 배는 조선 선이 82척, 7555총톤인 데 대하여 일본 선이 기선 45척, 범선 135척, 2만 7982총톤에 이르렀고, 1890년에는 부산, 인천, 원산에 입항한 조선 선박이 38척, 6058총톤인 데 반해, 일본 선박은 1486척, 28만 4001총톤으로 급증하였다. 이에 따라 1894년에는 조운제도가 폐지되었고, 1895년에는 수군이 혁파되어 전통 군선과 조운선은 설 자리를 잃게 되었다. 어선에서는 아직 전통 한선이 그 명맥을 유지하고 있었지만, 1910년대가 되면 일본형 어선들이 등록어선의 30~50%를 차지하기에 이르렀고, 1930년대가 되면 일본선과 한선을 결합한 어선이 점차 주류를 점하였다.

2000여 년을 이어져 온 한국의 선박은 독특한 특징을 갖고 있다. 우선 용골이 없고, 판재를 가새(또는 가쇠)로 이어 붙여 선저를 평평하게 만들었다. 유럽형 선박들의 선수미가 뾰족한 것과는 달리, 한국 배의 선수미는 거의 평면으로 되어 있는 방형 선수이다. 또한 한국의 연안선은 늑골이나 횡격벽이 없어서 횡강력을 보강하기 위해 장삭(가룡목)을 활용하였지만, 원양선은 격벽과 늑골을 사용하기도 하였다. 외판을 결합하는 방식 또한 독특하여 홈박이붙이 클링커 방식(상각형 탑접, grooved clinker built)으로 이어 붙였다. 중국과 일본의 배도 늑골이 없다는 점에서는 동일하다. 하지만, 한국 배와 중국 배 및 일본 배는 몇 가지 점에서 차이가 있다. 우선 중국 배는 횡격벽으로, 일본 배는 갑판의 일종인 후나바리船梁로 각각 횡강력을 보강하였다. 외판 결합 방식에서 중국 배는 판재를 맞대어 철못鐵釘으로 결합하였고, 일본 배는 통상적으로 한 장의 넓은 판재를 사용하여 외판을 만들고, 넓은 판재가 부족할 경우에만 판재를 맞대어 철못으로 조립하였다. 또한 한국 배는 판재를 매우 두터운 것을 사용하였지만, 일본이나 중국 배는 한국 배 보다 얇은 것을 사용하였다.

한국의 배는 한반도 연해안의 특성에 잘 적응할 수 있는 구조적 특징을 갖고 있다. 한반도 남해안과 서해안은 조수 간만의 차가 매우 심하다. 특히 썰물일 때 한국 배는 바닥이 평평하여 기울어지지 않고, 뻘 위에 그대로 얹힐 수 있다. 한국 배는 또한 두터운 판재를 나무못이나 쐐기 등을 사용하여 결합하였으므로 썩거나 부서진 부분을 수리하거나 개조하는 데 아주 편리하다. 게다가 한국 배는 부양성이 뛰어나다. 이는 한국 배가 뗏목배(raft)를 발전시킨 형태로 건조되었기 때문이다. 전체적으로 보았을 때 한국 배는 한반도 해역의 특성에 적응하기 위한 한국인의 창의성의 산물이었다고 평가할 수 있다.

3장

한국선박사 연구 동향과 전망

1984년과 2005년 중국의 산동성 펑라이蓬萊 시의 고대 수성水城의 해저에 쌓인 흙을 처리하는 과정에서 고선 4척이 발굴되었는데, 그 중 3호선과 4호선은 한선으로 밝혀졌다. 외판의 일부만이 발굴된 펑라이 4호선은 외판 결합 방식으로 미루어 보건대 한선으로 추정되고 있으나 잔존량이 적어 원형을 추정하기가 불가능하다. 하지만 펑라이 3호선은 외판과 저판, 그리고 횡강력 보강재가 발굴되어 전체적인 원형을 추정하기에 충분하다. 그러나 펑라이 고려고선으로 불리는 펑라이 3호선은 선체 구조 면에서 특이한 점이 발굴되어 한국은 물론 중국의 학계에서도 비상한 관심을 불러일으켰다.[1] 그것은 펑라이 고려고선이 선내에서 발견된 고려청자 파편, 상각형 탑접(홈박이붙이 클링커이음)으로 결합된 외판, 피삭을 사용하여 결합한 점 등으로 미루어 한선인

---

1) 펑라이에서 발굴된 4척을 발굴 순서에 따라 1·2·3·4호선으로 부르지만, 이는 편의상 4척을 구분하기 위한 임시 명명일 뿐이다. 이미 학계에서 고려선으로 확인된 이상 펑라이 3호선을 펑라이 고려고선으로 부르는 것이 타당할 것 같아 여기에는 원문을 인용할 때를 제외하고 일반적으로 칭할 때는 펑라이 고려고선이라고 부를 것이다.

것으로 보이지만, 횡강력을 장삭이 아닌 격벽과 늑골로 보강했다는 점에서 이제까지 알려진 한선과는 다른 구조를 갖추고 있었다는 점 때문이었다.

2006년 8월 22~24일 중국 펑라이에서는 펑라이 고선을 주제로 한 국제학술대회가 개최되었는데,[2] 여기에서 쟁점이 되었던 것은 펑라이 고려고선이었다. 논쟁의 초점은 한선임이 분명한 펑라이 고려고선에 이제까지 '한선에는 격벽과 늑골이 없다'는 정통론과는 배치되게 격벽과 늑골로 횡강력을 보강했다는 점이었다. 이 문제에 대해 중국측 학자와 초청된 한국의 관계자들이 다양한 견해를 제시했다. 하지만 대부분의 학자들은 주로 펑라이 고려고선이 한선이라는 점을 입증하는 데 주력했고, 정작 펑라이 고려고선의 발굴로 한국선박사의 연구 지평이 크게 확대되었다는 점에 대해서는 간과하고 말았다.

펑라이 고려고선 발굴 이전 한국선박사에서는 사료와 발굴 자료의 부족으로 연안선만을 대상으로 연구하지 않으면 안되었다. 그 결과 한선에서는 격벽이나 늑골이 없이 장삭만으로 횡강력을 보강했다는 일부 학자들의 주장이 정설로 굳어지게 되었다. 필자는 펑라이 고려고선의 발굴로 이제까지 한국선박사 연구는 전면적으로 재검토해야 한다고 생각하고 있다. 그것은 펑라이 고려고선의 발굴로 한선에는 격벽과 늑골이 없다는 이제까지의 한국선박사에 관한 정통론이 깨어지게 되었기 때문이다. 이와 같은 견지에서 이 글에서는 세 시기로 나누어 한국선박사 연구 동향을 정리해 보고, 펑라이 고려고선 발굴 이후 한국 선박사 학계에 주어진 연구과제를 제기해 볼 것이다.

---

2) 蓬萊古船國際學術研討會(2006), 『蓬萊古船國際學術研討會文集』.

Ⅰ. 외국인에 의한 연구의 태동

1. 일본인에 의한 연구 : 오노 데루오와 이마무라 도모의 연구

유감스럽게도 한국의 전통 선박에 관해 처음으로 학술적으로 연구한 사람은 한국인이 아닌 외국인들이었다. 한일병탄 직후인 1916년 오노 데루오小野輝雄은 『조선협회잡찬造船協會雜纂』에 기고한 글에서 "외형은 비만하고 선저가 평평한 조선형 범선은 … 얕은 바다를 항해하는 데 적합하지만, 외판의 수밀을 경시한 결과 배수량이 크고, 흘수를 감소시키기 어려우며, 돛의 면적이 지나치게 커 강풍을 만나면 전복할 수 있다"고 지적한 것이 한국선박사 연구의 시작이었다.[3]

이어 조선총독부 체신국의 직원이었던 일본인 이마무라 도모今村鞆는 『船の朝鮮』이란 책을 통해 조선시대의 법전인 『대전회통大典會通』에 나타난 조선시대의 조운, 해군, 조선造船, 기타 해사 관계법을 정리하였다. 이마무라는 "조선이 쇠퇴한 원인이 바다를 도외시한 데 기인했다"[4]는 전제 하에 한국선박사와 해사海事 관련법에 관한 자료를 수집하여 정리하였다. 그는 "조선의 해사법은 오직 정부의 사정과 왕실의 편의만을 위하여 제정되어 혼잡하고 공사가 혼용되어 있다"고 지적하고, "전체적으로 조선의 해사법규는 일반 민중들의 생존을 무시하고 왕과 귀족 본위로 제정되어 조선이 해양국가라는 사실을 망각하고, 민중들로 하여금 바다를 멀리하게 만들었다"고 결론지었다.[5]

이마무라의 책은 그가 조선총독부의 관리로 근무하면서 해당분야에

---

3) 小野輝雄(1916), 「朝鮮型帆船に就て」, 『造船協會雜纂』第6號 [최병문(2004), 「朝鮮시대 船舶의 船型 特性에 관한 연구」, p.2 재인용].

4) 今村鞆(1930), 『船の朝鮮』, 自序 / 박현숙 옮김(2015), p.16.

5) 今村鞆(1930), 『船の朝鮮』, pp.141~142 / 박현숙 옮김(2015), pp.177~178.

대한 상당한 지식과 경험, 그리고 시간을 소비하여 완성한 만큼, 조선시대의 해사관련 행정조직과 법에 관해서는 믿을 만한 책으로 평가할 수 있다. 하지만, 그는 전형적인 식민지 관리로서 한국 전통선박의 결점을 지적하는 데 주력한 나머지, 호러스 언더우드(Horace Underwood) 박사가 지적한 바와 같이, 한국의 조선술과 항해술 등 실질적인 점에 관한 "많은 문제들에 대해 아무런 해답도 제시하지 않고 있다."[6]

2. 언더우드의 연구

이에 비해 언더우드 박사는 한국의 조선술과 항해술, 그리고 이순신 통제사와 그의 귀선에 대하여 현장감 있게 분석해 냈다. 언더우드 박사는 조선총독부가 1928년에 간행한 『어선조사보고』와 경기도, 한강, 경상도, 전라도, 함경남도, 대동강 등을 직접 방문하여 얻은 견문을 바탕으로 이에 대한 해답을 제시하려고 노력했다. 그는 1930년대 당시 한국의 배를 강선과 해선으로 구별한 뒤, 강선으로는 독목주(dug-out), 소형 주정(skiff), 강 수송선(river transport)을, 그리고 해선으로는 어선을 분석하였다. 언더우드 박사는 이러한 분석에 뒤이어 한국 선원들의 의식儀式과 관습, 한국의 해양사를 간추려 정리한 뒤, 이순신 제독의 귀선에 대해 정리하였다. 이와 같은 분석을 통해 언더우드 박사는 "한국인들은 해안을 따라 각 지역의 특정한 조건에 맞는 다양한 형태의 배를 고안해 냈지만, 전체적으로 보았을 때 한국의 배들은 필수적인 점에서는 동일하고, 수백 년 동안 변하지 않은 것 같다"[7]고 말하면서, 한국 배의 특징을 다음과 같이 정리하였다.

---

6) Underwood(1934), *Korean Boats and Ships*, p.2.

7) Underwood(1934), *Korean Boats and Ships*, pp.5, 20.

첫째, 늑골이 없고, 장삭(언더우드는 '장손'이라 씀)과 멍에(yoke)로 판재를 결합했다.

둘째, 조선 순서는 저판→ 외판→ 선수미판→ 갑판 순으로 한다.

셋째, 깊게 박혀 있는 키가 센터보드(centerboard) 역할을 해서 저판이 평평함에도 불구하고 풍압에 의해 횡방향으로 밀리지 않는다.

넷째, 돛은 네모돛을 사용했음에도 불구하고, 맞바람에서 67도 30분까지 근접하여 항해할 수 있다.

다섯째, 속력은 최대 3~4노트 정도였고, 최대 크기는 100~200톤 정도였다.

결론적으로 언더우드 박사는 "한국인들은 한반도의 자연·지리적 조건에 맞는 견고하고 감항성 있는 배(sturdy and seaworthy boat)를 건조하였다"는 점을 강조하였다.[8] 비록 언더우드 박사는 자료와 시대적인 한계로 인해 몇 가지 오류를 범하고 있음에도 불구하고,[9] "한국의 해선이 강선을 단순히 확대하는 데 지나지 않았고, 한국인들은 맞바람에 맞서 항해하는 역풍항해술(tacking)을 이해하지 못했다는 편견이 잘못" 되었음을 실증적으로 반증하는 성과를 거두었다.[10]

---

8) Underwood(1934), *Korean Boats and Ships*, p.71.
9) 언더우드 박사는 『高麗圖經』이 나침반을 항해에 이용했음을 기록한 최초의 문헌이라고 적고 있고(p.44), 귀선의 櫓를 유럽식으로 복원하였지만(Fig.48), 나침반을 항해에 이용했음을 기록한 최초의 중국문헌은 『萍洲可談』이고 龜船의 櫓는 韓國式 櫓이다.
10) Underwood, *Korean Boats and Ships*, p.2.

II. 한국인에 의한 연구와 정통론의 정립

한국인에 의해 한국선박사가 본격적으로 연구되기 시작한 것은 1950년 말부터였다. 1958년 최영희 교수의 연구를 시작으로,[11] 1960년대에 김용국과 조성도 등이 귀선에 관한 연구성과를 발표하였고,[12] 강만길은 「이조조선사」에 대해 체계적으로 정리하였다.[13] 최영희, 김용국, 조성도의 연구는 각각 임진왜란 당시의 귀선의 수, 귀선의 변천 과정, 그리고 귀선의 구조 등 귀선에 관한 단일주제를 다룬 소논문들인데 반하여, 강만길의 「이조조선사」는 조선造船 관할기관, 선재船材의 관리, 조선술과 선형의 발전 등을 주제로 하여 조선시대의 조선사造船史를 왕조실록과 사료를 중심으로 정리해내고 있다.

강만길은 목정木釘 대신 철정이 사용된 점, 침수 및 방식법으로 연훈법燃熏法과 도회법塗恢法이 채택된 점, 전선의 다양화, 관선을 민간에서 조달하는 과정에서 민간 조선업이 발전한 점 등을 조선시대 조선술이 이전에 비해 변화된 모습이었다고 논급하였다. 특히 강만길은 사료에 나타난 다양한 군선, 즉 맹선, 판옥선, 전선, 병선, 귀선, 방패선, 창선鎗船, 해골선海鶻船, 조선漕船 등의 관용선에 대해 논하고 있으나, 각 선박의 조선법이나 구조적인 특징에 대해서는 구체적인 사료가 부족하다는 점을 들어 제대로 설명하지 못하였다. 게다가 조선공학자가 아닌 사학자라는 한계점 때문인지 그는 사료에 나타난 자료만을 충실히 좇아 판옥선과 전선을 별개의 군선으로 다루고 있으나,[14] 김재근의 연구에

---

11) 최영희(1958), 「귀선고」. 최영희는 임란 당시 거북선이 3척이었음을 고증했다.
12) 조성도(1963), 「귀선고」 ; 김용국(1968), 「임진왜란 후 귀선의 변천과정」. 김용국은 이어진 연구에서 '임란 당시 거북선이 5척이었다'는 근거를 제시했다(1977, 「거북선의 기원과 발달」, 『국방사학회보』).
13) 강만길(1969), 「이조조선사」, pp.879~963.
14) 강만길(1969), 「이조조선사」, pp.931~935, 963.

서 밝혀진 것처럼, 임진왜란 이후 군선의 주력선이 된 판옥선을 그저 전선으로 통칭하게 된 것에 불과하기 때문에 사료의 판옥선과 판옥전선, 전선은 모두 동형선이다.[15] 그는 또한 "조선시대의 선박이 내해 운행용 목조 범선의 한계를 넘어서지 못하였다"고 지적하였지만,[16] 조선 후기에는 12차례 일본에 사행한 통신사들이 이용한 통신사선과 같이 대양항해선도 다수 건조되었다.[17]

한국선박사에 대해 조선공학적인 관점에서 연구한 최초의 학자는 고故 김재근 교수였다. 그는 1976년 『조선왕조군선연구』를 출간한 것을 시작으로 『한국선박사연구』(1984), 『우리 배의 역사』(1989), 『거북선』(1992), 『속 한국선박사연구』(1994), 『한국의 배』(1994) 등의 저서를 통해 한국선박사에 관한 체계를 확립하였다. 김재근 교수는 18세기 유학자 신경준의 『여암전서』에 수록된 〈논병선화차제비어지구論兵船火車諸備禦之具〉와 『헌성유고軒聖遺稿』 중의 〈조선식도造船式圖〉 등과 같은 새로운 사료를 발굴하여 연구에 활용하였을 뿐만 아니라, 귀선의 복원사업, 고려 초기 연안 상선인 완도선과 원대 원양 상선인 신안선의 발굴사업 등에도 주도적으로 참여하였다. 이와 같은 연구활동을 통해 김재근 교수는 삼국시대부터 일제 식민지 시대에 이르기까지 한국선박사에 관한 거의 모든 주제들을 망라하여 조선공학적으로 분석해 내었다. 다년간의 연구 결과, 김재근 교수는 한국의 전통 선박의 구조적 특징을 다음과 같이 정리하였다.

첫째, 조수 간만의 차가 심한 한반도의 지리적 조건에 맞는 평저선이다. 둘째, 외판을 턱붙이 클링커 이음(상각형 탑접)으로 고착했고, 외판

---

15) 김재근(1976), 『조선왕조군선연구』, 제2장.
16) 강만길(1969), 「이조조선사」, p.963.
17) 김재승(2004), 「1763년 대일 통신사선의 건조」, pp.177~210.

이 두껍다.

셋째, 저판의 두께가 외판의 2배 정도로 두껍다.

넷째, 키는 타축의 상부에만 고정되어 있고, 위아래로 조절할 수 있는 현수타懸垂舵로서 한국형 키 또는 센터보드(centerboard)형 키라 할 수 있다.

다섯째, 늑골(frame)이 없고, 횡강력 부재로서 가목(멍에)과 가룽목(장삭)이 가로들보橫梁(beam)와 격벽(bulkhead)의 기능을 대신하여 횡강력을 유지한다.

김재근 교수는 "한국의 전통 선박은 그 선종과 시대를 막론하고, 두껍고 평탄한 저판을 밑에 깔고 외판을 붙이고 가룽목을 설치한 방식으로 건조되었다."는 점을 그 특징으로 지적하고, "중국의 전통선을 정크鎭克(Junk)선, 일본의 전통선을 화선和船이라고 부르는 것에 대응하여 한국의 전통선을 한선이라고 통칭할 것"을 제안하였다.[18] 김재근 교수는 1999년 사망할 때까지 7권의 저술[19]과 수많은 논문을 통해 9세기 장보고의 배, 완도선을 중심으로 한 고려시대의 배, 맹선, 귀선, 조운선, 판옥선, 통신사선, 일본 식민지 시대의 조선산업에 이르기까지 한국의 선박에 관한 모든 분야를 조선공학적인 견지에서 분석하고, 체계화하였다.

2000년대 들어 최근식, 최병문, 최운봉, 이원식 등이 연구결과를 속속 내어놓았다. 최근식은 2002년 자신의 박사학위논문을 통해 9세기에 신라 고유의 선형이 존재했는데, 신라선은 원양을 항해하기에 적합하도록 첨저선으로 만들어졌을 뿐만 아니라, 수밀격벽구조로 만들어졌을 것이고, 피수판을 장치하였고, 지남침을 사용하였다고 주장하였

---

18) 김재근(1989), 『우리 배의 역사』, pp.7~8 ; 김재근(1994), 『한국의 배』, pp.6~7.
19) 1978년에 출간한 『거북선의 신화』(正宇社)는 『거북선』에 재수록되었다.

다.[20) 그러나 최근식의 바람과는 반대로 그의 주장을 뒷받침할 만한 새로운 구체적인 사료나 근거를 제시하지 못하였기 때문에 학계에 수용되지 못했을 뿐만 아니라, "원사료가 아닌 여러 문헌에 서술된 문장을 인용하고 문구를 빌어 확대 해석하는 것은 코페르니쿠스적 발상이 아니라, 돈키호테식 논리전개에 지나지 않는다"는 비판을 받았다.[21)

최병문 또한 자신의 박사학위논문에서 우리나라 전통선박이 평저선이었다는 김재근의 결론과는 달리, 항행구역과 선박의 용도에 따라 다양한 선박이 존재하였으며, 평저선은 강선과 서해안의 어선, 첨저선은 조운선과 남해안의 연안 항해선과 어선의 선형에 각각 채용되었다고 주장하였다.[22) 그러나 최병문의 주장은 김재근의 주장과 다른 논리를 제기해보려는 의욕을 앞세운 나머지 '평저선'에 대한 명확한 개념 정의도 없이 이렇다 할 증거자료를 제기하지 못한 채 기존 사료와 연구성과를 재구성하여 통시대사적으로 다양한 선형의 배가 있었음을 주장한 데 불과하여 학계로부터 이렇다 할 공감을 얻지 못한 것으로 보인다.

〈표 3-1〉 추이원펑의 한중일 전통 조곡운반선의 선형 비교

선형	평직저형(한국)	평원저형(중국)	반첨저형 (반평저형, 일본)
선저와 상갑판 선폭의 비	0.5 내외	0.5 내외	0.2 내외
형상			

---

20) 최근식(2002), 『장보고 무역선과 항해기술 연구』, 고려대학교 박사학위논문.
21) 김재승(2006), 「서평 : 신라해양사연구」, p.204.
22) 최병문(2004), 「조선 시대 선박의 선형 특성에 관한 연구」.

최병문의 연구에 뒤를 이어 추이윈펑崔云峰은 기존에 모두 평저선으로 통칭되던 한국, 중국, 일본의 조곡 운반선의 상갑판과 선저의 너비의 비율을 비교하여 평직저선, 평원저선, 반평저선으로 각각 구분하였다.[23] 한편, 한선 제작자인 이원식은『호좌수영지湖左水營誌』를 비롯한 사료와 여러 역사적 근거를 바탕으로 이순신 통제사가 처음 건조한 1592년식 거북선을 추정해 내었다.[24]

김재근의 뒤를 이은 최근의 연구는 김재근이 수립한 한국선박사에 관한 정통론을 수정하고자 시도하고 있으나, 그 성과 면에서는 김재근의 그늘을 벗어나지 못하고 있다는 점에서, '플라톤(Platon) 이후 모든 서양철학이 플라톤 철학에 대한 주석에 다름 아닌 것'과 마찬가지로, 그의 연구의 주석이거나 보완에 불과하게 되었다.

이상에서 정리해 본 것처럼, 한선이 평저선으로서 격벽과 늑골이 없이 가룡목으로 횡강력을 보강했다는 점을 구조적인 특징으로 보게된 것은 언더우드 박사가 처음으로 제시한 바 있고, 김재근 박사가 일련의 연구를 통해 하나의 정통론으로 정립하였음을 확인하였다. 한국 연안에서 발굴된 전통선박들도 이들의 연구 성과를 입증해 주었다. 이를테면, 달리도선, 십이동파도선, 완도선 등이 모두 격벽이나 늑골이 없이 장삭으로 횡강력을 보강하였다. 언더우드 박사와 김재근 교수의 연구, 그리고 일련의 발굴 선박을 통해 전통 한선에는 격벽이나 늑골이 없이 장삭으로 횡강력을 보강했다는 이론이 하나의 정설로 자리 잡기에 이르렀다.

---

23) 崔云峰(2005),『한중일 전통 선박에 관한 비교 연구 - 16~18세기 조곡운반선을 중심으로 - 』, 한국해양대학교 공학박사학위논문.

24) 이원식(2007),『1592년식 귀선의 주요 치수 추정에 관한 연구』, 한국해양대학교 공학박사학위논문.

Ⅲ. 펑라이蓬萊 고려고선高麗古船의 발굴과 연구 지평의 확대

한선에는 격벽이나 늑골이 없다는 이론은 2005년 펑라이 고려고선의 발굴로 새로운 도전에 직면하게 되었다. 2005년 중국 산동반도의 펑라이에서 발굴된 펑라이 고려고선은 이제까지 알려진 한선이나 중국선과는 다른 구조적 특징을 갖고 있어 한중 선박사학계에서 논쟁을 불러일으켰지만, 한선이라는 데 대해서는 대체적인 공감대가 형성되었다.

필자의 견해로는 펑라이 고려고선이 한국선박사 연구에서 중요한 의미를 갖는 것은 외국에서 발굴된 최초의 한선이라거나, 격벽으로 횡강력을 보강한 최초의 한선이라는 사실에 있는 것이 아니다. 그것은 펑라이 고려고선의 발굴로 한선이 뗏목을 발전시킨 저차원의 조선술로 건조할 수 있는 연안선에 머물렀던 것이 아니라, 격벽과 늑골을 갖춘 고차원의 조선술로 건조한 대양 항해선도 있었음이 실물로서 입증되었다는 점이다. 이제까지 격벽이나 늑골이 없다는 점을 한선의 주요한 특징으로 꼽았었다. 하지만 펑라이 고려고선의 발굴로 이와 같은 주장이 그릇되었음이 입증되었다. 그렇다면 이제까지 한선에는 격벽과 늑골이 없다는 것이 하나의 정통론으로 자리 잡게 된 경위는 무엇이고, 격벽과 늑골을 갖춘 펑라이 고려고선은 한국선박사 연구에 어떠한 의미를 지니는가?

이미 앞에서 살펴본 바와 같이, 우리나라 선박사 연구에서 한선의 주요한 특징으로 격벽이나 늑골이 없다는 점을 지적한 사람은 언더우드 박사가 처음이고, 이를 재확인하여 하나의 정설로 만든 사람은 김재근 교수였다. 이들이 한선에는 격벽이나 늑골이 없다고 주장할 수밖에 없었던 것은 나름대로 이유가 있었다. 언더우드 박사는 이미 일제의 통치가 20여 년이 경과하여 전통 원양선은 자취를 감추고 소수의 강선들만이 한선의 명맥을 유지하고 있던 1930년대에 현장 답사를 통하여 한선, 정확히는 일제하 한국의 강선과 어선을 연구하였고, 김재근 교수 또한 『각선도본』, 〈논병선화차제비어지구〉, 〈조선식도〉 등의 사료와 완도선 등의 발굴선 등을 토대로 한국선박사를 집대성하였다.

언더우드 박사와 김재근 교수가 한국선박사를 연구하는 데 이용된 주된 사료 또는 실물 자료들은 모두 연안선들이었다. 연안선들은 한반도의 연안에서 하루 이틀 정도의 항해에 사용할 목적으로 건조하기 때문에 장삭으로 횡강력을 보강하는 것만으로 감항성을 충분히 확보할 수 있다. 그러나 파도가 높고, 너울의 주기가 긴 원양에서는 장삭만으로는 횡강력을 보강하기 어렵다. 펑라이 고려고선이 발굴되기 이전에 원양선과 관련한 사료나 실물이 전혀 없었던 상황에서 언더우드 박사와 김재근 교수가 연안선만을 대상으로 연구할 수밖에 없었다. 그 결과 그들은 한선에는 격벽이나 늑골이 없다고 단언할 수 있었고, 이들의 주장을 뒤집을 만한 사료나 발굴 선박이 부재한 상황에서 이들의 설은 하나의 정설로 자리하게 되었다.

그러나 펑라이 고려고선의 발굴로 한선에는 격벽이나 늑골이 없다는 기존 견해는 연안선만을 연구할 수밖에 없었던 상황에서 제시된 그릇된 견해임이 입증되었다. 이제 한국선박사에서 한선에는 격벽과 늑골이 없이 장삭으로 횡강력을 보강했다는 주장은 연안선에만 적용되는 것으로 수정되어야 하며, 원양용 한선에는 격벽과 늑골로 횡강력을 보강했다는 사실이 새로운 정설로 수립되어야 할 것이다. 펑라이 고려고선의 발굴로 한국선박사의 연구 지평은 연안선에서 원양선으로 확대될 수 있었다.

이제까지 한국선박사 연구 동향을 세 단계로 나누어 살펴보았다. 먼저 1단계에서는 이마무라와 언더우드 등 외국인들에 의해 한국선박사 연구가 시작되었다. 특히 언더우드는 1930년대 한반도에 실재하는 연안선과 해선을 직접 관찰한 결과를 바탕으로 한선에는 늑골이 없고, 장삭과 멍에로 결합하였으며, 바닥이 평평하다는 결론을 도출하였다. 2단계에서는 본격적으로 한국인에 의한 연구가 본격화되었다. 특히 김재근의 탁월한 연구 성과에 힘입어 한선은 평저선이며, 늑골이 없이 장삭으로 결합하였다는 이른바 한선에 관한 정통론이 확립되기에 이르렀다. 이러한 정통론에 대한 일부 소장학자들이 이견을 제기하기는 했으나 정통론을 대체하기에는 한계가 있었다.

하지만 펑라이 고려고선의 발굴은 한국선박사를 일거에 다시 쓰도록 했다. 우선 한선에는 격벽이 없다는 기존 견해를 불식시켰고, 평저선은 원양 항해를 하기 힘들다는 견해 또는 그릇된 견해임을 확인시켜 주었다. 또한 기존 사료와 발굴된 연안선 위주로 연구되었던 한국선박사의 지평을 원양선으로 확대시켜 놓았다. 이제 한국 선박사학계에 남은 과제는 펑라이 고선이 격벽을 갖춘 예외적인 한선이 아니었음을 입증할 수 있는 추가적인 원양선 실물과 사료를 발굴하고, 한선에도 평저선이 아닌 말 그대로의 첨저선형이 존재했었는지의 여부를 확인해 내는 일이다.

4장

전통 한선의 항해도구

한반도 해역에서 한민족이 사용한 전통 선박을 한선으로 칭한 것은 그리 오래된 일이 아니다. 초정 박제가(1750~1805)의 문집인 『정유각집貞蕤閣集』에 수록된 한시 중 농학대瀧鶴臺란 시에 '한선韓船'이란 용어가 사용되고 있고,[1] 1811년 조선통신사선을 보고 일본 화원이 그린 그림의 화제畵題가 〈한선앙면도韓船仰面圖〉였다는 사실을 고려하더라도 200여 년에 불과하다.[2] 그러나 이는 학술적 용어가 아닌 일반 용어에 불과했고, 진정한 의미에서 우리 배의 고유한 특징을 가진 선박을 타국의 선박과 구별하여 '한선'이라 칭한 사람은 고故 김재근 교수였다.

김재근 교수는 "중국의 전통선을 정크선(Junk, 필자 : 鎭克), 일본의 전통선을 화선和船이라고 부르는 것에 대응하여 한국의 전통선을 한선이라고 통칭할 것"을 제안하였다.[3] 김재근 교수는 18세기 유학자 신경준의 『여암전서』에 수록된 〈논병선화차제비어지구論兵船火車諸備禦之具〉와 『헌

---

1) 국립해양문화재연구소(2008), 『근대한선과 조선도구』, p.11.
2) 민계식 외(2012), 『한국전통선박 한선』, p.5.
3) 김재근(1989), 『우리 배의 역사』, p.8 ; 김재근(1994), 『한국의 배』, p.7.

성유고軒聖遺稿』 중의 〈조선식도造船式圖〉 등과 같은 새로운 사료를 발굴하였을 뿐만 아니라, 귀선의 복원사업, 고려 초기 연안 상선인 완도선과 원대 원양 상선인 신안선의 발굴사업 등에도 주도적으로 참여하였다. 이와 같은 연구활동을 통해 김재근 교수는 삼국시대부터 일제 식민지 시대에 이르기까지 한국선박사에 관한 거의 모든 주제들을 망라하여 조선공학적으로 분석해 내었다. 다년간의 연구 결과, 김재근 교수는 한선의 구조적 특징을 "그 선종과 시대를 막론하고, 두껍고 평탄한 저판을 밑에 깔고 외판을 붙이고 장삭을 설치한 방식으로 건조되었다."[4]는 점에서 찾았다. 그러나 2005년 중국 산동반도의 펑라이에서 발굴된 펑라이 고려고선에 격벽과 늑골이 갖추어진 것이 확인됨으로써 원양용 한선에서는 격벽과 늑골을 사용하여 횡강력을 보강하였음이 실증적으로 입증되었다.

한선의 조선법에 대해서는 펑라이 고려고선의 발굴로 연구의 지평이 크게 확대된 반면, 한선의 항해도구나 항해술에 대해서는 아직 이렇다 할 진전이 없는 듯하다. 이 글에서는 학계에서 일반론으로 정리된 한선의 항해도구에 대해 소개하고, 쟁점을 중심으로 살펴볼 것이다.

I. 한선의 항해 도구 : 돛과 닻

항해(navigation)는 "선위, 침로, 항해 거리를 결정하여 선박을 운항하는 것"[5]을 가리킨다. 이는 항해술의 핵심이 침로와 항해거리를 추정하여 선위를 결정하는 것임을 웅변적으로 보여준다. 하지만 최소한 조선시대 우리 조상들의 해양 활동의 주무대는 연근해였다. 따라서 평균

---

4) 김재근(1989), 『우리 배의 역사』, p.7 ; 김재근(1994), 『한국의 배』, p.6.
5) The New Encyclopaedia Britannica Vol.8(1988), p.566.

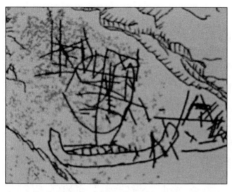

〈그림 4-1〉 천전리 암각화의 돛배　김성준, 『역사와 범선』, 교우사, 2015, p.19.

속력 3노트로 항해시 출항 후 하루 이틀이면 대부분 목적지에 도달할 수 있었다. 이와 같은 항해 조건에서는 오늘날 항해의 기본도구인 해도나, 선속계, 항정계, 육분의와 천측력 따위의 선위를 측정할 항해장비 등을 갖출 필요가 없다. 이와 같은 상황을 반영하듯

조선 후기의 표해록에서 항해도구를 활용하여 선위를 측정했다는 기록은 아직 발견되지 않고 있다. 따라서 한선의 항해도구를 살펴보기 위해서는 선박의 추진 장치인 돛과 노, 계류 장비인 닻을 중심으로 살펴볼 수밖에 없다.

우리 토박이말에 돛이란 낱말이 있는 것을 보면 우리 조상들이 비교적 일찍부터 돛을 사용했다고 추정할 수 있다. 서정범의 『국어어원사전』에 따르면, "돛의 재료는 베 또는 풀이다. 돛은 돗, 돋으로 소급된다. 고대로 올라가면 풀을 엮어 사용했을 가능성을 생각해 볼 수 있다. 돗帆 : ᄇᆞᄅᆞ맷 돗ᄀᆞ란風帆(두시언해초간본). 베도 그 재료는 풀이라 하겠다. 씌帶(훈몽자회). '씌'의 원형은 '듸'이고, 듣>들>들이>드이>듸의 변화로서, 듣은 베, 풀의 본뜻을 지닌 것이라고 생각된다. 봄에 나오는 돋나물의 돋, 바다에서 나오는 톳 등도 풀의 뜻을 지닌다고 하겠다. 일본어의 'ho(帆)'는 'po'로 소급되며, 'pot'이 조어형이 되는데, 국어 '베'의 조어형 '벋'과 동원어가 된다."[6] 백문식도 『우리말어원사전』에서

---

6) 서정범(2000), 『국어어원사전』, p.192.

'돛대' 항목에서 "듦帆은 돗자리 풀을 뜻하는 말이다. 돗자리는 풀로 만들고, 돛도 풀로 엮거나 베로 만든 천이다"라고 설명하고 있다.[7]

이렇듯 우리 조상들은 풀을 엮어 돛으로 사용했는데, 우리 조상들이 돛을 사용했음을 보여주는 가장 오래된 증거는 울주 천전리 암각화에 새겨진 돛배다. 삼국시대 초기에 조성된 것으로 추정되는 천전리 암각화에 그려진 배에는 오늘날 한선의 네모돛이 뚜렷하게 암각되어 있다. 우리의 돛은 네모돛이지만, 유럽식의 square sail과는 여러 가지 면에서 차이가 있다. 첫째는 유럽식 square sail이 활대에 고정되어 있어서 돛을 펴고 사릴 때 사람이 활대까지 올라가야 했지만, 우리 돛은 상활에 고정되어 있어서 갑판에서 도르래를 이용하여 올리고 내릴 수 있었다는 점이다. 둘째는 유럽식 square sail은 강한 바람이 불 때 돛의 면적을 줄일 수 없다는 단점을 보완하기 위해 몇 개의 sqaure sail로 분할해야 했지만, 우리 돛은 중간 활대의 일부를 접어 올려서 돛의 면적을 줄일 수 있었다. 또한 우리의 전통 돛은 지중해식(또는 아랍식) lateen sail과 비교했을 때도 흥미롭다. 우선 우리 돛은 지중해식 lateen sail처럼 갑판에서 올릴 수 있다는 점에서, 네모돛이지만 세로돛(종범)에 속한다. 또한 강풍에 돛의 면적을 줄일 수 있다는 점에서 지중해식 lateen sail과 같다. 그러나 지중해식 lateen sail이 맞바람이 불 때 침로를 바꿀 경우 활대를 돛대 머리 위로 넘겨야 하는 번거로움이 있지만, 우리 돛은 줄을 적절히 조절하기만 하면 그만이었다.[8] 결론적으로 우리의 전통 돛은 유럽식 square sail과 lateen의 장점을 조합한 매우 우수한 기능을 갖추었다고 할 수 있다.

---

7) 백문식(2014), 『우리말 어원사전』, p.161.
8) 세모돛과 네모돛의 장단점에 대해서는 J. H. Parry, 김성준 역(1998), 『약탈의 역사』, pp.37~40 참조.

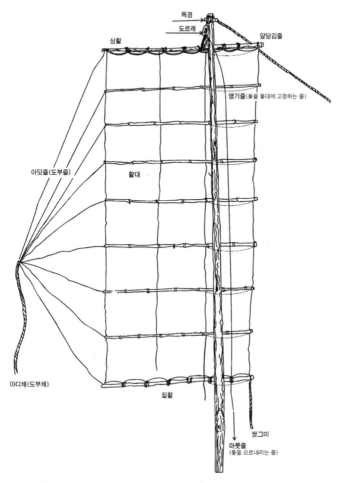

〈그림 4-2-a〉 한선의 돛   자료 : 민계식 외(2012), 『한국전통선박』, p.13.

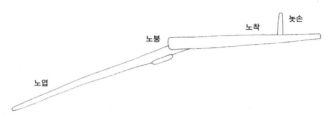

〈그림 4-2-b〉 한선의 노   자료 : 국립해양문화재연구소(2008), 『근대한선과 조선도구』, p.35.

한선의 노는 입출항시와 수심이 낮은 연안 항해시 유용하게 선박을 추진하는 데 사용되는 추진장치다. 한선의 노는 노착과 놋손, 그리고 중간에 위치한 노봉, 물에 잠기는 노엽 등으로 구성된다. 그리스와 로마, 바이킹 등 유럽식 노가 선박의 좌우현에서 평행으로 젓는 oar인 것과는 달리, 한노는 선미에서 젓는다. 물론 거북선 등에서는 좌우현에 노를 배치하기는 했지만, 노잡이가 선수 전면을 보고 노를 젓는 게 아니라, 노잡이가 선수와 직각, 즉 현측을 보고 노를 저었다. 서양의 노는 blade를 뒤로 저을 때만 추력이 발생하지만, 우리 노는 좌우로 저을 때마다 추력이 발생하여 같은 크기의 선박을 부릴 경우 유럽선박에 비해 적은 수의 노로 선박을 추진할 수 있다는 장점이 있다.[9]

한노의 효율성에 대해서는 이미 유럽인들도 인지하고 있었다. 1816년 애머스트(Amherst) 사절단 일행을 중국까지 수행한 알세스트 호(Alceste)의 머리 맥스웰(Murray Maxwell) 함장과 함께 조선의 서해안을 항해한 라이러 호(Lyra)의 바실 홀(Basil Hall) 함장은 그 견문을 출판하였는데, 이 바실 홀의 항해기에는 '한선의 노가 단순하지만 효율적인 추진력을 갖추고 있다'고 평가하고 있다.

"조선의 배는 중국의 배와 비슷한 점이 많았지만, 이물과 고물은 수직이 아니라 수면에서 약 30도 각도로 내밀어져 있었다. … 돛대는 가느다란 대나무 대로 수직으로 갈라져 엮여 있었다. 바람이 없거나 돛을 이용하지 않을 때는 돛배는 보기에 한낱 긴 막대기에 지나지 않는 엉성한 노를 사용하여 움직였는데, 실제로는 충분히 효과적으로 나아가는 것이었다. … 모든 배는 고물 쪽에 흔히는 이물 쪽에도 조타하는 것과 노 젓는 것, 두 가지 기능을 하는 긴 노가 걸쳐 있었다. 기술적으로

---

9) 국립해양문화재연구소(2008), 『근대한선과 조선도구』, pp.35~36.

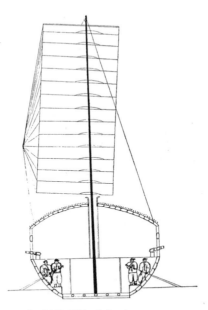

〈그림 4-3-a〉 Underwood의 거북선 중앙 단면 자료 : H. Underwood(1934), *Korean Boats and Ships*, Fig. 48.

〈그림 4-3-b〉 현충사의 거북선 자료 : 2005년 필자 촬영

말하자면 큰 배에 추진력을 가하는 훌륭한 방식이었다. 어쨌든 이 방식은 문자 그대로 공간적 여유가 없는 붐비는 강에서 충분히 흉내를 내어봄직하다."10)

이처럼 19세기 초의 바실 홀조차도 한노가 유럽식 oar와는 다르다는 사실을 잘 인식하고 있었다. 그러나 언더우드(H. Underwood) 박사는 *Korean Boats and Ships*(1934)에서 거북선의 복원도를 그릴 때 유럽식 노로 작도하였는데, 이는 명백한 잘못이다.11) 그런데 이충무공의 유물이 보존되어 있는 현충사의 거북선은 한노가 아니라 유럽식 노로 복원되어 있다. 이는 서둘러 바로 잡아야 할 것이다.

배를 움직여 원하는 곳까지 항해해 가기 위해서는 추진력의 방향을 적절히 조절하지 않으면 안 되는데, 이를 위해 사용하는 장비가 선박의 키(치, 舵)다. 근대의 서양화된 배는 예외 없이 타축의 위아래 두 지점을 가지고 타판이 상하로 움직일 수 없는 고정타를 가지고 있다. 우리 근해에서 사용된 어선 등도 마찬가지다. 이에 대해 한선의 키는 타축의 상방에만 지점을 가지고 키 전체를 적절히 위아래로 조절할 수 있는 현수타懸垂舵(suspension rudder)다. 이에는 크게 두 가지가 있다. 〈그림 4-4-a〉에서 보는 것처럼, 선미 판재에 키구멍을 뚫고 타축을 관통시킨 것으로서, 이는 한선뿐만 아니라 중국과 일본 등 동양의 전통선박에서 보편적으로 사용되는 동양형 현수타다. 다른 하나는 타축이 선미재와 동일한 방향으로 끼워 맞춰서 타판이 저판 밑으로 깊게 잠길 수 있게 만든 것이다(〈그림 4-4-b〉). 요트의 센터보드(centerboard)처럼 생긴 이러한 방식의 키를, 김재근 교수는 한국형 키, 또는 센터보드형 키라고 불렀다.12)

---

10) Basil Hall, 김석중 옮김(2003), 『10일간의 조선 항해기』, pp.53~55.

11) Horace Underwood(1934), *Koreans Boats and Ships*, reprinted 1979, Fig.48.

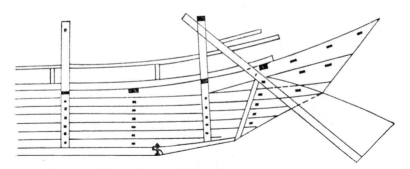

〈그림 4-4-a〉 사신선 복선卜船의 키 자료 : 김재근(1989), 『우리 배의 역사』, p.24

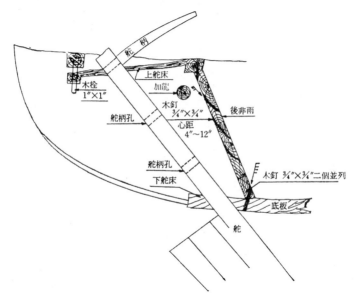

〈그림 4-4-b〉 근대 한선의 키(한국형 키) 자료 : 김재근(1989), 『우리 배의 역사』, p.30

　　한국식 센터보드형 키는 배의 방향을 돌리는 효과, 즉 타효는 다른
현수타 보다 약하지만, 타판 상부에서 두 지점에서 지지되므로 확실하
게 고정되어 있다. 또한 타판이 물속 깊이 들어가 있어서 배가 옆

---

　12) 김재근(1989), 『우리 배의 역사』, p.32.

방향으로 흘러내려가는 이른바 표류(drifting)를 방지하는 효과도 있다.[13] 이는 바닥이 평평한 우리 한선에게는 특히 중요했다. 왜냐하면 선저가 평평한 한선은 파도나 너울 등에 의한 횡압에 취약할 수밖에 없는데, 키를 선저 깊이 박아 넣음으로써 횡압의 영향을 최소화할 수 있었기 때문이다. 한국식 현수형 타가 갖고 있는 또 다른 장점은 낮은 수심을 지나거나 암초나, 갯벌 등에 배가 얹히더라도 키를 위로 들어 올릴 수 있어서 키가 상하는 것을 방지할 수 있다는 것이다.[14]

이에 반해 동양형 현수타는 타효는 우수한 데 반해, 타축이 선미판재에 뚫린 키 구멍 한 곳에서 지지되어 있어서 파도나 너울 등에 부러질 수 있다는 단점이 있다. 따라서 조선시대 군선 등의 대형선에서는 목질이 강한 산유자山柚子 나무 등을 구해 사용하였다. 김재근 교수는 "동양형 현수타는 대형선에, 한국식 센터보드형 키는 어선 등에 주로 사용되었다"고 밝히고 있다.[15]

선박을 운용하는 목적은 항해에 있는 것이 아니라 궁극적으로는 원하는 목적지에 계류하는 것이다. 따라서 계류장비는 추진장비 못지 않게 중요하다. 돛처럼, 우리 토박이말에도 선박의 계류장비를 일컫는 '닻'이란 말이 사용되고 있다. 우리말의 닻은 동사 '닿다'를 어원으로 하고 있다. 중국 연변조선족자치구에서 안옥규가 출판한 『어원사전』(1989)에는 "닻의 옛날 말은 닫 또는 닷이다. ·碇 : 닫 뎡(訓蒙字會) ·纜 : 닫줄 람(훈봉자회) ·닷 드쟈 빈써나가니 이제 가면 언제 오리(청구영언). 닫은 '두 물체가 마주하다'라는 뜻을 나타내는 '닿다'의 옛말인 '닫다'의 어근이 명사화된 것이다. 닫→ 닷→ 닻으로 변화되었다. 닻은 본래 '닿는 것'이란 뜻이다." 백문식이 펴낸 『우리말 어원사전』(2014)에도

---

13) 김재근(1989), 『우리 배의 역사』, pp.31~32.
14) 국립해양문화재연구소(2008), 『근대한선과 조선도구』, p.35.
15) 김재근(1989), 『우리 배의 역사』, p.32.

이와 유사하게 설명하고 있다. "16세기 표기는 닫이다. 닫>닷>닻. 닻은 '닿다'와 동근어로 어원적 의미는 닿는 것이다. 닿다(觸, 至)는 땅(<짱)에 접사 '다'가 붙어 파생된 동사다. 물을 대다, 다다르다. 닥치다, 다그다近, 다그치다, 다지다, 닿치다. 닳다(해지다)와 동원어다. 닿다 (<다히다)는 어원적으로 물체가 물에서 뭍에 접촉한다는 뜻이다." 강길운은 『비교언어학적 어원사전』(2010)에서 우리말의 어원을 주변국의 어원과 비교하여 추적하고 있다. 이에 따르면, "tulac(닻, 길약어)과 비교될 수 있는 고유어다. 이들의 공통기호는 tolac(錨)으로 재구될 수 있을 것이다. 즉 tolač>tʌlč>tač
h>tat(닫, 팔종성법)의 변화를 거친 것으로 보인다."16)

우리말 닻은 한자어로는 碇 또는 矴이라고 적었는데, 이는 돌을 줄에 매달아 닻으로 사용한 데서 유래한 것이다. 1374년 최영 장군이 고려군을 거느리고 제주도의 원나라 반란 세력을 토벌하러 출범할 때 "碇을 올리고 선박을 출발시켰다"고 했고, 『세종실록』에는 "각포의 병선이 모두 木矴을 사용하는데, 목정은 몸은 크지마는 실제는 가벼워서 능히 물 밑바닥에 즉시 정지시키지 못한다"고 했다.17) 근래까지 멍텅구리 새우잡이배에서 사용된 나무닻을 보면 크기가 매우 크다는 것을 알 수 있는데, 이는 그만큼 나무닻의 파주력이 약했기 때문에 크기를 크게 하지 않으면 안 되었기 때문일 것이다. 따라서 큰 파주력이 필요할 때에는 닻머리에 돌을 매어 사용하기도 했다.

---

16) 안옥규(1996), 『어원사전』, p.103 ; 백문식(2014), 『우리말 어원사전』, p.141 ; 강길운(2010), 『비교언어학적 어원사전』, p.365 ; 김성준(2015), 『해사영어의 어원』, p.34.

17) 정진술(2010), 「고대의 닻에 대한 소고」, 『해양평론』, p.35.

〈그림 4-5-a〉 고려시대 닻장   자료 : 국립해양문화재연구소
(2008), 『근대한선과 조선도구』, p.36.

〈그림 4-5-b〉 멍텅구리 배의 닻

〈그림 4-5-c〉 닻 감는 호롱

II. 9세기 나침반 사용설 검증

한선의 항해도구와 관련하여 학계에서 논쟁이 되고 있는 것은 '9세기 장보고 선단의 지남기 사용설'이다. 최근식은 "육상에서 지남기가 기원 전 세기부터 사용되었는데 기록이 남아 있지 않다고 하여 해상에서만 세기에 이르러서야 지남기가 사용되었다는 것은 납득하기 어렵다"고 비판하고 여러 정황 증거를 볼 때 9세기에 장보고의 무역선에서 지남기 가 사용되었다고 주장하였다. 그는 자신의 논지를 입증하기 위한 정황 증거로 중국에서 방위를 가리키는 사남이나 지남거 따위가 기원전 세기부터 사용되었다는 점 지남거를 융적이 만들었다는 『송서』의 기록, 울산의 달천 철산이 천연자석의 원료인 자철광의 주산지였다는 점, 문무왕대 신라가 당에 자석을 보냈다는 『삼국사기』의 기록, 엔닌이 839년 입당할 때 4월 16일과 17일 무중항해를 하였으므로 지남기와 같은 방향 지시기를 사용하였을 것이라는 추정을 제시하였다.[18]

이러한 주장은 두 가지 점에서 학계에 적지 않은 파장을 일으키기에 충분했다. 우선 그의 주장이 사실이라면 한민족은 세계 역사상 가장 먼저 지남기를 항해에 이용한 민족이 되고, 둘째 그가 자신의 주장을 입증하기 위해 내세운 정황 증거들이 그의 의도와는 달리 설득력이 약했다는 점 때문이었다. 이와 같은 학계의 분위기는 정진술의 논문에 서 명확하게 표명되었다.

정진술은 최근식의 논지를 세 가지 점에서 비판하였다. 첫째 최근식 은 정수일, 윤명철, 김정호가 9세기에 동아시아 해역에서 항해에 나침반 을 이용하였음을 당연시 한다는 점을 들고 있으나 이들의 주장은 사료를 곡해한 데서 비롯된 것이다. 둘째, 최근식은 나침반이 기원전

---

18) 최근식(2000), 「9세기 장보고 무역선의 지남기 사용 가능성에 대하여」; 최근식 (2002), 「장보고 무역선과 항해기술 연구」, 제4장.

4세기부터 육지에서 이용되었으므로 여러 정황으로 보아 9세기에 장보고 무역선에서 나침반이 사용되었다고 추정하였으나 이는 지나친 비약이다. 셋째, 최근식은 엔닌이 이틀 동안 안개 속에서 무사히 항해한 것으로 보아 나침반을 이용했을 것으로 추정하였으나 엔닌이 탔던 배가 다른 척이 도착한 지점과는 200마일 이상 떨어진 해안에 도착한 것으로 미루어 나침반을 이용했다면 이는 상상할 수 없는 항해술이다.[19] 결론적으로 정진술은 문헌기록상 (동아시아 해역에서) 항해 나침반의 등장 상한을 1078년으로 보았다.

필자는 2003년 항해에 나침반이 처음 사용된 것은 지남부침으로 문헌상 중국 1098~1102년, 유럽 1187년, 아랍 1282년이었음을 확인함과 동시에, 중국의 나침반이 아랍인을 경유하여 유럽에 전해졌다는 기존 설보다는 중국과 유럽이 각각 항해 나침반을 개발했을 가능성이 있음을 제기한 바 있다.[20] 본장은 "9세기 장보고 선단이 지남기를 사용하여 항해하였다"는 최근식, 정수일, 윤명철, 김정호 등의 견해를 논박하기 위하여 집필한 것이었는데, 아직까지 국내 학계에서 이에 대한 반론이 제기되지는 않고 있다. 흥미로운 사실은 2015년 7월 10일, 필자가 동일한 논문을 중국 학회에서 발표하였으나, 중국 참여자들로부터 이렇다 할 반대 토의나 이견이 제기되지 않았다는 것이다.[21] 이는 필자가 일반적인 나침반을 다룬 것이 아니라, 항해 나침반(mariner's compass)에 한정하여 논지를 전개했기 때문에 중국인들로서도 반론을 제기할 만한 여지가 없었기 때문으로 판단된다.

---

19) 정진술(2002), 「장보고 시대의 항해술과 한중항로에 대한 연구」, 『장보고와 미래 대화』, pp.264~265.

20) 김성준 외(2003.9), 「항해 나침반의 사용 시점에 관한 동서양 비교연구」 ; 김성준(2015), 『서양항해선박사』, 제3장 재수록.

21) 金成俊·崔雲峰(2015.6), 「航海指南針使用起点的東西方比較硏究」, 『揚帆海上絲綢之路』, pp.158~175.

필자는 '중국의 나침반이 아랍을 경유하여 유럽에 전해졌다'는 우리들의 상식이 알렉산더 폰 훔볼트(Alexander von Humboldt, 1769~1859)의 『코스모스 : 우주의 물리적 성상性狀에 관한 스케치』Cosmos : A Sketch of A Physical Description of the Universe에서 비롯되었음을 밝혔다.[22] 훔볼트는 1847년 출판된 Cosmos의 제2권에서 '중국의 컴파스가 중국에서 발명되었고, 3~4세기 중국 배들이 인도양까지 항해하면서 아랍에 전해졌고, 이들을 통해 유럽으로 전해졌다'는 설을 정식화하였다.[23] 그러나 그 결론을 도출하는 데 자신의 연구 보다는 조언자의 연구에 의존했다. 훔볼트는 한자를 이해하지 못하였던 탓에 일본 전문가인 클라프로트(Klaproth)에게 중국의 나침반의 역사에 대해 조사해 달라고 의뢰하지 않을 수 없었다. 클라프로트는 중국 문헌을 광범위하게 조사하여 1834년 보고서를 제출하였는데, 그 보고서에는 중요한 오류들이 포함되어 있었다. 클라프로트는 1711년 편집된 『패문운부佩文韻府』에는 "진晉(265~419) 왕조 하에서 자석(aimant)으로 남쪽으로 항해한 배들이 있었다"고 적었지만, 정작 이 책에는 그러한 기록이 없다. 그리고 그는 "유럽의 문헌에는 자침이 유럽에서 발명되었다는 기록이 없다"는 것을 근거로 "유럽인들이 자침을 항해에 이용하게 된 것은 십자군 기간 동안 유럽인이 아랍인을 통해서였을 가능성이 매우 높다"고 보고했다.

훔볼트는 클라프로트의 보고서를 참조하여 "3~4세기 중국 배들이 자침을 활용하여 항해하였고, 이들과 접촉한 아랍인들을 통해 항해 나침반에 대한 지식이 유럽으로 전해졌다"고 단정하였다. 그는 당대 중국의 나침반의 유럽 유입설을 강하게 논박했던 아즈니(D. A. Azuni)의

---

22) 이에 대한 상세한 논의에 대해서는 김성준(2017.5), 「항해 나침반에 관한 A.v.훔볼트 테제 비판」, 『역사학연구』 제66집, 호남사학회, pp.235~258 참조.

23) Alexander v. Humboldt, trans. by, E.C. Otté(1866), Cosmos, A Sketch of A Physical Description of the Universe Vol.2, NY ; Harper & Brothers(rep. by Forgotten Books, 2012), p.253.

『나침반의 기원에 관한 논설』*Dissertation sur l'Origine de la Boussole*(1809)을 읽었음에도 불구하고, 그의 주장보다는 자신이 의뢰하여 조사한 클라프로트의 견해에 크게 의존하였다. 게다가 클라프로트는 '1111~1117년 편찬된 『본초연의』가 중국인들이 항해에 나침반을 사용한 것을 보여주는 최초의 문헌'이라고 명백하게 밝히고 있음에도 불구하고, 훔볼트는 이 문장을 무시한 채 '『패문운부佩文韻府』에 진대晉代 중국 배들이 남쪽을 가리키는 자침을 채용하여 인도양까지 항해했다'는 기록을 역사적 사실로 받아들였다. 그러나 정작 『패문운부佩文韻府』에는 그러한 기록이 없을 뿐만 아니라, 『송서』의 기록을 근거로 하면 '진대晉代에 지남주指南舟가 있었다'는 정도에 불과함을 알 수 있다. 뿐만 아니라 클라프로트가 지남거(Char magnétique), 지남귀(Tchi Nan Kiu), 지남부침(boussole à eau)을 각각 구별할 수 있었던 것과는 달리, 훔볼트는 south-pointing needle=compass=mariner's compass와 같이 혼동하여 사용하였다.

이렇듯 유럽의 항해 나침반 사용에 대해서도 논쟁이 분분한 상황이다. 그럼에도 불구하고 우리 조상들이 나침반을 항해에 사용했음을 보여주는 명확한 문헌적 기록이 없는 상태에서 9세기 장보고 선단이 나침반을 항해에 이용했다는 주장이 한국사학계에서 공감을 불러일으키고 있다는 현실이 그저 놀라울 따름이다.

우리 민족은 항해민족이라고는 할 수 없었지만, 우리 조상들은 배를 이용하여 인근의 중국이나 일본까지 내왕하였고, 배를 이용하여 여흥을 즐기는 뱃놀이도 즐겼음은 여러 자료를 통해 확인할 수 있다. 조선 후기 윤선도는 「어부사시사」에서 항해의 전 과정을 잘 표현해 내고 있다. 윤선도는 춘하추동 10수씩 총 40수로 구성된 「어부사시사」의 후렴구를 배의 출항부터 항해 그리고 입항 순서로 붙이고 있다.

배 띄워라(후렴구 1) → 닻 들어라(2) → 돛 달아라(3) → 배 저어라(4&5) → 돛 내려라(6) → 배 세워라(7) → 배 매어라(8) → 닻 내려라(9) → 배 붙여라(10)

이를 일반적 항해 순서와 비교해보는 것도 매우 흥미로운 일이다. 일반적으로 사공이 배 띄워라라고 명령을 내리면, 닻을 올리고, 노나 삿대로 밀어 깊은 바다로 이동한 뒤, 돛을 달고 항해를 지속하게 된다. 항해 후 목적지에 가까우면 돛을 내리고, 닻을 내려 배를 세우고 배를 계류장에 붙이고 배를 매어 두면 입항작업이 종료된다. 따라서 윤선도의 후렴구를 항해의 일반적인 순서에 견주어 바로잡아 보면 다음과 같은 순서가 될 것이다.

배 띄워라(1) → 닻 들어라(2) → 배 저어라(4&5) → 돛 달아라(3) → 돛 내려라(6) → (닻 내려라)(9) → 배 붙여라(10) → 배 세워라(7) → 배 매어라(8)

범선의 항해는 전적으로 바람의 세기와 방향에 달려 있다. 가고자 하는 목적지 쪽을 향해 부는 뒷바람이 분다면 항해는 순조로울 것이나, 가고자 하는 방향에서 맞바람이 분다면 항해하기는 매우 어려울 것이다. 그러므로 범선의 항해성능은 결국 역풍 항해시의 항해능력에 전적으로 좌우된다고 해도 지나치지 않는다. 한선의 단점으로 누수를 드는데 반해, 장점은 역풍 항해성능이 우수하다는 점을 꼽고 있다. 19세기 일본에서 만들어진 조선인 표류민漂流民들을 대상으로 한 조서를 중심으로 꾸며져 한국어 교습서로 활용된 『표민대화』에는 다음과 같은 논급이 포함되어 있다.

"무릇 조선배가 양중洋中에 나갔던 것을 보니 아무래도 일본 배에는 배질이 미치지 못하는데, 섬 안에서는 <u>조선 배가 역풍에 회여가는 모양은 과연 묘하더라.</u> 일본선은 전량錢兩을 무수히 내여 무었기에 연장도 대단히 단단하여 부서질 곳은 없거니와 돛대가 한 개이므로 바람을 지고 가는 때는 잘 가되 바람을 안고 가기가 어렵고, 조선 배는 두 돛이므로 비록 바람 방향이 좋지 않아도 강하게 불지 않으면 바람을 나고 갈 수 있으므로 섬 안에서는 배질이 잘 되나 양중에서 우연히 환풍換風하고 풍랑이 사나울 때면 배 연장이 다 잡목이므로 부러지거나 쩌개져서 배를 마음대로 다룰 수 없어 항상 표류합니다."[24]

언더우드 박사는 자료와 시대적인 한계로 인해 몇 가지 오류를 범하고 있음에도 불구하고,[25] "한국의 해선海船이 강선江船을 단순히 확대하는 데 지나지 않았고, 한국인들은 맞바람에 맞서 항해하는 태킹 tacking 기술을 이해하지 못했다는 편견이 잘못"[26]되었음을 지적하고, 한선이 네모돛을 사용했음에도 불구하고, 맞바람에서 67도 30분까지 근접하여 항해할 수 있다고 높이 평가하였다.[27]

2000여 년을 이어져 온 한국의 선박은 독특한 특징을 갖고 있다.

---

24) 허일(2006), 「표민대화(하) 역주의 시도」, 『해양평론』, pp.119~120, 121~122.
25) 언더우드 박사는 『高麗圖經』이 나침반을 항해에 이용했음을 기록한 최초의 문헌이라고 적고 있고(p.44), 귀선의 櫓를 유럽식으로 복원하였지만(Fig.48), 나침반을 항해에 이용했음을 기록한 최초의 중국문헌은 『萍洲可談』이고 龜船의 櫓는 韓國式 櫓이다.
26) Underwood(1934), *Korean Boats and Ships*, p.2.
27) Underwood(1934), *Korean Boats and Ships*, p.15.

한국의 배는 한반도 연해안의 특성에 잘 적응할 수 있는 구조적 특징을 갖고 있다. 한반도 남해안과 서해안은 조수 간만의 차가 매우 심하다. 특히 썰물일 때 한국 배는 바닥이 평평하여 기울어지지 않고, 갯벌 위에 그대로 얹힐 수 있다. 한국 배는 또한 두터운 판재를 나무못이나 쐐기 등을 사용하여 결합하였으므로 썩거나 부서진 부분을 수리하거나 개조하는 데 아주 편리하다. 게다가 한국 배는 부양성이 뛰어나다. 이는 한국 배가 뗏목배(raft)를 발전시킨 형태로 건조되었기 때문이다. 전체적으로 보았을 때 한국 배는 한반도 해역의 특성에 적응하기 위한 한국인의 창의성의 산물이었다고 평가할 수 있다.

　한선의 항해도구 또한 이와 같은 우리 바다와 한선의 특징에 맞게 진화되었다. 돛은 네모돛임에도 불구하고 세로돛으로 갑판 위에서 오르내릴 수 있었고, 돛의 크기를 조절할 수 있었으며, 역풍 항해에 능했다. 이는 개량형 한선인 강진옹기배와 조기잡이중선망 어선의 실선 항해를 통해서도 입증되었다(12장 II, III 참조). 한선이 평저선임에도 불구하고 난바다에서 횡압에 버티며 역풍항해를 할 수 있었던 것은 키가 선저 깊숙이 박히는 이른바 한국형 키, 즉 센터보드형 키였기 때문이다. 전통 닻은 돌을 주로 사용하였고, 나무닻도 널리 이용되었다. 오늘날의 견지에서 보면 돌이나 나무닻은 쇠닻에 비해 파주력이 약할 수밖에 없다. 그러나 전통 시대에 배의 크기가 수십 톤에서 최대 100여 톤 남짓하였고, 서해안의 해저 저질이 주로 뻘로 이루어졌기 때문에 쇠닻을 사용했을 경우 닻을 들어올리기 매우 어려웠을 것이다. 그러므로 우리 조상들이 쇠닻을 널리 이용하지 않은 것은 그것을 만들지 못해서라기보다는 우리 서해안의 해저 특성에 맞지 않았기 때문이었다고 할 수 있다. 이는 1970년대 후반부터 서해안에서 남해안에 걸쳐 널리 쇠닻이 사용되기 시작했음에도 불구하고 이제껏 보지 못한 독특한 쇠닻을 개발하여 사용한 데서 확인할 수 있다.

〈그림 4-6〉 reverse stock anchor

1970년대 후반 인천 지역의 어선에서는 닻장(stock)을 닻고리 쪽이 아닌 닻머리(crown)에 끼운 독특한 닻이 사용되기 시작하였다. 현재는 서해안 전역과 목포와 여수, 삼천포 등지의 어선에서도 이러한 닻이 널리 사용되고 있다. 이러한 모양의 닻을 부르는 특별한 명칭이 있는지 닻 제작업체와 어민들에게 문의하였으나, '닻팔'(arm)이 2개면 쌍닻, 1개면 외닻이라고 부를 뿐 그런 닻을 통칭하는 일반적 명칭은 없다고 한다. 그렇다면 stock anchor와는 반대쪽에 stock(닻장)이 있으므로 'reverse stock anchor'라고 부르면 어떨까 제안해 본다.[28]

---

28) 김성준(2015), 『해사영어의 어원』, p.35.

5장

장보고 시대의 배와 항해

2000년 전후 10여 년 사이 우리 역사에서 가장 활발하게 연구된 주제는 단연 장보고가 아닌가 한다.[1] 장보고에 대한 연구는 역사학은 말할 것도 없고, 경영학, 무역학, 항해학 등 학문의 거의 전 분야를 망라하고 있다고 해도 지나친 말이 아니다. 이는 1999년 11월 해상왕장보고기념사업회가 설립되면서 각종 연구비를 지원하여 장보고 연구를 독려한 데 그 원인이 있다. 장보고 관련 연구 사업 가운데서도 가장 심혈을 들인 연구는 아마도 장보고 선박 복원이 아닌가 한다. 3년에 걸친 연구 결과 2005년에는 장보고가 사용했을 것으로 추정되는 선박 복원 작업이 완료되어 복원선이 목포해양유물전시관, 전남 완도의 장보고기념관, 중국 웨이하이威海의 적산법화원의 장보고기념관에 각각 전시되기에 이르렀다. 이 복원선은 장보고와 그의 시대 사람들이 실제로 이용한 배가 아니라 이용했었을 가능성이 있는 배라는 가정하에 복원된 것이라는 점은 두말할 나위가 없다.

---

1) www.koreamaritimefoundation.or.kr의 '학술연구자료DB센터' 메뉴를 참조하라(2021.6.10).

그러나 장보고 선으로 복원된 배는 역사적으로 실존했었을 가능성이 매우 낮다는 것이 필자의 생각이다. 이는 장보고 선을 복원하는 과정에 민족주의적 우월감과 항해술에 대한 그릇된 선입견 등이 게재되고, 다양한 견해들이 제기됨에 따라 그 견해들을 종합한 데 따른 필연적인 결과이다. 이 글에서는 그동안 발표된 장보고의 배와 항해에 관한 연구 성과를 비판적으로 재검토하고, 장보고의 배와 항해에 관한 필자의 견해를 제시해 보고자 한다.

I. 장보고의 배

여기에서는 장보고의 배에 관해 논급한 주요 연구자들의 견해를 정리해보고, 이를 비판적인 시각에서 재검토해 볼 것이다. 장보고의 배에 대해 처음으로 언급한 연구자는 김재근이었다. 김재근은 장보고가 신라 고유선박을 사용했을 가능성을 매우 희박한 것으로 보고, 장보고 선대가 한중일의 원양을 항해했던 만큼, 갑판상에 선실이 설치되어 있고, 돛대를 2개 이상 장비한 평저선이었을 것으로 추정하였다. 그는 고려시대 발굴선인 완도선이 비록 연안선이지만, 아직 한선의 구조가 완전히 정립하지 않았음을 보여주고 있다고 지적하고, 장보고의 배들은 평저선이면서도 격벽 대신 장삭을 쓰고 외판을 특이한 홈붙이 클링커식으로 이어붙이는 한선 구조가 확립되어 나가기 시작하는 계기가 되었을 것이며, 그에는 중국의 영향이 컸을 것이라고 주장하였다.[2] 한국선박사의 태두라고 할 수 있는 김재근의 이 언급은 이후 장보고 선박 연구뿐만 아니라 한국선박사 연구에서 오류가 없는 하나의

---

2) 김재근(1994), 『한국의 배』, pp.54~56.

금과옥조로 여겨졌다.

장보고의 항해와 선박에 대해 본격적으로 연구하기 시작한 것은 한국해양대학교에 장보고연구소가 설립되고 난 뒤였다. 이 연구소의 설립자인 허일을 포함한 일단의 연구자들은 장보고의 중국 내 활동 지역에 초점을 맞추어 장보고 선대의 선형을 추론해 내고자 하였다. 우선 변수汴水의 중류에 위치한 무령군武寧軍 소장小將으로 활동한 바 있는 장보고가 변수 연안의 중심항인 서주徐州 경내의 용교埇橋(현재의 安徽省 宿縣)를 중심으로 운항되던 사선형 선박에 대해 잘 알고 있었을 것이라는 점이다. 또한 산동 반도를 중심으로 활동하던 장보고가 이 지역에서 주로 이용되던 사선이 강과 바다에서 함께 운항할 수 있다는 점에 주목하였을 것이라는 점 또한 간과할 수 없는 요소였다. 결론적으로 허일 등은 장보고가 사선형沙船型 선박을 교역선의 중심 선대로 편성했을 것이라고 추정했다.[3]

김재근과 허일 등은 장보고가 신라 고유 선박 보다는 중국의 영향을 받았거나 중국의 사선형 선박을 교역선으로 활용했을 가능성이 크다고 본 점에서 동일선상에 있다고 할 수 있다. 하지만 최근식은 이와 같은 견해를 "문헌자료를 정밀하게 관찰하지 않은 큰 잘못"이라고 비판하고, 신라의 고유선형이 존재하였음을 강력하게 주장하였다. 그는 『속일본후기』와 『입당구법순례행기』 등에 기록된 6건의 신라선이라는 용어에 주목하여 9세기 특유한 외형과 구조를 갖춘 신라선이 운항되고 있었고, 이 신라선이 장보고의 교관선으로 사용되었음은 두말할 나위가 없다고 하였다. 그는 또한 일본의 견당사선이 통일 이전에는 백제선으로 만들어졌다가 9세기 이후에는 신라선으로 건조하였기 때문에 신라선의 구조를 밝히기 위해서는 일본의 견당사선을 참조할 필요가 있다고

---

3) 허일 외(2001), 『장보고와 황해 해상무역』, pp.422~424.

주장하였다.

최근식은 이와 같은 논리적 추론 끝에 9세기 신라선을 다음과 같이 추정해 내었다. 신라선으로 건조된 견당사선은 첨저선으로 수밀격벽을 갖추고 있었고, 범노 겸용선이었으며, 돛대를 세 개 이상 갖추었고, 선미타와 피수판을 갖추었다. 돛대에 오르기 위한 발판과 돛대 꼭대기에 망루를 설치하였을 것이며, 흰 돛을 사용하였고, 크기는 250적화톤 정도였다.[4]

장보고의 배에 대한 연구자들의 다양한 견해는 (재)해상왕장보고기념사업회가 발주한 장보고 무역선 복원 과정에서 표출되었다. 2003년부터 2005년까지 3년간 진행된 연구 기간 중 1차년도의 연구책임을 맡은 허일과 이창억은 사료에 등장하는 신라선이라는 용어를 신라에서 건조한 선박이나 신라식의 선박이라기보다는 신라인들의 상선이라고 해석하고, 당과 신라간의 내왕이 주로 황해와 동지나해 북부를 중심으로 이루어졌다는 것을 감안하면 장보고의 교관선은 북방해역에 적합한 60톤 내외의 사선형일 것으로 추정했다.[5]

장보고 배에 대한 이견은 장보고 선박 복원연구 2차년도 연구과제인 장보고 선박 복원 설계에 관한 자문청취 과정에서 분출하였다. 2차년도의 연구책임자인 이창억 교수는 장보고 무역선이 황해 북방항로와 황해 남부 사단항로를 항해하기 위해서는 평저선으로 불가능하기 때문에 평원저형으로 설계한 시안을 제출하고, 그에 대한 자문을 청취하였다.[6] 자문회의의 주요 내용을 정리해 보면 다음 〈표 5-1〉과 같다.

4) 최근식(2001), 「9세기 신라선과 그 구조」, pp.9~40.
5) 허일·이창억(1998), 「9세기 신라시대 선박의 조선 기술과 선형의 특성에 관한 연구」, pp.80~153 [재단법인 해상왕장보고기념사업회(2006), 『장보고 무역선 복원 연구 - 제2차연도 최종보고서』, 2006.2].
6) 이창억(2004), 「2차 자문회의 발언(2004. 5.7)」, (재)해상왕장보고기념사업회(2006), 『장보고 무역선 복원 연구 - 제2차연도 최종보고서』.

〈표 5-1〉 장보고 무역선 복원 연구 자문회의의 주요 발언 내용

자문회의 (개최일)	발언자	발언
2차 자문회의 (2004. 5. 7)	이창억	- 평원저형이 가장 타당
	최항순	- 중국 사선, 일본 사선, 변재선 등의 선형이 혼합되었다. - 설계도면이 미숙하다.
	천인봉	- 장보고 무역선을 중국 배 선형으로 하면 타당하지 않다.
	김문경	- 신라선은 다른 선박과 구별되는 특징이 있을 것
3차 자문회의 (2004. 6. 23)	이창억	- 자문회의에서 평원저형으로 결정함.
	최근식	- 엔닌일기 속의 9척의 신라선은 첨저선이다. - 견당사선도 첨저선이다.
	마광남	- 현재 설계도면으로는 역풍항해가 불가능
	김문경	- 개인적으로는 첨저선형이라는 생각을 많이 가짐
4차 자문회의 (2004. 8. 30)	이창억	- 원래 평원저형으로 설계하였지만, 자문회의 결과 첨원저형으로 설계
	김용한	- 우리 학계에서 한선에 평저선뿐만 아니라 첨저선도 있다고 주장하지만, 본인이 소장하고 있는 많은 한선 자료들은 모두 평저선이다.
	천인봉	- 용골을 사용한 첨원저형으로 수정 - 원양항해선은 용골이 있어야 능파성이 좋다

자료 : 「장보고 무역선 복원 연구 - 제2차연도 최종보고서」, 자문회의록.

이와 같은 과정을 거쳐 장보고 무역선은 〈그림 5-1〉과 〈그림 5-2〉에서 보는 바와 같이, 용골과 수밀격벽을 설치한 첨원저형선으로 추정 복원되었다. 장보고 선단이 운용했을 무역선에 대해서는 그 실물은커녕 기록조차 전무하기 때문에 필자를 포함한 그 누구도 장보고 무역선을 확정적으로 제시할 수는 없다. 하지만 장보고가 활동했던 시점에서 1100여 년이 경과한 오늘날 장보고 무역선을 복원하기 위해서는 그 추정 과정이 논리적이고, 합리적이어야 한다. 그릇된 가정이나 전제, 또는 민족적 자존심을 앞세울 경우 자칫 역사에 존재하지 않았던 허상을 인위적으로 만들어낼 개연성이 크다.

그런데 필자가 장보고 무역선이 복원되기까지의 과정을 정리하면서 느낀 점은 당초 평원저형으로 제시된 선박이 첨원저형으로 바뀌게

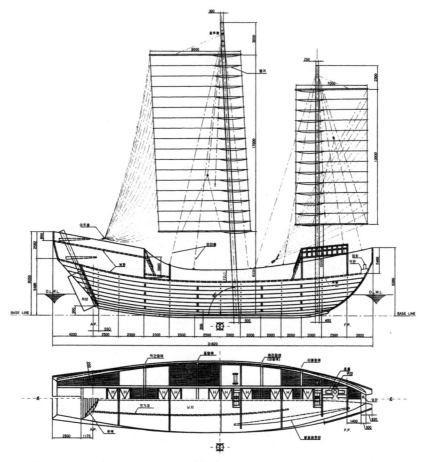

〈그림 5-1〉 장보고 무역선 추정도

된 과정이나 근거들이 논리적으로나 역사적으로 잘 수긍이 가지 않은
점들이 발견된다는 점이다. 그것을 정리해보면 다음과 같다.

첫째, 장보고 무역선을 중국 선형으로 복원하는 것은 타당하지 않다.
둘째, 평저선은 대양을 항해하지 못한다.
셋째, 특정 항로에는 특정 선형의 배가 이용되었을 것이다.

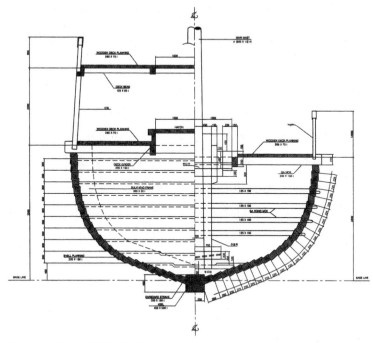

〈그림 5-2〉 장보고 무역선 횡단면도

첫 번째 주장은 순수한 중국선형, 순수한 신라선형, 당선과 신라선의 혼합선형 등 장보고가 이용했을 가능성이 있는 선박 중 하나를 원천적으로 배제한다는 점에서 문제가 있는 민족적 편견이라고 아니할 수 없다. 두 번째 전제 또한 2005년 중국 산동성에서 발굴된 펑라이蓬萊 고려고선이 전형적인 평저선형의 한선이라는 사실이 밝혀짐으로써 그릇된 주장으로 드러났다. 14세기경의 한선으로 추정되는 펑라이 고려고선은 선저판과 외판의 결합방식은 전형적인 한선의 조립방식을 따르고 있지만, 장삭 대신 격벽을 갖추었다는 점에서 기존에 알려진 전형적인 한선과는 차이가 있다. 하지만 중국측 발굴 관계자들이나 연구자들, 또한 우리측 연구자들 모두 펑라이 3호선과 4호선이 한선이라는 데는 의견의 일치를 보였다.[7] 중국의 연구자들이 의문을 제기한 것은 김재근 박사 이래 한선에는 격벽이 없다는 것이 정설이었는데, 왜 펑라이 3호선에는 가룡목이 아닌 격벽으로 횡강력을 보강했는가 하는 점이었다.

지난 2006년 8월 22~25일 중국의 펑라이에서 개최된 국제학술대회에서 이 문제가 쟁점이 되었는데, 한국측 참석자 중 그 누구도 이에 대해 명쾌한 설명을 제시하지 못했다. 당시 필자는 김재근 교수가 한선의 특징으로 격벽이 없다는 점을 지적한 이래 한선에는 격벽이 없다는 것이 하나의 진리처럼 받아들여지게 된 것은 그동안 한선 관련 자료들이 모두 연안선을 대상으로 했기 때문에 빚어진 오류라고 주장했다. 필자의 이러한 설명에 대해 아무도 귀를 기울이지 않았고, 국내에 발굴 소식이 보도될 때에도 이 문제는 간과되었지만, 당시 포르투갈의 블로트(Jean-Yves Blot)와 네덜란드의 디륵세(C. Dirkse) 등의 고고학자들은 필자의 견해에 전적으로 동감을 표시한 바 있다.

항해를 해본 사람이라면 연안선과 원양선은 분명 선체 구조가 다르지 않으면 안된다는 사실을 잘 알고 있다. 원양에서는 연안 보다 너울의 주기가 길고, 파도 또한 높기 때문에 원양을 항해하기 위해서는 그에 알맞은 선체 구조와 강도를 유지해야만 한다. 그러나 불행하게도 그동안 우리 선박사학계에 알려진 완도선이나 가거도선 등의 발굴선과, 조선시대 문헌에 기록된 각종 선박들은 모두 연안선들이었다. 따라서 현전하는 연안선에 대한 자료만을 연구하여 도출된 연안선의 공통점을 마치 한선 전체의 특징으로 확대 해석하는 오류를 범한 셈이다.

그렇다면 이제 검토해야할 남은 문제는 특정 항로에는 특정 선형의 배가 이용되었을 것이라는 주장이다. 장보고 무역선 복원 책임자인 이창억 교수는 8~9세기 당 - 신라 - 일본으로 이어지는 해상활동에서

---

7) 蓬萊古船國際學術硏討會組織委員會(2006), 『蓬萊古船國際學術硏討會文集』.

주로 이용된 항로는 적산 항로와 명주 항로가 있는데,[8] 적산 항로에는 평원저형 선박이, 명주 항로에는 첨원저형 선박이 이용되었을 것이라고 보았다.[9] 이와 같은 전제에서 장보고 무역선을 추정한 결과, 장보고 무역선은 펑라이 고려고선을 포함한 전통 한선에서는 발견된 바 없는 용골을 거치한 뒤 외판을 전통 한선의 조립법인 홈박이 붙이 클링커 방식(상각형 탑접, grooved clinker type)으로 조립함으로써 한선과 중국선이 혼합된 선형으로 복원되었다. 결국 장보고 무역선은 중국선과 한선의 혼합선형으로 복원된 셈이다.

필자는 나침반과 해도가 완비되기 전까지는 대양에서 사단항로를 항해하기 어려웠을 것이라고 생각하고 있다.[10] 장보고 무역선 복원 연구팀이 장보고 무역선을 원첨저선형으로 복원한 가장 주된 논거는 장보고 선대 중의 하나가 명주에 입항했다는 기록이다.[11] 이 기록을 바탕으로 장보고의 선대가 명주와 흑산도 사이의 바다를 사단하는 항로를 따라 항해하였고, 평저선형으로는 거친 동중국해를 항해하는 것이 어려웠을 것이기 때문에 장보고 선대는 능파성이 좋은 첨저선형의 배였을 것이라고 추정하게 되었다. 여기에서 두 가지 의문을 제기할 수 있다.

하나는 장보고 선대가 명주에 입항했다는 기록이 있다고 해서 그

---

8) 적산 항로는 중국 적산포에서 출항하여 황해를 건너 신라 서해안에 이르는 항로이고, 명주 항로는 중국의 천주나 영파 인근에서 제주도와 흑산도의 가거도를 거쳐 완도에 이르는 항로를 말한다.

9) 이창억(2006), 「고대 목범선의 선형에 이용된 선박구조양식 특정에 관한 연구」, 『장보고 무역선 복원 연구 - 제2차연도 최종보고서』, p.15.

10) 이에 대해서는 정진술도 같은 견해를 밝히고 있다. 정진술(2002), 「장보고 시대의 항해술과 한중항로에 대한 연구」, pp.201~279.

11) 엔닌 일기에 "명주에서 떠난 배는 바람을 따라 신라로 들어갔다"(開成 4년, 839년, 4월 2일자)는 기록과, "일본에서 건너온 배 두 척이 강남 상주 해안에 접안하였다"(會昌 5년, 845년, 7월 5일자)는 기록이 있다.

선대가 명주에서 흑산도까지 직선으로 잇는 항로를 따라 항해했을 것인가 하는 점이다.

둘째는 만약 장보고 선대가 명주와 흑산도를 직선으로 잇는 동중국해 사단항로, 일명 명주 항로를 항해하였다고 한다면, 명주 항로를 항해하는 데 첨저선형이 아니면 항해가 불가능한가 하는 점이다.

이 두 가지 의문은 장보고 시대의 항해와 연관되므로 다음 절에서 상세하게 다룰 것이다.

II. 장보고 시대의 항해

항해는 특정 출발지에서 가고자 하는 목적지까지 배를 이동해 가는 것을 말한다. 항해를 완수하기 위해서는 목적지까지의 침로를 알아야 하고, 배를 이동시킬 동력이 있어야 한다. 목적지까지의 침로를 알아내기 위해서는 해도와 나침반이 필수적이지만, 이와 같은 것들이 구비되어 있지 않았던 원시항해시대에라도 최소한 출발지와 목적지간의 상대적인 지리적 관념이 있어야 한다. 오늘날에는 정확한 해도와 자이로 컴퍼스, GPS 등의 항법장치를 활용하여 출발지에서 목적지까지 거의 일직선으로 항해할 수 있다. 하지만 장보고가 활동했던 9세기에 해도와 나침반이 항해에 이용되지 않았을 것이라는 것이 학계의 중론이다.[12] 게다가 배를 움직일 동력이라고 해 봐야 삿대와 노, 그리고 돛이 전부였다. 따라서 동중국해를 비스듬히 항해하여 목적지까지 도달한다는 것은 말처럼 그리 쉬운 일이 아니라는 것이 필자의 생각이다. 아래에서는 이제까지 학계에 제기된 장보고 시대의 항로에 대한 연구성과를

---

12) 이에 대해서는 김성준·허일·최운봉(2003), 「항해나침반의 사용 시점에 관한 동서양 비교연구」, pp.413~424.

비판적으로 재구성해 볼 것이다.

필자가 아는 한, 우리 학계에서 통시대사적으로 우리 민족의 항해와 항로에 대해 전문적으로 연구한 이는 손태현이었다. 그는 1970년대 초부터 1980년대 초 사이에 발표한 개별 논문들을 묶어 펴낸『한국해운사』에서 선사시대의 한중간 해상교통로로 노철산 수로와 황해 횡단항로가 있었고, 통일신라시대에도 기상의 악화로 인해 조난당하거나 당의 국정의 혼란으로 길이 막힌 경우를 제외하고는 황해 횡단항로가 이용되었음을 밝혔다.13) 그런데 손태현은 한중간의 항로를 도시화하면서 동중국해 사단항로를 위의 두 항로에 병기함으로써 이후 연구자들에게 혼란을 야기하는 빌미를 제공하였다.14) 왜냐하면 그는 책의 본문 그 어디에서도 선사시대나 견사항운시대에 동중국해 사단항로가 주된 항로로 이용되었음을 입증하는 사료를 제시하거나 주장을 제기하지 않았음에도 불구하고, 이를 도시화하여 명시하였기 때문이다.15)

허일과 이창억은 영파나 천주에서 제주도를 거쳐 완도를 거쳐 신라로 가거나, 일본으로 가는 명주 항로가 이미 장보고 시대에 이용되고 있었다고 밝히고 있으나, 그 근거를 밝히지 않고 있다.16) 중국의 신웬어우 교수 또한 장보고 선대가 중국의 명주에서 완도까지 직항하였다고 주장하고, 당시의 항로를〈그림 5-3〉과 같이 제시하였다.17) 신웬어우 교수는 장보고 선대가 남로로 항해했음을 입증해주는 사료는 없지만,

---

13) 손태현(1982),『한국해운사』, pp.28~31, 42.

14) 손태현(1982),『한국해운사』, p.32〈도 1-1〉.

15) 손태현(1982),『한국해운사』, p.86.

16) 허일·이창억(1999),「8~9세기 통일신라·당나라 시대의 해상 항로와 조선 기술」, pp.177~178. 허일·최재수·강상택·이창억은 "장보고 시대에 중국의 남부와 절강 연해에서 직접 우리나라 남서해안으로 통하는 남부항로가 존재하였으나, 주로는 10세기 이후에 많이 이용되었다"고 밝히고 있다. 허일 외(2001),『장보고와 황해 해상무역』, p.324.

17) 辛元歐(1999),「장보고와 그 선대의 선형에 대한 고찰」, p.125.

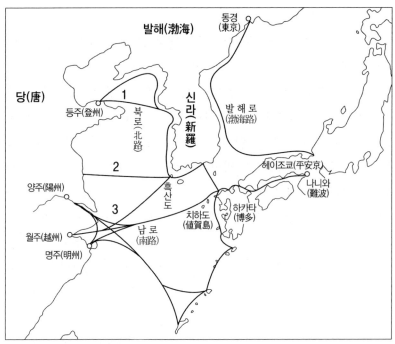

〈그림 5-3〉 신웬어우 교수가 제시한 장보고 선대의 항로

완도에서 발굴된 도자기편이 명주 월요越窯의 도자기와 다름없다는 점을 근거로 들고 있다.

　이들 이외에도 단일 논문이나 저서 등을 통해 장보고의 항로에 대해 언급한 연구자들 대부분은 시기상의 차이는 있지만, 장보고 시대에 남부 사단항로(명주 항로)가 이용되었다는 데 동의하고 있다. 그 가운데서도 최근식은 이제까지의 학계의 통설을 깨는 파격적인 주장을 내놓아 파장을 일으켰다. 그는 장보고 선단이 이미 나침반을 항해에 이용하였고, 고유의 선형을 보유한 선박을 사용하여 명주와 청해진을 잇는 최단 항로로 항해하였다고 주장하였다.[18]

---

18) 최근식(2002), 『장보고 무역선과 항해기술 연구』, 고려대학교 박사학위논문.

장보고 시대에 나침반이 항해에 이용되었다는 최근식의 주장에 대해서는 이미 필자가 상세하게 다룬 바 있으므로, 여기에서 이를 상술할 필요는 없을 것이다. 다만 필자는 동서양의 나침반 발전사를 비교 검토함으로써 중국에서 개발된 나침반이 아랍인을 통해 유럽으로 전해졌다는 통설은 잘못된 것이며, 명확한 사료가 발굴되기까지 나침반을 항해에 활용한 시점은 중국에서는 1098년, 유럽에서는 1187년이라는 점만은 논급해 두고자 한다. 또한 동서양을 막론하고 지남기가 항해에 활용되기까지 자석 발견 → 지남부침指南浮針(floating magnetized needle) → 축침(pivoted needle) → 컴퍼스 카드(compass card)의 순서로 발전해 갔다는 점도 간과해서는 안 된다는 점을 밝혀두고자 한다.[19]

필자 외에도 정진술은 최근식의 주장을 비롯하여 장보고 시대의 한일 및 한중항로, 그리고 장보고 이후의 항로에 대한 기존 연구를 전면적으로 재검토하여 의미 있는 연구성과를 거두었다.[20] 그는 1927년 이마니시 류今西龍가 한중일 항로에 대해 언급한 것에서부터 2001년 사이에 발표된 41개 연구성과를 항해술적 관점에서 재검토하였다. 그는 먼저 황해의 가시거리를 계산하여 〈그림 5-4〉와 같이 도시화한 뒤, 나침반이 없는 원시 항해술 시대에는 '정방향 대양항해'에 크게 의존했고, 자연 현상을 이용하여 항해했다는 대전제하에 기본 연구를 비판적으로 재검토하였다.

정진술은 이어 장보고 시대에 남부 사단항로가 이용되었다는 주장의 근거가 되는 사료들을 면밀하게 검토한 결과, 장보고 시대에 사단항로가 이용되지 않았음을 밝혔다. 그는 장보고 시대에 남부 사단항로가 이용되었다고 주장하는 견해에는 3가지 선입견이 내포되어 있다고 주장하였다.

---

19) 김성준 외(2003.9), 「항해나침반의 사용 시점에 관한 동서양 비교연구」.
20) 정진술(2002), 「장보고 시대의 항해술과 한중항로에 대한 연구」, pp.201~279.

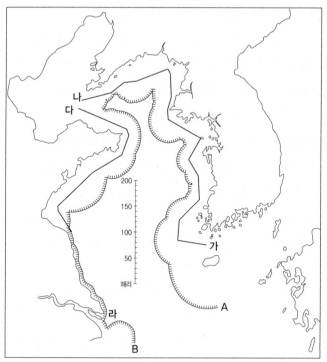

〈그림 5-4〉 황해의 시인거리

주 : AB선은 계산상 최대 시인 거리 가-나, 다-라는 실제 시인 거리.

자료 : 정진술(2009), 『한국해양사』, p.64.

첫째, 우리나라의 선박들이 중국의 강소성 이남 지역에 도착 또는 표착한 기록을 직선항로로 항해했을 것.

둘째, 『입당구법순례행기』에 기록된 9세기 선박들은 한중일 3국간을 활발히 오갔기 때문에 남부 사단항로로 당연히 이용했을 것.

셋째, 일본의 견당선들이 이른바 남로를 따라 규슈에서 양자강 하구 지역으로 직항했는데, 항해술이 일본보다 우수했던 신라선도 당연히 남부 사단항로로 직항했을 것.

정진술은 〈표 5-2〉에서 정리한 바와 같이, 첫 번째와 두 번째 선입견은

<table>
<thead>
<tr><th colspan="3" style="text-align:center">〈표 5-2〉 남부 사단항로 개설 주장의 근거 사료</th></tr>
</thead>
<tbody>
<tr><td>연대</td><td style="text-align:center">근거 사료</td><td style="text-align:center">내용</td></tr>
<tr><td>C. 100</td><td>『前漢書』권28, 지리지</td><td>會稽海外有東鯷人 分爲二十餘國 以歲時來獻</td></tr>
<tr><td>280</td><td>『晉書』列傳제67권, 四夷傳 馬韓條</td><td>武帝太康元年二年 其主頻遣使入貢方物</td></tr>
<tr><td>372</td><td>『三國史記』권24, 백제본기, 근초고왕 27년조</td><td>遣使入晉朝貢</td></tr>
<tr><td>479</td><td>『南齊書』권58, 東南夷 열전</td><td>加羅國三韓種也 建元元年 國王荷如使來獻</td></tr>
<tr><td>587</td><td>『三國史記』권4, 신라본기, 진평왕9년조</td><td>大世 仇柒二人入適海…吾將乘桴泛海以至吳越…自南海乘舟而去 後不知其所住</td></tr>
<tr><td>609</td><td>『日本書紀』권제22, 추고천황 17년조</td><td>百濟王命以遣於吳國 其國有亂不得入更返 於本鄕 忽逢暴風 漂蕩海中</td></tr>
<tr><td>C. 650</td><td>『三國遺事』권4, 의상전교</td><td>法師義湘…會唐使舡有西還者 寓載入中國 初止楊州</td></tr>
<tr><td>756</td><td>『三國史記』권9, 신라본기, 경덕왕 15년조</td><td>王聞玄宗在蜀 遣使入唐 浙江至成都 朝貢</td></tr>
<tr><td>816</td><td>『三國史記』권10,신라본기 헌덕왕 8년조 / 『舊唐書』권199상, 동이열전 신라조</td><td>年荒民飢 抵浙東求食者一百七十人</td></tr>
<tr><td>816. 11</td><td>『舊唐書』권199상, 동이열전 신라조</td><td>入朝王子金士信等遇惡風 飄至楚州鹽城縣界淮南節</td></tr>
<tr><td>817. 10</td><td>『三國史記』권46, 최치원열전</td><td>本國王子金張廉 飄風至明州下岸</td></tr>
</tbody>
</table>

자료 : 정진술(2002), 「장보고 시대의 항해술과 한중항로에 대한 연구」, pp.254, 260.

논리적 비약이거나 명백한 오류라는 점을 분명히 한 뒤, 세 번째 선입견 즉, 일본의 견당선들이 남로를 활발하게 이용했는데, 일본 보다 우수한 항해술을 보유한 신라선들도 당연히 남로를 이용했을 것이라는 주장을 재검토하였다. 그는 15차에 이르는 일본의 견당사선의 항로는 불분명하지만, 대략 4회 정도 남로를 이용한 것으로 추정하고, 777년 일본의 고지마五島를 출항한 12차 견당선이 문헌상 처음으로 남로를 이용하였다고 밝혔다. 정진술은 838년 15차 견당선까지만 해도 그리 성공적이지 못했던 남로 항해가 9세기 중엽에 이르면 어느 정도 성공 가능성이 있는 항로로 발전했음을 보여주고 있지만, 그렇더라도 남로 항해 시도가 그렇게 일상적으로 이루어졌다고 하기는 어렵다고 보았다.[21]

정진술은 또한 엔닌의 견당선이 무중항해시에도 닻을 내리지 않고 항진을 계속했다고 해석하여 이를 나침반을 사용했음을 보여주는 증거로 제시한 최근식의 주장을 비판적으로 검토하였다. 그는 엔닌이 속한 견당선 3척 중 2척은 장강 북단의 양주 해안에 도착하였던 데 반해, 엔닌이 승선한 견당선은 2척과 200해리 이상 북쪽에 위치한 강소성의 해주 해안에 도착했다는 사실을 들어 나침반을 이용했다면 상상할 수 없는 항해술이라고 비판하였다.[22] 정진술은 계속된 연구를 통해 남부 사단항로의 이용시점을 획정하였다. 그는 "장보고 시대 이후에도 한중간에는 황해도 남서단과 산동반도를 잇는 서해중부횡단항로가 계속 이용되었고, 10세기 초부터는 서해중부횡단항로가 강소성 연안을 거쳐 절강성 연안까지 이어지게 되었고, 이때에 흑산도에서 회하 하구에 이르는 새로운 서해남부횡단항로도 1068년 이후부터 이용되기 시작하였다"고 밝혔다.[23]

　지금까지 장보고 무역선을 원첨저선으로 복원하게 된 가장 중요한 논거 두 가지를 개검토해 보았다. 우선 장보고 시대에 명주에서 출항한 선박이 신라로 향했고, 일본선이 강남에 입항했다는 기록을 마치 명주와 신라를 직선으로 연결한 사단항로를 이용한 것으로 사료를 해석하는 것은 지나친 추론이라는 점을 정진술의 재검토를 원용하여 확인하였다. 둘째, 이와 같은 남로를 항해하기 위해서는 전통 한선의 선형인 평저선형으로는 어렵기 때문에 능파성이 좋은 첨저선형을 이용했을 것이라는 주장 또한 첫 번째 근거가 지나친 추론이라는 점이 밝혀진 이상 그 근거를 상실할 수밖에 없음은 두말할 나위가 없다.

　설사 장보고 시대의 신라선들이 동중국해 사단항로를 항해했다고

---

21) 정진술(2002), 「장보고 시대의 항해술과 한중항로에 대한 연구」, pp.267~270.
22) 정진술(2002), 「장보고 시대의 항해술과 한중항로에 대한 연구」, pp.262~265.
23) 정진술(2003), 「장보고 시대 이후의 한중항로에 대한 연구」, p.91.

하더라도 반드시 첨저선형이어야 할 필요는 없다는 것이 필자의 생각이다. 대양을 항해할 때 평저선이 조류나 파도에 떠밀리는 정도는 첨저선에 비해 크겠지만, 그렇다고 해서 첨저선이 떠밀리지 않는 것도 아니다. 이는 최신 기술로 설계된 요트의 경우도 예외는 아니다. 첨저형으로 건조되는 최신 요트도 선저부에 횡압을 방지하기 위한 밸러스트가 장착되어 있지만, 바람과 파도, 조류에 따라 횡압이 발생하는 것을 피할 수는 없다. 전형적인 평저선인 한선의 경우 키를 선저 깊숙이 장착할 수 있어 요트의 밸러스트 역할을 겸하도록 되어 있다는 점은 익히 알려진 사실이다. 따라서 동일한 평저선일 경우 한선이 다른 선형의 배에 비해 횡압의 영향을 덜 받을 개연성이 크다. 또한 정진술은 신라에서 출항하여 명주로 항해한다고 하더라도 동중국해를 사단으로 가로지르는 항로를 이용하기 보다는 중국의 연해까지 등위도 항법으로 항해한 뒤 연안항해를 했을 것으로 주장하는데, 이 점에 대해서 필자는 전적으로 동감하고 있다.

평저선이 대양을 항해하지 못할 것이라는 주장은 이미 펑라이 고려고선의 발굴로 그릇된 주장임이 입증되었다. 물론 펑라이 고려고선은 황해 횡단항로를 항해하여 산동반도까지 항해했을 개연성이 크다. 하지만 펑라이 고려고선의 출항지가 어디든지간에 한반도에서 산동반도까지 황해의 대양을 항해해야만 했을 것이다. 펑라이 고려고선은 침몰선이 아니라 폐선되기까지 상당기간 동안 황해의 대양을 항해했을 것임에 틀림없다. 이는 평저선이 대양을 항해하는 데 아무 문제가 없었음을 보여주는 좋은 예가 될 것이다.

사료의 기록들은 아주 엄정하게 해석해야만 한다. 거기에 논리적 비약이나 억측, 편견이 개입될 경우에는 역사적 진실을 호도할 가능성이 크다. 장보고 무역선을 추정 복원하는 작업과 같이 사료나 발굴자료

등이 전무한 역사적 실체를 구현하는 작업에서는 더욱 더 엄격해야만 한다. 자칫하면 허구를 역사적 실존체로 창조할 위험성이 다분하기 때문이다. 김재근 박사가 장보고 무역선을 복원해야 하지 않느냐는 주위의 권유에도 불구하고, 이를 거부한 것은 바로 그와 같은 위험성을 염려해서 였다.[24]

이미 앞에서 정리해 본 것처럼, 장보고 무역선을 원첨저선형으로 복원하기까지의 과정이나 그 근거들이 논리적으로나 역사적으로 수긍이 가지 않는 점이 많았다. 특히나 몇몇 사료를 확대 해석하여 명주와 흑산도를 잇는 동중국해 사단항로가 이용되었고, 이 항로를 항해하기 위해서는 첨저선형이어야 했을 것이라고 해석한 데에는 놀라지 않을 수 없었다. 한두명도 아니고, 국내의 많은 연구자들이 명주나 절강 등에 표류했다거나 단순히 입항했다는 사료의 기록을 장보고 시대의 선박들이 중국의 강남 지역과 신라의 서남해안을 잇는 사단항로로 항해했다고 해석할 수 있는지 자못 의아해하지 않을 수 없었다.

이 점에서 정진술의 연구는 사료에 대한 꼼꼼한 해석과 항해술에 대한 명확한 이해 등 모든 면에서 단연 돋보인다고 아니할 수 없다. 한편 그는 장보고 선대의 항로에 대해서는 심도 있는 연구를 하면서도 그 선형에 대해서는 일체 언급하지 않고 있는데, 이는 그가 김재근 박사처럼 사료나 발굴 자료 없이 장보고 선에 대해 언급하는 것 자체를 원치 않기 때문일 것이다. 이 점에 대해서는 필자도 전적으로 동감하고 있다.

항해는 사료 속의 문구를 자기 나름대로 해석하는 것만으로 이루어지

---

24) 1996년 5월 23~29일까지 한국해사문제연구소가 주최한 선상세미나에서 「해상왕 장보고」를 발표한 김재근 박사는 자유토론 시간에 장보고 무역선을 복원해야 하지 않느냐는 나홍주의 권유에 대해 "역사적 자료 없이 그와 같은 시도를 하는 것은 위험하다"고 답변했다.

는 것이 아니다. 뱃사공이 바람과 파도와 싸워가며 힘겹게 완수해 내는 것이다. 이와 마찬가지로 우리 선조들도 연안선이냐 원양선이냐 는 목적에 따라 배의 크기와 강도를 달리해서 건조했을 것으로 생각되 지만, 원양선에서 항로에 따라 선형을 차별화해서 건조했을 것 같지는 않다는 것이 필자의 생각이다. 이미 펑라이 고려고선의 예에서 확인되 는 것처럼, 우리 선조들은 대양 항양선을 건조하기 위해서 저판과 외판 조립방식을 바꾸기보다는 내부의 강도를 보강하는 방법을 취했을 가능성이 더 크다. 장보고 선대의 선형에 대한 문제는 연구논문이나 모형선 제작만으로는 충분치 않다. 시험선을 건조하여 당시의 항법에 따라 항해해 보는 것이 가장 좋은 방법일 것이다. 머지않아 장보고 시험선이 건조되어 개연성이 있는 항로를 항해해 볼 날이 오기를 기대해 본다.

6장

고대 동중국해 사단항로에 대한
해양기상학적 고찰

한국 고대해양사 연구는 1998년 (재)해상왕장보고기념사업회가 출범한 뒤 2000년대에 크게 활성화되었다.[1] (재)해상왕장보고기념사업회의 출범 목적이 장보고의 업적을 드높이기 위한 것이었던 만큼, 연구자들이 장보고의 활동상에 대해 현양할 수밖에 없었음은 당연하다고 할 수 있다. 그러나 일부 연구자들은 역사적인 사료나 확실한 근거를 제시하지도 못한 채 장보고 선단이 첨저선과 나침반을 사용하였다고 주장하고 있다.[2] 우리 선박사에서 고대 첨저형 배모양 토기 몇 점을 제외하고, 한선은 평저선이 기본선형이었다는 것이 정설이고, 항해에 나침반이 활용된 것은 중국이 11세기 말이고 유럽이 12세기 초라는 것이 세계 학계의 정설이다.[3] 그럼에도 불구하고 이들 연구자들은

---

1) 김주식(2006), 「장보고에 대한 연구동향과 제언」, pp.9~36.
2) 최근식(2005), 『신라해양사연구』, p.147 ; 윤명철(2003), 『한국해양사』, p.239.
3) 김성준 외(2003.9), 「항해나침반의 사용 시점에 관한 동서양 비교연구」, pp.413~424.

장보고 선단이 한중간을 자유롭게 왕래하였다고 전제하고, 이렇게 항해하기 위해서는 첨저선과 항해 나침반을 사용하지 않으면 안된다고 주장하고 있다.

이들의 주장은 단순히 주장에 그친 것이 아니라 장보고의 배를 복원하는 과정에 반영되어 장보고 선은 첨저선과 평저선을 결합한 선형으로 복원되었다. 당초 평원저선으로 설계되었던 장보고 선이 첨원저선형으로 결정되는 과정에 대해서는『장보고 무역선 복원 연구』(2006)에 상세히 정리되어 있다(이 책 5장 참조).[4] 뿐만 아니라 뗏목을 통해 고대 한중간 항로를 탐사함으로써 이를 입증하려고 시도한 바도 있다.[5] 이와 같은 주장과 시도는 다른 한편에서 '발해 탐사대'에도 영향을 미쳐 러일간 발해항로 탐사 시도로 이어졌으나 실패로 끝나고 말았다. 1997년 12월 '발해1300호'의 탐사는 탐사대원 4명의 사망으로 귀결되었고, 2005년 2월 '발해2005호'의 탐사 시도는 불과 출항 4일만에 실패로 끝났다. 이와 같은 정황을 고려한다면 학자들의 주장은 민족주의적 자부심에 근거한 억측이 아니라 엄격한 사료 비판과 증거, 이를 바탕으로 한 합리적 논증을 기반으로 하지 않으면 안된다는 것을 새삼 느끼게 된다.

고대 한중간 항로에 대해서는 수많은 연구자들이 다양한 연구와 주장을 설파한 바 있다. 그 가운데서도 쟁점이 되는 것은 한중간 사단항로, 즉 한반도의 서남단(이를테면 흑산도)과 중국 강남의 닝보寧波(唐代의 명칭은 明州)를 직선으로 잇는 항로인 동중국해 사단항로다. 중국 저장성의 닝보에서 흑산도까지는 직선거리로 약 450마일, 주산군도舟山群島 최동단의 보타도普陀島에서 흑산도까지는 약 330마일이다. 보타도에서

---

4) (재)해상왕장보고기념사업회(2006),『장보고 무역선 복원 연구 - 제2차연도 최종보고서』.
5) 윤명철(1997),『윤박사의 뗏목탐험』.

흑산도까지 2노트로 항해할 경우 7일 내외면 항해가 가능하다.

본장에서는 고대 동중국해 사단항로에 대한 다양한 견해를 종합적으로 검토하고, 항로의 이용 가능성을 해양기상학적 관점에서 검증해보고자 한다. 물론 필자는 장보고가 활동했던 9세기 중반에는 우리나라는 물론 중국도 항해에 나침반을 이용하지 않았다는 전제하에 연구를 진행할 것이다. 설사 일부 연구자들의 주장처럼, 장보고 선단이 9세기에 나침반을 항해에 이용했다고 하더라도 해도나 동력 장치, 기상장비와 통신장비가 전혀 없었던 고대에 바람과 해·조류가 범선 항해에 가장 큰 영향을 미쳤을 것임은 자명하기 때문에 주로 바람, 해류와 조류, 안개를 중심으로 분석할 것이다. 또한 이 항로를 뗏목으로 탐사함으로써 '9세기 사단항로 개설설開設說'을 입증했다는 주장도 비판적으로 재검토해 볼 것이다. 이를 위해 Ⅰ에서는 고대 동중국해 사단항로에 대한 기존 연구들을 정리하고, Ⅱ에서는 사단항로상의 해양기상 여건을 분석한 뒤, Ⅲ에서는 뗏목 탐사에 대해 재구성해 볼 것이다.

Ⅰ. 고대 동중국해 사단항로 연구 현황

우리 학계에서 통시대사적으로 우리 민족의 항해와 항로에 대해 전문적으로 연구한 이는 손태현이 처음이라 해도 지나친 말이 아니다. 그는 『한국해운사』에서 선사시대의 한중간 해상교통로로 노철산 수로와 황해 횡단항로가 있었고, 통일신라시대에도 기상의 악화로 인해 조난당하거나 당의 국정의 혼란으로 길이 막힌 경우를 제외하고는 황해 횡단항로가 이용되었음을 밝혔다.[6] 그는 또한 서해 남부 사단항로

---

6) 손태현(1982), 『한국해운사』, pp.28~31, 42.

가 6세기 말에 존재했으나 주 항로가 아니었고, 1074년 이후에 주항로였다고 밝혔다.[7] 그가 기점으로 삼은 1074년은 고려 문종 28년으로, 『송사宋史』 고려전高麗傳에 "옛날에는 고려인들이 돌아갈 때 모두 등주(현 펑라이)에서 출발했지만, 송 희녕 7년 자국의 사신 김양함을 보내와 거란을 멀리 피하기 위해 경로를 바꾸어 명주(현 닝보)에서 출발하기를 바란다고 아뢰자 허락하였다."(往時, 高麗人往反, 皆自登州, 七年(宋 熙寧7年) 遣其臣金良檻來言, 欲遠契丹, 乞改塗, 由明州詣闕, 從之)라는 구절에 따른 것이다. 김재근은 동중국해 사단횡단로가 장보고 시대 이후에 개발되었다고 밝혔다. 김재근도 장보고 시대에는 노철산수로와 황해 횡단항로가 주로 이용되었고, 11세기 후기에 들어서 문종 28년(1074) 무렵부터 고려와 송 간의 해상왕래의 중심지가 산동반도의 등주登州(현 蓬萊)에서 강남의 명주明州(현 寧波)로 옮겨지고, 이에 따라 항로도 동중국해 사단항로로 내왕하게 되었다고 적시하였다.[8]

허일 등은 닝보나 취안저우泉州에서 제주도와 완도를 거쳐 신라로 가거나, 일본으로 가는 명주 항로가 이미 장보고 시대에 이용되고 있었으나, 주로는 11세기 이후에 이용되었다고 밝히고 있다. 그 근거로 청해진 유적지에서 발굴된 월주요越州窯에서 만든 것으로 추정되는 청자편, "명주에서 떠난 배가 바람을 따라 신라로 들어갔다"는 엔닌의 기록 등을 들고 있다.[9] 중국의 신웬어우辛元歐 또한 장보고 선대가 중국의 닝보에서 완도까지 직항하였다고 주장하였다. 신웬어우는 장보고 선대가 동중국해 사단항로로 항해했음을 입증해주는 사료는 없지만, 청해진 유적지에서 발굴된 청자 조각이 명주 월주요 산으로 추정된

7) 손태현(1982), 『한국해운사』, pp.35, 86.
8) 김재근(1985), 「장보고 시대의 무역선과 그 항로」, 『장보고의 신연구』, 완도문화원, p.129.
9) 허일 외(2001), 『장보고와 황해해상무역』, pp.324~325.

다는 점을 근거로 들고 있다.[10)

정수일(무함마드 깐수)은 고대 한중간에는 북방연해로(한반도 서남해 연안↔산동반도까지의 연해로), 남방연해로(한반도 서남해 연안↔산동반도↔중국 동남해 연안을 잇는 연해로), 북방횡단로(한반도 서남해안↔산동반도 직항로), 남방횡단로(한반도 서남해안↔화중, 화남연안 직항로)로 구분하고, 그 이용 시점을 사료를 통해 제시하였다. 그에 따르면, 북방연해로는 고조선 전기부터 이용되었고, 남방연해로는 삼국과 발해가 중국 남조와 교류시 이용하였으며, 북방횡단로는 북방에 발해가 자리잡고 있어 육로 및 북방 연해로를 이용할 수 없었던 통일신라기에 주로 이용되었고, 남방횡단로 역시 통일신라기에 이용되었다.[11)

이들 이외에도 단일 논문이나 저서 등을 통해 장보고의 항로에 대해 언급한 연구자 대부분은 시기상의 차이는 있지만, 장보고 시대에 남부 사단항로(명주明州 항로)가 이용되었다는 견해가 주류를 형성하고 있다. 정진술이 정리한 바에 따르면, 남부 사단항로에 대한 기존 견해는 크게 ① 1074년 이전 이용설(이용범, 최근묵, 이해준, 신형식, 이도학, 오봉근, 김정호, 윤명철, 권덕영, 김성호, 이기동, 최근식, 강봉룡, 김형근 등), ② 이전에도 존재했으나 1074년 이후 주항로 이용설(김상기, 손태현, 김재근, 순광치孫光圻, 정수일, 허일 등), ③ 1074년 이후 주항로 이용설(진단학회, 해군본부, 정은우, 정진술) 등으로 삼분할 수 있는데, 수적으로는 ①설 주창자들이 가장 많다.[12)

그 가운데서도 최근식과 윤명철은 가장 강력한 ①설의 주창자들이

---

10) 辛元歐(1999), 「장보고와 그 선대의 선형에 대한 고찰」, p.125.
11) 정수일(1996), 「남해로의 동단 - 고대 한중해로 - 」, 손보기 엮음, 『장보고와 청해진』, pp.217~258.
12) 이상 정진술(2002), 「장보고 시대의 항해술과 한중항로에 대한 연구」, pp.210~213.

다. 특히 최근식은 이제까지의 학계의 통설을 깨는 파격적인 주장을 내놓았다. 그는 장보고 선단이 이미 나침반을 항해에 이용하였고, 고유의 선형을 보유한 선박을 사용하여 명주와 청해진을 잇는 최단 항로로 항해하였다고 주장하였다.13) 그러나 이와 같은 그의 주장은 "원사료가 아닌 여러 문헌에 서술된 문장을 인용하고 문구를 빌어 확대 해석했다"는 비판을 받았다.14) 그럼에도 불구하고 최근식은 자신의 주장을 뒷받침할 수 있는 사료나 전거를 제시하지 못한 채 기존 주장을 견지하고 있다. 그는 2012년 11월 완도에서 개최된 장보고국제 학술회의에서 "9세기 장보고 무역선단은 가탐이 기술한 연안항로 등 우회항로를 통행한 것이 아니라 최단거리의 직항로(동중국해 사단항로)를 택하여 동아시아 해역을 신속하게 항해하였고, 이 직항로를 일반적으로 이용했던 것으로 판단된다"고 주장하였다.15)

윤명철도 "동중국해 사단항로는 닝보나 주산군도 해역에서 출발하여 북상하다가 동으로 방향을 틀면 제주도 권을 경유하여 일본으로 갈 수 있는 항로로서, 장보고 선단이 청해진을 중간 거점으로 삼아 황해 연근해 항로를 장악하였으므로 이 항로의 실질적인 주인이었다"고 주장하였다. 그는 나아가 "신라인들이 항해에 나침반을 사용했을 가능성이 있다"고 언급하면서, "1997년 6월 자신이 뗏목으로 탐사한 항로와 서긍의 기록과 일치했다"면서 동중국해 사단항로가 "신라인들이 사용한 매우 중요한 항로였다"고 밝혔다.16)

정진술은 장보고 시대의 한일 및 한중항로, 그리고 장보고 이후의

13) 최근식(2005), 『신라해양사연구』, p.204.
14) 김재승(2006), 「서평 : 최근식 저, 신라해양사연구」, 『해양평론』, 장보고연구실, p.204.
15) 최근식(2012), 『장보고 시대의 항로와 배』, 완도군·한국해양재단, 2012장보고 국제학술회의 발표집, pp.25~44.
16) 윤명철(2002), 『장보고 시대의 해양활동과 동아지중해』, pp.210, 212, 239.

항로에 대한 기존 연구를 전면적으로 재검토하여 의미 있는 연구성과를 냈다. 그는 9세기 전반부터 고려시대까지 한중항로에 관한 사료와 2001년까지 발표된 관련논문을 항해술적 관점에서 전면적으로 재검토하였다. 그는 먼저 황해의 가시거리를 계산하여 도시한 뒤, 나침반이 없는 원시 항해술 시대에는 '정방향 대양항해'에 크게 의존했고, 자연현상을 이용하여 항해했다는 대전제하에 기존 연구를 비판적으로 재검토하였다.

정진술은 이어 장보고 시대에 남부 사단항로가 이용되었다는 주장의 근거가 되는 사료들을 면밀하게 검토한 결과, 장보고 시대에 사단항로가 이용되지 않았음을 밝혔다. 그는 장보고 시대에 남부 사단항로가 이용되었다고 주장하는 견해에는 세 가지 선입견이 내포되어 있다고 보았다.

첫째, 우리나라의 선박들이 중국의 강소성 이남 지역에 도착 또는 표착한 기록을 직선항로로 항해했을 것.

둘째, 『입당구법순례행기』에 기록된 9세기 선박들이 한중일 3국간을 활발히 오갔기 때문에 남부 사단항로로 당연히 이용했을 것.

셋째, 일본의 견당선들이 이른바 남로를 따라 규슈에서 양자강 하구 지역으로 직항했는데, 항해술이 일본 보다 우수했던 신라선도 당연히 남부 사단항로로 직항했을 것.

정진술은 첫 번째와 두 번째 선입견은 논리적 비약이거나 명백한 오류라는 점을 분명히 한 뒤, 세 번째 선입견 즉, 일본의 견당선들이 남로를 활발하게 이용했는데, 일본 보다 우수한 항해술을 보유한 신라선들도 당연히 남로를 이용했을 것이라는 주장을 재검토하였다. 그는 15차에 이르는 일본의 견당사선의 항로는 불분명하지만, 대략 4회 정도 남로를 이용한 것으로 추정하고, 777년 일본의 고지마五島를 출항한 12차 견당선이 문헌상 처음으로 남로(동중국해 사단항로)를 이용하였다고 밝혔다. 정진술은 838년 15차 견당선까지만 해도 그리 성공적이지 못했던 남로 항해가 9세기 중엽에 이르면 어느 정도 성공 가능성이 있는 항로로 발전했음을 보여주고 있지만, 그렇더라도 남로 항해 시도가 그렇게 일상적으로 이루어졌다고는 보기 어렵다고 보았다.[17]

정진술은 또한 엔닌의 견당선이 무중항해시에도 닻을 내리지 않고 항진을 계속했다고 해석하여 이를 나침반을 사용했음을 보여주는 증거로 제시한 최근식의 주장을 비판적으로 검토하였다. 그는 엔닌이 속한 견당선 3척 중 2척은 양자강 북단의 양주 해안에 도착하였던 데 반해, 엔닌이 승선한 견당선은 2척과 200마일 이상 북쪽에 위치한 강소성의 해주 해안에 도착했다는 사실을 들어 나침반을 이용했다면 상상할 수 없는 항해술이라고 비판하였다.[18] 정진술은 결론적으로 "장보고 시대 이후에도 한중간에는 황해도 남서단과 산동반도를 잇는 서해중부 횡단항로가 계속 이용되었고, 10세기 초부터는 서해중부횡단항로가 강소성 연안을 거쳐 절강성 연안까지 이어지게 되었으며, 이때에 흑산도에서 회하 하구에 이르는 새로운 서해남부횡단항로도 1068년 이후부터 이용되기 시작하였다"고 결론지었다. 1068년도는 고려 문종 22년으로 이수李燾 찬撰, 『속자치통감장편續自治通鑑長篇』 권339, 신종神宗 원풍元豊 6년 9월 조에, "천성 이전 (고려) 사신은 등주(현 펑라이)로 들어 왔지만, 희녕 이후는 모두 명주(현 닝보)로 들어 왔다."(天聖以前使由登州入 熙寧以來皆由明州)라는 기록에 근거한 것이다.[19]

필자 또한 동서양의 나침반 발전사를 비교 검토함으로써 9세기에 신라인들이 나침반을 항해에 이용하였다는 최근식의 주장을 반박하였

17) 정진술(2002), 「장보고 시대의 항해술과 한중항로에 대한 연구」, pp.267~270.
18) 정진술(2002), 「장보고 시대의 항해술과 한중항로에 대한 연구」, pp.262~265.
19) 정진술(2003), 「장보고 시대 이후의 한중항로에 대한 연구」, pp.87, 91 재인용.
    송의 연호 天聖은 1023년부터 1032년까지이고, 熙寧은 1068년에서 1077년까지이다.

다. 필자는 중국에서 개발된 나침반이 아랍인을 통해 유럽으로 전해졌다는 통설은 잘못된 것이며, 명확한 사료가 발굴되기 전까지는 나침반을 항해에 활용한 시점은 중국에서는 1098년, 유럽에서는 1187년이라는 점을 재확인하였다. 또한 동서양을 막론하고 지남기가 항해에 활용되기까지 자석 발견 → 지남부침指南浮針(floating magnetized needle) → 축침(pivoted needle) → 컴퍼스 카드(compass card)의 순서로 유사한 발전 과정을 거쳤다는 점도 간과해서는 안 된다는 점도 밝혔다.[20]

II. 동중국해 사단항로의 해양기상 분석

앞에서는 고대 동중국해 사단항로에 대한 여러 학자들의 견해를 정리해 보았다. 여기에서는 동중국해 사단항로의 해황海況을 분석해 볼 것이다. 고대 중국과 한반도 사이에 이른바 동중국해 사단항로가 이용되었음을 문헌적으로 확인할 수 있는 것은 고려시대인 1068년 이후다. 그렇다고 해서 1068년 이후 양국간의 사단항로가 연중 아무런 제한없이 이용된 것은 아니다. 김상기의 연구에 따르면,『고려사』에 송상宋商들의 내방 시기가 7~8월에 집중되어 있는데, 이는 동중국해의 남풍 계열의 탁월풍을 이용해야 했기 때문이다.[21] 따라서 이 글에서는 장보고 시대인 9세기에 동중국해 사단항로가 이용되었을 가능성을 검토하기 위해 주로 6~8월의 동중국해의 해양기상학적 여건인 바람, 해류와 조류, 안개에 대해 분석해 볼 것이다.

---

20) 김성준 외(2003.9),「항해나침반의 사용 시점에 관한 동서양 비교연구」.
21) 김상기(1984),「여송무역소고」,『한국문화총서』 8권, 을유문화사, pp.65~68.

1. 바람

국립해양조사원이 발간한 『근해항로지』에 따르면, 동중국해의 바람은 6월에는 북동 무역풍이 동경 170도에서 북위 30도에서 남으로 북위 5도까지, 동경 150도에서 북위 15도까지 분다. 풍향은 거의 일정하고 7월에는 오오츠크해와 캄차카 연안에 걸쳐 있는 오가사와라(Ogasawara) 고기압으로부터 남풍과 남서풍이 탁월하게 불고, 남반구로부터 남동 무역풍이 그 세력을 확대하여 필리핀 제도, 베트남, 동중국해에서 편향하여 남서풍이 된다.[22]

동중국해의 6~8월의 바람은 평온하고, 쓰시마 동측에서 고토 열도 일부 해역과 남서제도 주변 해역을 제외하고는 평균 풍력 3 이하가 된다. 7월은 상순에서 중순에 걸쳐 장마전선이 정체하는 시기에 해당하므로 큐슈 서쪽 해역에서 중국 남부에 걸쳐서 평균풍력 3 이상의 바람이 불고, 이 시기에 남서제도 북부 해역에서는 평균풍력 4 이상이 되기도 한다(〈표 6-1〉).

〈표 6-1〉 동중국해의 탁월풍

월	5	6~8	9~12
풍향	NE, SE~SW	SE~SW	N~NE
풍력		3	4

자료 : 국립해양조사원(1999), 『중국연안항로지』, p.14.

고대 한중간 항로에서 중국 측 출항지인 닝보寧波의 출입구인 주산군도舟山群島의 기상 여건도 살펴볼 필요가 있다. 영국의 수로국이 1984년부터 2007년까지 관측한 자료에 따르면, 5월부터 8월까지 주산군도

---

22) 국립해양조사원(2005), 『근해항로지』, p.21.

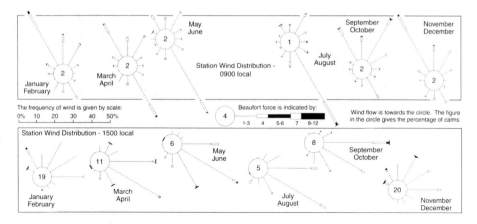

〈그림 6-1〉딩하이定海의 풍향과 풍속(1984~2007) 자료 : UK Hydrograhic Office(2011), Admiralty Sailing Directions, China Sea Pilot, Vol.3, p.57.

입구인 딩하이定海 인근의 풍향은 남동풍이 탁월하고, 동풍과 남남동풍도 우세하다. 풍속은 풍력계급 4 이하이다. 이는 고대 중국인들이 한반도를 향하여 주산군도를 출항할 때 상당한 어려움에 처했음을 의미한다. 왜냐하면 출항하자마다 동풍 내지 남동풍에 맞닥뜨리게 되어 중국 연안으로 떠밀릴 수 있기 때문이다(〈그림 6-1〉).

동중국해 사단항로의 풍향과 풍속에 대해서는 한양대학교의 나정열 교수팀이 1978년부터 1995년까지 관측한 자료를 원용할 수 있다. 〈그림 6-2〉는 나정열 교수팀의 관측 자료인데, 주산군도→ 흑산도 상의 풍향은 6월에는 남풍, 7월에는 남남서풍, 8월은 남동풍이 탁월함을 확인할 수 있다. 평균 풍속은 풍력계급 3~4 이하다.

이상에서 살펴본 바를 정리해 보면, 동중국해 사단항로는 출항지인 주산군도에서는 출항 직후 동풍이나 남동풍이 불어 중국 연안으로 떠밀릴 위험이 상존하지만, 일단 연안을 벗어날 경우 6~7월은 남풍이나 남서풍을 타고 비교적 수월하게 한반도 남반까지 항해할 수 있으나, 8월에는 남동풍이 탁월하여 주산군도에서 흑산도 방향으로 직선으로

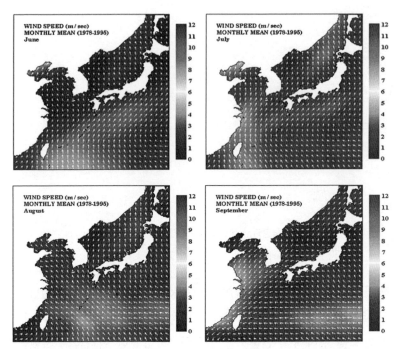

〈그림 6-2〉 극동 해역에서의 풍향과 풍속   자료 : 나정열·서장원, 1998 제공

항해하기 어려웠을 것으로 추정할 수 있다.

2. 해류와 조류

　바람과 함께 범선 항해에 큰 영향을 미치는 것은 해류와 조류다. 동중국해에는 쿠로시오黑潮 해류가 흐르고 있어서 고대인들의 범선 항해에 유용하게 이용되었을 것으로 추정되고 있다. 쿠로시오 해류는 고온·고염분의 난류로, 평균유속은 2~3노트이고, 최강 유속은 4~5노트에 달하기도 한다. 그러나 해역에 따라 유로의 변동이 예상 밖으로 격심하다.[23]

　동중국해의 해류는 여름철에는 거의 모두 북동류(0.5노트 이하)지만,

겨울철에는 대륙을 따라 0.7노트 이하의 남하류가 발생하고, 북동류는 쇠퇴하여 중앙부의 해류는 불규칙하게 된다. 황해의 해류는 대한난류로부터 갈라져 제주도 서쪽을 통과하여 황해로 유입하는 난류인데, 봄철인 4월부터 북상하기 시작하여 여름철인 8월에 0.4노트의 최강 유속으로 발해까지 유입하려는 경향을 보이나, 그 세력은 매우 미약하다. 발해로부터 산동반도와 중국 대륙을 따라 남하하는 중국대륙 연안수가 있어 두 해류가 만나는 해역인 황해 중부에는 환류를 형성하고 황해 저층냉수의 남하 현상을 볼 수 있다. 가을철인 10월부터 황해 난류의 강세와 북서 계절풍에 의한 서해 연안수가 형성되어 남하하기 때문에 난류가 서해안으로 북상하지 못하고 제주해협을 동류하고 있으며 일부는 제주도 남쪽으로부터 멀리 떨어져 서해 중앙부로 유입하는 약한 세력이 있다. 남하류의 유속은 겨울철인 3월이 0.4노트로서 가장 강하다.[24] 이상에서 정리한 바를 요약하면, 쿠로시오 해류는 동중국해의 대륙붕의 외선을 타고 북상하여 오키나와를 거쳐 규슈 남쪽에 도달하고, 본류는 일본 열도의 동쪽을 지나 태평양으로 빠져나가고, 지류는 한국의 남해안으로 향한다고 할 수 있다. 그 지류의 한 줄기가 계속해서 대한해협을 거쳐 동해로 빠지고, 다른 한 줄기가 황해난류가 되어 황해로 북상한다.[25]

동중국해 사단항로상의 쿠로시오 해류의 유향과 유속을 파악하기 위해 관측 해류도를 검토해 보았다. 〈그림 6-3〉은 일본의 히다카 고지日 高孝次 교수의 『海流の話』에 실려 있는 해류도인데, 동중국해 사단항로상에는 대만에서 제주도 동단으로 북동향의 순조가 강하게 흐르는 반면, 주산군도→ 흑산도 방향의 항로상에서는 오히려 연안의 남동향의 역조

---

23) 국립해양조사원(2005), 『근해항로지』.
24) 국립해양조사원(2005), 『근해항로지』, p.43.
25) 정진술(2002), 「장보고 시대의 항해술과 한중항로에 대한 연구」, p.243.

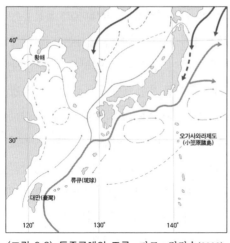

가 흐르는 것으로 나타나
있다.

〈그림 6-4〉는 영국 수로
국에서 발행한 동중국해의
6~8월의 해류도인데, 동중
국해 사단항로의 출항지인
주산군도에서는 북북동향
으로 흐르다가 제주도 서남
단에서 북동향으로 바뀌어
흑산도 내지 한반도 남단으
로 흐르는 것으로 나타나고

〈그림 6-3〉 동중국해의 조류   자료 : 정진술(2009),
『한국의 고대 해상로』, p.17 재인용

있다. 이는 고대인들이 이 해류를 타게 될 경우에는 중국 남부에서
한반도 남단까지 범선으로 항해할 수 있었음을 보여주고 있다.

3. 안개

안개 또한 범선의 항해에 부정적인 영향을 미치는 요인의 하나다.
중국 근해에서 안개의 출현도는 겨울철에서 여름철에 걸쳐 다발구역이
북쪽으로 서서히 이동하므로 시기적으로 눈에 띄게 변화가 있다. 안개
는 환절기인 5월에 황해 전역으로 확산된다. 6월에는 북위 25도 이북의
안개 발생 구역은 확산이 계속된다. 7월에는 황해와 발해에서 안개가
많이 발생하기 때문에 이 달에는 중국 해안의 안개 발생 구역은 한국
연안의 안개 발생 구역과 접속되며, 그 중심구역은 산동반도의 동쪽이
고 출현도는 20%이다. 안개가 많은 달은 절강성과 강소성의 연안에서는
3~5월이고, 황해 및 발해에서는 6~7월이다.[26]

이상에서 정리해 본 바와 같이, 바람이나 해류, 안개 등을 종합적으로

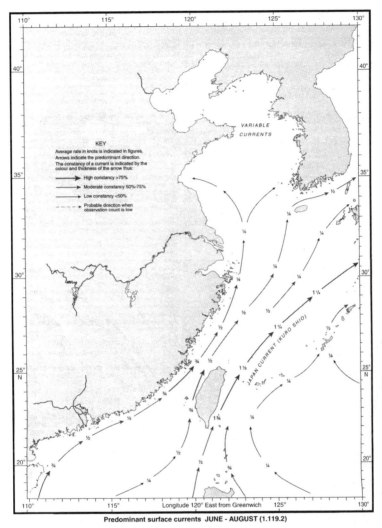

KEY

Average rate in knots is indicated in figures.
Arrows indicate the predominant direction.
The constancy of a current is indicated by the
colour and thickness of the arrow thus:

High constancy >75%
Moderate constancy 50%-75%
Low constancy <50%
Probable direction when
observation count is low

VARIABLE
CURRENTS

JAPAN CURRENT (KURO SHIO)

Longitude 120° East from Greenwich

Predominant surface currents JUNE - AUGUST (1.119.2)

〈그림 6-4〉 동중국해의 조류   자료 : UK Hydrographic Office(2011), Admiralty Sailing
Directions, China Sea Pilot, Vol.3, p.20.

고려할 때, 비록 기상 여건이 유리한 6~8월이라 하더라도 주산군도에서

---

26) 국립해양조사원(2005), 『근해항로지』, p.38.

한반도로 범선 항해를 하는 일이 그리 수월한 일이 아니었다고 할
수 있다. 그런데 1997년 윤명철이 뗏목으로 주산군도에서 출발하여
흑산도를 경유하여 인천까지 완항하였다. 뗏목으로 동중국해 사단항
로를 항해하였다면, 이보다 감항성이 좋았을 20~30톤급 범선이 이
항로를 항해할 수 있었음은 두말 할 나위도 없다. 따라서 Ⅲ에서는
그의 항해기를 재검토해 볼 것이다.

Ⅲ. '뗏목 탐사'의 재구성

〈그림 6-5〉 윤명철의 뗏목 항로 자료 : 윤명철(1997),
『윤박사의 뗏목 탐험』, p.182.

〈그림 6-5〉는 탐험기에
도시된 뗏목 항로도인데, 6
월 28일과 29일 이틀 동안
태풍으로 역행한 것을 제외
하고는 거의 직선으로 항해
한 것으로 그려져 있다. 〈그
림 6-6〉은 항해기에 단편적
으로 기록된 선위를 '수로
국 해도' No. 101에 도시한
뒤 직선으로 이은 것이다.
이를 보면 뗏목 항해기에
도시된 항로와 실제 항로와
는 다소 차이가 있지만, 실
제 이동로 역시 일부를 제
외하고 전체적으로 직선에 가까운 항로로 이동하였음을 확인할 수
있다.

〈표 6-2〉는 뗏목 항해기에 단편적으로 기록되어 있는 항적과 해황을 재정리한 것이다. 항해기가 일정한 양식에 따라 기록된 것이 아니기 때문에 정확한 항해 조건과 기상 상태를 파악하기가 수월하지 않다. 하지만 단편적으로 언급된 기사들을 종합적으로 검토하여 뗏목 항해의 실제를 추정해 볼 수 있다. 추정은 6월 18일과 7월 1일의 위치 사이의 항정을 다양한 기준에 따라 추산하고, 항해 시간을 다양한 조건에 따라 추산하여 속력을 계산해 내는 방식으로 할 것이다.

〈표 6-2〉 윤명철의 뗏목 항해 및 표류 기록(1997)

일시	위치	침로와 속력	풍향과 조류	특기 사항
6.18	30°34′N, 122°42′E		풍향 : E'ly→W'ly	정오
6.20		NE	풍향 : S'ly→E'ly	
6.21			역조	노걸이 수리
6.22	남서쪽으로 표류	속력 : 1′	역조	
6.23	31°15′N, 124°41′E		풍향 : SW'ly	
6.24		속력(새벽) : 2.2′ 침로(정오) : 정북	풍향 : 13m/sec 조류 : SW'ly	파고 : 5m
6.25	32°49′52″N 124°56′17″E	속력(새벽) : 5.4′ 진침로 : ENE, NE	풍향 : ENE'ly→S'ly & SE'ly 악천후	주돛 부러짐
6.26	33°11′12″N 125°25′50″E	항해거리 : 100㎞(55.5′)	풍향 : SE'ly & SW'ly	4시간 돛 수리, 번개, 백파
6.27	33°29′50″N 124°51′36″E	진침로 : NW	풍향 : NE'ly	서향 표류 시정 : 10m, 구름, 안개, 태풍
6.28	33°14′N 124°39′E		풍향 : NE'ly & NW'ly	파고 : 5~7m, 표류
6.29	33°14′16″N, 124°58′E	진침로 : NW	풍향 : S'ly(BS : 5→2)	표류, 노젓기
6.30	소흑산도 초인	속력 : 4.3′		
7.1	34°38′03″N 125°23′27″E			밤2시

자료 : 윤명철(1997), 『윤박사의 뗏목 탐험』.

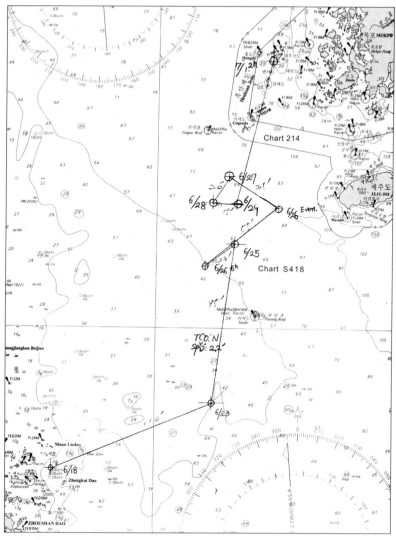

〈그림 6-6〉 해도에 재작도한 뗏목 항로

　먼저 6월 18일 정오 선위와 7월 1일 새벽 2시의 위치간 직선 항정①은 280마일이고, 실제 뗏목의 이동 위치를 직선으로 연결한 항정의 총 거리(②)는 433마일이다. 그러나 뗏목으로 각 선위간을 직선으로 항해하지는 못했을 것이고, 바람 방향에 따라 태킹(tacking)을 하지 않으면 안되었을 것이다.

30여 년간 대양 요트 항해에 종사한 전문 요트인의 경험에 따르면, 현대의 30″급 레이서(racer) 요트의 경우 실제 항정보다 20~30% 정도를 더 항해하고, 30″급 크루저(cruiser) 요트의 경우에는 30~40% 정도를 더 항해해야 한다. 선저판(keel)이 없는 뗏목의 경우에는 기상 여건에 따라 실제 항해거리가 40~100%까지도 늘어나게 된다. 실제 뗏목이 항해한 거리를 20%, 30%, 40%, 70%, 100%를 추가로 항해한 것으로 가정하여 추산하면 각각 ③ 520마일, ④ 563마일, ⑤ 606마일, ⑥ 736마일, ⑦ 866마일이 된다. 전체 항해시간은 즉 6월 18일 정오부터 7월 1일 새벽 2시까지 총 12일 14시간, 즉 302시간이 된다. 이상의 다섯 가지 조건에 따른 뗏목의 이동 속도는 0.9~2.9노트 범위에 있게 된다. 그러나 ①은 뗏목 실제 항해하지 않은 가상의 항로이고, ②는 뗏목이 선위간 직선 항로가 항해했을 때의 항정으로 그 가능성은 전무하다. 그렇다면 뗏목은 평균 1.7~2.9노트로 이동했을 것으로 추정할 수 있다.

이와 같은 뗏목의 이동 속도는 탐사 당시의 기상 여건과 일반 선박의 표류 속도와 비교할 때 매우 이례적으로 빠른 것이라 할 수 있다. 우선 탐사 기간 동안의 기상 여건이 좋지 못했다. 〈표 6-2〉에 정리된 바와 같이, 이 기간 동안 아무 문제없이 항해한 경우는 4일 정도이고, 그 밖의 8일은 역풍과 역조, 태풍, 돛 수리, 돛대 수리 등으로 정상적인 항해가 불가능했다. 또한 정진술이 최부(1488), 하멜(1653), 승려 풍계(1811), 제주 어선(1990)의 표류를 분석한 바에 따르면, 이들의 표류 속도는 직선거리로 표류한 것으로 가정할 경우에도 0.55~1.6노트에 지나지 않았다. 특히, 1990년 제주도 소형어선은 142시간 동안 직선거리로 77마일을 표류하여 0.55노트로 표류한 데 불과하였다. 정진술은 "표류 당시 강한 북서풍이 15~20노트로 불었고, 해류도 북동류가 평균

0.6노트로 흘렀으며, 해류와 복합된 조류가 남서 내지 북동류로 0.4~1.5 노트로 흘렀음에도 선체 높이가 낮은 어선이 강한 바람을 받았을 때는 표류 속도가 매우 느리다는 것을 입증한다"는 점에서 주목할 필요가 있다고 밝혔다.[27]

<표 6-3> 뗏목의 실질 항해거리 및 속력 추정

조건	거리	항해시간	평균 속력
①	280′	302h	0.9′
②	433′	302h	1.4′
③	520′	302h	1.7′
④	563′	302h	1.9′
⑤	606′	302h	2.0′
⑥	736′	302h	2.4′
⑦	866′	302h	2.9′

주 ① = 6.18에서 7.1 사이 위치간 직선 거리
   ② = 6.18에서 7.1 사이 각 위치간 거리의 합산 거리
   ③ = ② + 20%,   ④ = ② + 30%,   ⑤ = ② + 40%
   ⑥ = ② + 70%,   ⑦ = ② + 100%

　이상으로 1997년 윤명철의 동중국해 뗏목 탐사를 재검토해 보았다. 검토 결과 첫째, 항해기에 도시된 항로도와 항해기에 기록된 실제 위치 간 이동 경로가 차이가 있었고, 둘째, 이동 속력을 검증해 본 결과 뗏목의 일반적인 이동 속력보다는 상당히 빠르게, 그것도 동력선의 항적과 유사한 직선 항로로 이동한 것으로 나타났다.

　이제까지의 분석 결과를 요약하면 다음과 같다.
　첫째, 해양기상학적 측면에서 하계인 6~7월 사이에 동중국해의 바람은 남풍 계열이 풍력계급 3~4 내외로 불어 중국에서 한반도로 항해를 시도해 볼 수 있지만, 주산군도 출항 직후 동풍과 동남풍 계열의 바람이

---

27) 정진술(2009), 『한국의 고대 해상로』, p.56.

탁월하여 역풍에 맞닥뜨릴 수 있다. 해류와 조류 또한 중국 연안에서는 약한 역조가 흐르고 있어서 주산군도에서 출항 직후 연안으로 밀릴 수 있다. 그러나 연안을 어느 정도 벗어나게 되면 남풍 계열의 탁월풍을 타고 주산군도에서 한반도 남해안까지 범선으로 항해할 수 있는 최소한의 여건이 형성될 수 있음을 확인하였다. 이와 같은 우호적인 기상여건에도 불구하고, 6~8월이 장마와 태풍이 내습하는 철이라는 점을 고려하면 동중국해 사단항로가 그렇게 녹록한 항로가 아니었을 개연성이 컸다고 할 수 있다. 5월 말과 6월 초에 형성된 강우대가 북위 30° 이남에 위치했다가 북상하기 시작해 화남華南 지방과 오키나와沖繩를 거쳐 6월 말에 한국에 장마를 가져온다. 태풍 또한 6월부터 10월까지 집중되고 있다. 1951~1995년까지 6월에 1.8개, 7월에 4.0개, 8월에 5.7개, 9월에 5.0개, 10월에 4.1개의 태풍이 한반도에 내습하였고,[28] 중국 연안의 절강, 복건 및 대만도 6~9월 사이에 태풍이 집중되었다.[29] 태풍과 장마를 고려하게 되면 주산군도에서 한반도 남단까지 바람과 해류를 타고 항해할 수 있는 최상의 여건을 갖춘 달은 5월뿐이라고 할 수 있다. 하지만 5월에는 안개라는 부정적 요인이 상존하고 있다. 이와 같은 기상 여건을 종합적으로 고려한다면 고대인들이 동중국해를 사단으로 항해하여 한반도로 항해한다는 것은 전적으로 천운天運에 좌우되었던 문제였다고 할 수 있다.

둘째, 1997년 뗏목 탐사의 경우 제시된 항로도와 실제 위치와는 다소 차이가 있었고, 뗏목이 평균 1.7~2.9노트의 빠른 속도로 이동하였음을 확인하였다. 킬(keel)이 없고, 자체 동력이 없는 뗏목이 주산군도와 흑산도 간을 거의 직선으로, 그것도 일반 선박의 표류 속력보다 빠른 속력으로 항해했다는 사실을 고려할 때, 이는 매우 이례적인 경우였다

---

28) 정진술(2002), 「장보고 시대의 항해술과 한중항로에 대한 연구」 참조.
29) 국립해양조사원(1999), 『중국연안항로지』.

고 할 수 있다. 따라서 이 뗏목 탐사가 고대인들의 동중국해 사단항로 직항했음을 입증하는 사례로 인용될 수 없을 것으로 판단된다.

이상의 분석 결과를 종합해 볼 때, 동중국해 사단항로는 사료상의 출발지와 도착지간을 직선으로 잇는다거나, 하계의 남풍과 쿠로시오 해류를 타고 주산군도에서 한반도 남단으로 항해할 수 있었다거나, 몇몇 표류나 탐사 등의 사례를 들어 장보고 시대에 주항로로 이용되었다고 주장하기에는 무리가 있다. 결론으로 고대 동중국해 사단항로는 추가적인 사료의 발굴이 있기 전까지는 1068년 이후 한중간의 주항로로 이용된 것으로 보아야 한다.

7장

『입당구법순례행기』에 기록된 선박부재 '누아'에 대한 비판적 검토

일본은 견당사를 15회 파견하였는데,[1] 838년 견당사의 항해와 관련해서는 이에 동승한 엔닌円仁이 『입당구법순례행기入唐求法巡禮行記』를 남김으로써 그 항해의 전말이 상세하게 남아 있다. 이 기록에서 특히 관심을 끄는 것은 엔닌이 승선한 견당사선이 중국의 양주揚州 해릉현海陵縣 연안에 표착했을 때인 6월 29일자에 기록된 선박부재 '누아搙栿' 또는 누아樗栿'다. 가장 오래된 필사본인 도지東寺 간치인觀知院 본에 '누아搙栿'로 표기되었으나 인쇄본으로 출판하는 과정에서 '누아樗栿'로 오기되었고, 이것이 널리 알려지게 되었다. 搙는 捻(비틀 념), 搵(잠길 온), 拄(떠받칠 주) 등의 의미가 있으며, 중국식 발음으로는 niǎn, wèn, zhǔ로 각각 달리 발음되고, 우리나라에서는 비틀 녹/약, 문지를 낙/안, 버틸 누 등으로 발음되고 있다.[2] 이에 대해 樗는 鎒(괭이 누), 耨(김맬

---

1) 石井謙治(1983), 『圖說和船史話』, p.20 ; 上田雄(2006), 『遣唐使全航海』, p.34. 이에 대해 도노 하루유키(東野治之)는 20회로 세분하고 있다. 東野治之(1999), 『遣唐使船』, 朝日新聞, pp.28~29.

누)와 같으며, '괭이'나 '호미'를 뜻한다. 하지만 㮨는 중국, 한국, 일본에서 전혀 사용되지 않는 한자다. '㮨㮨로 쓸 경우 지지용 선박부재일 것으로 추정할 수 있으나, '榣㮨로 쓸 경우에는 무엇을 의미하는지 불분명하게 된다. 따라서 선저 결구船底 結構, 횡강력재, 피수판披水板, 側板 등 여러 견해가 제기된 바 있다.

한·중·일의 『입당구법순례행기』 편역자들은 대개 선박 관련 비전문가들이어서 '㮨㮨' 또는 '榣㮨'를 글자 위주로 해석하여 선저 구성재, 선저 결구, 선체 부재 등으로 해석하거나, '누복㮨㮨'의 오기로 보아 '선체 지지용 부재'로 해석하기도 한다. 이를 테면 『입당구법순례행기』 주요 출판본에서는 '㮨㮨' 또는 '榣㮨'를 '선저의 한 구성재結構',[3] '선저용 골을 지지하는 버팀撑 결구結構',[4] '선체 부재 중 일부',[5] '배 밑의 조립재組立材',[6] '배 밑의 골격을 이루는 횡목'[7] 등으로 해석하는 반면, 최근식은 '신라형 범선의 견당사선에 설치된 피수판'[8]으로 보았고, 허일은 '榣㮨'를 '㮨㮨'의 오기로 보아 '횡강력재'[9]로 보았다.

본장은 『입당구법순례행기』에 기록된 선박부재 '㮨㮨(榣㮨)'가 무엇인지를 기존 견해를 비판적으로 재검토해 본 것이다. I 에서는 『입당구법순례행기』의 여러 판본에 '㮨㮨' 또는 '榣㮨'가 어떻게 기록 내지 해석되

---

2) 『漢語大字典』(1993), p.811 ; 단국대학교 동양학연구소(2003), 『漢韓大辭典 6』, p.26 ; 張三植(1996), 『韓中日英 漢韓大辭典』, p.630.

3) 『入唐求法巡禮行記』 大日本佛敎全書 제113권(1915), p.2.

4) 白化文·李鼎霞·許德楠 修訂校註, 周一良 審閱(1992), 『入唐求法巡禮行記校註』, p.7.

5) Edwin Reischauer(1955), Ennin's Diary, p.7.

6) 申福龍 번역·주해(1991), 『입당구법순례행기』, pp.109~110.

7) 深谷憲一 譯(1995), 『入唐求法巡禮行記』, p.26 ; 金文經 역주(2001), 『엔닌의 입당구법순례행기』, p.25.

8) 최근식(2005), 『신라해양사연구』, pp.109~110.

9) 허일·崔云峰(2003), 「입당구법순례행기에 기록된 선체구성재 누아에 대한 소고」, p.597.

고 있는지 살펴보고, Ⅱ에서는 견당사선의 선형에 대한 여러 연구자들의 견해를 검토하여 여러 학자들의 주장을 따랐을 경우 견당사선의 '樐檝' 또는 '樐檝'가 선박의 어떤 부재였을 지를 비교하여 필자의 견해를 제시해 볼 것이다. 이는『입당구법순례행기』의 편역자들이 선박 비전문가들인 데서 비롯된 필사 내지 해석상의 오류를 바로잡는다는 점에서 학계에 자그마한 기여를 할 것이다.

Ⅰ. 『입당구법순례행기』의 선박부재 관련 기사와 해석

『입당구법순례행기』의 필사본으로는 도지東寺 간치인觀知院 본과 쓰가네지津金寺 본이 알려져 있다. 도지 간치인 본은 1291년 가네타네兼胤가 필사한 것으로 간엔寬圓 스님에 의해 재필사된 뒤, 1391년 겐포賢寶 스님이 주석을 달았다. 도지 간치인 본의 촬영판이 오카다 마사유키岡田正之에 의해 1926년 동양문고논총東洋文庫論叢 제7권으로 출판된 바 있다.[10] 쓰가네지 본은 교토 인근 히에이잔比叡山의 쇼젠인松禪院에 소장되어 있던 필사본을 1805년 나가노長野현에 있는 쓰가네지津金寺의 주지 조카이長海 스님이 필사한 것이다.[11] 쓰가네지 본은 이케다池田 본으로도 불리는데, 이는 쓰가네지의 승려였던 이케다 조덴池田長田이 관장하고 있었기 때문이다.

『입당구법순례행기』는 보통 1915년『대일본불교전서大日本佛敎全書』의 유방전총서遊方傳叢書에 포함된 출판본이 저본으로 널리 활용되고 있다. 『대일본불교전서』의『입당구법순례행기』는 도지 간치인(일본京都 소재) 본[12]을 1906년『속속군서류종續續群書類從』(제12권, 國書刊行會)에

---

10) 岡田正之 識(1926),『入唐求法巡禮行記』.

11) Edwin Reischauer(1955), *Ennin's Diary*, p.viii.

처음 활자본으로 수록되었고,[13] 활자본으로 수록된 것을 다시 쓰가네지 본(1805 ; 『四明餘霞』제329호 부록, 1914)을 참조 및 수정하여 출판된 것이다.[14] 이 밖에도 호리 이치로堀一郎가 편역한 호리堀 본,[15] 오노 가쓰토시小野勝年가 출판한 오노小野 본,[16] 아다치 기로쿠足立喜六가 역주한 아다치足立 본,[17] 후카야 겐이치深谷憲一가 번역한 후카야深谷 본[18] 등이 일본에서 출판되었고, 시안쳉푸顯承甫와 허취안다何泉達가 교주한 상해고적출판사上海古籍出版社 본[19]과 바이후아웬白化文 등이 오노 본을 교주한 화산문예출판사花山文藝出版社 본[20] 등이 중화권에서 출판되었다. 그리고 영어권에서는 라이샤워가 1915년 『대일본불교전서』에 포함된 출판본을 저본으로 한 영역본을 1955년에 출판한 바 있다.[21] 한국어로는 신복룡의 주해본과 김문경 역주본이 출판되었다.

이상에서 살펴본 바와 같이, 『입당구법순례행기』의 여러 판본들은 기본적으로 1915년 『대일본불교전서』에 포함된 도지 간치인 소장 필사본의 수정·출판본을 저본으로 하고 있다. 여기에서는 『입당구법순례행

---

12) 東寺 觀知院 소장 필사본은 寬圓 스님에 의해 재필사되었고, 1391년 賢寶 스님이 필사본에 주석을 달았다. 東寺 觀知院 소장 필사본의 팩시밀리판이 오카다 마사유키(岡田正之)에 의해 1926년 東洋文庫論叢 제7권으로 출판된 바 있다. 岡田正之 識(1926), 『入唐求法巡禮行記』.

13) 國書刊行會 編(1906), 「入唐求法巡禮行記」, 『續續群書類從』第12 : 宗敎部2, 東京 : 國書刊行會.

14) 김문경 역주(2001), 『入唐求法巡禮行記』, 일러두기.

15) 堀一郎(1935), 『入唐求法巡禮行記』, 國譯一切經, 史傳部 25.

16) 小野勝年(1964~68), 『入唐求法巡禮行記の研究』, 鈴木學術財團.

17) 足立喜六 譯註·塩入良道 補註(1985), 『入唐求法巡禮行記』 2권, 東洋文庫 권157.

18) 深谷憲一 譯(1995), 『入唐求法巡禮行記』.

19) 顯承甫·何泉達 點交(1986), 『入唐求法巡禮行記』.

20) 白化文·李鼎霞·許德楠 修訂校註, 周一郎 審閱(1992), 『入唐求法巡禮行記校註』.

21) Edwin Reischauer(1955), *Ennin's Diary*, p.x.

기』의 '樐栿' 또는 '樀栿' 관련 기사를 살펴보고, 각 판본의 편역자들의 견해를 살펴볼 것이다. 그리고 이러한 견해들을 종합적으로 검토하여 『입당구법순례행기』에 기록된 '樐栿' 또는 '樀栿'가 선박의 어떤 구성재 일지를 추정해볼 것이다.

먼저 승화承和 5년(838) 음력 6월 28일과 29일자 엔닌의 일기 가운데 선박과 관련한 주요 기사의 원문을 살펴보기로 하자.[22]

承和五年 (陰曆) 六月二十八日

停留之說 事以不當 論定之際 剋逮酉戌 … 船舶卒然趍昇海渚 … 乍警落帆栿 角摧折兩度 東西之波 互衝傾舶舶 栿葉著海底 船艕將破 仍截桅弃栿 即隨濤 漂蕩 東波來船西傾 西波來東側 洗流船上 不可勝計 ….

이곳에 머물러야 한다는 주장은 옳지 않은 것 같다. 논란을 정하려는 사이에 오후 6~8시가 되었다. … 배가 갑자기 서서히 움직여 얕은 모래톱으로 올라섰다. … 놀라서 엉겁결에 돛을 내렸으나, 키의 모서리 栿角가 두 번이나 부서졌다. 동서에서 밀려오는 파도가 서로 부딪혀 배를 기울어뜨렸다. 키 판栿葉이 해저에 닿아서 배 고물船艕이 장차 부서질 듯 하여 돛대를 자르고, 키를 버리니 곧 배가 큰 파도를 따라 표류하였다. 동쪽에서 파도가 밀려오니 배가 서쪽으로 기울었고, 서쪽 에서 파도가 오니 (배가) 동쪽으로 기울었다. 물결이 배위를 휩쓸어가 기를 헤아릴 수 없었다. …

承和五年 (陰曆) 六月二十九日

曉潮涸 淦亦隨竭 令人見底 底悉破裂 沙埋樐栿 衆人設謀 今舶已裂 若再逢潮 生 恐增摧散歟 仍倒桅子 截落左右艫棚 於舶四方建桿 結纜樐栿 亥時望見

---

22) 원문 『入唐求法巡禮行記』, 大日本佛敎全書, pp.1~2. 역문은 신복룡(1991)과 김문 경(2001)이 역주한 번역본을 참조하여 오역을 바로잡은 것이다.

西方遙有火光 人人對之 莫不忻悅 通夜瞻望 山嶋不見 唯看火光

새벽이 되자 조수가 빠져나감에 따라 흙탕물도 빠져나갔다. 사람을 시켜 배 밑을 살펴보게 했더니 배 밑이 모두 부서지고, <u>누아㯹檝는 모래에 묻혀 있다</u>고 했다. 여러 사람이 모여 대책을 세웠다. 만약 조수가 다시 밀려오면 배가 완전히 부서지지 않을까 두려워했다. 그리하여 <u>돛대를 넘어뜨리고, 좌우 노붕艫棚을 잘라내 사방에 탁자다리 棹23)처럼 세워 닻줄로 누아㯹檝에 묶었다.</u> 밤 9시에 (해안을) 바라보니 서쪽 멀리서 불빛이 보였다. 서로 얼굴을 바라보며 기뻐하지 않는 사람이 없었다. 밤을 새워 바라보았으나 산이나 섬은 보이지 않고 불빛만 보였다.

『입당구법순례행기』 기사 중 선박과 관련한 용어를 간추려 보면, 평철平鐵, 이엽柂葉, 이각柂角, 선로船艫, 외柂, 누아㯹檝, 노붕艫棚, 람纜,

---

23) 棹는 zhào/ '도'로 읽을 때는 櫂와 동자이나, zhuō/ '탁'으로 읽을 때는 卓과 동자다. 『漢語大字典』(1993), 四川/湖北 辭書出版社, p.517 ; 李家源·權五惇·任昌淳 감수(1982), 『東亞漢韓大辭典』, 동아출판사, p.874. 이 문장에서는 艫棚을 잘라 세웠으므로 '櫂로 보기보다는 '卓'으로 보아야 한다. 신복룡은 위의 문장을 "돛대를 쓰러뜨려 자른 다음 좌우 노붕의 네 모서리에 세우고 닻줄로 누아에 달아매었다"고 해석하여 돛대를 누아에 묶은 것으로 보고 棹를 해석하지 않았다(申福龍 번역·주해, 『입당구법순례행기』, p.32). 이에 대해 김문경은 "돛대를 넘어뜨리고 좌우의 노붕을 잘라내어 배의 사방에 노를 세우고 닻줄로 누아에 묶었다"고 해석해 棹를 '노'로 해석하였다(김문경 역, 『엔닌의 입당구법순례행기』, p.25). 한편, E. Reichauer는 "We therefore took down the mast and cut down the left and right bow planking and erected poles at the four corners of the ship and bound together"(우리는 돛대를 잘라내고, 좌우 선수의 노붕을 잘라내, 배의 네 귀퉁이에 세우고 누아에 묶었다)로 번역하였는데(Edwin Reischauer, *Ennin's Diary*, p.7), 이는 잘라낸 '노붕'을 네 귀퉁이에, 즉 '탁자다리'처럼 세우고 누아에 묶었다고 본 것이다. 후카야 겐이치는 "좌우의 棚狀의 난간을 잘라 배의 사방에 장대(棹, かい)를 세우고 닻줄로 누아에 묶었다." [深谷憲一 譯(1995), 『入唐求法巡禮行記』, p.26]고 번역하였다. 필자는 Reichauer와 후카야 겐이치의 견해가 타당하다고 본다.

선저이포재船底二布材 등이다. 6월 27일자에 '파도의 충격으로 떨어져 나간 것으로 기록된 평철(ひらかね)'은 '선체의 모서리나 이음새를 보호하기 위해 덧댄 쇠붙이(우철隅鐵, すみかね)'[24]로 보기도 하지만, 일본어 독음인 'ひらかね'의 또 다른 한자어 '평금平金' 또는 '편정扁鉦'으로 보아 '신호용 작은 징'(gong)으로 보는 라이샤워의 설이 타당한 것으로 보인다.[25] 이엽柂葉의 이柂는 타柁나 타舵와 같은 글자이므로[26] 이엽은 키의 잎, 즉 키 판(rudder blade)을, 이각柂角은 키의 모서리[27]를 각각 가리킨다. 선로船艫는 배의 선수 또는 선미,[28] 외柂는 돛대, 노붕艣棚은 선수 또는 선미에 설치된 상부 구조물,[29] 람纜은 닻줄을 각각 의미한다. 7월 2일자

---

24) 足立喜六 譯註·塩入良道 補註(1985), 『入唐求法巡禮行記』 1卷, p.12 ; 김문경 역주 (2001), 『入唐求法巡禮行記』, p.22 ; 申福龍 번역·주해(1991), 『입당구법순례행 기』, p.20.

25) Edwin Reischauer(1955), *Ennin's Diary*, p.4.

26) 단국대학교 東洋學硏究所(2003), 『漢韓大辭典 7』, p.179 ; 李家源·權五惇·任昌淳 감수(1982), 『東亞漢韓大辭典』, pp.859~860.

27) 柂角을 키(舵, rudder)로 보기도 하나 [足立喜六 譯註·塩入良道 補註(1985), 『入唐求 法巡禮行記』 1권, p.7 ; 김문경 역주(2001), 『入唐求法巡禮行記』, p.25], Reischauer 는 'corner of the rudder'로 번역하고 주석에서 'tiller'를 의미할 수도 있다'고 부연해 설명하고 있다 [Edwin Reischauer(1955), *Ennin's Diary*, p.6].

28) '艫'는 쓰임에 따라 船頭와 船尾를 모두 의미할 수 있으나 [『漢語大字典』(1993), p.1416 ; (1979), 『辭源』, p.1279], 여기에서는 키가 위치한 부분이 파손되었기 때문에 선미로 보아야 한다.

29) Reischauer는 이를 "글자 그대로는 shelves(棚)를 의미하지만, 상부구조물의 일부(some sort of superstructure)를 의미하는 게 분명하다"고 보고, 艣棚을 "bow planking"으로 번역하였다(Edwin Reischauer, *Ennin's Diary*, p.7). 그러나 필자는 棚이 갑판에 설치된 '거주구역(船屋, ship's cabin) 內壁이나 外壁의 선반'으로 볼 수도 있다고 생각한다. 이 경우 棚은 오늘날의 관념상으로는 편평한 板材를 연상하게 되지만, 옛 가옥이나 선박에서는 판재를 쓰기보다는 껍질만 벗긴 圓材를 그대로 사용했을 가능성이 있다. 특히 貢物과 개인 물품 등을 보관해야 하는 견당사선에서 판재로 선반을 만들 경우 배의 요동에 따라 물품이 떨어질 염려가 있다. 그러나 원재 형태의 나무로 선반을 만들게 되면 일부는 선반 위에 올릴 수도 있고, 일부는 물품을 줄로 매달 수도 있다는 장점이 있다. 이 점을 고려하면 棚은 용도상 선반이 분명하지만, 그 형태는 판재가 아니라 원재나 각재 형태였을 가능성이 크다. 圓材나 角材 형태의 棚이어야 이를 잘라내어

에 기록된 선저이포재船底二布材는 용골龍骨30)이나 '선저 내부의 이중으로 깔려 있는 판재 중 두 번째 판재'(船の內底の二重目板)31) 또는 선저재32)로 보기도 하지만, 이는 선저 파손부에 덧댄 임시 판재로 보는 게 타당한 것 같다.33)

그런데 '누아栖栿' 또는 '누아栖栿'는 문자 그대로는 무엇을 의미하는지 불분명하다. 누栖는 비틀 녹/약, 문지를 낙/안, 버틸 누 등으로 사용되고 있고, '누栖'는 耨(김맬 누)나, 鎒(괭이 누)와 같은 자로 농기구인 '괭이'나 '호미'를 뜻하고,34) '아栿'는 한·중·일 주요 자전에는 수록되어 있지 않는 글자여서 오기임에 분명하다. 따라서 『입당구법순례행기』의 여러

(截落) 탁자다리처럼 좌우사방에 세우고 닻줄로 栖栿(栖栿)에 묶을 수 있고, 어느 정도의 지지력도 확보할 수 있다. 또 다른 가능성으로는 '艪'를 同字인 '艪'로 볼 경우 艪棚(=櫓棚)이 되므로 이는 갑판부에서 선측 바깥으로 설치한 '노를 젓는 자리'로 볼 수도 있다. 艪棚(=櫓棚)으로 보게 되면, 노를 젓기 위한 발판으로 깔아놓은 角材나 圓材가 되어 이를 '탁자다리'처럼 좌우 사방에 세울 수 있다. 艪棚(=櫓棚)에 대한 이미지는 石井謙治 責任編輯(1988), 『復元日本大觀 4 船』, p.70를 참조하라.

30) 足立喜六 譯註·塩入良道 補註(1985), 『入唐求法巡禮行記』 1권, p.14 ; 申福龍 번역·주해(1991), 『입당구법순례행기』, p.23 ; 김문경 역주(2001), 『入唐求法巡禮行記』, p.27.

31) 小野勝年(1964~68), 『入唐求法巡禮行記の硏究』 권1, p.113.

32) 石井謙治(1983), 『圖說和船史話』, p.26.

33) 6월 28일 좌주 후, 6월 29일 선저 파손 확인 및 艪棚을 잘라 탁자다리처럼 세워 고정하고, 7월 1일자에는 미부노 가이산(壬生開山)을 해안으로 보내 구조대를 불러오도록 했다. 그런데 6월 30일자 일기가 누락되었는데, 이 날 파손된 선저에 '布材'를 덧대는 등 임시조치를 했던 것으로 보인다 [Edwin Reischauer (1955), Ennin's Diary, p.8]. '二'라는 숫자는 원래의 파손된 외판을 '元材, 즉 一材'로 보면, 그 위에 덧댄 것은 '二布材'가 된다. 또 다른 관점에서 보면, 선저 파손 부위가 여러 군데였고, 두 번째 파손 부에 덧댄 것이었기 때문에 '二布材'로 썼을 개연성도 있다. 선저 파손부를 판재로 막았기 때문에 7월 2일자에 "조수가 밀려오자 배가 떠서 수백 町 남짓 나아가다가 소용돌이와 세찬 조수에 배가 좌우로 크게 기울면서 二布材가 떨어져 흘러가 버린 것"으로 보인다.

34) 『漢語大字典』(1993), p.531 ; (1979), 『辭源』(1979), p.874 ; 諸橋轍次 著(1985), 『大漢和辭典 6』, p.494 ; 李家源·權五惇·任昌淳 감수(1982), 『東亞漢韓大辭典』, p.885.

판본에서는 이를 그대로 적기도 하고, 이를 오기로 보아 대체어로 적기도 한다. 아래에서는 여러 판본에 '누아㩧械' 또는 '누아㩳械'를 어떻게 표기 및 해석하고 있는지 정리해 볼 것이다.

① 岡田正之 識, 『入唐求法巡禮行記』(東京: 東洋文庫刊, 1926)
가장 오래된 필사본인 도지東寺 간치인觀知院(일본 京都 소재) 본의 영인판으로 '누아㩧械'로 확인된다.[35]

② 國書刊行會 編, 「入唐求法巡禮行記」, 『續續群書類從』 第12(東京: 國書刊行會, 1906)
도지 간치인 본 중 사료편찬괘소장史料編纂掛所藏 사본寫本을 활자본으로 처음 출판된 판본으로 '누아㩧械'로 적었다.[36]

③ 『大日本佛教全書』 제113권 『入唐求法巡禮行記』(文海出版社有限公司印行, 1915)

도지東寺 간치인觀知院 본의 필사체

이 판본은 교토 도지 간치인 소장 필사본을 쓰가네지津金寺 본(池田長田 소장본)을 참고하여 수정한 출판본으로, 원문에서는 '누아㩳械'로 적고, 주註에서 '振時誤作㩳或振㦲歟械'라 하여 "振(들 진)은 때때로 누㩳나 진振으로, 복㦲은 아械로 잘못 쓰여지기도 한다"고 설명하여 '振/㩳/振㦲'의

35) 岡田正之 識(1926), 『入唐求法巡禮行記』, ff.5 & 6.
36) 國書刊行會 編(1906), 「入唐求法巡禮行記」, 『續續群書類從』 第12, pp.3, 165.

오기일 가능성을 제시하였다.[37] 중국에서 출판된 顧承甫·何泉達 點交,
『入唐求法巡禮行記』, 한국에서 출판된 신복룡과 김문경의 한글번역본
이 모두 '누아樑檞'를 그대로 적었다.

④ 小野勝年, 『入唐求法巡禮行記の硏究』 卷1(鈴木學術財團, 1964)
'누복樑栿'으로 적고, 각주에 "초본抄本에는 누아樑檞로 적혀 있는데,
'누樑'는 농기구의 일종이고, 누樑는 이것을 사용하여 밭을 가는 것"이라
고 설명하였다."[38]

⑤ 白化文·李鼎霞·許德楠 修訂校註, 周一良 審閱, 『入唐求法巡禮行記校註』(花
山文藝出版, 1992)
오노小野 본을 저본으로 한 중국어 교주본으로, '누복樑栿'으로 적고,
'선저 용골을 지지하는 결구'로 교주校註하였다.[39]

⑥ 足立喜六 譯註·鹽入良道 補註, 『入唐求法巡禮行記』 1(平凡社, 1985)
'누즙樑檝'으로 적고, 다음과 같이 상세하게 주를 달았다.

"누樑는 '주柱'를 뜻하며, 곧 '지支'와 의미가 같다. 즙檝은 일본명으로는
'かじ加遲'라고 하는데, 이는 배를 빠르게 하는 데 사용한다(使舟捷疾).
그러므로 누즙樑檝은 주즙柱檝이 되므로 선측의 견고한 횡목을 의미한
다. '사매주즙沙埋樑檝'은 선저가 파열된 뒤 모래(갯벌)가 침입하여 선복
에 충만한 것을 말하며, 박舶의 사방四方에 도탁를 세워 닻줄纜로
주즙樑檝에 묶은 것(舶四方建棹 結纜樑檝)은 배船의 전복을 방지하기 위한

37) 『入唐求法巡禮行記』, 大日本佛敎全書 제113권, p.2.
38) 小野勝年(1964~68), 『入唐求法巡禮行記の硏究』 卷1, pp.106~107.
39) 白化文·李鼎霞·許德楠 修訂校註, 周一郎 審閱(1992), 『入唐求法巡禮行記校註』, p.2.

것이다."[40]

⑦ 기타

에드윈 라이샤워는 1955년 『대일본불교전서』 제113권 『입당구법순
례행기』를 저본으로 한 영역본을 출판하면서 본문의 '누아樓檝' 부분을
"……"으로 놔둔 채, 각주에서 "누樓는 'nou'로 읽고, 글자 그대로는
괭이(hoe)를 뜻하며,"『대일본불교전서』에서는 본문에서는 '누아樓檝'로
적었으나, 보주에서 "桭栿(처마 **진**, 들보 **복**)을 의미할 수도 있는 것으로
보았다"[41]고 설명하였다.

이상의 내용을 정리해보면 〈표 7-1〉과 같다.

〈표 7-1〉 누아樓檝, 표기의 변천

판본(연도)		표기
東寺 本	續續群書類從(1906)	樓檝
	東洋文庫(1926)	樓檝
津金寺 本(池田 本)(1805)		檝檝[42]
大日本佛敎全書 本(1915)		檝檝(振/樓/桭/栿)
堀 本(1935)		樓檝
小野 本(1964)/ 白化文 本 (1992)		樓栿
足立 本(1985)		樓檝
深谷 本(1995)		樓栿

---

40) 足立喜六 譯註·塩入良道 補註(1985), 『入唐求法巡禮行記』 1, pp.8, 12.

41) Edwin Reischauer(1955), *Ennin's Diary*, p.7.

42) 필자는 쓰가네지(津金寺) 본(池田本)의 영인본인 『四明餘霞』의 부록에 실린 「입당
구법순례행기」를 확인하지 못했다. 아다치(足立) 본의 주에는 쓰가네지 본에는
'아예(檝檝)'라 적었다고 적고 있다[足立喜六 譯註·塩入良道 補註(1985), 『入唐求法
巡禮行記』 1, p.13]. 그러나 도지(東寺) 본(樓檝)과 이케다 본을 참조한 『大日本佛敎
全書本』(1915)에서는 누아(樓檝)로 표기했다는 점과 "振(떨치다)은 때로 樓(호미)
나 桭(대청)으로, 栿(대들보)은 檝로 오기되기도 하며 이케다 본(津金寺 본)에서는
檝를 檝로 썼다(振時誤作樓或桭栿歟 樓池本作檝)"는 각주를 단 점(각주 43 참조)을
고려하면 쓰가네지 본에는 '누예(樓檝)'로 썼음을 추정할 수 있다. 따라서 足立喜六
이 쓰가네지 본의 표기를 '누예(樓檝)'로 적어야 할 것을 '아예(檝檝)'로 오기한

7장 『입당구법순례행기』에 기록된 선박부재 '누아'에 대한 비판적 검토 **163**

〈표 7-1〉에서 확인할 수 있는 것은 필사본에서는 도지 본의 '누아栲檄'
와 쓰가네지 본(이케다 본)의 누예栲椳가 병존하고 있었다. 이 두 판본을
참고하여 인쇄본으로 출판한『대일본불교전서』본에서는 누아栲檄가
채택되었으나 주를 통해 '진振/振 복栿'의 오기일 가능성을 제시하고
있다.[43] 호리 본에서는 도지東寺 본의 표기인 누아栲檄를 취했다. 그러나
'아檄'가 전혀 사용되지 않은 한자였기 때문에 오노小野 본, 바이후아웬白
化文 본, 후카야深谷 본에서는 누복栲栿[44]이 채택되었고, 아다치足立 본에
서는 전혀 새로운 누즙栲檝으로 해석하였다.

이상에서 살펴본 바와 같이, 가장 오래된 판본인 도지東寺 본에 '누아栲
檄'로 기록되었던 것이 1915년『대일본불교전서大日本佛教全書』본에서 '누
아栲檄'로 오기되면서 널리 퍼졌으나, 호리堀 본에서 다시 '누아栲檄'로
바로잡혔다. 그러나 '아檄'가 사용되지 않는 한자였기 때문에 오노小野
본에서는 '누복栲栿', 아다치足立 본에서는 '누즙栲檝'으로 대체되었다.
이를 고려해 볼 때『입당구법순례행기』의 여러 판본에 누아栲檄, 누아栲
椳, 누예栲椳, 누복栲栿, 누즙栲檝 등으로 기록된 선박부재는 '누복栲栿'의
오기로 보는 것이 타당하다고 판단된다.[45] 누복栲栿의 오기로 본다면,

<hr>

것으로 보인다. 이 글의 원전인『역사학연구』제72집(2018), 213쪽 〈표 1〉에
'栱(栲)椳'로 표기했던 것은 아다치의 표기를 기준으로 한 것이나, 독자들에게
혼란을 주는 것을 피하기 위해 여기에서는 오기를 바로 잡아 표기하였다.
43)『入唐求法巡禮行記』(1915,『大日本佛教全書』제113권), p.2 ; E. Reischauer(1955),
Ennin's Diary, p.7 각주 18.
44) 深谷憲一 譯(1995),『入唐求法巡禮行記』, p.26.
45) 이에 대해 허일 등은 振栿의 오기로 보았다 [許逸·崔云峰(2003), 「입당구법순례행
기에 기록된 선체구성재 누아에 대한 소고」, p.597]. '振'은 처마 진, 두 기둥
사이 신, 정리할 진 등으로 사용되므로 [단국대학교 동양학연구소(2003),『漢韓大
辭典 5』, p.1234] '振栿'는 '처마 들보'나 '두 기둥 사이의 보'가 되어 '선박용
용어'로는 적절치 않다. 최근식은 '栲椳'를 '피수판(腰舵, 腰板)으로 보았으나,
앞서 살펴본 바와 같이 '栲栿'의 오기일 가능성이 크다는 점을 고려하면 이는

이는 '지지용 들보, 즉 횡강력재'가 된다.

II. 견당사선과 '누복艫栿'

1. 견당사선

일본의 견당사선을 묘사한 그림으로 「길비대신입당회사吉備大臣入唐繪詞」(12세기 말), 「감진화상동정회전鑑眞和上東征繪伝」(1298), 「홍법대사회전弘法大使繪伝」, 「화엄연기회권華嚴緣起繪卷」 등이 남아 있으나, 이 그림들은 9세기 중엽 최후의 견당사선이 파견된 지 300여 년이 지난 뒤에 그려진 것이다. 이 견당사선 그림에 대해 도노 하루유키東野治之는 "견당사선은 중국의 범선, 즉 정크형 선박이고, 문헌 기록에 나오는 붕판棚板과 노붕艫棚을 덧붙이면 기본적인 견당사선의 이미지가 된다"고 주장했다.[46] 이시이 겐지石井謙治와 아다치 히로유키安達裕之도 견당사선을 중국형 선박으로 보고 있다. 이시이 겐지石井謙治는 "누아艫桃는 선저재船底材와 다르지 않고, V형 선저형상의 특징을 보인다는 점에서 취안저우泉州 출토 송선宋船의 선저구조를 보여주고 있음을 볼 때 후기 견당사선은 항양형航洋形 대형 정크였다"[47]고 보았다. 아다치 히로유키安達裕之는 "7세기부터 8세기 이전의 견당사선은 길이 30m, 너비 3m의 대형 준구조선準構造船으로 한반도 남해안과 서해안을 따라 산동반도로 들어가는 북로를 이용했으나, 8세기 이후에는 동중국해를 횡단하는 남로를 이용했다. 남로는 준구조선으로 안전하게 항해할 수 없었기 때문에 중국의

명백한 오류로 보인다. 최근식(2005), 『신라해양사연구』, pp.109~110.

46) 東野治之(1999), 『遣唐史船』, pp.81~84.

47) 石井謙治(1983), 『圖說和船史話』, pp.26~27.

조선기술이 도입되었다고 보는 것이 좋다"48)고 주장했다.

이에 대해 우에다 다케시上田雄는 "비록 견당사선을 그린 그림은 300여 년이 지난 뒤에 그려졌음에도 불구하고 범선의 구조와 모양은 크게 변하지 않았을 것이므로 가마쿠라鎌倉 시대에 그려진 견당사선은 나라奈良·헤이안平安 시대(710~1185)의 배 모양에 가까웠을지도 모른다"49)는 견해를 밝혔다.

한편, 견당사선이 일본 사서史書에 '백제박百濟舶'과 '신라선新羅船'으로 기록된 한선일 가능성도 있다. 하쿠치白雉 원년(650)에 아키노쿠니安藝國(현 히로시마廣島)에 명하여 백제박百濟舶 2척을 만들게 하였고,50) 덴표天平 4년(732)에는 오미近江(현 사가현滋賀縣), 단바丹波(현 교토京都 중부와 효고현兵庫縣의 중동부), 하리마播磨(현 효고현兵庫縣의 서남쪽), 비추備中(현 오카야마현岡山縣 서부)에 선박 4척을 건조하게 했다.51) 그 뒤에도 덴표天平 18년(746), 덴표호지天平宝字 5년(761), 호키宝龜 2년(771), 호키宝龜 6년(775), 호키宝龜 9년(778) 등 총 5회 아키노쿠니安藝國에서 선박을 건조하게 했다.52) 이시이 겐지石井謙治는 '덴표天平 4년의 견당사선 4척을 건조한 4개국이 모두 내륙이라는 점에서 이들 4국은 건조비만 부담하고, 실제는 아키노쿠니安藝國에서 건조했을 것'으로 판단하였다. 그는 또한 하쿠치白雉 원년(650)의 기사에는 "백제박百濟舶을 건조하게 했다"는 명확한 기록이 있는 반면, 덴표天平 4년(732) 이후의 기사에는 '조박造舶·조견당사선造遣唐使船·조입당사박造入唐使舶·조사선造使船' 등으로만 기록되어 있다는 점

---

48) 安達裕之(1998), 『日本の船』, pp.37~38.
49) 上田雄(2006), 『遣唐使全航海』, p.246.
50) 성은구 역주(1987), 『日本書紀』 卷24, 白雉元年 冬10月 次條, pp.431, 434.
51) 『續日本紀(二)』 卷11, 天平4年 9月 甲辰條 ; 靑木和夫·稻岡耕二·笹山晴生·白藤禮幸 校注(1990), 『新日本古典文學大系 13』, p.262.
52) 『續日本紀』 卷15, 天平18年 冬10月 丁巳條 ; 同書 卷23, 天平寶字5年 冬10月 辛酉條 ; 同書 卷33, 寶龜2年, 11月 癸未朔條 ; 同書 卷33, 寶龜 6年 6月 辛巳條 ; 同書 卷35, 寶龜 9年 11月 庚申條 [최근식(2005), 『신라해양사연구』, p.78 각주 130 재인용].

166

을 들어 8세기 이후에는 중국의 조선造船 기술을 익힌 집단이 아키노쿠니安藝國에 정착해 이들이 견당사선을 만들었을 것이라고 주장하였다.[53]

그러나 일본과 가장 가까운 관계를 유지했던 나라가 백제였다는 점, 백제박百濟舶을 견당사선으로 건조한 문헌 기록이 존재한다는 점, 아키노쿠니가 한반도에 가깝다는 점, 백제 멸망(660) 이후 많은 백제인들이 일본으로 피신했다는 점 등을 고려하면 아키노쿠니에서 건조한 선박을 백제박으로 볼 여지도 있다. 주오대학中央大學 교수였던 모리 가쓰미森克己(1903~1981)는 견당사선이 백제식 선박이었을 것이라고 주장하였다.

"7세기 중엽에는 대체로 아키노쿠니安藝國에 명하여 백제선을 건조하게 했고, 그 후에도 대체로 같은 나라에 명하여 견당사선을 건조한 것을 미루어보면 견당사선은 다분히 백제식 선박이었을 것 같다. 663년 백촌강白村江 수전水戰 패배 이후 백제 귀족들이 일본으로 건너왔고, 그 후 백제인 기술자들이 다자이후大宰府 주변에 백제식 산성을 쌓는 것을 시작으로, 여러 면에서 일본의 문화와 기술에 공헌하였다. 백제식 선船도 백제식의 기술에 따라 건조되었을 것이다."[54]

또한 일본 사서에는 '신라선新羅船'을 언급한 기록이 자주 등장하고 있다. 조와承和 6년(839) (일본정부가) "다자이후大宰府에 명하여 신라선新羅船을 만들어 능히 풍파를 견딜 수 있게 했고"(命大宰府 造新羅船 以能堪風波也),[55]

---

53) 石井謙治(1983), 『圖說和船史話』, p.38 ; 石井謙治 責任編輯(1988), 『復元日本大觀 4 船』, p.72.

54) 森 克己(1968), 「3. 遣唐使船」, 須藤利一 編, 『船』, pp.66~67.

55) 『續日本後紀(上)』, 森田悌 譯(2010), 卷8, 承和6년 秋7月 庚辰朔 丙申條. p.306.

조와承和 5년(838) 7월 25일 "견당회사遺唐廻使들이 타고 다니는 신라선新羅船을 부아府衙=大宰府에 주어 명령을 내려 그 모양 그대로 전하는 것이 주선主船의 맡은 바다."(遺唐廻使所乘之新羅船 授於府衙 令傳彼樣 是尤主船之所掌者也)[56]는 기록이 있다. 또한 엔닌의 『입당구법순례행기』에도 "일본의 조공사朝貢使가 신라선 5척을 타고 내주萊州 여산廬山 근처에 밀려서 닿았다"(本國朝貢使 駕新羅船五隻 流著萊明 廬山之邊)[57]는 기록이 있다. 이와 같은 기록을 고려한다면 9세기 일본의 견당사선을 신라선新羅船으로 볼 수도 있다. 8세기 이전의 백제박百濟舶과 9세기의 신라선新羅船이 각각 다른 선형이었는지, 아니면 660년 백제 멸망 이후 백제박이 전승되어 통일신라시대 이후 신라선으로 통칭되었는지는 알 수 없다.[58] 그러나 백제박이든 신라선이든 그 기본적인 조선법은 후대의 한선으로 이어졌을 것임에 틀림없을 것이다. 따라서 9세기 일본의 견당사선이 백제박이나 신라선으로 통칭되는 한선형 선박이었을 개연성도 있다.

이상에서 살펴본 바와 같이, 일본의 견당사선은 그 선형이 정확하게 밝혀진 바가 없기 때문에 중국형 정크, 화선형和船形 준구조선準構造船, 한선형 선박이었을 가능성을 모두 고려해야 한다. 따라서 견당사선을 중국형 정크, 화선형 준구조선, 한선형 선박으로 가정했을 경우 누아㮡機 또는 누아㮡栿, 곧 누복㮡栿이 어떤 선박부재일지를 검토해볼 것이다. 누복㮡栿은 지지용 들보, 즉 선박의 횡강력재가 된다는 점은 앞에서 논증하였다. 그런데 많은 편역자들이 누아㮡機 또는 누아㮡栿를 '선저에만 있는 구성재'로 본 것과는 달리, 선저부와 갑판 부근 양쪽에 모두

---

56) 國史大系編修會 編(1983), 『類聚三代格』前篇, 太政官 謹奏 條, p.211.

57) 『入唐求法巡禮行記』卷2, 開成4年(839) 4月 24日條.

58) 최근식은 "백제인이 만든 백제박이 전승되어 통일신라시대 이후 삼국시대의 신라선과 융합되어 신라선으로 이어지게 되었다"고 보고 있다. 최근식(2005), 『신라해양사연구』, p.83.

존재하는 선박부재로 추정된다.[59] 왜냐하면,『입당구법순례행기』6월 29일자 기사에 "底悉破裂 沙埋㮹橛 … 舶四方建棹 結纜㮹橛"라고 기록하고 있기 때문이다. 즉 선저부의 누아㮹橛는 모래에 묻혔지만, 갑판 부근의 누아㮹橛는 멀쩡했기 때문에 사방에 노붕艣棚을 탁자다리처럼 세우고 닻줄로 묶을 수 있었다. 이상과 같은 논리적 추론을 종합해보면, 누아㮹橛는 '선저부에서는 모래에 묻힐 수도 있고, 갑판부에서는 닻줄로 노붕艣棚을 묶을 수도 있는 횡강력재'가 된다.

2. 누복㮹栿

여기에서는 한중일의 대표적인 선형을 비교·검토함으로써 누복㮹栿을 선저 하부와 상갑판부에 있는 횡강력재일 경우 일본의 견당사선이 어떤 유형의 선박일지를 추론해 볼 것이다. 먼저 일본의 도노 하루유키東野治之, 이시이 겐지石井謙治, 아다치 히로유키安達裕之 등의 연구자들이 주장하는 '중국의 정크형 선박'의 선형을 살펴보도록 하자. 중국의 3대 해선은 사선沙船, 복선福船, 광선廣船을 꼽을 수 있는데,[60] 중국식 정크라고 하면 이들 3대 해선을 모두 포함한다. 따라서 일본의 견당사선의 선형을 확인하기 위해 현재까지 연구된 주요 선형, 즉 당대 초기의 강선, 송대 해선인 천주선, 원대 해선인 신안선, 명대 펑라이蓬萊 2호선을 검토할 것이다.

1973년 요우자이 강又在江 수루가오시안蘇如皐县 마강허馬港河에서 출토된 당대 초기의 목선인 〈그림 7-1〉을 살펴보자. 잔존 길이殘長 17.32m, 최대 너비最寬 2.58m, 선창 깊이艙深 1.6m인 당대 초기 목선은 선창을

---

59) 허일·崔云峰(2003), 「입당구법순례행기에 기록된 선체구성재 누아에 대한 소고」, p.596.

60) 席龍飛(2015), 『中國古代造船史』, p.317.

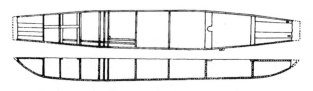

〈그림 7-1〉 당대 후기 강선의 단면도[61]

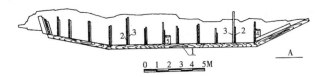

〈그림 7-2〉 송대 천주선泉州船의 종단면도[62]

9개로 나누고, 각 선창 사이에 격창판隔艙板을 설치하였으며, 선창 윗면艙面(즉 갑판)은 나무판木板이나 대나무竹篷를 덮었다.[63]

〈그림 7-2〉는 1974년 복건성福建省 천주만泉州灣 디호우주的后渚에서 출토된 송대 해선인 천주선으로 잔장殘長 24.2m, 너비 9m, 깊이深 1.98m이며, 침몰연대는 1277년경으로 추정되고 있다.[64] 〈그림 7-3〉은 1982~84년 한국 신안 도덕도 해역에서 인양된 원대 해선인 신안선으로 잔장殘長 28.4m, 최대너비 6.6m, 깊이型深 3.66m이며, 침몰연대는 1323년경으로 추정되고 있다.[65] 〈그림 7-4〉는 2005년 산동성 펑라이시蓬萊市 수성水城에서 발굴된 펑라이蓬萊 2호선으로 잔장殘長 22.5m, 잔존 너비殘寬 5m, 용골잔존 길이 16.2m이며, 목재의 탄소측정법에 따르면 명대

61) 王冠倬 編著(2001), 『中國古船圖譜』, p.99.

62) 席龍飛(2015), 『中國古代造船史』, p.205.

63) 王冠倬 編著(2001), 『中國古船圖譜』, p.99.

64) 席龍飛(2015), 『中國古代造船史』, pp.206, 211.

65) 국립해양유물전시관(2004), 『신안선보존복원보고서』, p.64 ; 席龍飛(2015), 『中國古代造船史』, p.249 ; 金炳勤(2016), 「신안선의 항로와 침몰원인」, 『아시아·태평양 해양네트워크와 수중문화유산』, p.456.

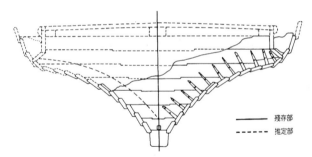

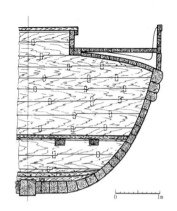

〈그림 7-3〉 원대 신안선의 횡단면도66)

〈그림 7-4〉 펑라이蓬萊 2호선 5호 횡창벽橫艙壁67)

초기(1412년경)의 선박으로 추정되고 있다.68)

〈그림 7-1〉의 수루가오시안蘇如皐縣 강선과 〈그림 7-4〉의 펑라이蓬萊 2호선은 모두 U자형 평저선이고, 〈그림 7-2〉의 천주선과 〈그림 7-3〉의 신안선은 모두 V자형 첨저선이다. 선저 형상의 차이와 당대 초기부터 명대 초기까지의 시간 차에도 불구하고, 이들 선박의 횡강력재는 모두

---

66) 국립해양유물전시관(2004), 『신안선 보존과 복원, 그 20년사』(2004), p.52.

67) 山東省文物考古硏究所 외(2006), 『蓬萊古船』, p.104.

68) 山東省文物考古硏究所 외(2006), 『蓬萊古船』, p.89 ; 王錫平·石錫建·于祖亮(2006), 「蓬萊水城古船略論」, 席龍飛·蔡薇 主編, 『國際學術討會文集』, p.120.

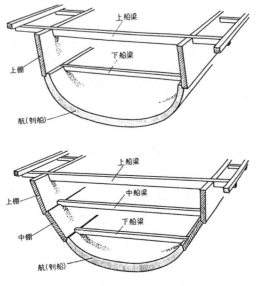

上船梁

下船梁

上棚

航(刳船)

上船梁

中船梁

上棚

下船梁

中棚

航(刳船)

〈그림 7-5〉 화선和船의 준구조선準構造船69)

격벽(隔艙板이나 艙壁)이다. 만약 견당사선이 〈그림 7-1~4〉와 같은 중국식 정크였다면, 누복撍栿은 '격벽'일 수밖에 없다. 격벽은 선저부에서부터 갑판 하부까지 이어져 있어서 선저부 파손시 모래에 묻힐 수 있다(底悉破 裂 沙埋). 하지만 격벽은 판재 형태이고 격벽이 선저부터 갑판 하부까지 연접連接해 있기 때문에 좌우 사방에 노붕을 세우고, 닻줄로 묶는 것(左右 艫棚 於舶四方建棹 結纜)은 매우 어렵거나 불가능하다. 그러므로 누아撍栿=樐 栿(누복撍栿)을 갖춘 일본의 838년 견당사선이 중국식 정크였을 것이라는 주장은 개연성이 다소 떨어진다고 할 수 있다.

다음으로 견당사선이 일본식 화선和船일 경우를 검토해 보자. 아다치 히로유키安達裕之에 따르면, 일본식 화선은 준구조선에서 붕판棚板 구조 선으로 발달했다. 준구조선은 가와라航라 부르는 선저부에 네다나根棚,

---

69) 石井謙治(1983),『圖說和船史話』, p.47.

나카다나中棚, 우와다나上棚을 중첩하여 잇는 3단 구조나, 네다나根棚와 우와다나上棚만 중첩하여 잇는 2단 구조를 기본으로 하고 양현의 다나이타棚板는 후나바리船梁로 지지하도록 한다. 준구조선의 단점은 선저판인 가와라杭로 사용할 대형 녹나무楠가 필요하고, 녹나무의 크기에 따라 선박의 크기가 제한된다는 점이다. 이러한 단점 때문에 16세기 중엽에 이르러 둥근 원재圓材인 '가와라杭'를 판재板材로 바꾼 붕판구조선棚板構造船이 출현하게 된 것이다.[70] 일본의 견당사선이 화선和船이었다면, 횡강력재인 누아㭿=㭿桴(누복㭿栿)는 후나바리船梁가 되고, 시타후나바리下船梁는 선저 파손시 모래에 묻힐 수 있고(底悉破裂 沙埋), 갑판부를 지탱하는 우와후나바리上船梁에는 "좌우 사방에 노붕艣棚을 세우고, 닻줄로 묶을 수도 있다"(左右艣棚 於舶四方建棹 結纜).

마지막으로 일본의 견당사선이 일본 사서에 백제박百濟舶이나 신라선新羅船으로 기록된 한선형 선박일 경우를 검토해 보자. 〈그림 7-6〉은 전형적인 현대의 한선형 어선의 횡단면도이고, 〈그림 7-7〉은 2006년에 복원된 장보고 선단이 이용했을 것으로 추정된 선박이다. 〈그림 7-8〉은 2005년 중국 산동반도의 펑라이蓬萊에서 발굴된 펑라이 고려고선蓬萊高麗古船의 선체 형상을 기본으로 하여, 좌우 외판을 격벽이 아닌 장삭(加龍木)과 멍에(駕木)으로 지지한 것으로 추정한 선박이다. 물론 〈그림 7-7〉과 〈그림 7-8〉과 같은 선박은 문헌기록이나 발굴선을 통해 역사적으로 실재했음이 입증된 것은 아니다. 그러나 일본의 견당사선도 그 선형에 대해서는 '백제박百濟舶'이나 '신라선新羅船'이라는 문헌 기록이 있는 것을 제외하면 이렇다 할 근거가 없다. 따라서 백제박이나 신라선으로 통칭되는 한선형 선박을 현재까지의 연구결과를 토대로 다양하게 검토할 필요가 있다. 〈그림 7-8〉의 펑라이 고려고선蓬萊高麗古船은 격벽으로

---

70) 安達裕之(1998), 『日本の船』, pp.31~32.

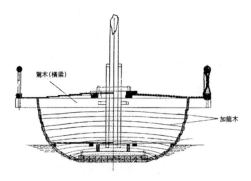

〈그림 7-6〉 현대 어선형 한선의 횡단면[71]

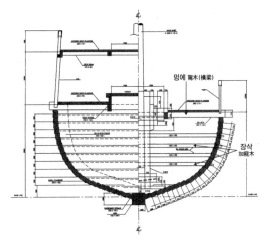

〈그림 7-7〉 장보고 선단의 추정선박[72]

양현을 지지했지만, 한선에서 격벽이 사용된 유일한 예이고, 그 시기도 14세기라는 점에서 9세기 일본의 견당사선을 추정하는 데 그대로 활용하기에는 무리가 있다고 판단된다.

　『입당구법순례행기』의 6월 28일자에 "東波來船西傾 西波來東側"했다는 기록을 근거로 엔닌이 탑승한 견당사선이 V자형의 첨저선에 가까운

---

71) 이원식(1990), 『한국의 배』, p.12.
72) (재)해상왕장보고기념사업회(2006), 『장보고무역선복원연구』.

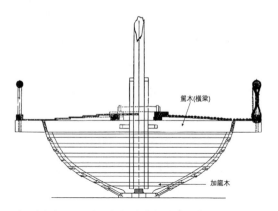

駕木(橫梁)

加龍木

〈그림 7-8〉 펑라이蓬萊 고려고선의 선체와 한선의 횡강력재 결합 추정선[73]

선박이었다고 추정하기도 한다.[74] 그러나 필자는 평저선일 가능성도
배제해서는 안된다고 생각하고 있다. 평저선일 경우에도 "선저부가
모두 파손底悉破裂"되었기 때문에 파도에 의해 좌우로 경사할 가능성은
얼마든지 있기 때문이다. 그래서 엔닌이 탑승한 견당사선이 한선형
선박일 경우, 저판은 펑라이 고려고선蓬萊高麗古船처럼 평평하되, 상갑판
과 저판의 비율이 5:1 내외이고, 양현을 장삭加龍木과 멍에駕木로 지지한
것으로 추정할 수 있다.

　이와 같은 논거들을 종합해보면, 엔닌이 탑승한 견당사선이 백제박
이나 신라선으로 통칭되는 한선형 선박일 경우 누복㯿栿은 횡강력재인
장삭(가룡목)과 멍에(가목)일 수밖에 없다. 이렇게 볼 경우『입당구법
순례행기』에 기록된 '모래에 묻힌(沙埋) 선저부의 누아㯿桅=㯿桅(누복㯿栿)
는 장삭이고, '좌우 사방에 노붕艣棚을 세우고, 닻줄로 묶을 수도 있는(左右
艣棚 於船四方建棹 結纜) 갑판부의 누복㯿栿은 멍에(駕木)가 된다.

73)『蓬萊古船』, p.8.
74) 石井謙治(1983),『圖說和船史話』, p.26 ; 최근식(2005),『신라해양사연구』, p.89.

이상에서 살펴본 바를 정리해 보면, 다음과 같다.

첫째, 『입당구법순례행기』 6월 29일자에 기록된 '누아㩭橪' 또는 '누아㩭橪'와 관련하여 필사본인 도지東寺 본(1291년 필사, 1906년 인쇄)에는 누아㩭橪로, 쓰가네지津金寺 본(이케다池田 본)에는 누예㩭橪로 각각 기록되어 있었다.

둘째, 두 필사본을 참조한 인쇄본인 『대일본불교전서大日本佛敎全書』본에서는 누아㩭橪가 채택되었으나, 그 의미가 불분명했기 때문에 진복振/振 栿일 개연성이 있음을 첨언하였고, 호리堀본에서는 도지東寺 본의 표기인 누아㩭橪를 취했다.

셋째, 누아㩭橪로 쓸 경우, '누㩭'는 鎒(괭이 누), 耨(김맬 누)와 동자同字로 농기구인 '괭이'나 '호미'를 뜻하지만, '아橪'는 한·중·일 주요 자전字典에는 수록되어 있지 않는 글자여서 그 의미가 불분명하다. 누아㩭橪로 쓸 경우 '지지용 선박부재'일 것으로 추정할 수 있다.

넷째, 따라서 오노小野 본, 바이후아웬白化文 본, 후카야深谷 본에서는 누복㩭栿의 오기로 보았고, 아다치足立 본에서는 누즙㩭橪으로 적었다. 누복㩭栿의 오기로 볼 경우 누㩭는 '拄'나 '支'와 같은 의미이고 복栿은 들보를 의미하기 때문에 '지지용 들보', 즉 '횡강력재'가 되고, 누즙㩭橪은 '노를 지지하는 선측의 견고한 횡목'을 의미한다.

다섯째, 『입당구법순례행기』의 기사의 "沙埋"와 "左右鱸棚 於舶四方建棹 結纜"이란 기사를 통해 볼 때 누아㩭橪/㩭橪는 선저부와 갑판부 양측에 있는 선박부재로 추정되기 때문에 누즙㩭橪으로 보기보다는 자형字形이 유사한 누복㩭栿의 오기로 보는 것이 타당하다고 판단된다.

여섯째, 일본의 견당사선의 선형에 대해서는 학자에 따라 중국식 정크, 화선형 선박, 백제박이나 신라선으로 기록된 한선형 선박 등으로 보는 견해가 제기되었다. 838년의 견당사선을 중국식 정크로 볼 경우 누복㩭栿은 '격벽', 화선和船으로 볼 경우에는 시타후나바리下船梁와 우와

후나바리上船梁, 한선일 경우에는 장삭(가룡목)과 멍에(가목)일 것으로 각각 추정할 수 있다.

일곱째, 누복㩿栿을 중국식 격벽으로 볼 경우, 격벽이 선저부터 갑판 하부까지 연접해 있기 때문에 좌우 사방에 노붕艣棚을 세우고, 닻줄로 묶는 것(左右艣棚 於舶四方建棹 結纜)은 매우 어렵거나 불가능하다.

여덟째, 누복㩿栿을 화선식의 후나바리船梁로 볼 경우, 선저부의 시타후나바리下船梁는 선저 파손시 모래에 묻힐 수 있고, 갑판부를 지탱하는 우와후나바리上船梁에는 닻줄로 노붕艣棚을 묶을 수도 있다. 일본의 화선은 16세기 중엽 준구조선에서 붕판구조선棚板構造船으로 발전했는데, 9세기의 견당사선이 화선일 경우 준구조선으로 건조되었을 것이다. 준구조선은 선저판인 가와라航로 사용할 대형 녹나무楠가 필요하고, 녹나무의 크기에 따라 선박의 크기가 제한되기 때문에 100여 명 이상이 탑승하는 대형선을 건조하는 데 한계가 있다.[75] 이를 고려하면 일본의 견당사선이 준구조선식 화선일 개연성은 다소 떨어진다고 할 수 있다.

아홉째, 누복㩿栿을 백제박이나 신라선으로 통칭되는 한선의 장삭(가룡목)과 멍에(가목)로 볼 경우, 선저부의 장삭(가룡목)은 모래에 묻힐 수 있고, 갑판부의 멍에(가목)에는 노붕艣棚을 닻줄로 묶을 수도 있다. 일부는 엔닌이 탑승한 견당사선은 V자형의 첨저선에 가까운 선박이었다고 추정하기도 하지만, 평저선일 개연성도 배제해서는 안된다. 평저선일 경우에도 "선저부가 모두 파손"(底悉破裂)되었기 때문에 파도에 의해 좌우로 경사할 가능성도 얼마든지 있기 때문이다.

결론적으로 『입당구법순례행기』의 『대일본불교전서』본에 6월 29일

---

75) 이시이 겐지(石井謙治)는 후기 견당사선의 크기를 길이 30m, 너비 5m, 흘수 2m, 280배수톤, 탑승인원 140명 내외로 추정했고 [石井謙治(1983), 『圖說和船史話』, p.27], 宋木哲과 우에다 다케시(上田雄)는 길이 30m, 너비 8m, 300배수톤으로 추정했다 [上田雄(2006), 『遣唐使全航海』, pp.250~254].

자에 기록된 '누아摛桃/摛桃'는 자형이 유사한 누복摛枕의 오기이고, 누복
摛枕으로 볼 경우 이는 지지용 들보, 즉 횡강력재가 된다. 누복은 중국식
정크일 경우에는 격벽, 준구조선식 화선일 경우에는 후나바리船梁,
한선일 경우에는 장삭(가룡목)과 멍에(가목)로 볼 수 있다. 그러나
중국식 정크의 격벽은 노붕艣棚을 묶기 어렵고, 준구조선식 화선은
대형선을 만드는 데 한계가 있다. 이 점을 고려하면 838년 일본의
견당사선은 백제박이나 신라선으로 기록된 한선식 선박일 개연성이
큰 것으로 보인다. 많은 일본 연구자들이 일본의 조선술 발전에 중국의
영향이 컸다는 점을 강조하고 있으나, 일본 화선에서 중국식 횡강력재
인 격벽이나 중국식 조선법을 사용한 실례는 아직까지 확인되지 않고
있다. 오히려 한선의 횡강력재인 장삭(가룡목)과 멍에(가목)는 그 모양
이나 용도에서 화선의 시타후나바리下船梁나 우와후나바리上船梁와 완
전히 동일하다.

　이로부터 중요한 시사점을 얻을 수 있다. 일본 화선의 조선술의
발전에 백제와 신라 등이 영향을 주었다는 사실을 누복摛枕이 입증해준
다는 것이다. 그렇다고 해서 백제박이나 신라선을 조선기술적으로
우수한 선박이었다고 보아서는 안 된다. 이 시기는 백제박이나 신라선
식의 한선도 조선기술사적 측면에서 보았을 때 초기 단계에 있었다.
따라서 일본의 견당사선이 남로를 택한 4회 중 1차례만 왕복 항해
모두 무사했고, 귀항시 전 선박이 조난당한 것이 1회, 왕항 및 귀항시
모두 조난당한 것이 2회였다. 모리 가쓰미森克己가 언급한 바와 같이,
이는 조선기술이 졸렬했기 때문이다.[76] 물론 본장에서 제기한 주장들
은 문헌기록과 실물자료, 전문가들의 연구를 통해 확증되어야 함은
두말할 나위 없다.

---

76) 森 克己(1968), 「3. 遣唐使船」, p.70.

8장

고려 초기 나주선의 톤수 추정과 검증

2004년 3월 31일, 전남 나주시 영산동 동구나루 앞 자갈밭에서 좌현 선미부 만곡부종통재 1점과 외판편이 발견(최초 발견 및 신고자 : 윤재술)되었고, 최초 발견지에서 상류 0.5㎞와 1㎞ 지점에서 우현 선수부 만곡부 종통재와 바닥 우현 저판재 각 1점이 수습되었다. 이어 나주시청의 의뢰에 따라 남도문화재연구원과 수중문화재 조사팀(지마텍, 오션ENG)으로 조사단이 구성되어 선편 수습에 나서 우현 저판재 1점, 외판재 1점, 피삭 등이 추가로 수습되었다. 이들 선박 부재들은 동일한 선박을 구성했던 것으로 보여, 발굴지의 이름을 따 '나주선'으로 명명되었다. 나주시의 의뢰로 나주선의 보존 처리를 담당했던 경담문화재연구소는 나주선의 연대를 '고려 전기 선박[1]'으로, 남도문화재연구원과 동신대박물관은 '11세기경 초마선哨馬船[2]'으로 각각 추정했다. 나주선은 2004년 11월 23일부터 2005년 2월 20일까지 보존 및 처리를 거쳐 발견 15주년을

---

1) 나주시·경담문화재연구소(2005), 『나주영산강 고선박 보존처리 보고서』, p.5.
2) 나주시·(재)남도문화재연구원·동신대학교박물관(2004.6), 『나주 영산강 고선박(나주선) 긴급정밀(지표)탐사』.

〈그림 8-1〉 좌현 선미부 만곡부종통재(좌)와 우현 저판재 발견 당시 모습 출처 : 나주시·경담 문화재연구소(2005), 『나주영산강 고선박 보존처리 보고서』, p.27.

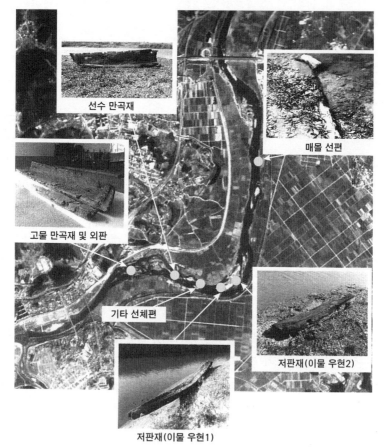

선수 만곡재

매몰 선편

고물 만곡재 및 외판

기타 선체편

저판재(이물 우현2)

저판재(이물 우현1)

〈그림 8-2〉 나주선 선편의 발굴지 자료 : 나주시·(재)남도문화재연구원·동신대학교 박물관(2004.6), 『나주 영산강 고선박(나주선) 긴급정밀(지표)탐사』, p.3.

기념해 2019년 10월 31일부터 나주문화재연구소에서 전시되고 있다.

나주선의 크기에 대해 김용한은 "만곡부재 하나만 보더라도 엄청나게 큰 배"[3]라는 의견을 제시한 바 있고, 남도문화재연구원과 동신대박물관 및 강병선은 '최소 전장 32~42m에 이르는 초대형선'으로 보았다.[4] 2009년 한국관광공사는 나주선 복원 활용 계획을 입안하면서 남도문화재연구원과 동신대박물관의 추정을 받아들여 초마선을 전제로 한 복원계획을 제안하였고,[5] 손창련도 박사학위논문에서 초마선이라는 전제하에 나주선을 조선공학적으로 재현하고자 시도하였다.[6]

김재근은 고려시대의 선박으로 태조 왕건의 누선樓船, 초마선, 과선戈船, 해운선, 일본원정선 등 5개 선종으로 설명하고 있다.[7] 그러나 김재근은 해운선를 항해도문航海圖紋 고려동경에 새겨진 배를 중심으로 설명하였지만, 동경에 새겨진 배는 고려 배가 아니라는 사실이 확인되었다.(이 책 제8장 참조)[8] 따라서 고려의 배를 누선, 초마선, 과선, 일본원정선 등 4종으로 대별해도 좋을 것이다. 이 가운데 과선은 현종대(재위 1009~1031) 여진족의 해적을 소탕하기 위해 동북방면에서 활용되었던 군선이고, 일본 원정선은 1274년(원종 15)과 1281년(충렬왕 7)에 원나라와의 연합으로 일본을 공략하는 데 이용된 배다. 따라서 발굴된 지역을 고려하면 나주선이 과선이나 일본 원정선일 개연성은 상대적으로 적다

---

3) 나주시·경담문화재연구소(2005), 『나주영산강 고선박 보존처리 보고서』, p.22.

4) 나주시·(재)남도문화재연구원·동신대학교박물관(2006), 『나주 영산강 고선박(나주선) 긴급정밀(지표)탐사』, p.11 ; 강병선(2005.11), 「나주선 보존복원에 관한 일고찰」, 『한국문화재보존과학회 제22회 학술대회 논문집』.

5) 나주시·한국관광공사(2009.8), 「영산강 나주선 복원·활용 계획」.

6) 손창련(2013.8), 『현대적인 조선공학 기술에 기반한 한국 전통선박의 재현』, 목포대학교 선박해양공학과 박사학위논문.

7) 김재근(1994), 『한국의 배』, 제2장.

8) 김성준(2017.12), 「황비창천명 항해도문 고려 동경에 새겨진 배의 국적」, pp.245~281(본서 9장 참조).

고 할 수 있다. 그러므로 나주선을 고려의 조운에 이용된 초마선으로 한정할 경우 왕건의 누선일 가능성은 원천적으로 배제될 수밖에 없다.

본장은 이러한 문제의식에서 잔존한 선박부재를 토대로 나주선의 톤수를 추정해 보고자 하는 학술적 시도이다. 이를 위해 I에서는 발굴된 고려선 중 만곡종통부재를 갖춘 선박들의 사례를 검토하고, II에서는 잔존한 선박부재와 여러 발굴선의 사례를 참조하여 나주선의 길이, 너비, 깊이를 추정해 봄으로써 톤수를 추산해 보고 검증해 볼 것이다. 이는 나주선의 크기를 구체적인 톤수로 제시한다는 점에서 나주선의 실제와 그 역사적 의미를 가늠하는 데 기여할 수 있을 것이다.

I. 만곡부재를 갖춘 고려 발굴선 검토

지금까지 발굴된 고려선 가운데 만곡종통재를 갖춘 선박에는 완도선 (1984), 십이동파도선(2004), 영흥도선(2012), 대부도 2호선(2015) 등이 있다. 이들 중 영흥도선은 선체의 규모도 작고, 잔존량도 3개 부재밖에 없어 이 연구에 도움을 주기 어렵다. 따라서 여기에서는 십이동파도선, 완도선, 대부도 2호선 등 3척의 사례를 검토하여 주요 부재간 구성 비율을 추출해볼 것이다. 이를 통해 저판재를 통해 상갑판의 길이와 너비, 깊이 등을 추정할 수 있는 단서를 얻을 수 있을 것이다.

1. 십이동파도선(2004)

2004년 전북 군산 고군산군도 북서쪽 26㎞ 인근 해역에서 인양된 십이동파도선은 출토된 청자의 생산 시기로 미루어 11세기 말에서 12세기 초의 고려 연안상선으로 확인되었다.[9] 선박 부재는 저판 3개,

좌현 만곡부 상하단, 선수부, 좌현 외판 2판, 가룡목 등이 발굴되었다. 3개의 저판은 모두 2쪽씩 홈 턱솔맞춤 방식으로 결합되었으며, 중앙저판은 길이 2.20m와 4.66m 짜리 2매를 연결하면 저판 잔량 최대 길이는 6.57m이다. 중앙저판 최대 너비 73㎝, 좌저판 최대너비 48.9㎝, 우저판 최대너비 53㎝로 이들의 단순 저판 너비는 1.749m이나, 결합할 경우 1.73m가 된다.

만곡종통재는 2단으로 쌓아올렸는데, 저판과 결합한 1단 만곡종통재는 잔존 길이 2.4m와 4.12m짜리 2매를 반턱맞춤으로 연결해 사용했으며, 2단 만곡종통재는 잔존 길이 1m와 4.2m짜리 2매를 반턱맞춤으로 연결하였다. 1단 만곡종통재 2매의 높이는 56.5~58㎝이고, 2단 만곡종통재 2매 중 한 매의 높이는 45㎝이다. 좌현 외판재는 잔존 길이 1.38m, 너비 29㎝짜리 1매만 수습되었으며, 선수재는 3편의 판재가 가룡목으로 결합된 채 발굴되었다. 선수재 중앙부재의 잔존길이는 1.25m, 좌측부재의 잔존 길이는 1.4m, 우측부재의 잔존길이는 1.63m다.[10] 십이동파도선의 잔존량과 이를 토대로 한 복원선의 주요 제원과 선형은 〈표 8-1〉과 같은데, 이를 통해 십이동파도선의 저판장폭비, 갑판장폭비, 갑판폭심비를 추출할 수 있다.

2. 완도선(1984)

우리나라 상선으로는 최초로 발굴된 완도선은 5판의 저판과 좌우 만곡종통재 2판, 좌현 외판 5층, 우현 외판 4층이 남아 있어 거의 원형에 가까운 형태로 발굴되었다. 중앙저판(K판)의 전체 길이는 6.3m, 그 중간 부재의 길이는 3.93m, 폭은 35㎝, 두께는 20㎝이다. 중앙저판

---

9) 국립해양문화재연구소(2005), 『군산 십이동파도 해저유물』, p.28.
10) 국립해양문화재연구소(2005), 『군산 십이동파도 해저유물』, pp.50~64.

<표 8-1> 십이동파도선 잔존량과 복원선의 치수 비교

	십이동파도선 잔존량		복원 십이동파도선	
시기	11세기 말~12세기 초			
저판장	6.57m		저판장	약 10.7m
저판폭	1.73m		저판폭	약 4m (만곡부 포함)
형상	만곡부1		저판장폭비	2.67
			선장	약 14~15m
			선폭	약 5.5m
	만곡부2		선심	약 2.5m
			갑판장폭비	2.55 ~ 2.72
			갑판폭심비	2.2
	측면		복원 중앙 단면	
	중앙			
	저판			

자료 : 국립해양문화재연구소(2005), 『군산 십이동파도 해저유물』, pp.51, 57, 230.

좌·우에는 2쪽의 판재를 반턱맞춤 방식으로 연결한 폭 32㎝, 두께 20㎝에 이르는 제2판재(A판)가 연결되어 있고, 제2저판재 좌·우에는 3쪽의 판재를 반턱맞춤 방식으로 연결한 제3저판재(B판)가 연결되어 있다. 판재 폭은 중앙에서 33㎝ 정도이고 선수미 쪽으로 점차 감소하고, 내측으로 만곡되어 있다. 제3저판재의 두께는 20㎝에 이르는 곳도 있다. 2쪽을 반턱맞춤으로 이은 만곡종통부 본재는 너비 38㎝, 높이 28~30㎝ 정도로 L자형을 이루며, 길이는 중앙저판의 길이와 거의 같다 (6.3m). 외판재 중 좌현재는 5층이 남아 있고, 우현재는 4층이 남아 있는데, 좌현 최저판(D판)이 7.5m로 가장 길고, 각층 외판재의 너비는 28~33cm이고, 두께는 10cm 내외이다.[11] 완도선 잔존량과 그 복원선의 주요 제원과 형상은 〈표 8-2〉와 같은데, 이를 통해 완도선의 저판장폭비, 갑판장폭비, 갑판폭심비를 추출할 수 있다.

〈표 8-2〉 완도선 잔존량과 복원선의 치수 비교

시기	완도선 잔존량		복원 완도선
시기	11세기 중후반		
저판장	6.5m		6.50m
저판폭	1.65m (만곡부 포함시 2.3m)		2.3m(만곡부 제외 : 1.65m)
저판장폭비	3.94		2.82 (3.94)
선장	9m+	➡	9m+
선폭	3.5m		3.5m
선심	1.7m		1.7m
갑판장폭비	2.56		2.56
갑판폭심비	2.06		2.06
재화톤수			약 10톤
형상	저판		복원 중앙 단면
	우현 외판		
	좌현 저판		
	만곡부		

자료 1. 잔존량 : 문화공보부·문화재관리국(1985), 『완도해저유물』, p.126.
　　　2. 복원선 : 국립해양문화재연구소(2005), 『군산 십이동파도 해저유물』, pp.231, 236.
　　　3. 형상 : 김재근(1994), 『속한국선박사연구』, pp.39, 51, 55.

---

11) 문화공보부·문화재관리국(1985), 『완도해저유물』, pp.112~116.

3. 대부도 2호선(2015)

2015년 경기도 안산시 대부도 북서쪽 방아머리 해수욕장 인근에서 발굴된 대부도 2호선은 12세기 후반에서 13세기 초기의 고려선박으로 확인되었다. 갯벌에 묻혀 있었던 덕분에 외판 상층부 이상의 선재를 제외한 선저판과 외판 하부는 온전한 상태로 발굴되었다. 잔존 선체는 저판 4열 11부재, 만곡종통재 좌우현 각 3부재, 좌현 외판 2단 5부재, 우현 외판 3단 8부재, 선수판재 3부재, 선미판재 2부재 등이 결구된 채로 확인되었고, 만곡 종통재에 설치된 가룡목 5점과 돛대를 받쳐주는 멍에형 가룡 1점도 결구되어 있었다. 우현 외판 3단까지 잔존한 상태에서의 최대길이 915㎝, 최대너비 293㎝였다. 저판의 최대 길이는 8.8m, 저판의 최대 너비는 1.5m, 만곡부를 포함할 경우의 저판의 최대 너비는 2.1m이다. 외판의 높이는 25~35㎝에 이르기까지 다양하다.[12] 대부도2호선의 잔존량과 주요 형상은 〈표 8-3〉, 〈그림 8-3〉과 같다.

〈표 8-3〉 대부도2호선 잔존량 (단위 : cm)

부재명	위치	구분	길이	너비	두께	기타
만곡종통재	좌현	1	283	31	24	피삭구멍 3(관통)
		2	418	29	25	피삭구멍 3(관통)
		3	217	21	22	피삭구멍 3(관통)
	우현	1	304	31	23	피삭구멍 3(관통)
		2	350	31	23	피삭구멍 3(관통)
		3	252	24	24	피삭구멍 3(관통)
저판	우현1	1	330	34.5	15.5	장삭구멍 4(관통)
		2	556	35	14	장삭구멍 5(관통)
	우현2	1	169	28	14	장삭구멍 2(관통)
		2	380	30.5	16	장삭구멍 4(관통)
		3	327	26	16	장삭구멍 3(관통)
	좌현1	1	178	28.5	14	장삭구멍 3(관통 2, 반관통 1)
		2	366	30	16.5	장삭구멍 7(관통 4, 반관통 3)
		3	345	25	14	장삭구멍 6(관통3, 반관통 3)

좌현2	1	360	33	16	장삭구멍 4(관통)
	2	387	31	14.5	장삭구멍 3(관통)
	3	134	16.5	14	장삭구멍 2(관통)
외판	좌현	1단	최대폭 : 30, 31, 28.5, 25		
		2단	최대폭 : 31.5		
	우현	1단	최대폭 : 28, 32, 25.5, 29		
		2단	최대폭 : 30, 35, 32		
		3단	최대폭 : 25.5		

자료 : 문화재청·국립해양문화재연구소(2016), 『안산대부도2호선 수중발굴조사보고서』 IV-1.

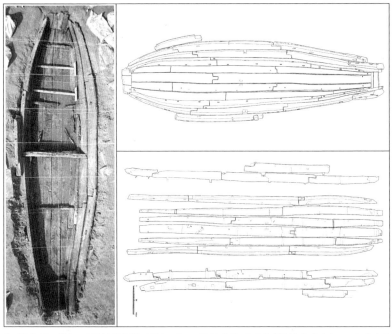

〈그림 8-3〉 대부도 2호선의 주요 형상 자료 : 문화재청·국립해양문화재연구소(2016), 『안산대부도2호선 수중발굴조사보고서』, pp.40, 57~58.

---

12) 문화재청·국립해양문화재연구소(2016), 『안산대부도2호선 수중발굴조사보고서』, pp.35, 38, 56.

II. 나주선의 톤수 추정 및 검증

여기에서는 잔존량을 기반으로 다양한 가설에 따라 나주선의 최소 및 최대 톤수의 범위를 추정해 보고, 검증해 볼 것이다. 먼저 선박 톤수 측정에 관한 법률을 살펴봄으로써 나주선의 톤수를 추정하는 데 어떠한 제원이 필요할 지를 검토해 보도록 하자. 선박톤수의 측정에 관한 규칙[13] 제19조에 따르면, 24미터 이하의 선박의 용적은 다음과 같은 식에 따르도록 하고 있다.

- ■ V= 0.65×L×B×[{Dm+2/3(C)+1/3(Ds-Dm)}] ····················· (식 1)
- ■ 국제총톤수 t = k_1×V, k_1=0.2+0.02xlog$_{10}$ V
- ■ 총톤수 = k_1×국제총톤수(t), k_1=0.6+(t /10000)

L은 측정길이

B는 상갑판하 선측외판의 외면간의 최대너비(이하 '최대너비'라 한다).
   다만, 범선에 있어서는 그 측정길이의 전단으로부터 후방으로 측정
   길이의 25%의 위치 및 75%의 위치에서 각각의 최대너비의 합산한
   값이 선체최광부위치에서의 최대너비에 1.5를 곱하여 얻어지는
   값 이하로 되는 경우에는 이들 위치에서의 최대너비를 합하여
   평균한 값으로 한다.

Dm은 측정길이의 중앙에서의 용골의 하면(목선에 있어서는 용골의
   레비트 밑 가장자리)으로부터 선측에 있어서의 상갑판하면까지의
   수직거리

C는 측정길이 중앙에서의 캠버의 높이

Ds는 측정길이 중앙에서 용골의 하면(목선에 있어서는 용골의 레비트

---

13) 「선박톤수의 측정에 관한규칙」, 해양수산부령 제1호(2013.3.24.).

밑 가장자리)으로부터 측정길이 전후 양단을 연결한 선까지의 수직
거리

나주선은 24m 이상일 개연성이 크므로 그에 대해서도 고려해야
한다. 선박톤수의 측정에 관한 규칙 제9조와 35조에 24m 이상의 선박의
용적은 다음 식에 따라 측정한다.

- V = 폐위 장소의 합계 용적－제외장소의 합계 용적 ⋯⋯ (식 2)
- 국제총톤수 $t = k_1 \times V$, $k_1 = 0.2 + 0.02 \times \log_{10} V$
- 총톤수 = $k_1 \times$ 국제총톤수(t)

$k_1 = [0.6 + (t/10000)] \times [1 + (30 - t)/180]$, [단, $\{0.6 + (t/10000)\} \rangle 1 = 1$, $\{1 + (30 - t)/180\} \langle 1 = 1]$

그러나 24m 이상의 선박의 톤수 측정법을 적용해 톤수를 측정하기
위해서는 나주선의 세부 제원이 확정되어야 하지만, 이는 현실적으로
불가능하다. 따라서 나주선의 잔존량과 만곡종통부재를 갖춘 고려선
박의 현황을 통해 나주선의 톤수를 추정하기 위해서는 선박톤수의
측정에 관한 규칙 중 24m 이하의 선박 톤수 측정식을 적용할 수밖에
없다. 이를 위해서는 L(길이), B(너비), Dm(형심), C(camber), Ds(현호)를
확정해야 한다. 따라서 나주선의 잔존부재인 만곡종통부와 저판재를
기본 제원으로 하여 앞서 살펴본 만곡종통재를 갖춘 고려 발굴선과
조선시대 선박들의 주요 제원간 치수 비율을 적용하여 L, B, D를 추정할
것이다. C(캠버)와 Ds(현호)는 각종 한선을 복원한 경험이 있는 국립해양
문화재연구소의 홍순재 학예연구사와 중소조선연구원의 손창련 박사
의 견해와 관련 자료를 활용할 것이다.

먼저 나주선의 잔존 선재船材의 치수와 형상을 정리해 보면 〈표

8-4〉와 〈그림 8-4〉와 같다.

〈표 8-4〉 나주선 잔존 선재 치수

		선재위치	잔존길이	너비/ 높이	두께	기타
만곡부 종통재	이물부	우현	5.60m	너비 : 10~35cm 높이 : 60~80cm	15cm 10cm	타원형 홈·이물비우 세로로 조립
	고물부	좌현	5.66m	너비 : 25~45cm 높이 : 90cm	10~12cm 10~20cm	각형 홈
저판재	1	우현	9.2m	20~60cm	25cm	장삭공 7
	2	-	2.1m	50cm	25cm	장삭공 2
외판재(우현 상단)		-	2.02m	22cm	16cm	
피삭		-	51cm	10cm	4cm	

자료 : 나주시·경담문화재연구소(2005), 『나주영산강 고선박 보존처리 보고서』, p.12.

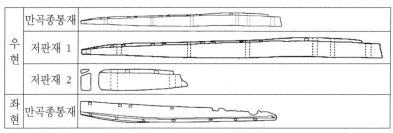

〈그림 8-4〉 나주선 잔존 선재 형상

　이상과 같은 잔존 부재를 바탕으로 선박톤수를 측정하는 데 필요한 나주선의 상갑판의 길이와 너비, 깊이를 추정해야만 한다. 따라서 여기에서는 먼저 저판장을 추정한 뒤 주요 한선의 형상을 검토하고, 앞서 살펴본 만곡 종통부를 가진 선박 3척과 기타 선박의 주요 치수간 비율을 추출해 볼 것이다. 나주선의 저판장은, 〈표 8-5〉에 정리되어 있는 것처럼 다섯 가지의 경우로 가정하여 9.2m, 12m, 17m, 22m, 28m로 각각 추정했다. 〈그림 8-5〉는 전통 한선의 형상이 크기에 따라 일정 비율로 커지고 있음을 보여주는 그림이다. 이로부터 타 선박의 주요 치수간 비율을 활용해 나주선의 주요 치수를 추정할 수 있는

<표 8-5> 나주선의 저판장 추정

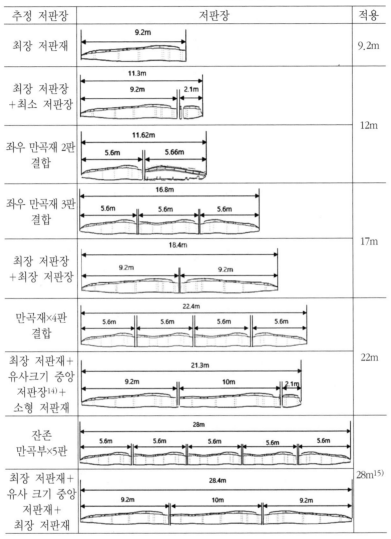

추정 저판장	저판장	적용
최장 저판재	9.2m	9.2m
최장 저판장+최소 저판장	11.3m / 9.2m / 2.1m	12m
좌우 만곡재 2판 결합	11.62m / 5.6m / 5.66m	
좌우 만곡재 3판 결합	16.8m / 5.6m / 5.6m / 5.6m	17m
최장 저판장+최장 저판장	18.4m / 9.2m / 9.2m	
만곡재×4판 결합	22.4m / 5.6m / 5.6m / 5.6m / 5.6m	22m
최장 저판재+유사크기 중앙 저판장14)+소형 저판재	21.3m / 9.2m / 10m / 2.1m	
잔존 만곡부×5판	28m / 5.6m / 5.6m / 5.6m / 5.6m / 5.6m	28m15)
최장 저판재+유사 크기 중앙 저판재+최장 저판재	28.4m / 9.2m / 10m / 9.2m	

---

14) 남도문화재연구원과 동신대학교박물관은 "완도선의 만곡재 비율을 나주선에
적용할 경우 중앙 만곡재는 선미좌현 만곡재의 2배의 길이인 약 11m 내외가
될 것"으로 추정했다. 「나주 영산강 고선박(나주선) 긴급 정밀장비(지표)탐사」,

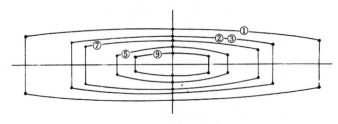

〈그림 8-5〉 한선의 선형별 저판의 평면 형상 ① 통영 상선, ② 일반 전선, ③ 귀선, ⑤ 복물선, ⑦ 조선, ⑨ 현대한선 자료 : 김재근(1994), 『한국의 배』, p.12.

논리적 타당성을 얻을 수 있다.

이어서 저판의 길이를 통해 상갑판의 길이, 너비, 깊이를 추정하기 위해 만곡재를 갖춘 선박과 고려시대의 주요 연안발굴선(〈표 8-6〉),

〈표 8-6〉 고려시대 발굴 연안선박의 주요 치수

선박명		만곡재 선			대부 1호	마도 1호	마도 2호	달리 도	안좌 도	만곡 재선 평균	전체 평균
		십이 동파	완 도	대부 2호							
연대(세기)		11-12	12	12-13	12-13	13	13	13-14	14		
잔량	저판열*	3(7)	5(7)	4(6)	5	7	7	3	3		
	만곡종통재	2단	1단	1단	0	0	0	0	0		
	저판장(m)	10.7	6.5	8.8	6.62	10.8	11.96	9.5	13.3		
	저판폭(m)	4	2.3*	2.1	1.8	3.7	2.71	1.15	1.55		
	저판장폭비	2.67	2.82*	4.19	3.68	3.85	4.41	8.26	8.58	3.23	4.81
복원선	선장(m)	14-15	9			15		12	17		
	선폭(m)	5.5	3.52			5.5		3.6	6.6		
	선심(m)	2.5	1.67					1.6	2.3		
	갑판장폭비	2.55	2.56			2.7		3.6	2.57	2.56	2.80
	갑판폭심비	2.20	2.11					2.25	2.87	2.16	2.36

자료 : 문경호(2014), 『고려시대 조운제도연구』, p.178의 표 일부 수정(*만곡부 포함) ; 대부2호선 -『안산대부도2호선 수중발굴보고서』 IV-1.

---

p.11.

15) 남도문화재연구원과 동신대학교박물관은 '선수우현 만곡재(5.6m)와 선미좌현 만곡재(5.66m)를 제외하고 최소 10m에서 최대 15m 크기의 중앙 만곡재 2개가 더 조립되었을 것'으로 추정했다. 이 경우 만곡재의 전체 길이는 25~30m가 된다. 「나주 영산강 고선박(나주선) 긴급 정밀장비(지표)탐사」, p.12.

그리고 원양선인 펑라이고려고선과 조선시대 주요 선박(〈표 8-7〉)의
치수간 비율을 추출해 본 뒤, 이를 종합한 것이 〈표 8-8〉이다.

〈표 8-7〉 펑라이 고려고선과 조선시대 주요 선박의 치수

	펑라이고선(m)		조선시대 전통 선박 (尺)						
	중국	이원식	硝馬船 (반계 수록)	통신사선 (증정 교린지)	통신사선 (현성 유고)	통신사선 (복원선)	판옥선 (각선 도본)	조선 (각선도본)	평균
전장	22.5	17.90				111.12			
수선장L	19.2	17.10	70	97.5	105	97.49	105		
갑판폭B	8.4	6.0	22	31		31.0	39.7		
형폭	7.2								
형심D	3	2.7		10		10.0=3.12m	11.3	11=3.37m	
흘수d	1.8					*B=1.136m		*B=0.444m *L=1.072m	
저판장 1		12.0		71.25	66	79.68	90	57	
저판폭 b		1.78		12.25	16	12.25	18.4	13	
L/B	2.28	2.85	3.18	3.145		3.144	2.64		3.03
B/D	2.8	2.22		3.1		3.1	3.51		3.24
D/d	1.67					2.75		*B=7.59 *L=3.14	
L/D		6.33		9.75		9.75	9.29		9.60
L/l		1.43		1.37	1.59	1.22	1.67		1.46
B/b		3.37							
l/b		6.74		5.81	4.13	6.50	4.89	4.38	5.14

자료 : 펑라이고선 - 중국, 『蓬萊古船』(2006), p.108 ; 이원식, 『蓬萊古船國際學術硏討會
文集』(2009), pp.174~176 ; 조선시대 - 국립해양문화재연구소, 『조운선』, 2012,
pp.26~27, 33, 66 ; 국립해양문화재연구소, 『전통선박 조선기술 VI - 조선통신사
정사기선』, 2019, pp.39, 62.[16]

* 흘수 d와 D/d란의 B=Ballast condition, L=Loading condition을 의미함(아래 표에서도
같음)
* 주 : 형심D의 척의 미터법 환산치가 다른 것은 원전 저자의 환산치가 상이하기
때문이다.

---

16) 영조척으로 조선의 1척의 길이에 대해 김재근은 30.65cm, 이원식은 31.24cm, 박흥수
는 31.22cm로 각각 보았지만, 통신사선 복원시 1척=31.22cm를 적용하였다. 국립해
양문화재연구소(2019), 『전통선박 조선기술 VI - 조선통신사정사기선』, p.38.

<표 8-8> 전통 한선의 주요 치수간 비율

| | 고려시대 | | | | 조선시대 | | | | | 전체 |
	만곡재 선	연안선	원양선	평균	통신사선	판옥선	초마선	조선	평균	평균
L/B	2.55	2.96	2.57	2.69	3.15	2.64	3.18		2.99	2.84
B/D	2.16	2.56	2.51	2.41	3.1	3.51			3.31	2.86
D/d*			1.67		B=2.75			B=7.59 L=3.14		
L/D			6.33		9.75	9.29			9.52	8.46
L/l			1.43		4.18	1.67			2.93	2.18
b/B			0.34					0.47*		0.41
l/b	3.23	6.59	6.74	5.52	5.48	4.89		4.38	4.92	5.22

자료 : 〈표 8-6〉과 〈표 8-7〉 ; *=崔云峰(2005), 「한중일 전통 선박에 관한 비교연구」, p.125.
* : B=Ballast condition, L=Loading condition

이제는 〈표 8-5〉에서 가정한 나주선의 저판장을 〈표 8-8〉에 대입하여 나주선의 주요 치수를 추출해 보면 〈표 8-9〉에 나타낸 바와 같다.

<표 8-9> 나주선의 주요 치수 추정(단위 : m)

| 구분 | | 저판길이 l | | | | |
		9.2	12	17	22	28
만곡재 선	b 추정 (l/b=3.23)	2.85	3.72	5.26	6.81	8.67
	L 추정 (L/l=1.43)	13.16	17.16	24.3	31.46	40.04
	B 추정 (L/B=2.55)	5.16	6.73	9.53	12.34	15.70
	D 추정 (L/D=6.33)	2.08	2.71	3.84	4.97	6.33
고려	b 추정 (l/b=5.52)	1.67	2.17	3.08	3.99	5.07
	B 추정 (L/B=2.69)	4.89	6.38	9.03	11.70	14.88
漕船	b 추정 (l/b=4.38)	2.10	2.74	3.88	5.02	6.39
	B 추정 (b/B=0.47)	4.47	5.83	8.26	10.68	13.60
	L 추정 (L/B=3.18)	14.21	18.54	26.27	33.96	43.25
전체 평균	b 추정 (l/b=5.22)	1.76	2.30	3.26	4.21	5.36
	L 추정 (L/l=2.18)	20.06	26.16	37.06	47.96	61.04
	B 추정 (L/B=2.84)	7.06	9.21	13.05	16.89	21.49
	D 추정 (L/D=8.46)	2.37	3.09	4.38	5.67	7.22

〈표 8-9〉에서 추출된 수치 가운데, 저판장이 잔존 최장 저판재 1장으로 구성되었을 가능성은 매우 낮으므로 이를 제외하고, 저판장이 12m,

17m, 22m, 28m일 경우 만곡재를 갖춘 선박과 주요 한선의 전체 평균치를 적용한 길이, 너비, 깊이를 바탕으로 (식 1)을 적용하여 나주선의 톤수를 계산해 보면 〈표 8-10〉과 같다.

〈표 8-10〉 나주선의 톤수 계산

저판장l	적용 기준	L	B	D	Ds-Dm*	C**	V(㎥)	t	GT
12m	만곡재 선	17.16	6.73	2.71	0.61	0.05	221.45	54.70	33.1
	전체 평균치	26.16	9.21	3.09	0.61	0.05	521.50	132.46	81.2
17m	만곡재 선	24.3	9.53	3.84	0.61	0.05	615.65	157.0	98.7
	전체 평균치	37.06	13.05	4.38	0.61	0.05	1452.35	382.0	243.7
22m	만곡재 선	31.46	12.34	4.97	0.61	0.05	1312.17	343.79	218.3
	전체 평균치	47.96	16.89	5.67	0.61	0.05	3111.79	840.18	574.7
28m	만곡재 선	40.04	15.70	6.33	0.61	0.05	2684.56	722.15	485.3
	전체 평균치	61.04	21.49	7.22	0.61	0.05	6360.67	1755.55	1360.5

* Ds-Dm=0.61m=[(Ds=(上頭高 3.15m+上尾高3.37m)/2)−上腰高 Dm=2.65m](이원식(2007), 「1592년 귀선의 주요 치수 추정에 관한 연구」, p.134)
** Camber=국립해양문화재연구소의 홍순재 학예사와 중소조선연구원의 손창련 박사가 통신사선과 조운선 복원 시 적용한 치수
주 : 톤수 계산시의 D(m), V, GT는 부록을 참조.

〈표 8-10〉에서 저판장이 12m일 경우의 총톤수는 33톤과 81톤에 불과한 것으로 나타나 저판재가 최장 저판재 1장과 잔존 저판재 1장이 결합된 상태나, 만곡재 2재가 결합된 상태로 저판이 구성되었을 가능성은 실질적으로 거의 없다고 할 수 있다. 그렇다면 나주선의 저판장은 본장에서 가정된 다섯 가지의 경우 중 17m, 22m, 28m일 가능성만 남게 되어 나주선의 총톤수는 98톤에서 1360톤 사이로 추정해 볼 수 있다. 이는 범위가 너무 넓으므로 나주선의 크기를 확정하는 데 한계가 있을 수밖에 없다. 따라서 몇 가지 기준을 통해 그 실존 범위를 좁혀 볼 필요가 있다.

첫 번째는 나주선이 영산강에서 운항되었으므로 영산강 주요 지점의 수심과 추정된 나주선의 흘수를 비교해 볼 필요가 있다. 4대강 사업이 시행되기 직전인 2008년에 측정된 자료에 따르면, 영산강의 영산나루 아래의 하류는 수심 2.5m 이상, 다야나루 부근에서는 2.0~2.5m, 죽산교 위에서 영산포까지는 1.5m 미만으로 나타났다.[17] 〈8-11〉은 제원이 확정된 펑라이고려고선, 통신사선, 조운선의 형심과 흘수 비를 통해 추정된 나주선의 흘수를 추산한 것이다. 이에 따르면 펑라이고려고선의 깊이 대 흘수비를 적용할 경우 나주선의 흘수가 2.98~4.32m에 이르는 것으로 나타나 영산강에서 운항하기 어려웠다. 이는 펑라이고려고선이 원양항해용 상선이라는 사실 때문에 어쩌면 당연한 일이다. 그리고 통신사선의 깊이 대 흘수비를 적용했을 때도 나주선의 흘수는

〈표 8-11〉 나주선의 추정 톤수의 검증(단위 : m, 톤)

l	b	L	B	D	GT	D/d	d*	b/B
17	5.26	24.3	9.53	3.84	98.7	펑라이1.67	2.30	0.55
						통신사선 B=2.75	B=1.40	
						조운선 B=7.59 L=3.14	B=0.51, L=1.22	
	3.26	37.06	13.05	4.38	243.7	펑라이1.67	2.62	0.25
						통신사선 B=2.75	B=1.59	
						조운선 B=7.59 L=3.14	B=0.58, L=1.39	
22	6.81	31.46	12.34	4.97	218.3	펑라이1.67	2.98	0.55
						통신사선 B=2.75	1.81	
						조운선 B=7.59 L=3.14	B=0.65 L=1.58	
	4.21	47.96	16.89	5.67	574.7	펑라이1.67	1.58	0.25
						통신사선 B=2.75	3.40	
						조운선 B=7.59 L=3.14	B=0.75 L=1.81	
28	8.67	40.04	15.70	6.33	485.3	펑라이1.67	3.79	0.55
						통신사선 B=2.75	2.30	
						조운선 B=7.59 L=3.14	B=0.83 L=2.02	
	5.36	61.04	21.49	7.22	1360.5	펑라이1.67	4.32	0.25
						통신사선 B=2.75	2.62	
						조운선 B=7.59 L=3.14	B=0.95 L=2.30	

* D/d와 d란의 B=Ballast condition, L=Loading condition을 뜻함.

1.81~3.40m에 이르는 것으로 나타나 영산강에서 운항하기 어려웠을 것으로 보인다. 그러나 조운선의 깊이 대 흘수비를 적용했을 경우 공선이나 적재 상태 모두 나주선의 흘수는 0.65~2.30m로서 저판장 28m, 깊이 7.22m, 총톤수 1360톤이었을 때를 제외하고는 무난히 영산강에서 운항할 수 있었을 것으로 보인다. 흘수 검정을 통해서 나주선의 흘수는 2m 이내여야 하고, 주요 제원간 비율에서 만곡부재를 갖춘 선박의 비율을 적용한 것이 한선 전체의 비율을 적용한 것보다 더 실제에 가깝다는 사실을 확인할 수 있다.

두 번째는 저판폭 대 상갑판 폭의 비를 통해 검증해 볼 수 있다. 조선시대 조운선의 저판폭(b) 대 상갑판 폭(B)의 비는 0.47이었고,[18] 원양상선인 펑라이고려고선은 0.30이었다.[19] 나주선은 영산강에서 운항된 수송선이었을 것이므로 수심의 제한을 받기 때문에 저판폭 대 상갑판 폭의 비는 조운선의 그것보다 더 컸을 것으로 추정할 수 있으므로, 대체로 0.5 이상이었을 것이다.

위의 두 조건에 맞는 추정치는 저판장 17m일 때의 98총톤과 243총톤, 저판장 22m일 때의 218총톤, 저판장 28m일 때의 485총톤이다.

세 번째는 잔존한 저판재와 만곡재를 통해 선저폭을 추정해 보고 이를 위의 추정치와 비교해 보는 것이다. 나주선의 잔존 저판재의 최대폭은 60㎝이고, 만곡재의 폭은 우현 선수쪽이 35㎝, 좌현 선미쪽이 45㎝ 였으므로 중앙부에서는 50㎝ 정도였을 것이다. 한선의 저판은 대체로 홀수로 잇는다는 점을 고려하여 저판이 7장과 9장일 경우의 저판폭을 추정해보면 각각 5.2m(60㎝×저판 7장＋50㎝×만곡재 2)와

---

17) 「황포돛대 운항을 위한 영산강 수심 측정」(2008) [나주시·한국관광공사(2009.8),
「영산강 나주선 복원·활용 계획」, p.25 재인용].
18) 崔云峰(2005.8), 「한중일 전통 선박에 관한 비교 연구」, p.125.
19) Lee Wonsik·Xu Yi(2006), Comparison Study on Korean Ancient Excavated
in Korea and No.3 Penglai Ancient Ship, 『蓬萊古船國際學術研討會文集』, p.176.

6.4m(60㎝×저판 9장+50㎝×만곡재 2)가 된다.[20] 〈표 8-11〉에서 저판폭이 위의 두 수치 가운데 필자의 추정치에 근접한 것은 저판장 17m일 때 저판폭 5.26m와, 저판장 22m일 때 저판폭 6.81m이다. 이때의 총톤수는 각각 **98톤과 218톤**이다.

네 번째는 외판을 쌓아올렸을 때 저판에서 상갑판까지의 수직 길이, 즉 나주선의 깊이를 추정치와 비교해 보는 것이다. 만곡재를 갖춘 대부도2호선의 경우, 만곡재의 높이는 좌우 모두 31㎝였고, 외판의 너비는 좌현 최대 31.5㎝, 우현 최대 35㎝였다. 이는 만곡재를 갖춘 선박의 경우 만곡재의 높이와 외판의 너비는 대체로 비슷한 너비의 부재를 사용했음을 시사한다. 나주선의 경우 만곡재의 최대 높이는 우현 80㎝, 좌현 90㎝이고, 유일한 외판재의 너비는 22㎝에 불과하다. 잔존 외판재의 너비가 만곡재 높이의 1/4에 불과한 것은 잔존한 외판재가 우현 상단의 선수나 선미 끝에 사용된 부재이기 때문으로 추정된다. 따라서 나주선의 중앙 외판재 각 열의 최대 높이는 대략 85㎝라고 추정해볼 수 있다. 외판재간 결합부의 턱이음부가 차지하는 부분을 전체 높이의 10% 정도라고 보면 외판의 순수한 높이는 76.5㎝가 된다. 이는 추정치이므로 계산의 편의상 나주선의 외판 1재의 높이를 75㎝로 가정하자. 외판이 5열, 6열, 7열로 쌓아올렸다고 가정하고 단순 결합 외판장을 계산해 보면 5열(만곡재 1열 별도. 이하 같음)일 경우 4.5m(75㎝×6), 6열일 경우 5.25m(75㎝×7), 7열일 경우 6.0m(75㎝×8)가 된다. 선박의 깊이는 선저 중앙 용골하면에서 상갑판 하면까지의 수직길이이므로 외판의 단순 결합 외판장보다는 작을 수밖에 없다. 만곡재를 갖춘 완도선이나 대부도2호선 등 만곡재를 갖춘 선박의 깊이와 외판장 간의 관계에 대해서는 확인된 자료가 없다. 하지만 대체로 깊이가

---

20) 손창련도 나주선의 저판재를 폭 41㎝짜리 9장으로 보았다. 손창련(2013.8), 「현대적인 조선공학 기술에 기반한 한국 전통선박의 재현」, p.89.

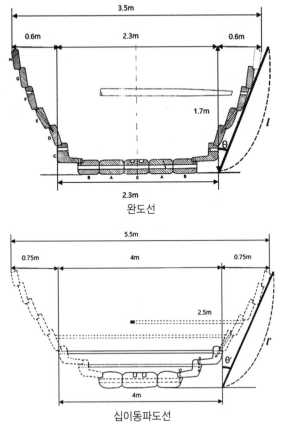

3.5m

0.6m   2.3m   0.6m

1.7m

θ

2.3m

완도선

5.5m

0.75m   4m   0.75m

2.5m

θ'

4m

십이동파도선

〈그림 8-6〉 완도선과 십이동파도선의 외판재 결합 각 및 외판장 추정
자료 : 국립해양유물전시관(2005), 『군산십이동파도 해저유적』, pp.230~231의 횡단면도를
기본으로 필자 작성.

외판의 단순결합 길이에 비해 5%[21] 정도 작은 것으로 가정해 보면,

---

21) 〈그림 8-6〉에 따르면, 완도선의 외판재의 결합각은 $\tan\theta$=0.6/1.7=0.3529, $\therefore \theta$
=19°이고, 십이동파도선의 외판재의 결합각은 $\tan\theta'$≒0.75/2.5=0.3, $\therefore \theta'$≒17°이
다. 따라서 완도선의 저판 하부 연장선부터의 외판장은 $\cos19°$=0.9456=1.7/l,
$\therefore l$=1.80이고, 십이동파도선의 저판 하부 연장선부터의 외판장은 $\cos19°$=0.9563
=2.5/l', $\therefore l'$=2.61이다. 이로부터 완도선의 깊이 대 외판장의 비 0.94(=1.7/1.8)와
십이동파도선의 깊이 대 외판장의 비 0.96(=2.5/2.61)이 도출된다. 이는 만곡부재
를 갖춘 선박의 경우 외판장에 비해 깊이가 5% 정도 작다는 것을 의미한다.

나주선의 깊이는 5열일 경우 4.27m, 6열일 경우 4.98m, 7열일 경우 5.7m가 된다. 추정된 나주선 중 깊이가 위의 세 수치에 근접한 것은 4.38m와 4.97m인 경우가 있다. 이는 외판재 5열과 만곡부재 1편 등 총 6열로 된 경우와 외판재 6열과 만곡부재 1편 등 총 7열로 쌓아올렸을 때의 추정치다. 이때의 총톤수는 각각 243톤과 218톤이다.

다섯 번째는 역사적 자료를 통해 검증해 볼 수 있다. 『高麗史』, 世家 권제1, 태조총서에는 왕건이 궁예의 휘하 장군으로서 4차 나주 공략시 (914~918?) '길이가 16보에 이르는 누선을 동원했다'는 기록이 있다.

> 遂以步將康瑄詰·黑湘·金材瑗等副太祖, 增治舟舸百餘艘, 大船十數, 各方 十六步, 上起樓櫓, 可以馳馬. 領軍三千餘人, 載粮餉, 往羅州[22]
>
> 드디어 보장步將 강선힐康瑄詰·흑상黑湘·김재원金材瑗 등을 태조의 부장 副將으로 삼아 배 100여 척을 더 만들게 하니, 큰 배 10여 척은 각각 16보步로서 위에 망루를 세우고 말도 달릴 수 있을 정도였다. 태조는(필 자 삽입) 군사 3000여 인을 지휘하여 군량을 싣고 나주羅州로 갔다.

'각방십육보'라는 것이 길이와 너비가 16보라는 것인지, 큰 배 10척 각각의 길이가 16보라는 것인지 불분명하다. 국사편찬위는 글자 그대 로 "각각 사방"으로 해석했으나, 김재근은 '方'을 "변으로 새기지 말고 '바야흐로'나 '바로'로 생각하여 '각 선박(100척 중 대선 10척 각각)은 바로 16보'다'라고 해석해야 한다고 보았다. 왜냐하면, "장폭이 동일할 수 없기 때문"이다.[23] 어느 쪽으로 해석하든지간에 대선 10척의 길이가 16보였다는 사실에는 틀림이 없다. 고려시대에는 1보=6척이고, 기준척

---

22) 『高麗史』世家 권제1, 태조총서, 태조가 수자리 사는 군졸들을 구휼하다, 국사편찬 위원회, 한국사데이터베이스(db.history.go.kr.)(2020.4.20).

23) 김재근(1984), 『한국선박사연구』, p.33 ; 김재근(1994), 『한국의 배』, p.85.

1척은 31㎝였으므로[24] 96척=29.76m가 된다. 다시 말해 왕건의 나주공략시 동원한 대선의 상갑판의 길이가 29.76m가 된다는 것이다. 필자의 추정치 중 이에 근접한 상갑판장은 저판장 22m일 때 상갑판의 전장이 31.46m이었다. 이 경우의 총톤수는 218톤이다.

이상의 다섯 가지의 검증 조건에 모두 부합된 것은 218총톤뿐이었다. 218총톤은 24m 이하의 선박의 톤수를 약식 계산한 것이므로 24m 이상의 총톤수로 환산하기 위해 5%[25]인 10.9(=218×0.05)톤을 가산하면 228.9톤이 된다. 이는 나주선의 크기를 대략 230총톤으로 추정할 수 있음을 의미한다. 이는 필자의 추정치 가운데 나주선의 실제 크기에 부합하는 가정이 있었음을 시사한다.

본장에서는 2004년 나주 영산강 상류에서 발굴된 나주선의 톤수를 잔존 저판재와 만곡종통재를 바탕으로 몇 가지 가정하에 주요 제원을 추정하고 검증함으로써 총톤수를 추정해 보았다. 연구 결과 나주선은 총톤수 218톤 정도였을 것으로 추정되었다. 218총톤은 24m이하의 선박의 톤수를 약식 계산한 것이므로 24m이상의 총톤수로 환산하기 위해 5% 정도 가산하면 대략 230총톤이 된다. 이 경우 저판장 22m, 저판폭(저판재 9개)은 6.81m, 상갑판장 31.46m, 상갑판 폭 12.34m, 깊이 4.97m(만곡부재 포함 외판재 7열)가 된다. 이는 만곡부재를 갖춘 고려시대 발굴선의 주요 치수간 비율을 적용해서 도출된 수치라는 점에서 본장에서의 추정치의 신뢰성을 제고시키고 있다. 이상의 추정치는 강선의 선형을 전제로 한 총톤수 산정방식을 적용한 것이므로,

---

24) 이종봉(2001), 『한국중세도량형제연구』, pp.305~306.
25) 조운선, 통신사 정사선, 거북선 등을 복원한 중소조선연구소의 손창련 박사의 경험칙에 따른 보정치.

전통목선의 선형에 따른 총톤수 산정식으로 변환할 경우 나주선의 톤수는 이보다 크게 산정된다. 위에서 추정된 제원을 한국어선협회(한국해양교통안전공단의 전신) 목선의 옛 총톤수 산정식 L×B×D×0.62×0.353에 대입해 보면, <u>422.27총톤</u>이 된다.

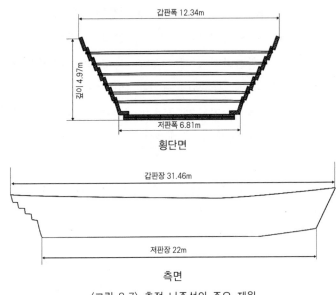

〈그림 8-7〉 추정 나주선의 주요 제원

선행 연구에서는 나주선을 초마선(화물선)[26]으로 간주하고 전장 29.9m, 너비 9.9m, 깊이 3.16m, 승선 인원 60명, 82총톤, 경하중량 97.2톤, 만재중량 159.7톤으로 추정하였다.[27] 그렇다면 고려시대 초마선이

---

26) 哨馬船은 哨碼船, 哨亇船으로도 쓰였는데, 哨는 한결같이 쓰이고 있다. 중국 『新華字典』에 의하면, 哨는 細狹尖銳라 풀이되고 있는데, 이는 초마선의 저판이 좁은 데서 비롯된 이름임을 유추할 수 있게 한다. 문경호(2014), 『고려시대 조운제도 연구』, p.179 각주 36.

27) 나주시·한국관광공사(2009.8), 「영산강 나주선 복원·활용계획」, p.15 ; 손창련(2013.8), 「현대적인 조선공학 기술에 기반한 한국 전통선박의 재현」, pp.59,

어떠한 선박이었는지 살펴볼 필요가 있다. 고려사 정종(재위 945~949) 때 12조창을 설치하고, 충주의 덕흥창과 원주의 복원창을 제외한 10개 조창에는 초마선 6척씩을 두어 척당 1000석씩 적재하도록 규정하였다.[28] 고려시대 쌀 1석은 51kg이므로 재화중량톤으로는 51톤에 해당한다. 그러나 조선시대 조선도 동일한 1천석선이라고 했을 때는 조선시대 쌀 1석이 85.89kg이므로 재화중량톤으로는 85.89톤이다.[29] 따라서 고려시대 조운선인 초마선과 조선시대의 조운선이 동일한 1천석선이라고 해도 운송할 수 있는 용적과 중량은 달랐다. 결과적으로 나주선을 초마선이라고 본 선행연구는 여기에서 추정한 크기와 비교하면 너무 작은 것이다.

이 연구를 통해 추정된 나주선의 톤수 230총톤을 기존 연구된 한선의 주요 선형과 비교해보면, 1795년식 거북선의 총톤수에 비해 1.46배 크고, 통신사선의 총톤수에 비해서는 1.97배가 큰 것이다(〈표 8-12〉 참조). 이는 나주선이 한선 사상 최대의 선박이었음을 확인시켜 준 것이다. 물론 이 연구는 잔존한 소량의 부재를 통해 추정한 추정치에 불과하다는 점에서 한계가 있을 수밖에 없다. 그렇지만, 나주선이 왕건이 나주공략시 활용한 누선일 가능성을 구체적인 수치로 제시해주었다는 점에서 의의가 있다고 할 수 있다.

62.

28) 靖宗朝 定十二倉, 漕船之數, 石頭·通陽·河陽·永豊·鎭城·芙蓉·長興·海龍·海陵·安興, 各船六艘, 並哨馬船, 一船載一千石. 德興二十艘, 興元二十一艘, 並平底船, 一船載二百石.『高麗史』志, 권79, 권제33, 食貨2, 漕運, 국사편찬위원회, 한국사데이터베이스 (db.history.go.kr.)(2020.5.5)

29) 문경호(2014),『고려시대 조운제도 연구』, p.177.

〈표 8-12〉 주요 한선의 제원과 톤수

선박		길이(m)	너비(m)	높이(m)	*흘수(m)	총톤	경하중량톤	만재중량톤
나주선 (누선)	24m 이하 산정식 적용 시	31.46	12.34	4.97	1.58	218		
	24m 이상으로 환산시					230		
	목선의 옛 총톤수 적용 시					422		
나주선	여객선(기관)	LOA 29.9 LBP 26.9	8.20	3.16	L 1.50	82	82.81	92.79
	초마선	28.32	8.24	2.95		82	97.2	159.7
거북선(1795)		LOA 34.23 LBP 26.66	7.88	2.60	1.35	157	127	
조운선		24	전폭 8.8 형폭 6.5	3.3	L 1.07	33	40.72	96.09
통신사선		34	9.3	3.0	B 1.13 L 1.17	117	136	146

자료 : 1. 나주선(초마선), 초마선, 거북선 - 손창련(2013.8), 「현대적인 조선공학 기술에 기반한 한국 전통선박의 재현」, pp.57~60, 62, 100, 104.
2. 조운선 - 국립해양문화재연구소(2012), 『조운선』, p.14, 66.
3. 통신사선 - 국립해양문화재연구소(2019), 『조선통신사정사기선』, pp.13, 56, 62, 314.

* 흘수란의 B=Ballast condition, L=Loading condition을 뜻함

〈부록〉 나주선 톤수 추정시 주요 계산 값

계산식	D(m)	V	GT	계산
Dm+2/3(C)+1/3(Ds-Dm)	2.71			2.71+2/3×0.05+1/3×0.61 = 2.95
	3.09			3.09+2/3×0.05+1/3×0.61 = 3.33
	3.84			3.84+2/3×0.05+1/3×0.61 = 4.09
	4.38			4.38+2/3×0.05+1/3×0.61 = 4.62
	4.97			4.97+2/3×0.05+1/3×0.61 = 5.20
	5.67			5.67+2/3×0.05+1/3×0.61 = 5.91
	6.33			6.33+2/3×0.05+1/3×0.61 = 6.57
	7.22			7.22+2/3×0.05+1/3×0.61 = 7.46
국제총톤수 $k_1=0.2+0.02×\log_{10} V$		221.45		0.2+0.02×log 221.45 = 0.247
		521.5		0.2+0.02×log 521.50 = 0.254
		615.65		0.2+0.02×log 615.65 = 0.255
		1452.35		0.2+0.02×log 1452.35 = 0.263
		1312.17		0.2+0.02×log 1312.17 = 0.262
		3111.79		0.2+0.02×log 3111.79 = 0.270
		2684.56		0.2+0.02×log 2684.56 = 0.269
		6360.67		0.2+0.02×log 6360.67 = 0.276
총톤수 $k_1=0.6+(t / 10000)$			54.7	0.6+(54.70/10000) = 0.605
			132.46	0.6+(132.46/10000) = 0.613
			157.00	0.6+(157/10000) = 0.6157
			382.00	0.6+(382/10000) = 0.638
			343.79	0.6+(343.79/10000) = 0.635
			840.18	0.6+(840.18/10000) = 0.684
			722.15	0.6+(722.15/10000) = 0.672
			1755.55	0.6+(1755.55/10000) = 0.775

9장

황비창천명煌丕昌天銘 항해도문航海圖紋 고려동경에 새겨진 배의 국적

한국선박사에서 고려선船은 발굴선과 사료의 부족으로 역사 속에 가려진 존재였다. 1984년 완도선, 1995년 달리도선, 2004년 십이동파도선 등의 발굴로 고려선의 실체가 조금씩 드러나면서 '우리나라의 독자적인 조선법은 11세기 이전에 생겨나 이후 점차 개량·발전되어 한선의 조선법으로 정착되었음'을 보여주었다.[1] 그럼에도 불구하고 이들 발굴선들을 제외하고 고려선박, 특히 원양선에 대한 자료는 2005년 중국 산동반도에서 발굴된 펑라이蓬萊 고려고선高麗古船을 제외하고는 전무했다. 이는 선박사 연구자들로 하여금 고려시대 유물 중 배를 묘사한 청동거울에 관심을 갖게 했다.[2] 『조선왕조군선사연구』(1976)를 시작으

---

1) 김재근(1994), 『한국의 배』, p.80.

2) 이 동경의 명칭은 다양하지만, 고고학계의 일반적인 명칭 부여법을 원용하면 '고려 煌丕昌天銘 航海圖紋(八菱形/圓形) 銅鏡'으로 부를 수 있을 것이다. 이에 대해 황정숙은 煌丕昌天을 명문의 좌측부터 읽어 '창천황비'로 읽어야 한다고 주장하였다 [황정숙(2006), 「고려 중후기 사상을 통해 본 동경 문양의 상징성 연구」, pp.118~120]. 하지만, 이는 본래 煌丕昌天으로 주조되어야 할 명문을

로 『한국선박사연구』(1984), 『우리 배의 역사』(1989), 『거북선』(1992), 『속
한국선박사연구』(1994), 『한국의 배』(1994) 등의 저서를 통해 한국선박사
에 관한 체계를 확립한 김재근은 청동거울에 그려진 배를 고려선박,
특히 항양 무역선으로 간주하였다. 그는 1984년 출간된 『한국선박사연
구』에서 국립중앙박물관 소장의 '삼족오문三足烏紋 청동거울'을 '동경에
새겨진 고려선3)으로 소개하였고, 1989년 출간된 『우리 배의 역사』와
1994년 출간된 『한국의 배』에서는 고려시대 청동거울을 '고려동경에
새겨진 해운선'으로 명명하고 다음과 같은 설명을 덧붙였다.

> "당대(고려 : 필자 삽입)의 무역선에 대한 더 자세한 기록을 찾아보기는
> 어려우나, 고려시대의 배가 그려진 동경이 다수 나타나고 있다. 그
> 배는 항양무역선임에 틀림없다. 돛대 1개, 선실, 현장舷牆이 뚜렷하고
> 선수부와 선미부를 유심히 보면 평면으로 되어 있는 것 같다. 과연
> 그렇다면 이 배는 평저 구조선이다."4)

김재근 교수가 청동거울 속의 배를 조심스럽게 '평저형 고려 해운선'
으로 본 것과 달리, 한선 배대목舷匠인 이원식은 이를 고려선으로 단정하
고, 구체적으로 해석하고 있다. 그는 『한국의 배』에서 국립중앙박물관

재주조하는 과정에서 '昌天儇조로 뒤집혀 새겨진 것이기 때문에 황비창천으로
읽어야 한다. 이난영 역시 "글자가 반전된 것은 바로 原鏡을 토형에 눌러 본을
떠낸 탓"이라고 보고 있다 [이난영(2003), 『고려경 연구』, p.100]. 중국의 학자들도
모두 '煌조昌天'으로 읽고 있다(아래 于力凡 및 高西省의 논문 참조). 여기에서는
새겨진 '배'에 초점을 맞출 것이므로 본문에서는 특별한 경우를 제외하고 '배무늬
청동거울 또는 동경'으로 칭할 것이다.

3) 김재근(1984), 『한국선박사연구』, p.53 그림 2-2도. 『속한국선박사연구』(1994,
p.29 제1-9도)에서는 당시 청주박물관 소장 청동거울을 '동경에 새겨진 고려선'으
로 도판을 실었다.

4) 김재근(1989), 『우리 배의 역사』, p.164 그림 58 ; 김재근(1994), 『한국의 배』,
p.90 그림 제46도.

소장 삼족오문 청동거울 속의 배에 대해 다음과 같이 설명하였다.

"고물 쪽의 배 위에는 방향을 조종하는 노를 잡고 있는 사공과 조선식 큰 노를 뱃전에 걸고서 젓고 있는 사공이 보이는데 모두가 위를 바라보고 있다. 배의 크기는 사람의 키로 보아 길이가 약 10발(1발은 양 팔을 벌린 길이)쯤 되는 중선 크기만 하다. 배의 삼판은 7폭을 올린 것 같으며, 멍에 위에 신방을 얹고, 그 위에 난간을 세웠다. 배 한 가운데에는 뱃집이 있다. 뱃집 옆으로 창문을 냈고, 뱃집 안에는 2명이 앉아 있는 것이 보인다. 돛대는 뱃집 위에서 세웠다 눕혔다 할 수 있으며, 뱃전(삼판)의 곡선이 평행선을 이룬 것으로 보아 배의 이물과 고물은 평평한 만듦새로 되어 있는 것 같다. 곧은 이물비우와 고물비우로 배의 앞과 뒤를 대어 막은 것 같다. 배의 이물과 고물이 높이 솟아 있는 활처럼 구부러진 뱃전의 곡선을 현호라고 한다. 배의 현호를 크게 하였고, 거친 파도가 치는 것을 보니 먼 바다로 항해하는 배 같다. 고려시대의 배를 사실적으로 그린 그림은 오직 이 청동거울의 그림뿐이다."[5]

그는 현재 청주박물관 소장 고려동경을 "배의 만듦새와 모양새는 국립중앙박물관 소장 삼족오문 청동거울과 같다"고 설명하고, "이물 쪽의 배 위에는 칼을 세워 들고 기도를 하는 듯한 사람들이 보이고, 고물 쪽의 배 위에는 노를 조종하고 있는 사공이 보인다"고 덧붙이고 있다.[6] 고려시대 청동거울에 새겨진 배에 대한 이원식의 해석은 2012년 출간된 『한국 전통선박 한선』에도 그대로 재수록되었다.[7]

정진술은 2009년 『한국해양사 - 고대편』에서 고려 청동거울에 새겨

---

5) 이원식(1990), 『한국의 배』, pp.29~30 그림 18.
6) 이원식(1990), 『한국의 배』, p.30 그림 19.
7) 민계식·이강복·이원식(2012), 『한국 전통선박 한선』, p.77.

진 배를 '고려시대 무역선'으로 보고 "한 개의 돛대를 가지고 갑판 위에 선실을 구비하였던 것으로 보아 해외를 왕래하는 무역선"으로 간주하였다. 그러나 그는 '청동거울과 몇몇 문헌 기록만으로는 고려선의 구조를 파악하기 어렵다'는 점을 덧붙이고 있다.[8]

국립해양문화재연구소는 2009년 특별전『고려 뱃길로 세금을 걷다』도록에 국립중앙박물관 소장 '청동 황비창천명 배그림 거울'을 수록하고 "고려시대 배의 모습이 그림으로 묘사된 보기 드문 자료이다. … 배의 앞뒤에는 여러 사람이 타고 있으며, 갑판 위에는 선실이 있다. 돛대가 1개이며, 돛대 끝에는 깃발이 바람에 휘날리고 있는 모습"이라고 설명하고 있다.[9]

곽유석은 2010년 박사학위논문에서 청동거울에 새겨진 배에 대해 이원식의 주장을 그대로 수용하여 국립중앙박물관 소장 삼족오문 청동거울과 청주박물관 소장 청동거울 속의 선박을 고려선으로 간주하였다. 다만 이원식이 삼족오문 청동거울 속의 배의 외판을 7폭으로 본 것에 대해, 곽유석은 "아무리 분석해 보아도 7단의 근거가 될 만한 부분이 발견되지 않았다"고 반박하고 있다.[10]

노경정은 2010년 석사학위논문에서 청주박물관, 복천박물관(실 소장처 부산박물관), 미국 보스턴미술관, 미국 코넬대학교 허버트 F. 존슨 미술관에 소장된 황비창천명 고려동경 속에 새겨진 배를 고려선으로 간주하고, 청주박물관 소장 동경에 새겨진 배에 대해 "돛대가 시설되어 있고, 이를 고정시키기 위한 시설이 있으며, 갑판 위에 선실이 있고 승선인원은 10명 이상 되는 것으로 보인다. 양 측면의 외판이 선수와 선미쪽에서 급격히 휘어지는 모습으로 보아 당시 선박의 모습을 상당히

---

8) 정진술(2009), 『한국해양사 - 고대편』, pp.271, 411~412.
9) 국립해양문화재연구소(2009), 『고려 뱃길로 세금을 걷다』, p.78.
10) 곽유석(2010.8), 「고려선의 구조와 조선기술 연구」, pp.32~35.

사실적으로 그려놓은 것"11)이라고 해석하고 있다.

위에서 정리해 본 것처럼, 한국선박사 연구자들은 청동거울에 새겨진 배를 고려선박으로 간주하고 다양하게 해석해 왔다. 그러나 중국 낙양洛陽박물관의 가오시성高西省은 중국과 한국에서 발굴된 항해문 청동거울을 비교하여 한국의 청동거울 14점 중 11점은 중국 거울의 모제품이거나 직수입품이고, 일부만이 고려인들이 창조적으로 개량한 제품이라고 결론지었다.12) 그는 '국립중앙박물관 소장 삼족오문 청동거울과 전주박물관 소장 선박문 청동거울을 고려인들이 중국의 기술을 배워 창조적으로 개량한 제품'으로 보았다. 하지만, 이는 거울의 풍격이 정교하다는 의미였지 새겨 넣은 배가 고려선박으로 대체되었다는 의미는 아니었다. 유리판于力凡은 '춘천과 충주에서 발견된 동경 2점과 중국에서 발견된 14점의 선박문 동경이 북송 시기에 제작된 것'으로 보았다.13)

필자 또한 중국의 도록과 연구논문을 읽기 전까지 고려 청동거울에 새겨진 배를 고려선박으로 간주했던 한국선박사 연구자들의 주장을 이렇다 할 이견 없이 받아들여 왔다. 그러나 2016년 말 중국의 지인 학자로부터 중국 연구자들의 논문과 중국의 청동거울 관련 도감을 접하고 기존에 가졌던 생각이 잘못되었을 수 있다는 생각에 이르렀다. 본장은 이러한 문제의식에서 중국과 한국에서 발굴된 청동거울에 새겨진 '배'를 비교하여 기존 한국선박사 연구자들이 고려선박으로 간주했었던 청동거울에 새겨진 배를 고려선박으로 볼 수 있는지를 재검토해 본 것이다. 이는 고려시대 청동거울에 새겨진 배를 고려선박으로 보았던 기존의 견해를 바로잡는다는 점에서 의의가 있을 것이다.

---

11) 노경정(2010), 「고려시대 선박의 구조 변천 연구 - 수중발굴자료를 중심으로」, p.58.
12) 高西省(2000), 「論中韓兩國出土的航海圖紋銅鏡」, 『考古與文物』 第4号.
13) 于力凡(2014), 「試析北宋八瓣菱花形船舶銅鏡」, 首都博物館, 『首都博物館論叢』, p.289.

I. 한국 출토 배무늬 청동거울

우리나라에서 출토된 배무늬 청동거울은 고려시대 유물 가운데 매우 흔한 유물 가운데 하나다.[14] 이 가운데 박물관의 도록과 전시물을 기준으로 필자가 도판을 확보한 고려시대 배무늬 청동거울은 23점이었다. 소장처를 기준으로 하면, 국·공립박물관 10점, 대학박물관 9점, 민간 박물관 1점, 국외박물관 3점 등이다. 이는 2000년 당시 가오시쳉이 분석한 고려시대 배무늬 청동거울 14점보다 부산박물관 1점, 충북대박물관 1점, 홍익대박물관 1점, 숭실대박물관 1점, 국립대구박물관 1점, 중앙박물관 2점, 국외 박물관 2점 등 총 9점이 많은 것이다. 이 가운데 삼족오문 배무늬 청동거울 2점(〈그림 9-1〉)을 제외한 21점은 크기(16.3~19.8cm)와 정교함에서 다소 차이나는 것 이외에는 외견상 '獃圱昌天'(단, 〈그림 9-22〉는 煌圱昌天)이란 명문이 돋을새김으로 새겨져 있고, 거울의 외형이 여덟 개의 잎사귀 모양八菱形이란 점에서 동일하다.

이와 달리 삼족오문 배무늬 청동거울 2점(〈그림 9-1〉)은 출토지(개성)가 확인되었고, 지름이 가장 크며, 원형이란 점에서 다른 유물들과는 뚜렷하게 차이가 있다. 특히 이 청동거울에는 좌측 상단에 해 안에 새겨진 삼족오와 우측 상단의 달 속에 나무 아래 새[15]가 새겨져 있고, 우측 하단에 구름 위에 앉은 운룡雲龍이 입을 벌리고 있으며, 좌측과 우측에 어룡魚龍이 생동감 있게 묘사되어 있고 전체적으로 파도가 세밀

---

14) 박진경(2009), 「금계 고려동경연구」, p.47 ; 이난영(2003), 『고려경 연구』, p.326.
15) 문경호 교수는 '계수나무 아래 항아(두꺼비)가 있는 달'로 보았으나 [문경호 (2017), 『호남사학회 2017년 하계발표회 자료집』 2017.6.10, p.16], 〈그림 9-1〉의 세부 확대 도판을 보면 항아라기보다는 볏이 있는 새로 보인다. 볏이 있는 상서러운 새는 봉황을 상정할 수 있는데, 봉황은 오동나무에 앉는다는 사실을 고려하면 나무는 오동나무이고, 새는 봉황으로 추정할 수 있다. 그러나 봉황과 달과의 연관성이 그리 많지 않다는 점에서 필자는 삼족오문 청동거울 우측 상단에 새겨진 도판을 잠정적으로 '달 속의 나무와 새'로 보고자 한다.

덕수4927, 24.1cm, 개성 부근 출토　　덕수3194, 24.4cm, 개성 부근 출토[16]

〈그림 9-1-a〉 황비창천명 동경

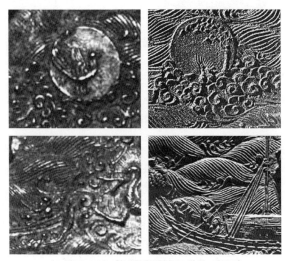

〈그림 9-1-b〉 황비창천명경 도안의 세부[17]

하게 새겨져 있는 점이 다른 청동거울 속의 무늬와는 확연하게 구별된
다. 선수에 서 있는 사람이 칼을 들어 용에 맞서고 있는 모습도 볼

---

16) 이난영(2003), 『고려경 연구』, p.323. 이 동경은 국립대구박물관(소장품번호
德3194)에 소장되어 있다. 황정숙(2006), 「고려 중후기 사상을 통해 본 동경
문양의 상징성 연구」, p.119.
17) 박진경(2009), 「금계 고려동경연구」, p.122 ; 황정숙(2006), 「고려 중후기 사상을
통해 본 동경 문양의 상징성 연구」, p.119.

수 있다(그림 9-1-b의 좌측 아래).[18]

삼족오문 청동거울 속의 배는 특히 주의 깊게 관찰할 필요가 있는데, 이는 여타의 항해도문 청동거울의 배의 형상과는 뚜렷하게 구별되기 때문이다. 배는 좌측에서 우측으로 항해하고 있고, 선미의 선원 1인이 삿대를 집고 있는

〈그림 9-2〉 황비창천이 새겨진 항해도 무늬 거울 중앙박물관, 購-2198, 지름 17.0㎝

형상을 하고 있다. 선수와 선미 형상이 평면형임을 뚜렷하게 확인할 수 있고, 선실과 돛대 용총줄도 세밀하게 묘사되어 있다. 3~4장 정도 보이는 삼판 또한 겹붙이 이음을 사용하여 결합했음을 보여주듯이 층이 져 있고, 최상단의 삼판에는 멍에橫梁로 보이는 흔적도 뚜렷하다. 이것들이 한선의 전형적인 특징인 점을 고려하면 삼족오문 청동거울의 배야말로 고려의 평저선형 원양선박을 묘사한 것으로 보아도 무방할 것 같다. 〈그림 9-2〉~〈그림 9-22〉의 청동거울에서는 해와 달이 없고, 선수에 선 1인이 칼을 들고 있으며, 배는, 〈그림 9-22〉를 제외하고, 모두 우측에서 좌측으로 항해하는 모습으로 묘사되어 있다.

삼족오문 배무늬 청동거울은 가오시솅이 언급한 고려인의 창의력이 발휘된 청동거울 중 하나로 파도와 구름, 배 등의 무늬가 매우 정교하게 세공되어있다. 그러나 유리판チカル은 국립중앙박물관 소장 삼족오문 청동거울(그림 9-1-a, 좌측)을 '高麗模製銅鏡'으로 칭하고, "달과 계수나

---

18) 황정숙(2006), 「고려 중후기 사상을 통해 본 동경 문양의 상징성 연구」, p.119
〈도32〉.

〈그림 9-3〉 황비창천이 새겨진 청동 꽃모양 팔각 거울
중앙박물관, 新收-1358-41, 지름 19.8m

무, 해와 삼족오 무늬는 한나라의 화상석畫像石에 자주 등장하는 한대의 전형적인 무늬인 점을 감안하면, 북송 선박경의 인물들과 황비창천명, 그리고 한나라의 삼족오 무늬를 조합한 것"이라고 주장했다.[19] 그러나 삼족오는 고구려 고분벽화에도 자주 등장하는 만큼 유리판의 견해를 액면 그대로 받아들여서는 안된다.

나머지 21점은, 앞서 언급한 것처럼, 크기와 정교함에서 일부 차이가 나기는 하지만, 대체적으로 비슷한 문양과 모양을 하고 있기 때문에 한데 모아 살펴보아도 무방할 듯하다. 〈그림 9-2〉~〈그림 9-21〉은 모두 '煌丕昌天'이란 명문, 파도와 배의 무늬 및 배치, 여덟 개의 꽃잎 무늬 등 언뜻 보면 동일한 제품으로 오인할 정도로 유사하다. 다만, 〈그림 9-2〉~〈그림 9-21〉은 황비창천이란 명문이 '昌天煌丕'로 뒤집혀 주조되어 있는데, 이는 수입된 동판을 원본으로 삼아 재주조했던 데서 발생한 현상으로, 이는 비단 우리나라에서 발굴된 동경뿐만 아니라 중국에서 발견된 동경에서도 흔히 나타나는 현상이다.

---

19) 于力凡(2014), 「試析北宋八瓣菱花形船舶銅鏡」, pp.290~291.

〈그림 9-4〉'황비창천'이 새겨진 항해도 무
늬 거울 중앙박물관, 덕수-607, 지름17.1㎝

〈그림 9-5〉'황비창천'이 새겨진 항해도 무
늬 거울 중앙박물관, 덕수-607, 지름17.1㎝

〈그림 9-6〉'황비창천'이 새겨진 거울[20)
중앙박물관, 백정양 기증품, 지름 17.0㎝

〈그림 9-7〉동제황비창천명경 공주박물관,
공주-419, 지름 17.0㎝

〈그림 9-8〉'황비창천'이 새겨진 거울 청주
박물관, 공주-840, 지름 18.3㎝, 1980년 충주
종민동 출토

〈그림 9-9〉청동[황비창천]팔릉경 전주박
물관, 전주-850, 지름 17.0㎝, 1991년 수증

---

20) 국립중앙박물관(2005), 『도록』(무제), p.329.

〈그림 9-10〉 황비창천명선문화형경[21) 해군사관학교, 지름 16.7㎝

〈그림 9-11〉 청동거울[22) 경북대 박물관, 지름 16.3㎝

〈그림 9-12〉 황비창천명 청동거울 충북대박물관, 지름 16.7㎝, 신상정 기증품

〈그림 9-13〉 해주문 팔릉형 동경海州文八陵形 銅鏡 홍익대박물관(소장품 470), 지름 16㎝

〈그림 9-14〉 선박문 황비창천명 청동거울[23) 한남대박물관, 지름 17.0㎝

〈그림 9-15〉 청동황비창천명팔릉경靑銅煌丕昌天銘八稜鏡 원광대박물관, 지름 17.4㎝, 1968년 구입

---

21) 해군사관학교(1997), 『박물관도록』, p.132.

22) 경북대학교(2013), 『박물관도록』, p.226.

23) 한남대박물관(2013), 『도록』, p.158.

〈그림 9-16〉 팔릉형 동경八稜形銅鏡 동국대
경주캠퍼스 박물관, 지름 16.6㎝

〈그림 9-17〉 동제양각선유문화형경銅製陽刻
船遊文花形鏡24) 삼성미술관 리움, 지름 18.3㎝

〈그림 9-18〉 황비창천명 거울25) 부산박물
관 소장, 지름 16.5㎝

〈그림 9-19〉 황비창천경26) 京都國立博物館,
지름 17.0㎝

〈그림 9-20〉 황비창천명경27) 보스턴미술
관 소장, 지름 17.0㎝

〈그림 9-21〉 황비창천명 팔릉거울28) 코넬
대학교 허버트 F. 존슨 미술관 소장, 지름
16.7㎝

---

24) 호암미술관(1995), 『대고려국보전 - 위대한 문화유산을 찾아서(1)』, p.217.

25) 부산박물관(2013), 『부산박물관 소장유물도록, 珍寶』, p.76.

26) 국립문화재연구소(1995), 『일본소재문화재도록』, p.94 도95.

〈그림 9-22〉는 숭실대학교 부설 한국기독교 박물관에 소장되어 있는 동경으로 '煌丕昌天' 명문의 글자가 바르고, 배도 좌측에서 우측으로 항해하는 모습으로 주조되었다.[30] 이는 〈그림 9-22〉 형태의 동경이 여타의 황비창천명 항해도문 동경의 원판으로 활

〈그림 9-22〉 황비창천명 청동거울[29] 숭실대 박물관 소장, 지름 16.8㎝

용되었을 가능성이 있음을 의미한다.

그 밖에 외견상 차이나는 것은 거울의 크기(16.3~19.8㎝)와 여덟 개의 꽃잎 무늬의 두께, 그리고 세공기술의 정교함 정도이다. 그럼에도 불구하고 배의 모양은 모두 유사하다. 즉 돛대 1개, 돛대 끝에 매단 깃발 3개, 깃발이 좌측으로 펄럭이고 있는 것, 선·수미에 각각 3명의 승선원, 외판 2~3장, 갑판상의 뱃집船室, 선미의 키 등 육안으로 보았을 때 선박은 동형선으로 보아도 무방할 정도로 유사하다.

배무늬 고려 동경의 출토지로 확인된 곳은 개성 부근, 충주, 춘천 등으로 대체로 한반도의 중북부 지역이다.[31] 개성에서 출토된 것으로는 〈그림 9-1〉(중앙박물관 덕수4927)과 〈그림 9-4〉(중앙박물관 덕수607) 등이

---

27) 국립문화재연구소(2004), 『미국보스턴미술관 소장 한국문화재』, p.225.

28) 국립문화재연구소(2009), 『미국 코넬대학교 허버트 F. 존슨 미술관 한국문화재』, p.167.

29) 숭실대학교(1988), 『숭실대학교 부설 한국기독교박물관』, p.74 ; 황정숙(2009), 「고려 중후기 사상을 통해 본 동경 문양의 상징성 연구」, p.122.

30) 이와 유사한 동경이 영국 Victoria and Albert Museum에 소장되어 있다. 박진경(2009), 「금계 고려동경연구」, p.122 참조.

31) 청주 율량동유적지 역대골 132호 토광묘에서 출토된 '동경'은 정식 발굴조사를 통해 분묘에서 출토된 최초의 '황비창천명 동경'이란 점에서 의미가 있다. 설지은(2015), 「호서지역 고려시대분묘 출토 동경 연구」, p.57.

있고,[32] 충북 충주에서 출토된 것은 〈그림 9-8〉(공주 840)이 있다. 강원도 춘천에서 출토된 것으로는 1967년 6월 춘천시 삼천동산 11-2에서 북송 시기의 숭녕중보崇寧重寶와 함께 출토된 동경 1점이 확인되었는데, 현재 국립중앙박물관에 소장되어 있다.[33]

〈그림 9-8〉은 특히 주의를 기울일 필요가 있는데, 김재근, 이원식, 곽유석 등은 이 유물의 소장처를 국립공주박물관으로 밝히고 있다는 점이다. 그러나 이는 유물의 이관을 제대로 파악하지 못한 채 기존 연구서들을 그대로 인용한 데서 비롯된 오류다. 〈그림 9-8〉(공주 840)의 유물은 국립공주박물관이 1980년 충북 충주 종민동에서 발굴한 것으로 1987년 국립청주박물관이 개관될 때까지 국립공주박물관에 소장되어 있었다. 그러나 1987년 국립청주박물관이 개관함에 따라 '출토지 소장 원칙'에 따라 청주박물관으로 이관되었다. 그럼에도 불구하고 한국선 박사 연구자들이 〈그림 9-8〉(공주 840)의 소장처를 공주박물관으로 혼동 하게 된 것은 다음과 같은 연유에서 비롯된 것으로 추정된다.

김재근이 1984년 『한국선박사』를 출간할 당시 〈그림 9-8〉은 국립공 주박물관에 소장되어 있었으나, 1987년 청주박물관으로 이관되었다. 이원식이 1990년 『한국의 배』를 출간할 때 김재근의 『한국선박사』를 참조하여 〈그림 9-8〉의 소장처를 공주박물관으로 명기했고, 김재근도 1989년 『우리 배의 역사』와 1994년 『속한국선박사』를 출간할 때 이관 사실을 확인하지 못한 채 공주박물관 소장 유물로 간주하였다. 2010년 곽유석도 이러한 잘못을 되풀이 하였다. 이는 노경정의 2010년 석사학 위논문에 이르러서야 비로소 청주박물관 소장품으로 바로잡혔다.

---

32) 가오시셩의 논문에 따르면, 국립중앙박물관 소장품 2점(유물번호 2460 ; 3194) 과 국립전주박물관 소장품 1점(유물번호 4927) 등 3점의 출토지도 개성 부근이다 [高西省(2000), 「論中韓兩國出土的航海圖紋銅鏡」, pp.82~83]. 하지만, 두 박물관의 학예실에 문의한 결과 상기 번호의 동경은 확인되지 않았다.

33) 高西省(2000), 「論中韓兩國出土的航海圖紋銅鏡」, p.82.

배무늬 청동거울의 제작 시기는 모두 고려시대인 것으로 확인되고 있다. 구체적으로는 12세기에서 13세기 전반기에 주로 중국(북송과 금)으로부터 유입 또는 모방 내지 창조적 변형을 통해 고려의 장인들에 의해 자체 제작되어 국내에 유통되기도 하고,[34] 일부는 중국(주로 금)으로 수출되기도 하였다. 13세기 중반 이후~14세기까지는 금나라 계통의 문양과 양식이 그대로 사용되거나 문양의 일부를 변화시키거나, 새로운 이형異形의 동경들이 고려 내에서 제작되고 소비되었으나 그 수량은 이전 시기에 비해 줄어들었다.[35] 이는 금의 멸망으로 인해 금나라로의 수출을 위한 수요가 사라지고, 몽고와의 전란과 원 지배의 영향으로 금나라 계통의 양식이 쇠퇴해간 데 따른 것으로 이해될 수 있다.[36] 〈그림 9-1〉(덕수4927 ; 덕3194)이나 〈그림 9-9〉(전주850)와 〈그림 9-17〉처럼, 세공기법이 정교하거나 독자적인 무늬로 제작된 것은 대체로 원대(1271~1368)에 상응하는 시기로 보고 있다.[37]

홍미로운 사실은 선박사 연구자들이 배무늬 청동거울에 새겨진 배를

---

34) 호서지역에서 출토된 61점 중 50점의 동경이 고려 중기인 11세기 말에서 13세기 중반에 부장된 것으로 확인되었는데, 황비창천명경 역시 이 시기에 부장되었다. 청주 율량동 출토 황비창천명경은 숭령중보와 함께 출토된 것으로 미루어 1106년 이후 부장되었음을 확인해 주고 있다. 설지은(2015), 「호서지역 고려시대분묘 출토 동경 연구」, p.80.

35) 황정숙은 문양 연구를 통해 〈그림 9-1〉이 먼저 제작되고, 〈그림 9-22〉가 〈그림 9-1〉을 단순화하여 주조된 뒤 여타의 동경이 〈그림 9-22〉형의 동경을 원형으로 하여 이 원형을 모래나 진흙에 찍어 틀을 만들고 이 주형에 주물을 부어 제조하였을 것이라 추측하였다[황정숙(2009), 「고려 중후기 사상을 통해 본 동경 문양의 상징성 연구」, p.123]. 그러나 필자는 〈그림 9-22〉가 중국에서 수입된 원형 황비창천명 동경이고, 여타의 황비창천명 동경이 이를 원형을 삼아 모방하였으며, 〈그림 9-1〉은 고려인의 창의력을 발휘하여 시기적으로 맨 뒤에 주조된 것으로 본다.

36) 박진경(2009), 「금계 고려동경연구」, pp.59~63.

37) 高西省(2000), 「論中韓兩國出土的航海圖紋銅鏡」, p.83. 박진경은 〈그림 9-1〉의 제작시기를 12세기 중반 이후로 추정하였다. 박진경(2009), 「금계 고려동경연구」, p.60.

고려선박으로 간주하는 것과는 달리, 박물관과 문화재 전문가들은 그렇지 않다는 것이다. 국립문화재연구소의 이연재는 〈그림 9-21〉에 대한 해설 기사에서 "황비창천명경은 중국의 송과 금대에 유행하였다. … 煌자가 좌우 반전된 것과 무뎌진 세부 표현을 통해 중국의 거울을 고려에서 范(거푸집)으로 뜬 후에 여러 번 재주조하여 만든 것임을 짐작할 수 있다."[38]고 하였다.

박진경은 "황비창천명 동경을 고사문경故事紋鏡, 선인귀학문경仙人龜鶴紋鏡, 방고경倣古鏡, 동자유희문경童子遊戲紋鏡 등과 함께 12세기 중반~13세기 전반기에 고려와 금 간의 교역을 통해 고려에 유통되었고, 일부는 고려의 장인에 의해 재주조되어 고려에서 유통되기도 하고, 13세기 중반~14세기에는 금의 동금정책銅禁政策에 따라 고려의 동경이 사무역을 통해 금으로 수출되기도 하였다"는 점을 논증하였다.[39]

동국대학교 경주캠퍼스 박물관은 〈그림 9-16〉의 '팔릉형 동경'을 다음과 같이 설명하고 있다. "명문 동경은 '황비창천煌조昌天'이 새겨진 거울로, 고려시대 동경 가운데 비교적 많은 수량이 남은 것이다.… 팔능형八稜形 동경으로 외곽선 없이 글씨를 새겼고, 왼쪽 하단에 뱃머리를 잡으려는 용과 이를 물리치려는 사람의 모습을 표현하였다. '황비창천'이 새겨진 거울과 비슷한 동경은 중국에서도 일부 확인되나, 그 수량은 현저히 적다."[40]

충북대 박물관은 '황비창천명 청동거울'을 전시하거나 도록에 수록

---

38) 국립문화재연구소(2009), 『미국 코넬대학교 허버트 F. 존슨 미술관 한국문화재』, p.360.

39) 金의 영역에서 동광 유적이 발굴되기도 하였으나, 중국의 구리 산지는 주로 남송에 속한 장강 이남으로 북송 元豊 연간(1078~1085)에 구리 생산량이 급격히 줄어들었다. 이에 금에서는 銅禁정책을 자주 시행했는데, 최소한 1170년(大定10)부터 1204년(泰和4)까지 동경에 대한 검증제도를 실시한 것으로 보인다. 박진경(2009), 「금계 고려동경연구」, p.18 각주 47 & p.20.

40) 동국대 경주캠퍼스 박물관(2012), 『박물관도록』, p.78.

해 놓지는 않았지만, 〈그림 9-12〉에 대해 다음과 같이 정리해 놓고 있다. "'煌丕昌天'이라는 길상어吉祥語가 전서체篆書體로 표현되어 있는 팔릉八稜 거울이다. 거울에는 거친 파도를 헤치며 바다를 항해하는 한 척의 배와 그 앞에 머리를 쳐들고 있는 한 마리의 용이 재치있게 표현되어 있다. 명문에 따라 '황비창천'명 거울이라 부르기도 하고, 무늬를 기준으로 해선海船 무늬거울이라 부르기도 한다. 중국 송경宋鏡의 영향을 받아 제작된 대표적인 청동거울이다."[41]

이에 반해 이난영은 "황비창천경이 고려에서는 상당히 많은 양이 알려지고 있으며, 중국에서 출토된 예는 비교적 적은데, 이는 아마도 고려 독자의 것이 일부 금으로 유출된 것이 아닌가 생각하게 한다"[42]고 적고 있다. 그는 황비창천경을 "금경으로 해석하는 학자도 중국(張英, 『吉林省出土銅鏡』)에서는 보이고 있다"고 덧붙이고 있지만, 황비창천명 항해도문의 도안이 이미 송대에 있었고, 우리나라의 많은 연구자들과 유리판, 가오시셍 등이 중국의 동경을 원형으로 보는 연구자들이 다수다.

이상에서 살펴본 것처럼, 박물관의 전문가들의 의견을 종합해 보면 황비창천명 청동거울 속의 배가 고려 선박을 묘사한 것이 아님을 시사한다.

II. 중국 출토 배무늬 청동거울

중국은 청동거울의 제작의 역사가 긴만큼, 그 문양 또한 다양하다. 그럼에도 불구하고, 배무늬 청동거울은 수효도 적고, 제작 시기도

---

41) 충북대 박물관 소장 황비창천명 청동거울에 대한 사진과 설명 자료는 박물관의 학예사를 통해 직접 확보한 것이다.
42) 이난영(2003), 『고려경 연구』, p.326.

송(960~1179)~금(1115~1234) 시기에 집중되어 있다.43) 중국에서 발굴된 배무늬 청동거울을 배 모양을 기준으로 분류해 보면 외견상 세 가지 유형, 즉 ① 곡선형 깃발을 휘날리는 배, ② 직선형 깃발을 휘날리는 배(표준형), ③ 이형異形으로 구분할 수 있다. ①형과 ②형의 선형은 매우 유사하지만, 돛대에 휘날리는 깃발이 곡선인 것(①형)과 직선인 것(②형), 배 주변의 파도 무늬, 명문의 유무 등에서 확연히 차이가 난다. 우리나라에서 발굴된 배무늬 청동거울과 비교해 볼 때, 중국의 ②형은 우리나라의 배무늬 청동거울과 매우 유사하여 이를 '표준형'으로 불러도 좋을 것이다. ③형은 거울 뒷면의 무늬가 조잡하고, 배도 위의 ①형이나 ②형과는 판이하여 고려시대 청동거울의 배와 유사성이 없으므로 여기에서는 논외로 한다.

먼저 ①형(〈그림 9-23〉~〈그림 9-25〉)을 검토해 보면, 외형은 여덟 장의 잎사귀 모양을 한 팔릉형으로, 청동거울 우측에 배 한 척이 파랑을 헤치고 항해하는 모습이다. 이 거울에서 보이는 특이한 점은 파랑의 낙차가 매우 크다는 것과 '황비창천'이란 명문이 없다는 것이다. 배의 외판은 3장이 보이고, 갑판에는 뱃집이 있으며, 선수·미에 세 사람과 두 사람이 각각 앉아 있으나, 선미의 키는 〈그림 9-23〉과 〈그림 9-24〉를 제외하고는 보이지 않는다. 재질을 보면, 주로 주석을 많이 함유한 청동으로 제작되었지만, 〈그림 9-24〉는 주석을 적게 함유한 황동이다. 〈그림 9-24〉의 거울은 1977년 섬서성陝西省 푸펑 현扶風縣 청관 샤허춘城關 下河村의 송나라 묘지에서 발굴되었으며, 현재 섬서성陝西省 푸펑 현扶風縣 박물관에 소장되어 있다. 제작 연대는 원대라는 주장이 있으나, 가오시

---

43) 가오시셩(高西省)은 2000년 당시 "고고학적 발굴과 수집을 통해 알려진 航海圖紋鏡은 모두 10여 개 정도"라고 밝히고 있고(「論中韓兩國出土的航海圖紋銅鏡」, 79쪽), 余繼明(2000)이 펴낸 『中國銅鏡圖鑑』에는 신석기부터 청대까지 총 148점의 동경의 도판이 수록되어 있는데, 배무늬 청동거울은 원대 1점만이 수록되어 있을 뿐이다.

쉥과 유리판은 송나라 묘지에서 발굴된 것을 근거로 '(북)송대 동경'으로 보고 있다.[44] ①형의 청동거울은 대체로 송대에서 원대에 제작된 것들이다. 〈그림 9-24〉와 유사한 형태의 동경으로 서안西安 청두박물관 成都博物館에 소장된 유물의 탁본이 『중국의 과학과 문명』 제4권 3편에 소재되어 있는데, 니덤은 이 동경이 오대나 송대, 즉 9-12세기에 제작된 것으로 추정하고 있다.[45]

〈그림 9-26〉은 곡선형 깃발인 점에서는 ①형을 닮았으나, 명문이 있고, 높은 파도 무늬가 잔 파도 무늬로 대체되었다는 점에서 차이가 있다. ②형과 비교했을 때는 명문이 '天下安昌'이란 점에서 차이가 있다. 이를 고려해 보면 〈그림 9-26〉은 청동거울의 발전사에서 ①형과 ②형의 매개형 내지는 중간형으로 볼 수 있을 것 같다. 배의 선형 또한 ①형이나 ②형과 유사하지만, 거울에 외곽선이 삽입되어서인지 ①형이나 ②형에 비해 배의 크기가 작아지고 날렵해진 느낌을 준다.

〈그림 9-23〉해도운범규화경 海濤雲帆葵花 鏡[46] 원대, 지름 18.1㎝

〈그림 9-24〉항해도문경 航海圖紋鏡[47] 송대, 지름 18.6㎝, 1977년 陝西省 출토

44) 高西省(2000),「論中韓兩國出土的航海圖紋銅鏡」, p.80 ; 于力凡(2014),「試析北宋八瓣菱花形船舶銅鏡」, p.289.
45) Joseph Needham, 김주식 역(2016),『동양항해선박사』, p.236.
46) 余繼明 編著(2000),『中國銅鏡圖鑑』, p.138.
47) 高西省(2000),「論中韓兩國出土的航海圖紋銅鏡」, p.80.

〈그림 9-25〉해박도海舶圖[48] 송대, 지름
18㎝, 四川省 출토

〈그림 9-26〉 천하안창해박경天下安昌海舶
鏡[49] 송대 또는 금대

〈그림 9-27〉 황비창천해박경煌丕昌天海舶
鏡[50] 금나라, 吉林省 前郭爾羅斯 출토, 지름
16.5㎝

〈그림 9-28〉임조부황비창천해박경臨洮府煌
丕昌天海舶鏡[51] 원본 직경 17.5㎝, 탁본 직경
16.6㎝

〈그림 9-29〉 항해도문동경航海圖紋銅鏡[52]
송대, 湖南 출토

48) 孔祥星·劉一曼(1992), 『中國銅鏡圖典』, p.853.

49) 孔祥星·劉一曼(1992), 『中國銅鏡圖典』, p.850.

50) 孔祥星·劉一曼(1992), 『中國銅鏡圖典』, p.848.

51) 孔祥星·劉一曼(1992), 『中國銅鏡圖典』, p.849.

〈그림 9-30〉 해박경海舶鏡53)　　　　　〈그림 9-31〉 해박경海舶鏡54)　河南 舞陽 출토,
　　　　　　　　　　　　　　　　　　　지름 16.5㎝

〈그림 9-27〉~〈그림 9-29〉는 표준형 배무늬 거울로 부를 수 있을
정도로 우리나라에서 발굴된 배무늬 청동거울과 유사하다. 다만 〈그림
9-28〉에 '황비창천'이란 양각 명문 좌우에 '臨洮府錄事司驗記官'이란 명
문이 음각으로 새겨져 있는 것과 〈그림 9-29〉의 외형이 팔릉형이 아닌
원형이라는 점이 우리나라의 배무늬 청동거울과 다르다. 이 3점의
표준형 청동거울 가운데 연대가 확인된 것은 〈그림 9-29〉로, 송대에
제작되었다. 청동거울에 새겨진 배의 모습은 우리나라에서 발굴된
배무늬 청동거울이나 앞서 설명한 중국의 곡선형 깃발을 휘날리는
배무늬 청동거울과 거의 같다. 즉 세 장의 외판을 이어 붙였고, 선수에
3명, 선미에 2명의 사람이 배치되어 있으며, 갑판 위에는 뱃집이 있고,
배는 우측에서 좌측으로 항해하는 모습을 보이고 있다. 선미의 키는
〈그림 9-28〉과 〈그림 9-29〉에서는 보이지만, 〈그림 9-27〉에서는 전혀
보이지 않는다.
　배 주위의 무늬를 보면 〈그림 9-29〉는 파도무늬가 주를 이루고 있으면
서, 파고가 매우 높아 곡선형 깃발의 파도무늬와 매우 유사하다. 앞에서

52) 高西省(2000), 「論中韓兩國出土的航海圖紋銅鏡」, p.81.
53) 孔祥星·劉一曼(1992), 『中國銅鏡圖典』, p.851.
54) 孔祥星·劉一曼(1992), 『中國銅鏡圖典』, p.852.

살펴본 것처럼, 곡선형 깃발의 배무늬 청동거울 중 연대가 확인된 〈그림 9-23〉~〈그림 9-25〉인데, 원대(〈그림 9-23〉)와 송대(〈그림 9-24~25〉)로 확인되었는데, 〈그림 9-29〉도 송대의 유물로 확인된 것을 고려하면 높은 파도무늬 청동거울이 표준형 배무늬 청동거울에 비해 앞서 제작된 것으로 추정할 수 있다.

중국의 배무늬 청동거울의 제작 연대와 관련하여 금나라 시기에 제작된 것이 다수 발굴되었다. 가오시쉥의 논문에 따르면, 첸궈얼뤄쓰前郭爾羅斯 몽고족자치현蒙古族自治縣 문물관리소文物管理所, 뤼쑨박물관旅順博物館, 중국역사박물관中國歷史博物館, 흑룡강성黑龍江省 아청현문물관리소阿城縣文物管理所 등에 금나라 시기 제작된 배무늬 청동거울이 소장되어 있다. 이들 유물은 출토지가 금나라의 세력권이었던 중국 북부라는 점과, 무늬가 섬세하지 못하고, 거울 또한 조잡하고 거칠게 제작되었다는 점이 공통적이다.[55]

가오시쉥은 "중국의 동경이 고대에 일상물품 내지 종교의례품으로 제작되어 한·당 시기에 이르러 조각, 장식, 주조 기술이 조합된 공예미술품으로 발전하였고, 송·금 시기에 이르러 동경 제조술이 간략하고 조아(원문 : 粗糙)하게 변했지만, 이전에는 시도하지 않았던 다양한 무늬를 뒷면에 새겨 넣었는데, 항해도문경航海圖紋鏡은 바로 이 시기에 출현하여 참신하고 독특한 멋을 보여주고 있다"[56]고 평가하였다. 그는 "한국의 항해도문경은 중국의 동경을 그대로 모제한 것이 아니라 일부는 개량하였으며, 일부 동경은 송·원 이후 중국에서는 사용하지 않은 한·당 시기의 동경 제조술을 사용하기도 하였다"고 덧붙였다. 가오시쉥은 또한 "한국에서 발견된 항해도문경이 수적으로도 많고, 연대도 중국과 비슷한 점을 감안하면 일부 고려 동경이 중국으로 수출되었을 개연성도

---

55) 高西省(2000), 「論中韓兩國出土的航海圖紋銅鏡」, p.80.
56) 高西省(2000), 「論中韓兩國出土的航海圖紋銅鏡」, p.79.

배제할 수 없다"고 밝혔다.[57]

한편, 유리판于力凡은 금 대정大定 11년(1171)에 "동경을 사적으로 주조하는 것을 금지하고, 원래 동경은 모두 관아에 바쳐야 한다는 어명을 반포하였기 때문에 금 통치지역에서 발견된 북송 시기의 동경에 금의 각인이 나타나게 된 것"이며, 우리나라 충주와 춘천에서 발굴된 배무늬 동경 2점과 중국 동경 14점 등 총 16점을 그 모양에 따라 I~IV식으로 분류하고, '이들 동경이 모두 북송 시기의 황권통치문화를 반영하여 휘종徽宗(재위 1100~1125)대에 제작되었다'고 보았다.[58]

III. 한중 청동거울에 새겨진 배의 선형 비교

여기에서는 고려시대 배무늬 청동거울에 새겨진 배를 고려선으로 볼 수 있는지를 검증해 볼 것이다. 이를 위해 한국과 중국에서 발굴된 동경 가운데 표준형 동경 2점을 각각 선정하여 포토샵 프로그램을 활용하여 선박의 외곽선을 딴 뒤, 이를 배의 크기를 조절하여 겹친 다음, 한국과 중국의 선박 두 척의 선형을 겹친 배의 외곽선을 다시 중첩시켜 볼 것이다. 먼저 우리나라의 대표 배무늬 청동거울로 전주박물관과 리움박물관 소장 2점을 골라 배의 외곽선을 딴 뒤 두 선박의 외곽선의 크기를 조절하여 중첩시켜 보았다. 그 결과, 〈그림 9-32-c〉에 나타난 것과 같이, 두 동경에 새겨진 배의 외곽선이 일치하였다.

이와 마찬가지로 중국의 대표 배무늬 청동거울로 〈그림 9-26〉과 〈그림 9-27〉을 선정하여 배의 외곽선을 딴 뒤 크기를 조절하여 중첩시켜 보았다. 그 결과, 〈그림 9-33〉에 보이는 것과 같이, 〈그림 9-26〉의

---

57) 高西省(2000), 「論中韓兩國出土的航海圖紋銅鏡」, p.86.
58) 于力凡(2014), 「試析北宋八瓣菱花形船舶銅鏡」, pp.289, 291, 294.

깃발이 일부 곡선으로 흐르는 부분이 차이 나는 것 이외에는 두 선박의 외형이 완전히 일치함을 확인하였다.

a.전주박물관 소장 구리거울   b.리움박물관 소장 구리거울   c.두 선형의 중첩
　〈그림 9-9〉의 선형   　〈그림 9-17〉의 선형

〈그림 9-32〉 한국 표준형 구리거울의 선박의 선형

a.天下安昌海舶鏡   b.지린성조昌天海舶鏡   c.두 선형의 중첩
〈그림 9-26〉의 선형   〈그림 9-27〉의 선형

〈그림 9-33〉 중국 표준형 구리거울의 선형

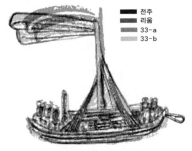

〈그림 9-34〉 한중 표준형 구리거울의 중첩 선형

마지막으로 한국의 〈그림 9-32-c〉와 중국의 〈그림 9-33-c〉를 다시 겹쳐 보았다. 그 결과 〈그림 9-34〉에 나타난 바와 같이, 돛대와 외판, 선수와 선미의 사람 형상, 갑판의 뱃집, 돛대 버팀줄 등이 완전히 일치한 것을 확인할 수 있다. 차이가 나는 것은 〈그림 9-33-a〉의 곡선형 깃발 부분과 선미의 키의 유무 정도였다. 이를 통해 한국과 중국의 청동거울 속에 새겨진 배는 동형선임을 확인할 수 있었다.

IV. 항해도문 고려동경이 고려에서 유행한 이유

위에서 살펴본 바를 정리해 보면 다음과 같다.

첫째, 중국의 동경은 고대부터 제작되어 한·당 시기에 무늬를 새겨 넣었으며, 송·금 시기에 조잡하게 제조되었고, 주석 함유량이 적고 아연을 일부 함유한 황동제다.[59] 배무늬 청동거울은 주로 북송 때부터 문양은 존재했으나, 금대에 들어와 크게 성행하였다. 중국의 항해도문 경에는 명문이 없는 것과, '天下安昌', '煌조昌天' 등의 명문이 있는 것이 발견되며, 현재까지 10여 종 정도만이 알려져 있다.

둘째, 우리나라에서 발굴된 배무늬 청동거울은 〈그림 9-1〉을 제외하고 황비창천명, 파도문, 배무늬 등 거의 모든 문양이 중국의 것과 매우 유사하고, 12~13세기에 걸쳐 북송 및 금과의 교역을 통해 고려로 유입되어, 모방, 변형, 창조 등의 형태로 자체 제작하여 국내에서 유통되었고, 일부는 중국(주로 금)으로 수출되기도 하였다. 재질 또한 주석 함유량이 높은 청동을 사용하였다.[60] 중국이나 일본에 비해 한국에서 발굴 및 수집된 황비창천명 동경이 수적으로 압도적으로 많다.

---

59) 高西省(2000), 「論中韓兩國出土的航海圖紋銅鏡」, p.83.
60) 高西省(2000), 「論中韓兩國出土的航海圖紋銅鏡」, p.83.

셋째, 배의 선형을 비교해 본 결과, 〈그림 9-1〉의 삼족오문 항해도문 동경을 제외하고, 중국과 고려의 동경 속의 배는 동형선으로 확인되었다. 고려시대 배무늬 동경이 북송 내지 금의 동경의 영향을 받은 것이라는 점을 감안하면, 고려 동경에 새겨진 배는 중국에서 유입된 거울 속에 새겨진 배무늬를 그대로 주조했을 개연성이 크다. 그렇다고 해서 동경 속의 배를 중국의 특정 선형의 배라고 보아서는 안 될 것이다. 동경에 새겨진 배는 장인匠人이 현실적인 배를 그대로 재현한 것이 아니라 현실의 배를 바탕으로 이상형적인 배의 모습으로 추상하여 묘사한 배일 개연성이 크다.61)

가오시셩과 유리판의 견해를 종합해 보면, 청동 거울의 뒷면에 무늬가 새겨진 것은 한·당 시기이며, 중국의 배무늬 청동거울은 동경 제조술이 퇴보한 북송 시기에 주로 제조되었다. 현재 우리나라에서 발견된 배무늬 청동 거울은 중국의 배무늬 청동 거울에 비해 수량도 많고 제조술도 더 발전했으며, 무늬도 정교하고, 명문도 '황비창천'으로 단일화되었다. 이는 우리나라의 배무늬 청동거울이 송이나 금대의 청동거울을 받아들여 발전적으로 개량 및 창조적으로 발전시켰음을 의미한다. 세부적으로 보면 파도의 무늬와 제조술 등은 개량 내지 발전시켰지

---

61) 문경호 교수는 구리 거울에 "처음 배 문양을 새긴 사람은 주변에서 흔히 볼 수 있는 배를 새겨넣었을 것"이라고 밝히고, "『청명상하도』의 운하를 항해하는 강선을 주의깊게 볼 필요가 있다"고 제안했다(『호남사학회 하계발표회 발표자료집』, 2017.6.10, 16쪽). 아마 『청명상하도』 속 평저선형 배의 돛대잡이용 용총줄이 가지런히 늘어선 모양이 구리거울에 새겨진 배의 돛대잡이용 용총줄과 비슷하게 보였기 때문으로 생각된다. 하지만 이것 이외에 『청명상하도』의 평저선형 강선은 선수미가 평면형이고, 노가 있으며, 선미루가 있는 점 등 여러 면에서 차이가 있다. 처음 구리거울의 주조 틀을 만든 장인은 분명히 『청명상하도』의 연안에서 운항하던 당대의 여러 중국 배들을 보았을 것이지만, 특정 선형을 직접 상정하여 밑그림을 그렸다기보다는 머릿속에 남아 있는 배의 이미지 - 당대의 선형이 일부 반영된 배의 이미지 - 를 추상하여 새겼을 것이라는 것이 필자의 생각이다. 『중국의 배』에는 강선과 해선 등 약 70여 종의 중국 배가 소개되어 있다. 허일·김성준·최운봉(2005), 『중국의 배』.

만, '황비창천' 명문의 서체와 배무늬는 그대로 답습한 것으로 판단된다. 그러므로 고려시대 배무늬 청동거울에 새겨진 배를 고려선박으로 보아서는 안된다.

넷째, 중앙박물관과 대구박물관 소장 삼족오문 항해도문 동경(덕수 4927 ; 덕 3194)은 크기(24㎝), 원형, 해 안의 삼족오와 달 안의 나무와 새, 운룡과 어룡, 파도 등의 무늬 등이 매우 독창적이고 정교하다. 배 또한 여타 동경의 배와는 확연하게 구분되는데, 평면형 저판 및 선수미, 삿대, 중첩된 삼판, 최상부 삼판의 멍에橫梁 등 여러 면에서 원양항해용 평저선으로 보인다. 이러한 외형적 특징을 고려할 때 삼족오문 항해도문 동경의 배는 고려선박으로 보아도 무방하다. 이 동경은 북송과 금으로부터 수입한 항해도문 동경을 모방 및 변형한 끝에 대체로 12세기 중엽~14세기에 토착화해 고려 장인의 창의력의 산물이라고 볼 수 있다. 아쉬운 것은 '황비창천' 명문이 뒤집혀(昌天煌조) 주조된 점이다.

그렇다면 황비창천명 배무늬 청동거울이 원산지인 중국에 비해 고려에서 크게 유행했던 사회문화적 배경은 무엇이었을까? 먼저 거울에 새겨진 명문의 의미를 되새겨 볼 필요가 있다. 앞에서 본 것처럼, 우리나라의 구리거울에는 '煌조昌天' 명문만 보이지만, 중국에서는 '煌조昌天'과 '天下安昌'이란 명문이 함께 나타나는데, 두 명문 모두 비슷한 뜻을 나타내고 있다. 즉 '天下安昌'이란 '천하가 편안하고, 창성한다'는 뜻이고, '煌조昌天'은 '밝고 큰 별景星과 같은 길조가 나타나 천하가 창성한다'는 뜻이다. 유리판干力凡은 '天下安昌' 명문의 유래에 대해 다음과 같이 설명하고 있다.

"한나라 초연수焦延壽의 저서 『초씨역림焦氏易林』에 '黃龍景星은 應德門에서 나온다. 福은 上天과 같고 天下가 安昌하다. 『역림잡식易林雜識』의 기록에 의하면, 『초씨역림』이 그 당시(북송대) 민간에 큰 영향을 미쳤다고 한다. 선박경船舶鏡에 '天下安昌'이라는 銘文을 새긴 것은 그 당시의 사회적 배경에 따른 것이다."[62]

유리판은 이러한 황비창천명 선박문경이 북송 휘종徽宗(재위 1100~1125) 통치기에 '하늘에서 길조가 나타난 현상을 통해 황제의 성덕과 위업을 찬송하고, 사이四夷가 천국天國(천자의 나라)을 따른다'[63]는 뜻을 반영할 목적으로 제작된 것으로 보고, 그 근거를 다음과 같이 설명하였다.

"황煌은 밝다는 뜻이다. 장형張衡의 『동경부東京賦』에는 다음과 기재되어 있다. '황광煌光(밝은 빛)이 星流와 같이 빛난다.' 한유韓愈의 『취후醉後』에도 '밝은(煌煌) 東方星'이라고 서술하였다. 비조는 크다는 뜻이다. '煌丕'라 함은 '밝고 큰 별'을 가리킨다. 왕충王充의 『논형論衡』에는 '큰 별을 경성景星이라고 한다'는 기록이 있다. 『사기史記』에는 '하늘이 맑으면 경성景星을 볼 수 있는데, 경성이라 함은 덕성德星을 가리킨다. 그 형태가 무상無常한데 대부분 덕행이 있는 나라에 나타난다'고 기재되어 있다. 한나라 원정元鼎 5년(기원112년) 무제武帝는 분음汾陰에서 정鼎을 얻게 되자 『경성景星』이라는 시를 지어 이와 같은 길조를 축하하고 나라에 복이 있기를 기원했다. 천天은 '천하에는 王土'뿐이다. 창昌은 흥행을 뜻한다. '天下安昌'과 '煌丕昌天'은 동일한 뜻인데, 경성과 같은 길조를 통해 국운의 창성을 선양宣揚하고 천하안정을 기원하며 '國君의 강대함과 덕행이 있는 자가 창성한다'는 사상을 선양하고 있다."[64]

---

62) 于力凡(2014), 「試析北宋八瓣菱花形船舶銅鏡」, p.290.
63) 于力凡(2014), 「試析北宋八瓣菱花形船舶銅鏡」, p.294.
64) 于力凡(2014), 「試析北宋八瓣菱花形船舶銅鏡」, p.291.

유리판于力凡은 또한 항해도 무늬의 도안이 '한문제가 활을 쏘아 교룡蛟龍을 사살했다는 고전을 원용한 것으로 북송의 휘종대의 황권문화를 반영'한 것이라고 주장하였다. 『한서漢書』의 기록에 의하면, "한무제 원봉元封 5년 겨울 …(한무제가) 천주산天柱山에 오르고 심양尋陽에서 배를 타고 강을 따라 내려오면서 교룡蛟龍을 직접 사살하여 포획하였다."[65] 그러나 그 자신이 밝힌 것과 같이, 용과 싸우는 일화는 한무제의 설화 외에도 『여씨춘추呂氏春秋』와 『논형論衡』 등 많다는 점에서 황비창천명경의 도안이 한무제의 설화에서 유래하였다는 유리판의 주장은 비판적으로 검토해 볼 필요가 있다.

고려동경 수집가인 이배근은 1969년 우리나라 최초로 신세계백화점에서 동경 전시회를 개최하고 쓴 해설서에서 '황비창천팔릉경'을 '작제건환향도경作帝建還鄉圖鏡'이라 별칭하고, 황비창천명 항해도안航海圖案은 왕건의 세계世系에 관한 김관의金寬毅의 『편년통록編年通錄』[66]에 나오는 설화를 표상한 것이라고 주장하였다. 이배근의 설명을 인용하면 다음과 같다.

"왕건 태조의 조상벌이 되는 작제건이 그의 생부 당나라의 귀인을 찾으려고 당선唐船에 편승하여 서해를 건너가는 데 도중에 운무가 끼어 지척을 분간치 못하여 지체하기를 3일이나 되었다. 그래서 선원이 점을 치니 이 배에는 고려인이 타 있기 때문에 서해 용왕이 노한

---

65) 『漢書』 卷六 「武帝紀第六」(中華書局, 2000年版), 第1冊, 第139頁. 유리판은 한무제 설화를 소개한 전거로 당나라 시인 韋應物의 『漢武帝雜歌』와 『秋風辭』도 소개하고 있다. 于力凡(2014), 「試析北宋八辨菱花形船舶銅鏡」, pp.290~291.

66) 고려 의종(1146~1179) 때 김관의가 고려왕실의 세계世系에 관한 정리한 책으로 14세기 말 이후 사라져 현물은 존재하지 않으며, 『고려사』에 인용된 태조 왕건의 6대 조상인 호경 이후 세계를 정리한 2천여 자만이 전한다.

것이라는 것이다. 그래서 작제건은 배에서 버림을 받고 궁시弓矢를 들고 바다로 뛰어 내렸다. 그런데 마침 바위가 있어 그 위에 서게 되었다. 그러자 서해용왕이 나타나서 공손히 읍하고 말하기를 '나는 서해 용왕인데 늙은 여우老狐가 있어 매일같이 불상으로 둔갑하여 공중으로부터 내려와 이 바위에 앉아 옹종경擁腫經을 읽으면 내 머리가 몹시 아파져서 죽을 지경이니, 듣건대 낭군은 신궁이라 불릴만치 활을 잘 쏜다고 하니 나의 원수를 없애주기 바란다'하며 간곡히 청원하므로 작제건은 이를 수락하고 그의 원수인 노호를 활로 쏘아 죽였다. 서해 용왕은 크게 기뻐하며 궁중으로 안내하여 치사하여 말하기를 '내가 낭군에게 보은코자 하는데 낭군의 희망이 초지대로 서쪽 당나라로 가서 생부인 당의 귀인을 만나 볼 것인지 불연不緣이면 부유하게 될 칠보七寶를 가지고 동으로 돌아가 어머니를 만날 것인가'하고 부름에 작제건은 '동으로 가겠다'고 대답하니 용왕은 다시 말하기를 '동토로 가서 그대 자손에 삼건(작제건, 용건, 왕건)이 날 때를 기다려라'하며 여러 가지를 일러주었다. 이에 작제건은 용왕에게 많은 보물을 받고 용왕의 딸 용녀를 취하게 되었다. 그리고 장차 동토로 돌아가려 할 때 용녀의 교사로 용왕의 조화물인 양장楊杖과 돼지까지 받아 가지고 칠선漆船을 타고 고향인 예성강구 영안성으로 돌아왔다."[67]

결국 '황비창천명 항해도문경'은 왕건의 조부인 '작제건이 용녀와 함께 칠보와 양장楊杖과 돼지를 칠선漆船에 싣고 바다를 건너 동토로 돌아오는 광경을 표현한 그림'이라는 것이다. 이러한 주장은 항해도문의 도안이 송대부터 존재했다는 여러 연구자들의 견해를 감안하면 받아들이기 어렵다. 하지만 이배근의 해석은 황비창천명 항해도문경

---

67) 이배근(1991), 『고려동경해설』, pp.59~60.

이 북송이나 금 등 중국에서 유래했음에도 불구하고, 유독 고려에서 널리 유행하게 된 사회문화적 배경을 이해하는 데 실마리를 제공해 줄 수 있다. 즉, 유리판의 견해를 받아들인다면 황비창천명 항해도문경은 애초에 북송의 휘종 황제의 덕양을 선양하기 위한 목적에서 주조되었다. 그러나 고려에서는 항해도문안을 태조 왕건의 조부인 작제건의 설화로 해석하여 태조 왕건을 용손龍孫으로 지체를 높이기 위한 상징물로 이용했을 개연성이 있다. 이것이 황비창천명 항해도문경이 북송과 금을 통해 유입되었음에도 불구하고, 고려에서 이를 모방 및 변형하고 독창적으로 재창조하여 널리 유통되게 된 사회문화적 배경이 되었을 개연성이 있다. 이는 차후의 연구를 통해 밝혀내야 할 과제임은 두말할 나위 없다.

설지은은 호서지역 분묘 출토 동경의 상징성을 벽사적辟邪的, 신이神異·주술적, 종교적, 실용적인 것으로 분류하였고,[68] 황정숙은 신의적神意的, 신이적神異的, 제의적祭儀的인 것으로 구분하였으며,[69] 이난영은 동경이 지닌 의미를 화장용, 장식용, 완정完整·길상吉祥, 예공품禮貢品, 명문銘文을 통한 상품성으로 해석하였다.[70] 이들의 견해를 종합해보면, '황비창천명 항해도문경'은 신이적 길상을 상징한다고 볼 수 있을 것이다.

68) 설지은(2015), 「호서지역 고려시대 분묘 출토 동경 연구」, pp.89~92.
69) 황정숙(2009), 「고려 중후기 사상을 통해 본 동경 문양의 상징성 연구」, p.14.
70) 이난영(2003), 『고려경 연구』, pp.359~360.

10장

펑라이 고려고선의 한국선박사상의 의의

1984년과 2005년 중국의 산동성 펑라이蓬萊시의 고대 수성水城의 해저에 쌓인 흙을 처리하는 과정에서 고선 4척이 발굴되었는데, 그 중 3호선과 4호선은 한선으로 밝혀졌다. 외판의 일부만이 발굴된 펑라이 4호선은 외판 결합 방식으로 미루어 보건대 한선으로 추정되고 있으나 잔존량이 적어 원형을 추정하기가 불가능하다. 하지만 펑라이 3호선은 외판과 저판, 그리고 횡강력 보강재가 발굴되어 전체적인 원형을 추정하기에 충분하다. 그러나 펑라이 고려고선으로 불리는 펑라이 3호선은 선체 구조 면에서 특이한 점이 발굴되어 한국은 물론 중국의 학계에서도 비상한 관심을 불러일으켰다.[1] 그것은 펑라이 고려고선이 선내에서 발견된 고려청자 파편, 홈박이붙이 클링커이음으로 결합된 외판, 피삭을 사용하여 결합한 점 등으로 미루어 한선인 것으로 보이지만, 횡강력

---

1) 펑라이에서 발굴된 4척을 발굴 순서에 따라 1, 2, 3, 4호선으로 부르지만, 이는 편의상 4척을 구분하기 위한 임시 명명일 뿐이다. 이미 학계에서 고려선으로 확인된 이상 펑라이 3호선을 펑라이 고려고선으로 부르는 것이 타당할 것 같아 여기에는 원문을 인용할 때를 제외하고 일반적으로 칭할 때는 펑라이 고려고선이라고 부를 것이다.

을 장식이 아닌 격벽과 늑골로 보강했다는 점에서 이제까지 알려진 한선과는 다른 구조를 갖추고 있었다는 점 때문이었다.

2006년 8월 22~24일까지 중국 펑라이에서는 펑라이 고선을 주제로 한 국제학술대회가 개최되었는데,[2] 여기에서 쟁점이 되었던 것은 펑라이 고려고선이었다. 논쟁의 초점은 한선임이 분명한 펑라이 고려고선에 이제까지 '한선에는 격벽과 늑골이 없다'는 정통론과는 배치되게 격벽과 늑골로 횡강력을 보강했다는 점이었다. 이 문제에 대해 중국측 학자와 초청된 한국의 관계자들이 다양한 견해를 제시했다. 하지만 대부분의 학자들은 주로 펑라이 고려고선이 한선이라는 점을 입증하는 데 주력했고, 정작 펑라이 고려고선의 발굴로 한국선박사의 연구 지평이 크게 확대되었다는 점에 대해서는 간과하고 말았다.

펑라이 고려고선 발굴 이전 한국선박사에서는 사료와 발굴 자료의 부족으로 연안선만을 대상으로 연구하지 않으면 안되었다. 그 결과 한선에서는 격벽이나 늑골이 없이 장식(가룡목)만으로 횡강력을 보강했다는 일부 학자들의 주장이 정설로 굳어지게 되었다. 필자는 펑라이 고려고선의 발굴로 이제까지 한국선박사 연구는 전면적으로 재검토해야 한다고 생각하고 있다. 그것은 펑라이 고려고선의 발굴로 한선에는 격벽과 늑골이 없다는 이제까지의 한국선박사의 정통론이 깨어지게 되었기 때문이다.

이와 같은 견지에서 필자는 격벽을 갖춘 한선인 펑라이 고려고선이 한국선박사 연구에서 차지하는 의의를 정리해 볼 것이다. 이를 위해 한국선박사 연구에서 '한선에는 격벽이 없다'는 정설이 정립되게 된 과정을 추적해 보고, 펑라이 고려고선의 발굴 개요 및 구조적 특징을 살펴본 다음, 펑라이 고려고선에 대한 여러 학자들의 논점을 비판적으

---

2) 席龍飛·蔡薇 主編(2009), 『蓬萊古船國際學術研討會文集』.

로 재정리해 볼 것이다.

Ⅰ. 펑라이 고려고선의 발굴 개요와 특징

한선에는 격벽이나 늑골이 없다는 이론은 2005년 펑라이 고려고선의 발굴로 새로운 도전에 직면하게 되었다. 2005년 중국 산동반도의 펑라이에서 발굴된 펑라이 고려고선은 이제까지 알려진 한선이나 중국선과는 다른 구조적 특징을 갖고 있어 한중 선박사학계에서 논쟁을 불러일으켰다. 여기에서는 펑라이 고려고선의 발굴 경위와 구조적 특징을 정리해 보기로 한다.

1984년 산동성 펑라이의 옛 수성의 해저를 청결과정에서 항내 남서쪽 수심 2.1m 지점에서 3척의 고선이 발견되었다. 당시 발굴 인력들은 해저 청결 작업이 거의 종료되어 가고 있었고, 3척을 모두 발굴하기에는 시간과 인력의 부족으로 고선 한 척만을 발굴하였다. 발굴된 한 척은 원대의 선박으로 1990년 건립된 고선박물관에 전시되었고, 나머지 2척을 항내에 묻어 놓았다. 2005년 3~11월 사이에 펑라이 수성의 청결작업이 다시 시작되었다. 7월 24일 펑라이 1호선이 발굴된 지점에서 30m 서쪽에서 명대 고선 한 척(펑라이 2호선)이 발굴되었고, 7월 26일 펑라이 2호선과 거의 평행하게 놓여 있는 펑라이 고려고선(펑라이 3호선)이 발굴되었다. 펑라이 고려고선의 잔존량은 길이 19m(1984년 절단한 선미 부분 포함), 너비 6.2m, 선창 깊이 1.28m로서 좌측 외판의 보존 상태가 양호하여 8열이 남아 있으며, 우측 외판은 3열밖에 남아 있지 않았다. 그 뒤 펑라이 고려고선 북쪽 수십 미터 지점에서 또 한 척의 고려고선(펑라이 4호선)이 발굴되었는데, 용골, 용골 익판, 외판 일부만이 잔존해 있고, 다른 선재는 남아 있지 않았다.[3]

〈그림 10-1〉 발굴 당시 펑라이 고려고선(펑라이 3호선) 자료 : 『蓬萊古船國際學術硏討會文集』
(2009), f. 6.

발굴작업에 참여한 중국측 전문가들이 보고한 자료를 바탕으로 펑라
이 고려고선의 구조적 특징을 정리해 보면 다음과 같다.[4]

○ 용골 구조 : 용골은 주 용골, 선수 용골, 선미 용골로 구성되어
있으며, 주 용골은 3열의 두껍고 무거운 목판을 긴 장삭을 관통시켜
조립하였다. 중심 용골의 너비는 62㎝, 두께는 22㎝이고, 익 용골의
너비는 58㎝, 두께는 22㎝이다. 용골의 길이는 16.8m이며, 선수용골과
용골 등 2단으로 되어 있고, 용골 접합 부위 위쪽에 길이 8.2m, 너비
0.31m, 두께 0.15 m의 보강재를 부착하여 용골의 강도를 보강하였다.

○ 외판 구조 : 외판은 너비 45~62㎝, 두께 9~10㎝의 단층 목판으로
구성되었는데, 외판은 홈박이붙이 클링커 이음(상각형 탑접, groved clinker

3) 袁曉春(2009), 「古船形結构」, 『蓬萊古船國際學術硏討會文集』, pp.44~45.
4) (2009), 『蓬萊古船國際學術硏討會文集』, 李國清, pp.16~18 ; 韋文禧, pp.4~6 ; 何國
衛, pp.87~92 ; 袁曉春, pp.45~46.

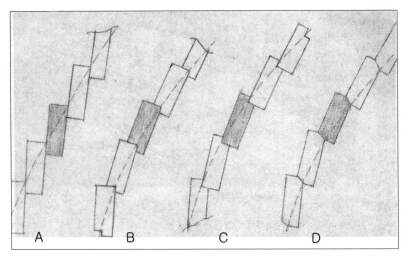

주 : A - 맞대기 이음(直平型 탑접=유럽식)
   B - 은촉홈붙이 클링커 이음(下角型 탑접=중국식, rabetted clinker joint)
   C - 홈박이붙이 클링커 이음(上角型 탑접=한선식, grooved clinker joint)
   D - 평면판 붙이 클링커 이음(斜平型 탑접=화선식, dug out clinker joint)
자료 1. 그림 : 何國衛(2009), 「蓬萊出土的三艘古代海船初探」, 『蓬萊古船國際學術研討會文集』,
       p.152.
    2. 명칭 : 이창억, 「신안 고대선의 선형 특성 및 돛에 관한 연구」, p.8.
〈그림 10-2〉 외판 결합 방식

joint) 방식으로 결합하였으며,5) 목판과 목판은 구멍을 뚫은 후 피삭을
박아 넣었으며, 그 사이마다 철정을 사용하기로 하였다.

○ 격벽 구조 : 잔존한 격벽(bulkhead)은 5개가 있는데, 본래 6~7개가
있었던 것으로 추측되고 있으며, 격벽 앞 뒤에 모두 늑골(frame)을 설치하
였는데, 이는 중국에서는 볼 수 없는 구조이다. 펑라이 고려고선에서는
한선의 횡강력재인 장삭(가룡목)은 일체 발견되지 않았다.

---

5) 이창억은 외판 접합 방식에 따라 은촉홈붙이 클링커 이음은 중국식, 홈박이붙이
   클링커 이음은 한국식, 평면판 붙이 클링커 이음은 일본식 조선법이라고 각각
   구별짓고 있다. 이창억, 「신안 고대선의 선형 특성 및 돛에 관한 연구」, p.8.

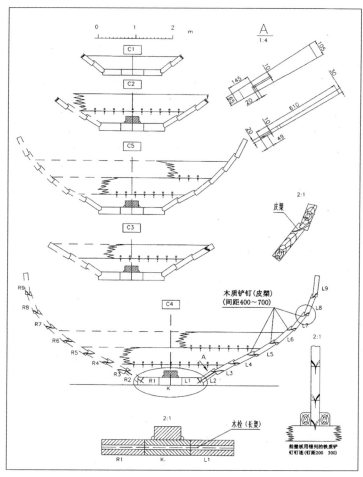

〈그림 10-3〉 펑라이 고려고선의 외판 결합 자료 : 汪敏·席龍飛·龔昌奇(2006), 「蓬萊二号
古船的型線測繪与夏原研究」, 『蓬萊古船』, p.112.

○ 돛대 지지대 : 돛대 지지를 위한 방형의 홈이 두 곳에서 발견되었는
데, 이는 펑라이 고려고선이 두대박이인 당두리였음을 의미한다. 선수
돛대 지지대는 첫 번째 격벽 뒤에 설치되어 있었고, 주 돛대 지지대는
네 번째 격벽 앞에 설치되어 있는 것으로 미루어 선수 돛대는 한선식으
로 뒤로 눕힐 수 있었고, 주 돛대는 중국선식으로 앞으로 눕힐 수

있었다.

○ 기타 : 외판과 용골, 돛대 받침대는 소나무를 사용하였고, 장삭은 상수리나무를, 피삭은 밤나무를 각각 사용하였으며, 뱃밥은 중국식 동유석회염료와는 다른 유회油灰를 사용하였다. 선내에서는 중국 북방산의 흑유자기黑釉瓷器와 청유자기靑釉瓷器, 고려 청자상감연주문대접과 청자상감연판문접시 등이 출토되었다. 펑라이 고려고선의 건조 연대는 탄소측정법 분석 결과 14세기경으로 추정되었다.

〈표 10-1〉 펑라이 고선의 주요 추정 치수

전체 길이	22.5m	갑판 길이	8.4m
수선 간장	19.2m	선폭	7.2m
설계 흘수	1.8m	선심	3.0m
방형 계수	0.504	능형 계수	0.764
수선면 계수	0.853	갑판 너비 대 저판 너비	0.296
		배수량	128.5ton

이상에서 정리한 바와 같은 특징을 바탕으로 우한이공대학武漢理工大學의 왕민과 시롱페이 교수 등이 펑라이 고려고선의 원형을 추정 복원하였다. 이들은 펑라이 고려고선의 주요 치수를 〈표 10-1〉과 같이 추정하고,[6] 그 복원도를 제작하였다(〈그림 10-4〉 참조). 복원된 펑라이 고려고선은 바닥이 평평한 평저선으로서, 흘수가 작고, 수선면 아래 부분이 동이盆 형태의 횡단면을 나타내고 있으며, 방형계수와 장폭비가 작다.

---

6) 汪敏·席龍飛·龔昌奇(2009), 「蓬萊二号古船的型線測繪与夏原研究」, 『蓬萊古船國際學術研討會文集』, p.106.

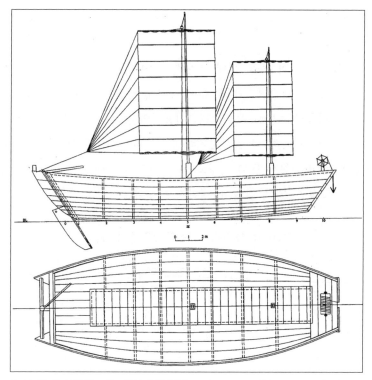

〈그림 10-4〉 펑라이 고려고선의 추정 복원도　자료 : 龔昌奇·蔡薇·席龍飛(2006), 「蓬萊二号古船的型線測繪与夏原硏究」, 『蓬萊古船』, p.117.

II. 펑라이 고려고선에 대한 여러 학자들의 견해와 평가

　이미 앞 절에서 정리해 본 것처럼, 펑라이 고려고선은 이제까지 알려진 전통 한선의 조선법과는 다른 방식으로 선체를 건조하였다. 따라서 그 건조지에 대해 중국과 한국 학계에서 다양한 견해가 제기되었다. 이 절에서는 펑라이 고려고선의 건조지에 대한 학계의 여러 견해들을 비판적으로 정리한 뒤, 필자의 견해를 제시해 볼 것이다. 먼저 펑라이 고려고선 발굴에 간여한 중국측 학자들의 견해를 정리해 보기로 한다.

얀타이시박물관烟台市博物館의 왕시핑은 펑라이 고려고선이 중국에서 건조되었을 가능성이 있다고 주장하였다. 왕시핑은 "외판을 피삭木釘을 사용하여 결합한 것은 중국선에서는 볼 수 없는 기술이지만, 용골을 3열의 목판으로 조선한 것은 산동 양산梁山에서 발굴된 명초 하선河船과 동일하고, 외판을 어린식魚鱗式 탑접 搭接 방식으로 결합한 것은 송대 천주선과 원대 신안선과 일치하며, 선재의 대부분이 북방에서 자라는 나무라는 점 등을 볼 때 중국의 북방에서 건조했을 가능성이 있다"고 주장했다.[7]

이에 반해 리궈칭, 웬쇼춘, 허궈워이, 왕민, 시롱페이 등은 한반도에서 건조되었을 가능성에 무게를 두었다. 천주해외교통박물관의 리궈칭은 "펑라이 고려고선은 중국의 복선형 해선福船型 海船과 고대 한선의 특징을 모두 갖추고 있기는 하지만, 선형과 한선 건조기술, 고대 펑라이의 대외 교류의 역사 등을 종합적으로 판단해 볼 때, 한반도에서 건조되었을 개연성이 크다"고 밝히고, "펑라이 고려고선에 복선의 특징들이 나타나 있는 것으로 보아, 고대 한중 선박건조기술이 상호 교류되었음을 보여준다는 점에서 의의가 있다"고 평가했다.[8] 발굴에 직접 간여한 펑라이시봉래각관리처蓬萊市蓬萊閣管理處의 웬쇼춘도 "펑라이 고려고선은 중국에서 출토된 최초의 외국 선박이라는 점에서 주목해야 한다"면서, "펑라이 고려고선이 상선인지 사신선인지는 불분명하지만, 한선에서는 사용한 적이 없는 중국식 조선기법을 사용하여 건조되었다는 점에서 한중간 조선기술의 교류사가 유구하였음을 보여주는 실물로서 그 역사적 의미가 있다"고 밝혔고,[9] 중국선급의 허궈워이 역시 "평저,

---

7) 蓬萊古船國際學術硏討會組織委員會(2006), 『蓬萊古船國際學術硏討會文集』, p.1.

8) 蓬萊古船國際學術硏討會組織委員會(2006), 『蓬萊古船國際學術硏討會文集』, p.18.

9) 蓬萊古船國際學術硏討會組織委員會(2006), 『蓬萊古船國際學術硏討會文集』, p.44.

평면으로 된 선수 모양, 용골을 장삭으로 연결한 것, 피삭으로 외판을 고정한 것, 상각형 탑접(홈박이붙이 클링커 이음, grooved clinker joint) 등은 고려의 전통 조선기술이고, 격벽, 용골, 돛대 받침대 등은 중국의 조선기술을 채용한 것으로서 펑라이 고려고선은 고려인들이 중국의 선진기술을 받아들여 건조한 한선이다"라고 주장하였다.[10) 펑라이 고려고선을 추정 복원한 왕민과 시롱페이 교수도 "펑라이 고려고선은 선형과 조선기술면에서 중국의 고선과는 상당한 차이가 있으며, 고대 한선임이 틀림없다"고 주장하였다.

우리나라 학자들도 펑라이 고려고선의 건조지에 대해 다양한 견해를 제시하였다. 목포해양유물전시관의 김성범 관장은 "중국은 저판으로 용골을 거치하나, 펑라이 3호선은 저판 3개를 연결하여 평평하게 건조한 것, 외판을 피삭으로 연결한 것, 외판을 한선의 전통방식인 어린식으로 결합한 것, 중국 선은 주로 마미송을 사용하나 펑라이 3호선은 소나무를 사용한 것, 고려청자류가 출토된 점 등으로 미루어 펑라이 3호선은 전통 한선"이라고 주장하였고,[11) 이원식은 진도선, 완도선, 달리도선, 군산도선, 펑라이 3호선의 주요 치수를 비교하여, "이들 고선박은 선형, 주요 치수비, 선체 선형, 선체 구조 등에서 상호간에 공통점이 있는 동종의 한선류로서, 펑라이 3호선에는 한선과는 달리 늑골과 격벽이 있다는 점에서 획기적인 발견"이라고 평가하였다.[12)

이에 반해 서울대 조선공학과의 최항순 교수는 펑라이 고려고선이 한선이라는 점은 인정하였지만, 이제까지 한선에는 발견되지 않았던 격벽이 사용된 점에 대해서는 새로운 가설을 제기하였다. 최항순 교수

---

10) 蓬萊古船國際學術研討會組織委員會(2006), 『蓬萊古船國際學術研討會文集』, pp.92~93.

11) 김성범(2006.12), 「중국 봉래 고려선박 발굴과 우리나라의 해양문화유산」, p.23.

12) 蓬萊古船國際學術研討會組織委員會(2006), 『蓬萊古船國際學術研討會文集』, pp.79~86 ; 席龍飛·蔡薇 主編(2009), 『蓬萊古船國際學術研討會文集』, pp.167~177.

는 펑라이 고려고선의 유체역학적 특성을 검토하여 중앙단면계수 0.69, 비척계수 0.54, 재화중량톤 90톤, 총톤수 160톤급의 선박으로 선형계수뿐만 아니라 저항성능과 항해성능이 중국이나 일본의 고선박과는 매우 다르며, 전통 한선의 수치와 유사하다는 점을 과학적으로 입증하였다. 최항순 교수는 펑라이 3호선에 격벽이 사용된 점에 대해 펑라이 3호선이 산동반도에 거주하던 신라인의 후예가 건조하였을 가능성과 한반도에서 건조되었으나 파손되어 산동반도에서 수리되었을 가능성 등 두가지 가설을 제시하고, 전자 보다는 후자의 가능성이 더 크다고 밝혔다. 최 교수는 장삭을 사용하여 한선으로 건조된 펑라이 3호선이 항해 중 파손되어 중국의 대목들이 수리를 하는 바람에 장삭을 제거하고, 중국식 격벽을 설치하였고, 그 과정에서 한선에서는 사용되지 않은 쇠못을 사용하게 되었을 것이라고 추정하고, 그 근거로 잔존한 삼판에 뚫린 구멍 자국이 장삭을 꽂았던 자국인 것으로 보인다고 보고하였다.[13] 하지만 최항순 교수의 주장에 대해 왕민 발굴팀장 등은 펑라이 3호선에서는 장삭을 꽂았던 구멍 흔적은 발견되지 않았으며, 격벽은 사후에 설치된 것이 아니라 건조 당시부터 설치된 것이라고 반박하였다.[14]

이상에서 정리해 본 바와 같이, 왕시핑을 제외한 대다수의 중국 학자들과 우리나라 연구자들은 펑라이 3호선이 한반도에서 건조된 한선이라는 데 대해서는 의견의 일치를 보이고 있다. 그런데 중국 학자들은 펑라이 고려고선이 한선에서는 이제까지 알려진 바 없는 격벽과 늑골로 횡강력을 보강한 사실에 대해 한국인들이 중국의 선진

13) 蓬萊古船國際學術硏討會組織委員會(2006), 『蓬萊古船國際學術硏討會文集』, pp.53~ 60 ; 席龍飛·蔡薇 主編(2009), 『蓬萊古船國際學術硏討會文集』, pp.225~235 ; 최항 순(2006), 「봉래고선 : 국제학술대회 보고」, 『해양과 문화』, pp.64~69.
14) 蓬萊古船國際學術硏討會組織委員會(2006), 『蓬萊古船國際學術硏討會文集』, p.69 ; 席龍飛·蔡薇 主編(2009), 『蓬萊古船國際學術硏討會文集』, pp.178~185.

조선기술을 채용했다는 점을 강조하여 한국 조선기술 교류사를 입증하는 데 귀중한 자료가 된다는 점을 부각시키고 있는 반면, 우리나라 학자들은 펑라이 3호선이 한선이라는 점을 입증하는 데 주력한 나머지, 정작 펑라이 3호선이 가지는 중요한 의미를 해석하는 데는 주의를 기울이지 못했다.

필자의 견해로는 펑라이 고려고선이 한국선박사 연구에서 중요한 의미를 갖는 것은 외국에서 발굴된 최초의 한선이라거나, 격벽으로 횡강력을 보강한 최초의 한선이라는 사실에 있는 것이 아니다. 그것은 펑라이 고려고선의 발굴로 한선이 뗏목을 발전시킨 저차원의 조선술로 건조할 수 있는 연안선에 머물렀던 것이 아니라, 격벽과 늑골을 갖춘 고차원의 조선술로 건조한 대양 항해선도 있었음이 실물로서 입증되었다는 점이다. 이제까지 격벽이나 늑골이 없다는 점을 한선의 주요한 특징으로 꼽았었다. 하지만 펑라이 고려고선의 발굴로 이와 같은 주장이 그릇되었음이 입증되었다. 그렇다면 이제까지 한선에는 격벽과 늑골이 없다는 것이 하나의 정통론으로 자리 잡게 된 경위는 무엇이고, 격벽과 늑골을 갖춘 펑라이 고려고선은 한국선박사 연구에 어떠한 의미를 지니는가?

이미 앞에서 살펴본 바와 같이, 우리나라 선박사 연구에서 한선의 주요한 특징으로 격벽이나 늑골이 없다는 점을 지적한 사람은 언더우드 박사가 처음이고, 이를 재확인하여 하나의 정설로 만든 사람은 김재근 교수였다. 이들이 한선에는 격벽이나 늑골이 없다고 주장할 수밖에 없었던 것은 나름대로 이유가 있었다. 언더우드 박사는 이미 일제의 통치가 20여 년이 경과하여 전통 원양선은 자취를 감추고 소수의 강선들만이 한선의 명맥을 유지하고 있던 1930년대에 현장 답사를 통하여 한선, 정확히는 일제하 한국의 강선과 어선을 연구하였고, 김재근 교수 또한 『각선도본』, 〈논병선화차제비어지구〉, 〈조선식도〉

등의 사료와 완도선 등의 발굴선 등을 토대로 한국선박사를 집대성하였다.

언더우드 박사와 김재근 교수가 한국선박사를 연구하는 데 이용된 주된 사료 또는 실물 자료들은 모두 연안선들이었다. 연안선들은 한반도의 연안에서 하루 이틀 정도의 항해에 사용할 목적으로 건조하기 때문에 장삭으로 횡강력을 보강하는 것만으로 감항성을 충분히 확보할 수 있다. 그러나 파도가 높고, 너울의 주기가 긴 원양에서는 장삭만으로는 횡강력을 보강하기 어렵다. 펑라이 고려고선이 발굴되기 이전에 원양선과 관련한 사료나 실물이 전혀 없었던 상황에서 언더우드 박사와 김재근 교수는 연안선만을 대상으로 연구할 수밖에 없었다. 그 결과 그들은 한선에는 격벽이나 늑골이 없다고 단언할 수 있었고,[15] 이들의 주장을 뒤집을 만한 사료나 발굴 선박이 부재한 상황에서 이들의 설은 하나의 정설로 자리하게 되었다.

그러나 펑라이 고려고선의 발굴로 한선에는 격벽이나 늑골이 없다는 기존 견해는 연안선만을 연구할 수밖에 없었던 상황에서 제시된 그릇된 견해임이 입증되었다. 이제 한국선박사에서 한선에는 격벽과 늑골이 없이 장삭으로 횡강력을 보강했다는 주장은 연안선에만 적용되는 것으로 수정되어야 하며, 원양용 한선에는 격벽과 늑골로 횡강력을 보강했다는 사실이 새로운 정설로 수립되어야 할 것이다.

---

15) 필자는 2006년 8월 22~24일 중국 펑라이에서 개최된 발표회에서 한국선박사 연구 개관에 관한 논문을 발표하면서 이와 같은 견해를 구두로 밝혔다. 이러한 견해에 대해 네덜란드 Delt 대학의 Dirkse 교수와 포르투갈의 고고학연구소 (Portuguese Institute of Archeology)의 Jean-Yves Blot 박사는 전적으로 동감을 표시하였으나, 한국 참석자들은 이에 대해 이렇다 할 관심을 기울이지 않았다. 김성범 관장과 최항순 교수는 학술대회 참가 이후 국내에 발표한 글에서 이에 대해 전혀 논급하지 않았다.

평라이 고려고선은 전통 한선의 조선법과 중국식 조선법을 결합하여 건조된 독특한 구조적 특징을 갖고 있다. 따라서 발굴 주체인 중국과 우리나라의 조선 전문가들은 그 건조지에 대해 다양한 관점에서 분석을 시도하였고, 그 결과 평라이 고려고선이 한선이라는 데 대해서는 공감대를 형성하였다. 이제까지 학계에서 제시된 견해를 바탕으로 평라이 고려고선의 조선법을 정리해 보면, 용골을 거치하지 않고, 저판 3열을 장삭으로 결합한 점, 외판을 홈박이붙이 클링커 이음(상각형 탑접) 방식으로 접합하여 피삭으로 고정한 점, 앞 돛대를 뒤로 눕힐 수 있도록 돛대 버팀대를 설치한 점 등은 전통 한선의 조선법이며, 저판 중앙에 보강재를 덧댄 점, 횡강력재로 격벽을 설치한 점, 주 돛대를 앞으로 눕힐 수 있도록 한 점 등은 중국식 조선법이다. 하지만 격벽의 앞뒤에 늑골을 덧댄 것과 동유석회염료로 뱃밥을 사용한 것 등은 중국선에서는 나타나지 않은 특징이다(〈표 10-2〉 참조).

〈표 10-2〉 평라이 고려고선의 구조적 특징

선체 부재	조선법	비고
용골	저판 3열을 장삭으로 연결	한선식
용골 보강재	중앙 저판 위에 보강재를 댐	중국식 용골과 한선식 저판을 결합
외판	홈박이붙이 클링커 방식으로 결합	한선식
외판 결합재	피삭과 철못을 혼용	한선에서도 피삭과 철못을 혼용하기도 하였음
횡강력재	격벽	일반적으로 중국식으로 보여지며, 한선에서는 최초 발견
횡강력 보완재	격벽 앞 뒤에 늑골을 덧 댐	중국선에서는 사용되지 않음
돛대	앞 돛대는 뒤로 눕힐 수 있고, 주 돛대는 앞으로 눕힐 수 있도록 건조	앞 돛대는 한선식, 주 돛대는 중국식
뱃밥	동유석회염료	중국에서는 발견되지 않음

그동안 한국선박사 연구에서 한선에는 격벽과 늑골이 없다는 점을 가장 주요한 특징으로 꼽았었다. 이러한 주장은 언더우드 박사가 처음

으로 제시하였고, 김재근 교수가 정설로서 확립하였다. 그러나 이들 연구자들은 모두 연안선만을 연구대상으로 삼았다는 한계를 지니고 있었다. 하지만 원양 항해선인 펑라이 고려고선이 발굴됨으로써 한선에도 격벽과 늑골이 있다는 점이 실물로서 입증되었다. 따라서 한국선박사 연구에서 한선의 특징으로 격벽과 늑골이 없이 장삭으로 횡강력을 보완하였다는 기존의 주장은 이제 재고되어야 한다. 나아가 펑라이 고려고선이 역사상 단 한 척 밖에 건조된 선박이 아니었을 개연성이 크다는 점에 대해서도 주목해야 한다. 만약 펑라이 고려고선과 같이, 격벽과 늑골을 설치한 한선이 추가로 발굴되거나, 이를 입증할 사료가 발견될 경우 격벽과 늑골로 횡강력을 보강한 것이 중국 고유의 조선법으로 인정되고 있는 기존의 견해는 수정될 수밖에 없다. 그렇게 된다면 펑라이 고려고선에서 격벽과 늑골을 설치한 것을 중국식 조선법을 채용한 것으로 해석하는 현재의 견해도 전면적으로 재검토될 수 있을 것이다.

11장

최부의 『표해록』과 항해선박사

Ⅰ. 『최부 표해록 역주』에 대한 항해학적 검토

『표해록』은 한국의 대표적 해양문학 작품으로 평가되고 있으며, 그 가운데서도 최부의 『표해록』은 기록자의 인품이나 기록의 정밀성 등 여러 면에서 표해록 중에서도 최고의 작품으로 손꼽히고 있다. 이미 최부의 표해록 번역본이 몇 차례 출판된 바 있지만, 이번 박원호 교수의 번역본은 들인 공력과 성실성, 그리고 풍부한 역주 등 모든 면에서 가장 뛰어난 작품이라고 평가할 수 있다.[1] 그러나 항해 전문가 의 입장에서 보면 몇 가지 아쉬운 번역이 있어 여기에서 이를 바로 잡고자 한다.

---

[1] 최부, 박원호 역주(2006), 『최부의 표해록 역주』.

1. 『최부 표해록 역주』에 대한 항해사적 검토

사소한 편집과정에서의 오탈자나 실수 등은 특별한 설명이 필요하지 않을 것이기 때문에 표로 정리해도 무방할 것이나, 항해 관련 문장을 직역하는 과정에서 발생한 번역상의 오류를 교정하고자 할 때에는 그에 대한 적절한 설명이 필요할 것이다. 따라서 여기에서는 항해와 관련한 문장의 번역문 중 항해 전문가의 입장에서 보았을 때 이상하거나 잘못된 번역문을 찾아 적절한 번역문을 제시해 보고자 한다.

1) 순풍順風

"바람을 따라"(p.33)라고 번역하였으나, 이보다는 "순풍을 타서" 또는 "뒷바람을 타서"라고 번역하는 것이 옳을 듯하다. 돛단배의 경우 바람이 뒷바람일 경우 바람이 불어가는 방향으로 항해할 수 있는 것이지, 바람이 불어 지나간 뒤에 바람을 뒤따라가는 것은 아니기 때문이다.

2) 종풍소지從風所指

"바람 부는 대로"(p.33)라고 번역하였으나, 이보다는 "바람 따라 뱃머리가 가리키는 대로"라고 구체적으로 번역해 주는 것이 옳을 듯하다.

3) 퇴류지退流至

"뒤로 흘러내려"(p.33)로 번역하였으나, 이보다는 "뒤로 떠밀려"로 번역함이 옳을 듯하다. 배는 흘러내리는 것이 아니라 바람과 물결에 떠밀리고 있기 때문이다.

4) 초공梢工

'사공'(passim)으로 옮겼으나, 최부가 언급한 초공梢工은 김고면이다.

256

역자로서는 초공이란 역어가 일반인들에게 생소하기 때문에 사공이라고 옮겼을 것이나, 사공이라고 번역하면 뱃사람 일반을 의미할 수도 있기 때문에 오히려 독자들에게 혼란을 줄 수 있다. 최부가 초공이라고 적시한 사람은 김고면이기 때문에 '사공 김고면'이라고 번역해주는 것이 좋을 듯하다.(pp.36, 92, 352 등과 원문 참조)

5) 집고執篙

"상앗대를 잡고도"(p.39)로 옮겼으나, 일반인들은 '상앗대'란 낱말보다는 삿대란 말이 친숙하기 때문에 '삿대를 잡고도'로 옮기는 것이 좋을 듯하다.

6) 건 외간 이위장建 桅竿 以爲檣

"상앗대를 세워서 돛대를 만들고"(p.41)로 옮겼으나, 여기에서 "외간桅竿"이 상앗대, 즉 삿대는 아닌 것으로 보인다. 외간桅竿은 글자 자체만으로는 '돛대와 장대'라는 뜻인데, 이는 돛대가 부러졌을 경우 대체하기 위해 배에 싣고 다녔을 것으로 보이는 여분의 돛대용 장대일 가능성이 커 보인다. 우리나라의 전통선인 한선의 돛대는 뒤로 눕힐 수 있도록 되어 있다. 한선의 경우 돛대는 선저판에 고정한 구레짝에 돛대의 밑바닥을 끼우고, 상갑판에서 다시 쐐기를 사용하여 고정한다. 만약 풍향이 맞바람일 경우 쐐기를 빼거나 조정하여 돛대를 뒤로 눕힐 수 있도록 되어 있다. 따라서 원문은 "장대를 세워서 돛대를 만들고"로 옮기는 것이 옳을 듯하다.

7) 벽구장지본이위정劈舊檣之本以爲矴

"그 돛대의 밑둥을 잘라서 닻을 만들었다"(p.41)고 옮겼으나, 이는 "옛 돛대의 밑둥을 잘라 돌닻矴을 만들었다"[2]고 옮기는 것이 타당할 듯하다. 여기에서 정矴을 단순히 닻으로 옮길 경우 독자들에게 혼란을 야기할 수 있다. 닻이라고 하면 닻가지와 닻채 등이 있는 서양식 anchor 와 유사한 전통 닻을 상상할 것이기 때문이다.

중국에는 세 가지 종류의 닻이 있었다. 서양의 anchor와 유사한 철제 닻을 묘錨라고 하고, "넝쿨과 같은 천연의 식물로 만든 줄에 돌을 묶어서 만든 것"을 정碇(또는 矴), 나무와 돌을 함께 묶어 만든 닻을 정椗이라고 했다.3) 이를 우리말로 옮긴다면 묘錨는 쇠닻, 정碇은 돌닻, 정椗은 나무돌닻木石錨이라고 할 수 있을 것이다. 우리나라의 경우 쇠닻은 일체 사용되지 않았고, 돌닻과 나무로 서양식 anchor와 비슷한 형태의 닻 두 종류를 사용했다.

따라서 원문의 경우 돛대의 밑둥을 쪼개 닻으로 활용하고자 하였으므로 엄밀히 얘기한다면 돌닻矴이라고 표기할 수 없고 나무닻이라고

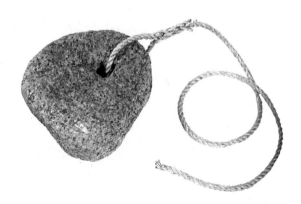

〈그림 11-1〉 돌닻 자료 : 전우홍, 『해양유물수집도록』(미출간), p.34.

---

2) 보다 정확하게는 "돛대의 밑둥을 잘라낸 뒤 구멍을 내어 돌닻을 만들었다"고 해야 할 것이다. 구멍을 내어야 닻줄을 연결할 수 있기 때문이다. 그래서 최부가 劈을 썼던 것은 바로 잘라낸 돛대 밑둥에 구멍을 냈다는 것을 표현하고자 했기 때문이다.

3) 水運技術詞典編輯委員會 편(1980), 『水運技術詞典』, p.172 ; 허일·김성준·최운봉 (2005), 『중국의 배』, pp.141~142.

해야 옳으나, 나무닻을 뜻하는 한자어가 마땅치 않아 矴이라고 표현하였으므로, 여기에서는 비상시 임시방편으로 돛대 밑둥으로 돌닻 형태를 만든 것이므로 원문대로 돌닻으로 해도 무방할 듯하다.

8) 풍우변동이북, 권산추지타향서風又變東而北, 權山猶指舵向西

"동풍이 변하여 북풍이 부는데, 권산은 그래도 키를 서쪽을 가리켜 향하였습니다."(p.44)라고 옮겼으나, 이는 원문을 직역한 데서 오는 오류인 듯하다.

이 상황은 계속 동풍이 불다가 바람이 북풍으로 바뀌었는데, 영선 권산이 키를 계속 그대로 잡고 있었다는 것을 의미한다. 당시는 야간이었고, 동풍이 부는 동안 배는 서쪽(즉 중국 쪽)으로 항해하고 있었다. 동풍이 불고 서쪽으로 가고자 했기 때문에 키는 특별히 조종할 필요가 없었다. 그런데 바람이 북풍으로 바뀌었다. 북풍이 배의 돛에 영향을 주어 배는 남쪽으로 향하려고 했을 것이다. 그런데 권산이 계속 키를 그대로 잡고 있으면서 뱃머리를 서쪽으로 향하게 하고 있었다. 뱃머리는 서쪽을 향하고 있고, 북풍이 불고 있었으므로 바람을 오른쪽 뱃전 정면으로 받게 된 위험한 상황이었다. 따라서 다음 문장에 "사나운 물결이 솟구치고 봉옥으로 밀려들었다"고 표현하였다.

그리고 키는 동쪽이나 서쪽으로 향하게 할 수가 없다. 동풍이 부는 동안 서쪽으로 향하여 가고자 했으므로 키는 특별히 사용할 필요가 없었다. 만약 북풍으로 풍향이 바뀌었음에도 뱃머리가 서쪽으로 향하고 있었다면, 권산은 뱃머리를 남쪽으로 회두시키는 북풍의 힘을 상쇄시키기 위해 왼쪽으로 키를 돌렸을 것이다. 현대 상선의 키는 최대 35도 이상 좌우로 돌릴 수 없다. 전통 한선의 키도 선미에 뱃전판이 뒤까지 뻗어 나와 있기 때문에 대략 좌우 35도 이상 돌릴 수 없다. 따라서 뱃머리가 서쪽이었다면 권산은 북풍이 뱃머리를 남쪽으로 돌리려는 힘을 상쇄시키기 위해 키를 왼쪽, 즉 대략 북동 방향으로 돌리고 있었을 것이다. 만약 뱃머리가 이미 북풍의 영향을 받아 남쪽을 향하고 있었다면, 권산은 서쪽으로 향하게 하려고 키를 최대한 왼쪽, 즉 북서 방향으로 돌리고 있었을 것이다. 키가 서쪽을 향한다는 표현이 맞으려 면 뱃머리가 남동쪽을 향하고 있을 때이다.

따라서 원문은 "바람이 다시 동풍에서 북풍으로 변하였는데도, 권산 은 키를 그대로 잡고 배가 서쪽으로 향하도록 했습니다."라고 옮기는 것이 타당할 듯하다.

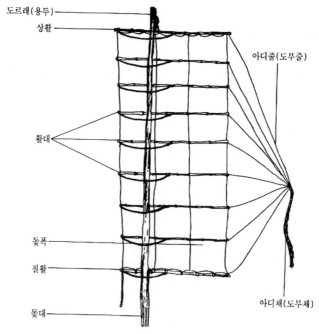

도르래(용두)
상활
아디줄(도부줄)
활대
돛폭
짚활
돛대
아디채(도부채)

〈그림 11-2〉 한선의 돛 자료 : 이원식(1990), 『한국의 배』, p.12.

9) 역친남범변아도亦親攬帆邊阿綯

"돛대가의 밧줄을 직접 잡고"(p.50)로 옮겼으나, 이는 "돛의 가장자리의 아딧줄을 직접 움켜잡고"로 옮기는 것이 좋을 듯하다(그림 11-2 참조).

10) 동풍복기 우순풍지타우서東風復起 又順風指舵于西

"동풍이 다시 일었으므로 또 바람 부는 대로 키를 서쪽으로 맞추어 갔습니다"(p.61)로 옮겼으나, 이는 "다시 동풍이 불었으므로 순풍을 타고 키를 잡아 서쪽으로 향하였습니다."로 옮김이 타당할 듯하다.

11) 주종풍소구舟從風所驅

"배는 바람이 모는 방향대로 나아갔습니다"(p.62)라고 옮겼으나, 이는 "배는 바람이 부는 대로 나아갔습니다"로 옮겨도 좋을 듯하다.

12) 건석주 작옥랑어하중백여보 남주어랑하建石柱 作屋廊於河中百餘步 纜舟於廊下

"돌기둥을 세워 강 가운데에다 100여 보쯤에 행랑집을 지었는데, 배를 행랑 아래에 닻줄로 매어 두었습니다"(p.167)라고 옮겼으나, 이는 "돌기둥을 세우고 강 가운데 100여보 쯤에 부교浮橋(pontoon)를 만들었는데, 배를 부교 아래 돌기둥에 매어 두었습니다"로 옮기는 것이 옳을 듯 하다.

13) 장주撑舟

"노를 저어"(p.232)로 번역하였으나, 여기에서의 장撑은 삿대로 미는 행위를 가리킨다. 이에 대해서는 번역문 339쪽에 "물이 얕으면 상앗대를 쓰고撑舟, 물이 깊으면 노로 저었습니다棹舟"라는 문장에서 확인할 수 있다.

이상의 내용과 사소한 오탈자 등을 표로 정리하면 다음과 같다.

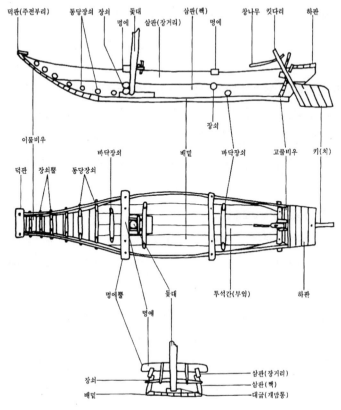

덕판(주전부리)　동당장쇠　장쇠　돛대　삼판(짝)　창나무　킷다리　하판
멍에　삼판(장거리)　멍에

이물비우

덕판　장쇠뿔　동당장쇠　바닥장쇠　뱃밑　바닥장쇠　고물비우　키(치)

장쇠

멍에뿔　돛대　투석간(부엌)　하판
멍에

장쇠　삼판(장거리)
뱃밑　삼판(짝)
대급(개밤통)

〈그림 11-3〉 한선의 구조　자료 : 이원식(1990), 『한국의 배』, p.11

쪽수/위치	번역문	원문	검토 의견
28/하 2줄	병방진무 고익견과 오순 등	兵房鎭撫　高益堅, 吳純 等	병방 고익견과 진무 오순 등
33/상 4줄	바람을 따라	順風	순풍을 타서 또는 뒷바람을 타서
33/상 6줄	바람 부는 대로	從風所指	바람 따라 뱃머리가 가리키는 대로
33/하 1줄	뒤로 흘러 내려	退流至	뒤로 떠밀려
34/하 4줄	놀란 파도와 무서운 물결	驚壽畏浪	직역 : 놀랄 만한 파도와 무서운 물결 의역 : 무서울 정도로 높은 파도와 물결

34/하 3줄	돛이 모두 부서져 버렸습니다.	帆席盡破	돛이 모두 찢어져 버렸습니다.
34/하 2줄	높고 큰 돛대 2개	舟以二檣高大	배는 두 돛대가 높고 커서
35/상 3줄	뱃사공	梢工	사공 김고면(p.352)
39/하 2줄	상앗대를 잡고도	執篙	삿대를 잡고도
41/6일 2줄	상앗대를 세워서 돛대를 만들고	建 桅竿 以爲檣	장대를 세워서 돛대를 만들고
41/6일 3줄	그 돛대의 밑둥을 잘라서 닻을 만들었다.	劈舊檣之本以爲矴	옛 돛대의 밑둥을 잘라 돌닻矴을 만들었다.
41/하 6줄	사공	梢工	사공 김고면
44/상 7줄	동풍이 변하여 북풍이 부는데, 권산은 그래도 키를 서쪽을 가리켜 향하였습니다.	風又變東而北, 權山猶指舵向西	바람이 다시 동풍에서 북풍으로 변하였는데도, 권산은 키를 그대로 잡고 배가 서쪽으로 향하도록 했습니다.
45/8일 1줄	배는 다시 뒤로 물러나	舟復退流	배는 다시 뒤로 떠밀려
46/하 4줄	동남방으로 거슬러 가게 되니	逆向東南	거꾸로 동남방으로 향하게 되니
50/하 1줄	돛대가의 밧줄을 직접 잡고 풍랑을 보아가며 놓아주기도 하고 당기기도 하였습니다.	亦親攬帆邊阿綯 視風波 或縱或引	돛의 가장자리의 아딧줄을 직접 움켜 잡고, 풍파를 보아가며 놓아주기도 하고 당기기도 하였습니다.
51/13일 5줄	배는 닻과 노를…침몰될 날 또한 가까이 닥쳐왔습니다.		닻과 노를 도적이 던져버렸고,…배는 또한 침몰될 날이 가까이 닥쳐왔습니다.
58/하 4줄	임시 닻을 만들어	爲假碇	임시 닻돌碇을 만들어
61/15일 1줄	동풍이 다시 일었으므로 또 바람 부는 대로 키를 서쪽으로 맞추어 갔습니다.	東風復起 又順風指舵于西	다시 동풍이 불었으므로, 순풍(뒷바람)을 타고 키를 잡아 서쪽으로 향하였습니다.
61/15일 5줄	비록	雖	비록이란 해석 필요 없음
62/16일 3줄	인가가 있는 듯 하였습니다.	意有人煙	사람이 피우는 연기가 피어오르는 듯하였습니다.
62/16일 4줄	동풍을 타고 이르러	駕東風而至	동풍을 타고 다가가
62/하 3줄	배는 바람이 모는 방향대로 나아갔습니다.	舟從風所驅	배는 바람이 부는 대로 나아갔습니다.
66/하 5줄	풍랑을	風濤	바람과 파도를
71/상 2줄	호송하였습니다	遞送	재촉하여 쫓았습니다. 또는 체송하였습니다.(p.72 참조)
136/상 7줄	육화탑 보였습니다.		육화탑이 보였습니다.
148/상 4줄	만랄가		각주에 "말라카"
153/상 9줄	선거船渠[4]	塢外	선가대船架臺

167/상 3줄	돌기둥을 세워 강 가운데에다 100여 보쯤에 행랑집을 지었는데, 배를 행랑 아래에 닻줄로 매어 두었습니다.	建石柱 作屋廊於河中 百餘步 纜舟於廊下	돌기둥을 세우고 강 가운데 100여 보쯤에 부교 浮橋(pontoon)를 만들었는데, 배를 부교 아래 돌기둥에 매어 두었습니다.
169/하 4줄	밤에 또 비를 무릅쓰고 바람이 부는 방향을 따라가서	夜又冒雨順風	밤에 또 비를 무릅쓰고 순풍을 타고
180/상 6줄	사신 갔었는데		사신으로 갔었는데
184/상 1줄	성명을 잊은 무석현의 지현		무석현의 지현(이름은 잊었음)
223/상 4줄	조금 배를 정박시켰다가	少停舟	잠시 배를 정박시켰다가
232/하 1줄	노를 저어	撑舟	삿대로 배를 밀어(p.339 참조)
310/12일 2줄	중좌천호소이었습니다		중좌천호소였습니다.
332/상 7줄	협기(夾기)	夾济	협분夾济
332/상 11줄	근성(근城)		은성鄞城

이상으로 박원호 교수가 역주한 최부의 『표해록』을 항해 전문가로서 검토하여 보았다. 여기에서 지적된 것 중 사소한 것들도 있고, 낱말에 대한 역자와 평자의 기호의 차이에서 비롯된 것들도 있지만, 항해와 관련된 몇몇 문장은 항해에 대한 이해가 부족한 상태에서 원문을 직역하는 과정에서 비롯된 잘못된 번역도 있다.

평자가 이 번역서에서 항해 관련 부분에 나타난 몇 가지 오류를 찾아냈다고 하더라도 그것이 이 번역서의 가치를 손상시키지는 못할 것이다. 우리나라 출판계에서 출판된 허다한 해양 관련 서적에서 발견되는 오역에 비한다면 이 번역서에서 평자가 찾아낸 오류들은 그야말로 '새 발의 피'에도 미치지 못하기 때문이다. 여러 판본에 대한 비교 검토와 세세한 역주 등만으로도 이 번역서는 우리 학계에 소중한 자산으로 평가될 것이다. 만약 평자가 지적한 몇몇 오류들이 수정된다면 평자로서는 학계에 조금이나마 기여하는 것이 될 것이다.

---

4) 선거는 영어의 dock를 일본인들이 번역한 말로 dry dock는 건선거, floating dock는 부선거 등의 용례로 쓰인다. 원문의 塢外는 흙으로 둑을 쌓은 뒤 그 위에 나무를 깔아 배를 끌어댈 수 있게 한 시설로서 선가대라고 표현하는 것이 옳을 듯하다.

II. 표해록에 나타난 조선시대 선원 조직과 항해술

『표해록』은 그 기록의 특이성으로 인해 일찍부터 관심을 받아왔고, 전공자에 따라 역사와 문학 등 다양한 관점에서 분석이 시도된 바 있다. 그러나 대부분의 연구자들은 국문학적 관점에서 우리 문학사에서 보기 드문 '해양문학 작품'으로 취급하거나,5) 역사학적인 관점에서 한중관계사를 논구하는 데 그쳤다.6)

최근 고려대 박원호 교수가 최부의 『표해록』에 대한 기존 번역서들의 문제점을 다양한 원본과 비교 검토하여 『표해록 역주』를 출판하고, 기존 연구논문들을 종합적으로 재검토하여 『표해록 연구』를 출판한 바 있다.7) 하지만 박원호 교수의 연구 또한 한중 관계사와 역사학적인 관점에 국한되었고, 항해사적인 관점에서 행한 연구는 표류한 행적을 분석한 연구밖에 없었고,8) 항해술이나 선원의 조직 등에 대해서는 아직 이렇다 할 연구가 없었다.

이 글에서는 최부의 『표해록』(이하에서는 『표해록』이라 함)에 나타난 조선시대 선박의 선원 조직과 그 항해술에 대해 정리해 보고, 장한철의 『표해록』과 검토함으로써 두 선박이 표류 결과 상이한 결과를 내게 된 원인이 무엇이었는지를 정리해보고자 한다.

---

5) 윤치부(1993), 『한국해양문학연구』; 최강현(1981), 『한국해양문학연구』.

6) 고병익(1970), 「최부의 금남표해록」; 서인범(2003), 「최부 표해록 연구 - 최부가 묘사한 중국의 강북과 요동」; 박원호(2006), 『최부 표해록 연구』.

7) 최부의 표해록에 대한 연구성과에 대해서는 박원호 교수가 상세하게 정리한 바 있다. 박원호(2006), 『최부의 표해록 역주』; 박원호(2006), 『최부 표해록 연구』.

8) 주성지(2002), 「표해록을 통한 한중항로 분석」.

1. 최부의 『표해록』에 나타난 선원 조직

시기에 따라 다소 차이가 있었지만, 숙종 32년(1706) 천호제千戶制와 조역제漕役制가 혁파되기 이전 조운선의 운항 조직을 정리해 보면 대체로 다음과 같았다. 조운선 체계에서는 격군과 사공이 배를 운항하는 선원이었고, 영선과 통령, 천호는 각각 조운선을 영솔領率하는 관리에 해당한다. 18세기 조운선의 승선 인원은 최대 50~60명, 최소 30명 정도였다. 조운선은 30척을 한 선단을 이루어 운행되었으며, 척당 사공 1명, 격군 15명 등 16명을 기본 정원으로 하였으며, 세곡을 책임지는 감관監官과 관리 보조인 색리色吏가 탑승하였기 때문에 척당 승선원은 20명 내외였다.[9]

〈표 11-1〉 조운선의 조직과 인원

직명	직무	인원
해운판관海運判官	수조輸漕 책임	1-다수
천호千戶	30척 통솔	1
통령統領	10척 통솔	1
총패摠牌	군역에 종사하는 선원 인솔자	1
영선領船	1척 통솔, 배의 운항 실무 총책	1
영압관領押官	출발, 도착시 대형 유지 감독	1
감관監官, 색리色吏	질서 유지, 전세 취환取換 금지 감독	1-다수
압령차사원押領差使員	적재 물량 감독	1
물길안내인	수로 지휘, 증빙문서 전달	2-3
사공沙工	배의 운항 실무	1
조졸漕卒=격군格軍, 조군漕軍, 선군船軍	노잡이	다수

자료 : 『經國大典』 戶典 漕轉 : 『大典會通』 戶典 漕轉 ; 이원철(2002), 「조선시대 해운 용어에 관한 소고」, pp.303~304 ; 김강식, 「조선시대 선원의 조직과 운영」, 부산경남사학회 4월 학술발표회, 2021.4.23, p.19.

---

9) 고동환(2003), 「조선후기 상선의 항행조건 - 영호남 해안을 중심으로」, 『한국사연구』 123, p.312.

천호제는 숙종 32년에 혁파되고 그 임무가 도사공都沙工에게 위임되었다.[10] 사공과 도사공의 관계에 대해서는 명확하게 밝혀진 바는 없지만, 사공은 노를 젓는 격군과는 구별되는 선원의 우두머리로서 선박 운항의 책임자라고 할 수 있으며, 도사공은 사공의 우두머리로서 사공과 같은 배에 승선하여 사공을 지휘하는 사람이 아니라 선단을 지휘하는 위치에 있었던 사람으로 보인다.[11] 천호제와 조역제가 혁파된 뒤, 조선은 세곡 운송의 책임을 사공에게 위임하였는데, 사공은 휘하의 격군을 선발하여 조운선에 승선하여 세곡을 경창에 납부하고 고가雇價를 받았다.

최부는『표해록』에 함께 표류한 사람들의 신분과 이름을 명확히 기록해 놓았는데, 이를 근거로 하면 총 승선원 43명 중 선박 운항에 관계된 선원은 20명이었다(〈표 11-2〉 참조).

〈표 11-2〉 표해록에 나타난 선원

지위	이 름
총패	허상리
영선	권산
사공	김고면
격군	김괴산, 소근보, 김구질회, 현산, 김석귀, 고이복, 김조회, 문회, 이효태, 강유, 부명동, 고내을동, 고복, 송진, 김도종, 한매산, 정실

자료 : 박원호(2006), 『최부 표해록 역주』, pp.36~37.

조선시대 조운선의 운항 조직과 비교해 보았을 때, 최부와 동승한 선인船人 가운데 사공과 격군은 배를 직접 운항하는 데 관계된 선원이라는 것은 의문의 여지가 없고, 조운선에서 관리역이었던 영선도 조운지역이 아니었던 제주도에서는 배를 직접 운항하는 선원의 최고 우두머리

---

10) 『비변사등록』 제57책, 숙종 32년 10월 1일조 ; 최완기(1989), 『조선후기 선운업사 연구』, pp.60~61.
11) 이원철(2002), 「조선시대 해운 용어에 관한 소고」, p.302.

였다고 하겠다. 총패 또한 『표해록』의 다른 문장을 근거로 할 때, 배의 운항과 관련한 선원이라고 할 수 있을 것이나, 직접 배를 운항하는 선원이 아니라 통령과 천호처럼 선원을 영솔하는 관리직이었던 것으로 생각된다. 이들 선원들은 모두 제주도 사람으로서 승선 당시 모두 군인 신분이었다.[12]

이제까지 조선시대 선박의 선원 조직에 대해서는 격군은 노를 젓고, 사공은 배를 지휘하는 책임자 정도라고 알려진 것 외에는 없다. 다행히 최부의 『표해록』에는 선인들이 항해 도중 구체적으로 어떠한 일을 했는지에 대해 기록되어 있으므로 이를 분석해보면 조선시대 선원들의 역할과 임무를 파악할 수 있을 것이다. 『표해록』에 나타난 선박 운항 관련 기사들을 정리해 보면 다음과 같다.

○ 진무鎭撫 안의가 "동풍이 알맞으니 떠날 만하다."라고 하였다.(윤1월 3일)

○ 5리쯤 노 저어가니, 군인 권산과 허상리 등이 … "별도포로 돌아가 순풍을 기다렸다가 다시 떠나도 늦지는 않을 것"이라고 말했습니다.(윤1월 3일)

○ 안의가 … "돛을 펼치고 가도록 소리쳐 명했습니다."(윤1월 3일)

○ 권산은 키를 잡고 바람 부는 대로 수덕도를 지나 서쪽으로 갔습니다.(윤1월 3일)

○ 권산은 배를 움직이며 어느 방향으로 향하는지 알지 못했고, 총패 상리와 격군 구질회 등은 상앗대를 잡고도 어찌해 볼 수가 없었습니다.(윤 1월 4일)

○ 신은 영선 권산, 사공 고면, 격군 이복 등에게 말하기를 "너희들은

---

12) 박원호(2006), 『최부 표해록 역주』, p.92.

키를 잡아 배를 바로 잡고 있으니, 방향을 몰라서는 안된다."(윤1월 8일)

- ○ 권산은 … 있는 힘을 다해 배를 몰았습니다. 효자와 정보 등도 또한 돛 가장자리의 밧줄을 직접 잡고 풍랑을 보아가며 놓아주기도 하고, 당기기도 하였습니다.(윤1월 11일)
- ○ 상리 등이 새끼줄로 그 돌 네 개를 얽어매어 합쳐서 임시 닻碇을 만들어 배를 머물게 하였습니다.(윤1월 14일)
- ○ 허상리, 권산, 김고면 등은 밤낮으로 부지런히 배를 운행하는 일을 자기의 책임으로 삼았다.(윤1월 15일)

이상이 최부의 『표해록』에서 선박 운항과 관련한 기사들을 모은 것인데, 이를 근거로 하면 조선시대 선인들의 역할은 다음과 같았다고 정리할 수 있다.

격군은 배를 움직이는 데 필수적인 노를 젓거나, 얕은 곳에서는 삿대질을 하거나 돛을 폈을 때는 돛 줄을 조정하는 역할을 했으며, 사공은 일상적인 경우 키를 잡아 배의 항로를 조종하는 역할을 하면서 배의 운항 실무를 책임졌다.

영선은 사공을 역임한 경력 있는 선원으로서 배의 운항실무를 총책임지는 지위에 있었던 듯하고, 총패는 군역에 종사하는 선인들의 영솔자에 해당하나 그 또한 사공과 영선을 역임한 경력 있는 선원이었음을 알 수 있다. 다만, 최부의 『표해록』에 영선이 키를 잡아 배를 몰았다는 기사가 많은 것은 당시는 악천후에서의 항해로서 사공 보다는 경험이 많은 영선이 직접 키를 잡아 배를 조종할 수밖에 없었던 상황이었기 때문으로 해석된다.

이렇듯 최부가 탄 배의 선원들의 계층구조는 4단계로 짜여있었다. 조역제와 천호제가 혁파되고 난 뒤인 1775년 표류한 장한철의 『표해록』

에는 사공 1인과 선부船夫 9인만으로 선원이 구성되어 있었다.13) 따라서 최부의 배에 격군 17인, 사공 1인, 영선 1인, 총패 1인 등 총 20인이라는 대인원이 승선하였던 것은 경차관敬差官14)이라는 최부의 지위에 대한 예우15)와, 조운선의 선원 조직을 그대로 따랐기 때문인 것으로 보인다.

흥미로운 사실은 배의 출항을 무관직武官職의 진무鎭撫 안의가 명령하였다는 점이다. 나아가 진무 안의는 "민간의 배가 뒤집혀 침몰되는 일은 잇달아 일어났지만, 왕명을 받는 조신으로서는 배가 표류하거나 침몰된 것이 드물었다"면서, "돛을 펼치고 가도록 명령했다."16) 안의는 전문적인 뱃사람은 아니었을 것이나, 경차관을 호송해야 하는 관리의 우두머리로서 그와 같은 명령을 내렸을 것으로 보인다.

2. 최부의 『표해록』에 나타난 항해술

『표해록』의 저자 최부는 비록 바다나 배에 익숙한 사람은 아니었으나, 세밀한 관찰력으로 조선시대의 항해술을 엿볼 수 있는 많은 기록들을 남기고 있다. 먼저 최부의 배는 관선이 아니라 민간용 선박이었는데, 경차관인 최부가 민간 선박을 이용한 것은 "수정사의 승려의 배가 튼튼하고 빨라 관선도 미치지 못하였기 때문"이다.17) 주성지는 최부가 탄 배를 제주 사선私船으로서 크기는 병조선 중 50인 정도가 탈 수 있는 중선 정도의 규모였다고 추정하였다. 그는 최부의 배가 부들풀香蒲로 만든 봉옥蓬屋이 있었고, 닻, 노, 삿대, 두 개의 돛대를 갖춘 당두리였다

---

13) 장한철, 정병욱 역(1979), 『표해록』, p.19.
14) 조선시대 각 도의 지방행정을 감찰하기 위해 지방에 파견한 임시관리로서 당하관이 임명되었다.
15) 박원호(2006), 『최부 표해록 역주』, p.37.
16) 박원호(2006), 『최부 표해록 역주』, pp.32~33.
17) 박원호(2006), 『최부 표해록 역주』, p.28.

고 보았다.18)

최부가 승선한 배에는 삿대撑, 노棹, 돛帆, 닻矴/碇, 키舵 등의 항해도구가 갖추어져 있었다. 기본적으로 수심이 얕은 바다에서는 삿대를 사용하여 배를 밀고 나간 뒤, 수심이 깊은 해역과 연안 가까운 바다에서는 노를 저었고,19) 대양에서는 돛을 사용했다. 배의 방향은 키를 사용하여 조종하였고, 풍향에 따라 돛을 묶은 아딧줄을 잡아당기거나 풀어주어 바람의 양과 방향을 조종하였다.20)

배를 정박시킬 때는 닻을 사용하게 되는데, 최부의 배가 초란도에 처음으로 정박할 때 사용한 도구는 돌닻矴이었으나,21) 닻줄이 끊어져 정을 잃어버려 중국 연안에 도착해서는 싣고 있던 돌 4개를 새끼줄로 묶어 돌닻碇을 만들어 정박하였다.22) 矴 또는 碇은 서로 혼용되는 한자어로 돌의 무게를 이용하여 배를 정박시키는 도구로서23) 우리말로는 돌닻이라고 한다. 여기에서 흥미로운 사실은 배에 실을 짐이 없자 배에 돌덩이를 실었다는 점이다.24) 이것은 조선인들이 '밸러스트 항해'(ballast sailing)를 했음을 의미한다.

배가 바다에서 항해할 때 가장 중요한 것은 방위를 파악하는 것이다. 따라서 최부는 "권산, 고면, 이복 등에게 말하기를 너희들은 키를 잡아 배를 바로 잡고 있으니, 방향을 몰라서는 안 된다"고 당부하였다.25)

---

18) 주성지(2002), 「표해록을 통한 한중항로 분석」, p.238.

19) 박원호(2006), 『최부 표해록 역주』, p.232, 339.

20) 박원호(2006), 『최부 표해록 역주』, p.50.

21) 박원호(2006), 『최부 표해록 역주』, p.33.

22) 박원호(2006), 『최부 표해록 역주』, p.58.

23) 水運技術詞典編輯委員會 篇(1980), 『水運技術詞典』, p.172 ; 허일, 김성준, 최운봉(2005), 『중국의 배』, pp.141~142.

24) "제주도를 출발할 때는 배가 매우 큰 데 비해 실을 물건이 없었으므로 돌덩이 몇 개를 배 안에 실어서 배가 흔들리지 않도록 하였습니다." 박원호(2006), 『최부 표해록 역주』, p.58.

하지만 정작 자신은 배가 바다에서 폭풍을 만나 표류하는 동안 바람이 변하는 방향을 정확하게 기술하고 있다. 제주도를 출항한 윤1월 3일부터 17일까지 15일 중 윤1월 14일의 맑은 날 하루를 제외한 나머지 날들은 모두 흐리거나 비가 왔음에도 불구하고 최부는 바람의 방향을 정확하게 기술하고 있다.[26)

장한철의 『표해록』에는 지남철을 사용하여 방위를 파악했음이 기술되어 있지만,[27) 최부의 『표해록』에는 지남철을 사용한 기록이 없다. 날씨가 흐린 가운데서도 최부가 지남철 없이 바람의 방향을 동풍이나 북서풍, 북풍 등으로 정확하게 기술할 수 있었던 것은 기본적으로는 해와 달이나, 별 등을 통해 방위를 어느 정도 가늠할 수 있었기 때문이었을 것이다.

그러나 최부는 완전히 흐린 날인 경우에도 풍향을 정확히 기술하고 있는데, 이는 당시의 뱃사람들이 현대의 문명인이 소지하지 못한 지각 능력을 소유하고 있었기 때문이라고 밖에는 판단할 수 없다. 실제로 오늘날에도 전문 요트인들은 바람의 기온과 느낌, 세기 등으로 풍향을 가늠할 수 있다고 한다. 전문 요트인의 증언에 따르면, 윤1월은 동절기로서 한반도 남해안 해역에는 기본적으로 북풍 계열의 바람이 탁월풍으로 불고, 기압의 형성에 따라 북동풍, 북서풍, 북풍이 불기도 한다. 동절기 북동풍은 서늘한 느낌을 주지 않지만, 북서풍은 시릴 정도로 차갑게 느껴진다고 하며, 북풍은 약간 차갑게 느껴진다.[28)

따라서 방향을 몰라서는 안된다는 최부의 당부에 영선 권산은 "날이

---

25) 박원호(2006), 『최부 표해록 역주』, p.45.

26) 박원호(2006), 『최부 표해록 역주』, 윤1월 7일(p.44), 8일(p.45), 9일(p.48), 10일 (p.48), 13일(p.57), 15일(p.61), 16일(p.62).

27) 장한철(1979), 『표해록』, p.39.

28) 이는 전문요트인 김현곤 선장의 증언에 의한 것이다. 김현곤 선장은 2002년에 요트 '무궁화' 호로 대한민국 최초로 태평양을 단독 횡단한 요트인이다.

〈그림 11-4〉 최부의 표류도   자료 : 박원호(2006), 『최부 표해록 연구』, f.6.

개어 해와 달 그리고 별 자리로 헤아린다 해도 해상에서는 사방을 가리기 힘든데, 지금은 구름과 안개가 짙게 드리운 것이 여러 날 계속되어 새벽인지 저녁인지 밤인지 낮인지도 알 수 없습니다. 단지 바람의 변화만으로 사방을 미루어 짐작할 뿐이오니 어찌 바른 방향을 가려내어 알 수 있겠습니까?"라고 답변하지 않을 수 없었던 것이다.[29]

방위를 정확히 파악할 수 있는 도구가 전혀 없었음에도 불구하고,

최부 일행은 배가 서쪽으로 표류하고 있음을 정확하게 파악하고 있었고, 결국 중국에 이를 수 있었다. 이는 해와 달, 그리고 별을 통해 방위를 가늠할 수 있었고, 안개나 구름이 끼었을 때는 바람의 온도와 느낌 등으로 방위를 짐작할 수 있었기 때문이었다.

3. 최부와 장한철의 배의 표류 결과 비교

최부 일행은 악천후 속에서도 총패와 영선, 사공은 배를 부리는 데 최선을 다했다. 그 결과 최부 일행 43명은 한 명도 목숨을 잃지 않고 모두 무사히 남중국의 영파 인근에 표착하여 조선으로 돌아올 수 있었다. 이에 반해 장한철의 경우는 총 29명이 승선하였으나, 표류 결과 배는 난파되었고, 8명밖에 생존하지 못했다. 이렇게 두 배의 결과가 상이하게 된 원인을 최부와 장한철이 해상에서 처한 상황이 판이했기 때문이었던 탓으로 돌리는 것은 적절치 않은 것 같다. 최부의 배와 장한철의 배의 상황을 비교해보면 아주 흥미로운 사실을 발견할 수 있다.

최부 일행과 장한철 일행 모두 튼튼한 배를 타고 있었으며, 정신적 지도자로서 최부와 장한철 모두 위험에 처한 상황 속에서도 위엄과 안정을 잃지 않고, 지도력을 발휘하였다는 점에서는 동일하다. 두 배에서 결정적으로 차이가 나는 것은 선원이었다. 최부의 배의 경우, 군역에 있던 20명의 선원이 승선하고 있었던 데 반해, 장한철의 배에는 민간 선박을 운항하는 선원 10명만이 승선하고 있었다. 게다가 최부의 배의 선원 중 일부는 게으름을 피우고, 체념적인 선원도 일부 있었지만, 사공과 영선, 총패를 비롯한 격군 일부는 배를 운항하는 것을 자기

---

29) 박원호(2006), 『최부 표해록 역주』, p.47.

책임으로 알고 최선을 다했다.

<표 11-3> 최부와 장한철의 표류 비교

구분	최부의 배	장한철의 배
배	수정사의 배 - 튼튼	새 배 - 튼튼
승선원	양반 1, 배리 7, 선인 20, 호송군 9, 노비 6	선인 10, 상인 17, 양반 2
정신적 지도자	최부 - 승선원 전체를 독려 및 지도	장한철 - 승선원 전체를 독려 및 지도
사공의 자질	사공, 영선, 총패 - 배를 모는 데 최선	사공 - 80회 횡단한 경력자지만, 체념적
선원의 대응	4인 - 마지못해 대답 5인 - 부지런하다가 나태 9인 - 배 운항을 자기 책임으로 여김	- 닻의 삼지 없어 노어도에 정박 못함 (p.24) - 뱃줄, 삿대도 분실(p.27) - 풍향 변화를 알지 못함(p.38) - 키를 놓아 선판에 부딪힘(p.80)

자료 : 박원호(2006), 『최부 표해록 역주』; 장한철(1979), 『표해록』.

이에 반해 장한철이 승선한 배의 선원들은 민간 선원들로서 관음보살과 용신에게 빌어 구원되기를 수동적으로 기다리는 데 그치고 있다. 게다가 장한철의 배의 선원들은 삿대와 뱃줄도 분실하였고, 키를 제대로 잡지 못하여 선판에 부딪히자 이를 고정시키려 하다가 2명이 익사하였고, 닻에는 삼지三枝가 없어 노어도에 정박하여 살아날 수 있는 기회를 상실하고 말았다.

장한철의 배의 사공은 최부의 배의 사공, 도사공, 영선들에 못지않은 항해 경험을 갖고 있었다. 장한철의 배의 사공은 남해안을 80여회나 횡단한 경력이 있는 선원이었으나, 악천후에 능동적으로 대응하지 못하고, 체념하고 말았다. 장한철은 사공에 대해 다음과 같이 적고 있다. "선상 대장이라 함은 곧 사공을 이르는 말로서, 매사를 지휘할 권한이 모두 사공에 있기 때문이다. 그런데 이 사공은 배가 표류한 뒤로는 입을 봉한 듯, 손이 묶인 듯, 능히 한 가지 일도 지휘하질 못하고 남의 입만 쳐다보고 마치 제비 새끼 먹이를 기다리듯 하고만 있으니 그래 그 꼴이 뭐냐." … 이에 사공은 "만일 서촉에 도착하게 되면 영영 돌아올 수가 없지, 차라리 그렇다면 우리나라 바다에 몸을 던져 장사지냄만 못한데."라고 체념적으로 답하고 있다.[30] 이러한 상황을 비교해 볼 때 최부와 장한철의 일행의 최종 결과가 판이했던 것은 바로 선원들의 능력과 자세 등 이른바 시맨쉽(seamanship)의 차이에서 기인한 측면이 컸다고 할 수 있겠다.

이상에서 살펴본 바와 같이, 조선시대 선박의 선원 조직은 관선의 경우 격군, 사공, 영선, 총패로 이루어져 있었고, 사선의 경우 선부와 사공으로 단순하게 구성되어 있었다. 일반적으로 격군은 노를 젓거나 돛 등을 조종하는 작업에 종사하였고, 사공은 키를 잡아 배의 방향을 조종하였으며, 영선과 총패는 사공의 경험을 갖춘 일종의 관리역이었다고 할 수 있다. 그러나 해상 표류라는 극한 상황에서는 영선이나 총패 등도 배의 키를 잡거나 조선에 직접 종사하였고, 선박 운항의 전문가가 아니었던 관리들이 항해에 간여하는 일도 빈번했던 것으로 보인다.

항해술의 측면에서 보면 조선시대의 배에는 삿대, 노, 돛, 닻, 키 등의 항해도구가 갖추어져 있었고, 공선시 안전항해를 위해 밸러스트 항해를 하였으며, 풍향과 바람의 세기에 따라 돛의 방향과 아딧줄을 조정하고, 키를 사용하여 침로를 유지하고자 했다. 방향 탐지와 관련하여 최부가 표류했던 성종 대에는 조선시대 선원들은 나침반을 사용하지 않았지만, 해와 달, 별, 또는 바람의 온도와 느낌 등을 통해 방향을 탐지해 낼 수 있었다.

흥미로운 사실은 해상표류라는 극한 상황에 처한 최부와 장한철의

---

30) 장한철(1979), 『표해록』, pp. 29~31.

배는 표류 후 판이한 결과로 귀결되었다는 점이다. 최부의 배는 43명이 모두 무사히 생존하였으나, 장한철의 배는 승선자 29명 중 8명만이 생존하였다. 두 배 모두 새 배로서 튼튼하였고, 사공 또한 승선 경험이 많았으며, 최부와 장한철이라는 정신적 지도자가 있었다는 점에서 유사했다. 기상의 차이가 있었다는 점도 고려해야 하겠지만, 두 배 모두 표류하였다는 점을 감안하면 해상의 상태 또한 크게 차이가 났었다고 볼 수는 없다. 그럼에도 불구하고 두 배의 표류 결과가 판이하게 된 결정적인 원인은 각 배에 승선한 선원들의 시맨쉽(seamanship)이었다. 이는 오늘날의 상선의 해난사고의 상당수가 인적 과실에서 비롯된다는 사실과도 일맥상통한다는 점에서 해기인력 교육에 시사하는 바가 크다고 하겠다.

12장

전통 한선의 항해 성능

I. 한선에 대한 선인先人과 현대인의 평가

우리 선조들이 항해에 이용한 전통 선박을 통칭하여 '한선'이라 칭하게 된 것은 그리 오래된 일이 아니다. 한국선박사의 체계를 정립한 것으로 공인받고 있는 고故 김재근 교수는 "한국의 전통 선박은 그 선종과 시대를 막론하고, 두껍고 평탄한 저판을 밑에 깔고 외판을 붙이고 가룡목을 설치한 방식으로 건조되었다"는 점을 그 특징으로 지적하고, "중국의 전통선을 정크鎭克(Junk)선, 일본의 전통선을 화선이라고 부르는 것에 대응하여 한국의 전통선을 한선이라고 통칭할 것"을 제안하였다.1) 김재근 교수의 이와 같은 제언은 단순한 제안에 그친 것이 아니라 그 이후 한국의 전통선박을 통칭하는 고유명사가 되었다.

평저선으로서 격벽과 늑골이 없이 가룡목으로 횡강력을 보강했다는 점을 한선의 구조적인 특징으로 보게 된 것은 언더우드 박사가 처음으

---

1) 김재근(1989), 『우리 배의 역사』, pp.7~8 ; 김재근(1994), 『한국의 배』, pp.6~7.

로 제시한 바 있고,[2] 김재근 박사가 일련의 연구를 통해 하나의 정통론으로 정립하였다.[3] 현대의 조선공학적 입장에서 보면 평저선에다 격벽도 없고, 늑골도 없이 가룡목만으로 횡강력을 보강한 전통 한선은 유럽의 전통 범선들과 비교했을 때 견고해 보이기보다는 약해 보이는 것이 사실이다.

그럼에도 불구하고 한국선박사 연구에서는 한선의 조선공학적 특징과 한계 등을 주변 국가의 전통 선박과의 비교 등을 통해 밝혀내기보다는 지엽적인 논제에 치중하는 경향을 보이고 있다.[4] 이를테면 장보고 시대에 독창적인 선형의 선박이 존재했고, 그 선박은 대양을 항해하기에 충분한 첨저선이었을 것이며, 나침반을 사용했을 것이라는 주장을 입증하려고 시도하거나,[5] 한선이 평저선만 있었던 것이 아니라 첨저선도 있었다는 것을 입증하려는 시도[6] 등이 그 예이다.

여기에서는 전통 한선의 우수성에 대해 비판적으로 검토해 볼 것이다. 우선 한선에 대한 선인들의 견해를 일별해 본 뒤, 한선에 대한 현대 연구자들의 평가를 정리해 볼 것이다. 이를 통해 직접 한선을 목격하고, 승선했을 선인先人들의 생생한 증언을 통해 한선의 장단점을 냉정하게 이해함으로써 현대 연구자들의 연구 태도를 조금이나마 반성해 보는 데 이바지하고자 한다.

---

2) Underwood(1934), *Korean Boats and Ships*, pp.5, 20.
3) 金成俊·許逸·崔云峰(2006.8),「論韓國傳統船舶的研究動向和造船技術的發展過程」.
4) 한중일 전통선박의 선형을 비교한 연구가 없는 것은 아니지만, 그나마 조선공학적 비교라기보다는 외형을 비교한 것에 지나지 않는다. 崔云峰(2005),「한중일 傳統 船舶에 관한 비교 연구 - 16~18세기 조곡운반선을 중심으로 - 」.
5) 최근식(2002),「장보고 무역선과 항해기술 연구」.
6) 최병문(2004),「조선시대 선박의 선형 특성에 관한 연구」.

1. 한선에 대한 선인들의 평가

현재 확인할 수 있는 사료 중 한선의 특징에 대해 구체적으로 언급하고 있는 것들은 주로 조선 후기의 것들이다. 이들 사료에서는 한선의 장점 보다는 단점을 지적한 것들이 많음을 알 수 있는데, 그 대표적인 것을 들어보면 여암 신경준(1712~1782)의 「논병선화차제비어지구」, 초정 박제가(1750~1805)의 『북학의』, 「운곡선설雲谷船說」, 다산 정약용의 『경세유표』 등이다. 아래에서는 이들 논설과 외국인의 기록을 중심으로 한선에 대한 선인들의 평가를 정리해 보고자 한다.

「논병선화차제비어지구」는 영조대 실학자인 여암 신경준의 『여암전서』 권18에 수록된 도설로서, 여암이 20여 년간 승지, 사간, 제주 목사 등을 재임하는 동안 관계자들과 논의하고 건의한 바를 도설로 정리한 것이다. 여암이 조선 군선의 결함으로 지적한 바를 정리해 보면 다음과 같다.

첫째, 조선의 군선은 척도와 모양에 대한 일정한 기준이 없이 마구 건조되어 선형이 잘못되어 속력이 느릴 뿐만 아니라, 흘수가 얕고 물 위에 높이 솟아 풍랑에 잘 견디지 못하고 전복되기 쉽다.

둘째, 선수재가 너무 넓어 물을 헤쳐 나갈 수가 없다.

셋째, 관원들이 공기 단축과 공비 절감을 위해 최촉催促하는 가운데 조선이 이루어져 선장들이 제 기술을 다 발휘하지 못하고 서둘러 시공하므로 조금만 움직이며 접합부가 빠지기 쉽고, 특히 상장 구조가 취약하다.[7]

여암은 한선의 단점으로 속력이 느리다는 점, 능파성이 부족한 점,

---

7) 김재근(1984), 『한국선박사연구』, p.139.

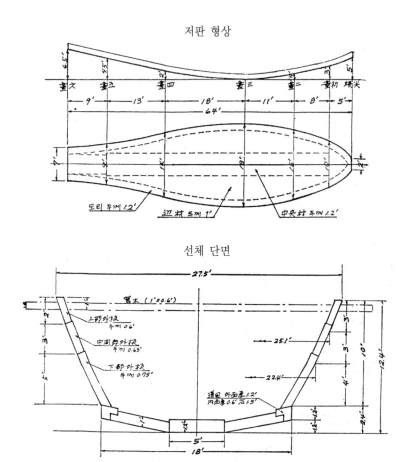

저판 형상

선체 단면

〈그림 12-1〉 여암 신경준이 제안한 저판 형상과 선체 단면   자료 : 김재근(1989), 『우리 배의 역사』, pp.99~100.

흘수가 얕아 센 바람에 약한 점, 튼튼하지 못한 점, 상장 구조가 약한 점 등을 적시하고 있다. 여암은 이와 같은 한선의 취약점을 극복하기 위하여 아주 새로운 형태의 저판, 선수재 등의 구조방식을 제시하고 있다. 우선 저판은 기존의 평면 저판 대신 전후 방향 5개소로 나누어 6개구간으로 하여 만곡하여 건조하도록 제안하였고, 기존의 평면 선수재 대신 첨두형 선수재라 할 수 있는 첨두대주尖頭大柱를 제안하였다.

여암이 제안한 곡면 저판과 첨두대주는 기존의 한선에 비해 선체 저항의 감소와 속력 증진 면에서 매우 진보된 형태라고 할 수 있다.8)

북학과 실학자의 태두라고 할 수 있는 박제가는 청나라를 돌아보고 나서 저술한 『북학의』에서 조선과 청나라의 문물과 제도를 비교하여 청나라의 장점을 논하고, 조선의 문물제도의 단점과 폐해를 신랄하게 비판하고 있다.9) 그 가운데서 한선에 대해 초정은 다음과 같이 그 단점을 적시하고 있다.

> "우리나라는 배도 제대로 이용하지 못하고 있다. 짐을 운반하는 배든지 나루터를 오가는 배든지 가릴 것 없이 빈틈없이 새어드는 물이 항상 배에 가득하다. … 그래서 배 안에 고인 물을 퍼내느라고 날마다 한 사람의 힘을 그 일에만 쏟게 한다. 곡식을 실을 때에는 반드시 나무를 엮어서 그 바닥을 깔고서야 싣는데, 그래도 아래에 있는 곡식은 물에 젖어 썩거나 젖을 염려가 생긴다. 배의 상부는 헌軒을 쓰고 하부에는 창고를 만드는 방법을 사용하지 않기 때문에 사람의 몸이나 물건을 뱃전에 실을 수밖에 없다. … 또 배를 강에 정박시키는 곳에 가교를 놓지 않기 때문에 따로 일군의 벌거벗은 무리가 있어 물에 들어가 삯을 받고 등에 져 내린다. 나루터의 배 역시 사람을 등에 져서 뭍에 오르게 한다. … 이것은 가로로 널판을 설치하지 않은 결과다."10)

초정 박제가가 『북학의』에서 한선의 단점으로 지적한 것은 한 마디로 누수와 적재력 부족이었다. 누수와 적재력 부족을 한선의 단점으로

---

8) 김재근(1984), 『한국선박사연구』, pp.152, 156.
9) 초정 박제가의 실학론에 대해서는 오세영·윤일현·김성준 편(2004), 『초정 박제가의 실학사상과 해운통상론』에 수록된 여러 연구자들의 논문을 참조하라.
10) 박제가, 안대회 역(2003), 『북학의』, pp.39~40, 256~257.

지적한 사람은 박제가만이 아니었다. 1801년 12월에 태사도에 홍어를 사러 갔다가 표류하여 유구, 필리핀 루손 섬, 중국 광동성 등을 전전하다 1805년 1월 8일에 귀향한 전남 우이도의 문순득(1777~1847)은 표류하는 동안 자신이 표착했던 유구와 필리핀, 중국의 선박과 한선을 비교할 절호의 기회를 가질 수 있었다. 정약용의 형인 정약전이 문순득의 표류담을 듣고 정리한 「표해시말漂海始末」과 정약용의 제자인 이강회가 선박에 관한 문순득의 구술을 정리한 「운곡선설雲谷船說」이 『유암총서柳菴叢書』에 수록되어 있다. 「운곡선설」은 문순득이 체재한 바 있는 유구, 필리핀, 중국 광동 등에서 목격한 배와 한선을 비교한 소 논설로서 현재까지 발견된 고서 가운데 선박에 관한 가장 상세한 기록이다. 여기에서 문순득은 주로 외국의 배의 장점과 한선의 단점을 비교 정리하고 있는데, 이를 각 항목별로 정리해 보면 〈표 12-1〉과 같다.

〈표 12-1〉「운곡선설」에 언급된 한선과 외국선의 비교

	한선	외선
저판	하나의 널빤지를 쓰되, 밑판 위에 3~4 조각을 붙일 때에는 아주 좁게 하고 그 위로 올라 갈수록 가파르면서 넓게 한다.	밑바닥을 극히 좁게 하여 …밑에 들어가는 것이 날카롭고 빠르며 높은 물결에도 출렁거리지 않는다.…큰 선박의 바닥에 천석의 모래를 깔아 배가 요동치는 것을 막는다.
선창	(가룡을 쓰는) 까닭에 선복이 막혀 있어서 화물을 싣고 꺼내는 데 군색하고 힘이 든다.	가룡을 설치하지 않고, 기둥을 현판에 붙여 철못을 써서 고정시킨다. 이 때문에 선복이 텅비어 있어서 넓다.
횡강 력재	가룡을 써서 층층이 서로 견제시켜 배가 어그러짐을 방지하니 졸렬하다.	선복의 현판에 기둥을 붙이어 배가 어그러짐을 방지하고, 위에서 횡격을 설치하여 어긋나고 떨어져 나감을 방지한다.
키		하반판河槃板에 고정하여 뽑아내거나 꽂을 것도 없이 한 사람의 사공으로 키를 조정한다.…키는 배에 비하여 아주 작은데 작아도 빠르게 회전할 수 있는 것은… 배의 밑판이 협소하기 때문이다.

닻	우리나라 전선의 쇠닻은 우리가 만든 것이 아니라 외국에서 무역한 것이다. 닻 하나도 스스로 제조하지 못하는데 배는 오히려 무슨 말을 하겠는가	닻은 쇠를 쓰는데 무게가 수백 근에 이르러 닻을 내릴 때에는 거중기를 써서 물에 떨어뜨리며 닻을 거둘 때에도 거중기를 쓴다.
수밀	우리나라에서 뱃밥을 쓰는 것은 대개 옛 법이다.	유회로 틈을 막는다
선체 防蝕		조수가 성한 때 배를 끌어다 비탈에 올려 놓는다.…솥안에 기름을 붓고 송지 가루 수십 말을 섞어 약한 불과 센 불로 달이어 배에 바른다.…배에 바르는 기름은 물고기, 짐승 기름은 물론이고 날짐승의 기름도 섞어서 달인다.
취 사 실	선복에 있어 주방이라 이름하고 화장 火匠이 불을 때면 연기와 그을음이 선복에 가득 차기 때문에 선복안의 검은 그을음이 눌러 붙어 비가 오면 축축하게 베어 나오고, 맑은 날이면 때가 달라 붙고, 바람이 불면 더러운 것이 떨어져 더럽고 습하기가 망측하다.	맨 위층에 두는 데 긴 난간을 따라 좌우에 작은 벽돌로 쌓아 위에 나무상자를 이용하여 솥을 놓고 기름회로 틈을 메운다. 위에는 소각을 써서 덮고 가죽에는 기름을 발라 그을음으로 더럽혀지지 않게 한다.
법	우리 배는 이러한 법이 없으니 더욱이 한심하다.	배에는 법과 령令이 있는데, 닻을 거두는 것, 닻줄을 당기는 것, 돛을 펴는 것… 각각 주관하는 사람이 있어 감히 자기의 직분을 넘어서 남의 일에 간섭하지 못한다.
기타		속력 측정, 자오침子午針, 망원경 등 사용

자료 : 정약전·이강회(2005), 「운곡선설」, 『유암총서』, pp.105~132.

문순득의 생생한 체험에 바탕을 둔 「운곡선설」의 기록을 보면 한선은 조립방법이 졸렬하고, 가롱(가룡목=장삭)으로 횡강력을 보강하여 화물 적재 공간이 협소하며, 수밀과 선체 방식이 효율적이지 않으며, 취사실 등의 선내시설이 비위생적이며, 엄격한 해사법이 없다. 문순득은 결론적으로 한선은 "전선의 등급의 높고 낮음을 가릴 것 없이 옛 것의 질박함을 아직도 고수하여 거칠고 가증스러울 뿐 아니라 도리어 또한 소홀하고 엉성하기 짝이 없다."[11]

---

11) 정약전·이강회(2005), 『유암총서』「운곡선설」, p.106.

다산 정약용도 한선의 문제점에 대해 다음과 같이 신랄하게 지적하였다.

"내가 배 만드는 것을 보니 자를 쓰지 않고 다만 눈어림으로 하며 재목이 또 고르지 않으므로 재목에 따라서 선체 모양이 달라졌다. 바닥은 짧으면서 뱃전은 길고 또는 바닥은 좁은데 보梁는 넓으며 또는 선체가 작으면서 키는 크고 또는 선체는 큰데 돛대는 짧다. 뱃머리와 꼬리가 서로 영향을 받아 반응을 하지 않고 배와 등이 움직임에 따라 서로 당겨져서 더러 키를 틀어도 뱃머리가 돌려지지 않고 또는 돛을 펼쳐도 뱃머리가 앞서지 않는다."[12]

다산은 한선의 문제점을 해결하기 위해 "중국의 조선법을 배워올 수 없기 때문에 해마다 중국, 오키나와, 필리핀 루손 등에서 표류해 오는 배를 분수에 능통한 배대목을 이용감의 낭관과 함께 보내 그들의 조선법과 누수 방지법 등을 배울 것"을 제안하고 전문관아로 전함사典艦司를 두도록 했다.[13] 그는 또한 배를 대선 3등1급, 중선 3등1급, 소선 3등1급 등 총9등급으로 표준화해서 건조할 것을 주장하였다. 이렇게 하면 ① 산림을 효율적으로 활용할 수 있고 ② 수리가 용이하며 ③ 장사치들이 자기짐 크기에 맞는 배를 활용할 수 있고 운임이 표준화할 것이고 ④ 선세 징수시 균등하게 징수할 수 있다는 이점이 있기 때문이었다.[14]

다산은 정조가 견고하게 튼튼한 병선을 건조하여 세곡운반선으로 겸용하라는 정책에 대해 "전선을 물에 간직하지 않고 뭍에 두니 쉽게

---

12) 정약용, 정해겸 역주(2004), 典艦司, 冬官工曹, 『경세유표』Ⅰ, p.168.
13) 정약용, 정해겸 역주(2004), 典艦司, 冬官工曹, 『경세유표』Ⅰ, p.169.
14) 정약용, 정해겸 역주(2004), 典艦司, 冬官工曹, 『경세유표』Ⅰ, p.170.

파손되고 부서지는 것은 오로지 여기에 있다"고 밝히고, "세곡을 실어 운반해서 사용하는 것도 쉽게 상하지 않게 하는 한 방도"라며 지지하였다.[15] 그는 그 방법으로 "배(판옥선) 위에 장치된 여러 판자에 모두 자호字號를 새기고, 그 차례를 적은 다음 모두 못을 박아 선창에 보관해 두었다가 외적의 경보가 있으면 꺼내서 맞추어 못질하여 (병선으로) 사용할 것"을 제안하였다.[16]

다산은 "성인이 배와 수레를 만들어서 통하지 못하는 곳이 없게 했는데, 수레만 중요하게 하고 배에 대해서는 소략하게 했을 이치가 없다"[17]고 밝히고, 여러 가지 배를 만들어 시험 운행한 뒤 가장 성능이 좋은 행선倖船의 사양을 선택하여 노량진에 선창船廠을 두어 건조하여 보급할 것을 제안하였다. 나아가 뱃머리에 장인의 이름과 건조연월일, 등급 등을 새겨 관청平賦司에 보고하여 장표掌標를 주고, 전함사의 선안船案에 등재하여 관리하도록 하였다.[18] 다산은 선박을 선안에 등록하는 것 이외에 선박 안에 선주와 선박의 등급 등을 낙인찍어 세금 탈루의 가능성을 원천적으로 방지하고자 하였다.[19]

다산은 또한 선박을 건조하는 데 필수 재목인 소나무가 많이 자라는 주요 해안과 하천에 선창을 짓고 배대목을 불러 모아 이곳에서 배를 건조하거나 수리하도록 하였다. 그렇게 함으로써 표준화된 선박을

---

15) 정약용, 정해겸 역주(2004), 均役事目 追議, 地官修制,『경세유표』Ⅲ, pp.1168~ 1169.
16) 정약용, 정해겸 역주(2004), 典艦司, 冬官工曹,『경세유표』Ⅰ, p.171.
17) 정약용, 정해겸 역주(2004), 均役事目 追議, 地官修制,『경세유표』Ⅲ, p.1158.
18) 정약용, 정해겸 역주(2004), 均役事目 追議, 地官修制,『경세유표』Ⅲ, pp.1158~ 1159 & 1160.
19) "선박 위 판자에다 아무 고을 아무개의 몇등급 몇파 배라는 것을 새긴다. 세액을 정하는 날, 그 고을에서 均자 낙인을 만들어 각 자호 밑에 찍어서 누락되거나 숨기는 폐단을 막는다. 새겨진 글자와 낙인이 없이 행상하는 경우는 그 선박을 국가에 붙이고, 선주는 엄중한 형벌에 처해 귀양 보낸다." 정약용, 정해겸 역주 (2004), 均役事目 追議, 地官修制,『경세유표』Ⅲ, p.1141.

만들 수 있어서 기술 축적 및 수리에 유리하다고 보았기 때문이다. 나아가 소나무가 많이 나는 해안과 하천의 원류源流에 선창을 지어 배대목을 불러보아 그 옆에 살도록 하면서 모든 배를 이곳에서 수리하거나 만들면 10년이 지나지 않아 나라 안의 배가 수레의 바퀴가 똑같은 것처럼 될 것이라고 주장했다.[20]

다산은 단순히 배의 개선안을 고안한 데 머물지 않고, 조운제도의 전반적인 개선안에 대해서도 숙고하였다. 그는 조선의 조운제도의 문제점에 대해 다음과 같이 비판하였다.

> "우리나라의 조운하는 법은 엉성함이 대단히 심하다. 배 틈을 회로 때우지 않아서 물이 샘물처럼 솟아나오고, 나무 못이 힘이 없어 썩으면 부러지기 쉬우며, 거적 돛이 이미 둔해서 급한 경우에 거두기 어렵고, 바다에 숨은 암초와 가로막은 돌을 깎아 없애지 않아서 한번이라도 역풍을 만나면 배에 실은 것이 반드시 썩는다. 게다가 법령이 엄격하지 않고 기강이 서지 않아 사공과 조운선 관리가 훔치는 쌀이 반을 넘기 때문에 그 배를 파선시키는데, 세입 10여만 석에서 그 수만 석은 항상 배가 뒤집혀 물에 빠지게 된다."[21]

다산은 "조운선 뱃길에 위험해서 건너기 어려운 지역은 서남쪽 바닷가의 칠산과 안흥 등 몇몇 곳이 있을 뿐인데, 해마다 10여 척의 침몰하여 곡식을 썩게 만든다"고 지적하였다. 다산은 배가 침몰하는 원인으로 ① 불량한 조선법, ② 과적, ③ 고의 침몰 등을 들고, 이를 방지하기 위해 조운을 관장하는 전문 관아로 조운사漕運司를 설치할 것을 제안하였다.[22] 그는 또한 당시 "경상, 전라, 충청, 경기, 황해는 숫자가 또한

---

20) 정약용, 정해겸 역주(2004), 均役事目 追議, 地官修制, 『경세유표』Ⅲ, p.1161.
21) 정약용, 정해겸 역주(2004), 賦貢制, 地官修制, 『경세유표』Ⅲ, p.951.

줄어들게 되면 나라 씀씀이에 도움이 있을 것이다. 선가船價도 아울러 주므로 급료를 판매하는 이익이 또한 많으면 공물주인에게도 이익이 있을 것이기 때문이다."23)등 5도의 세곡을 조운으로 서울로 운송하는 법을 고쳐 "만일 정전법으로 조세를 거두는 법을 시행하는 날이 이루어지면 오직 경기, 황해, 충청, 전라도의 쌀만 서울로 수송하고, 경상도 쌀은 머물러서 조운하지 말며, 공물 주인에게 외수外受하도록 해도 마땅할 것"이라고 제안했다. 이는 "배의 척수가 줄어서 물에 젖어 썩는 숫자가 또한 줄어들게 되면 나라 씀씀이에 도움이 있을 것이다. 선가船價도 아울러 주므로 급료를 판매하는 이익이 또한 많으면 공물주인에게도 이익이 있을 것"이기 때문이다."24)

이제까지 살펴본 사료들은 한선의 단점과 문제점을 지적한 것들인데, 반해 『표민대화漂民對話』에는 한선의 장단점이 동시에 논급되어 있다. 19세기 일본에서 만들어진 조선인 표민들을 대상으로 한 조서를 중심으로 꾸며져 한국어 교습서로 활용된 『표민대화』에는 다음과 같은 논급이 포함되어 있다.

"무릇 조선 배가 양중洋中에 나갔던 것을 보니 아무래도 일본 배에는 배질이 미치지 못하는데, 섬 안에서는 조선 배가 역풍에 회여가는 모양은 과연 묘하더라. 일본선은 전량錢兩을 무수히 내여 무었기에 연장도 대단히 단단하여 부서질 곳은 없거니와 돛대가 한 개이므로 바람을 지고 가는 때는 잘 가되 바람을 안고 가기가 어렵고, 조선 배는 두 돛이므로 비록 바람 방향이 좋지 않아도 강하게 불지 않으면

---

22) 정약용, 정해겸 역주(2004), 漕運司, 地官戶曹, 『경세유표』 Ⅰ, p.62.
23) 정약용, 정해겸 역주(2004), 賦貢制, 地官修制, 『경세유표』 Ⅲ, p.952.
24) 정약용, 정해겸 역주(2004), 賦貢制, 地官修制, 『경세유표』 Ⅲ, p.952.

바람을 나고 갈 수 있으므로 섬 안에서는 배질이 잘 되나 양중에서 우연히 환풍換風하고 풍랑이 사나울 때면 배 연장이 다 잡목이므로 부러지거나 쩌개져서 배를 마음대로 다룰 수 없어 항상 표류합니다. … 조선 배는 물이 새어들어 오지 않는 배는 없다 하니 험안 짐을 응당 젖을까 싶은데 소금을 실을 때는 어찌하였는가? 우리나라 배들은 물이 아주 안 들어오는 배는 없으므로 배속에 급수를 넣어두었다가 어렵부시아냐 급수를 바꾸면 험안 짐도 그렇게 젖을 일은 없거니와 소금 뿐 아니라 젖어서는 안 되는 것을 실을 때는 착념著念이 적지 않습니다."25)

『표민대화』의 기록에서는 역풍항해가 가능하다는 점을 한선의 장점으로 들고 있는 데 반해, 누수를 단점으로 지적하고 있다. 한선을 비판적으로 보는 시각은 비단 우리 선인들에만 그쳤던 것이 아니었다. 1900년 러시아재무성에서 펴낸 『한국지』에는 한선에 대해 다음과 같이 언급되어 있다.

"한인의 어선은 밑바닥이 평평하고 두 개의 돛이 달린 배로 출어한다. 그 형상은 청나라 식보다는 일본형에 유사하고, 그 구조는 심히 조잡하여 고정시키는 모든 부분이 밧줄 아니면 나무로 되어 있다. …"26)
"조선 배는 나무못을 써서 만들고, 외판의 수밀이 잘 되지 않아 물이 잘 새어 들어오는 문제점을 안고 있다. 조선 배는 타가 큰 것이 특징이며, 모든 배는 평저선으로 흘수가 3미터를 넘지 않는다. … 배의 크기는 6톤에서부터 시작하여 180톤 또는 그 이상의 화물을 적재할 수 있는 여러 가지 크기의 것이 있다."27)

25) 허일(2006), 「표민대화(하) 역주의 시도」, pp.119~120, 121~122.
26) 한국정신문화연구원(1984), 『국역 한국지』, p.453.

러시아인들의 눈에 한선은 구조가 조잡하고, 수밀이 안되며, 흘수가 얕았다. 한선의 장점을 언급한 사료가 없는 것이 아니다. 이를테면 1816년 애머스트(Amherst) 사절단 일행을 중국까지 수행한 알세스트 호(Alceste)의 머리 맥스웰(Murray Maxwell) 함장과 함께 조선의 서해안을 항해한 라이러 호(Lyra)의 바실 홀(Basil Hall) 함장은 그 견문을 출판하였는데, 이 바실 홀의 항해기에는 한선의 노가 단순하지만 효율적인 추진력을 갖추고 있다고 평가하고 있다.

> "조선의 배는 중국의 배와 비슷한 점이 많았지만, 이물과 고물은 수직이 아니라 수면에서 약 30도 각도로 내밀어져 있었다. … 돛대는 가느다란 대나무 대로 수직으로 갈라져 엮여 있었다. 바람이 없거나 돛을 이용하지 않을 때는 돛배는 보기에 한낱 긴 막대기에 지나지 않는 엉성한 노를 사용하여 움직였는데, 실제로는 충분히 효과적으로 나아가는 것이었다. … 모든 배는 고물 쪽에 흔히는 이물 쪽에도 조타하는 것과 노 젓는 것, 두 가지 기능을 하는 긴 노가 걸쳐 있었다. 기술적으로 말하자면 큰 배에 추진력을 가하는 훌륭한 방식이었다. 어쨌든 이 방식은 문자 그대로 공간적 여유가 없는 붐비는 강에서 충분히 흉내를 내어봄직하다."[28]

이상에서는 주로 조선 후기의 사료에 언급된 한선에 대한 평가를 정리하여 보았다. 이들 사료에 지적된 한선의 단점으로는 누수, 저속력, 능파성 부족, 화물 적재 공간의 부족, 내구력 부족, 강풍시 항해 곤란 등이고, 장점으로 들 수 있는 것은 역풍 항해가 가능하다는 것과 노의 효율성 등 정도가 고작이다.

---

27) 한국정신문화연구원(1984), 『국역 한국지』, p.453.
28) Basil Hall, 김석중(2003), 『10일간의 조선 항해기』, pp.53~55.

통상 한선의 우수성을 입증하는 사료로 『고려사』의 기록을 든다. 여몽 연합군이 원종 15년(1274)과 충렬왕 7년(1281) 등 두 차례 일본 원정시 대형전선 300척과 쾌속선 300척, 급수 소선 300척 등 도합 900척을 중국 남방의 조선법에 따르면 공기가 길어지고 공비도 더 소요되므로 고려 고유법에 따라 건조하였는데,[29] 여몽연합군이 일본에 원정하여 태풍을 만났을 때, 중국의 군선은 많이 깨졌는데 고려의 군선은 튼튼하여 온전하였다는 것이다.[30] 현재까지 밝혀진 바에 따르면, 고려의 조선법은 전통 한선의 건조법과 아주 유사한 전통적인 평저선 구조법이었다.[31]

흔히 이 사료는 한선의 우수성을 입증하는 증거로 인용되고 있지만,[32] 흔히 생각되는 것처럼 단시일 내에 건조된 것이 아니라 원종 9년부터 건조에 착수하여 7년여에 걸쳐 "3~4천석의 쌀을 싣고 큰 바다를 항해할 수 있는 새롭고 견고한 좋은 배를 만들라"[33]는 원 세조의 건조 명령에 따라 건조해오고 있던 상태였고, 고려측도 2만 6989명 중 7592명의 인명 피해를 입었다. 어쨌든 대일본 원정시 출전한 고려선이 당대의 통상 고려선보다 더 두터운 나무로 더 견고하게 만들어졌을 개연성은 충분히 있다.

물론 한선이 감항성이 있음을 실증적으로 입증하는 항해기록이 남아 있는 것도 사실이다. 이를테면 조선 성종 때의 경차관으로 제주도에

---

29) 『高麗史』 列傳 권17, 金方慶. "(元宗) 十五年 帝欲征日本 詔方慶與茶丘 監造戰船 造船若依蠻樣 則工費多 將不及期 一國憂之 方慶爲東南道都督使 先到全羅 遣人咨受省 檄 用本國船樣 督造."

30) 『高麗史』 世傳 권30, 충렬왕 18년 8월. "江南戰船 大則大矣 遇觸則毀 比前所以失利也 如使高麗造船 而再征之 日本可取." ; 『秋澗先生大全文集』 권40, "汎海小錄, 大小艦船 多爲波浪揄觸而碎 唯句麗船堅得全."

31) 김재근(1984), 『한국선박사연구』, p.264.

32) 최석남(1965), 『한국수군활동사』, p.118.

33) 최석남(1965), 『한국수군활동사』, p.100 재인용.

부임한 최부는 부친상을 당하여 제주도에서 배를 타고 항해하던 중 태풍으로 12일 동안 표류하는 동안 돛대가 부러지고, 돛이 찢어지고, 닻을 잃어버리는 등 역경을 겪었음에도 불구하고 승선원 43명 전원이 무사히 중국 해안에 안착할 수 있었다. 이는 기본적으로 수없이 많은 표류선 중에 생존한 그리고 기록을 남긴 아주 드문 예라고 할 수 있을 것이다. 게다가 최부가 승선한 배가 민간의 배로 튼튼했고, 승선한 선원들의 자질과 시맨쉽(seamanship)이 뛰어났던 측면도 감안할 수 있을 것이다.[34]

2. 한선에 대한 현대 연구자들의 평가

현대인 중에서 한선에 대해 처음으로 연구한 사람은 불행히도 외국인이었다. 언더우드 박사는 조선총독부가 1928년에 간행한 『어선조사보고』와 경기도, 한강, 경상도, 전라도, 함경남도, 대동강 등을 직접 방문하여 얻은 견문을 바탕으로 이에 대한 해답을 제시하려고 노력했다. 그는 1930년대 당시 한국의 배를 강선과 해선으로 구별한 뒤, 강선으로는 독목주(dug-out), 소형 주정(skiff), 강 수송선(river transport)을, 그리고 해선으로는 어선을 분석하였다. 언더우드 박사는 이러한 분석에 뒤이어 한국 선원들의 의식과 관습, 한국의 해양사를 간추려 정리한 뒤, 이순신의 귀선에 대해 정리하였다. 이와 같은 분석을 통해 언더우드 박사는 "한국인들은 해안을 따라 각 지역의 특정한 조건에 맞는 다양한

---

34) 최부, 박원호 역(2006), 『최부 표해록 역주』, p.28 ; 김성준(2006), 「표해록에 나타난 조선시대 선원 조직과 항해술」, 『한국항해항만학회지』 제30권 제10호, pp.787~791(본서 11장 2절). 최부가 승선한 배는 "제주도 수정사 승려 지자의 배로 튼튼하고 빠라 관선도 미치지 못하였다." 최부는 무사히 중국에 상륙하고 난 뒤 "배가 견고하고 빠라 능히 풍랑을 이겨 낼 수 있었다."고 적고 있다.(『최부 표해록 연구』, p.66)

형태의 배를 고안해 냈지만, 전체적으로 보았을 때 한국의 배들은 필수적인 점에서는 동일하고, 수백 년 동안 변하지 않은 것 같다"[35]고 말하면서, 한국 배의 특징을 다음과 같이 정리하였다.

1. 늑골肋骨이 없고, 장삭(장손)과 멍에(yoke)로 판재를 결합했다.
2. 조선 순서는 저판→ 외판→ 선수미판→ 갑판 순으로 한다.
3. 깊게 박혀 있는 키가 센터보드(centerboard) 역할을 해서 저판이 평평함에도 불구하고 풍압에 의해 횡방향으로 밀리지 않는다.
4. 돛은 네모돛을 사용했음에도 불구하고, 맞바람에서 67도 30분까지 근접하여 항해할 수 있다.
5. 속력은 최대 3~4노트 정도였고, 최대 크기는 100~200톤 정도였다.

언더우드 박사는 결론적으로 "한국인들은 한반도의 자연지리적 조건에 맞는 견고하고 감항성 있는 배(sturdy and seaworthy boat)를 건조하였다."는 점을 강조하였다.[36] 비록 언더우드 박사는 자료와 시대적인 한계로 인해 몇 가지 오류를 범하고 있음에도 불구하고,[37] "한국의 해선이 강선을 단순히 확대하는 데 지나지 않았고, 한국인들은 맞바람에 맞서 항해하는 태킹tacking 기술을 이해하지 못했다는 편견이 잘못"[38] 되었음을 실증적으로 반증하는 성과를 거두었다.

언더우드 이후 1950년대 말에서 60년대 사이에 여러 연구자들이

---

35) Underwood(1934), *Korean Boats and Ships*, pp.5, 20.
36) Underwood(1934), *Korean Boats and Ships*, p.71.
37) 언더우드 박사는 『高麗圖經』이 나침반을 항해에 이용했음을 기록한 최초의 문헌이라고 적고 있고(p.44), 귀선의 櫓를 유럽식으로 복원하였지만(Fig.48), 나침반을 항해에 이용했음을 기록한 최초의 중국문헌은 『萍洲可談』이고 龜船의 櫓는 韓國式 櫓이다.
38) Underwood(1934), *Korean Boats and Ships*, p.2.

귀선 등을 중심으로 새로운 역사적 사실을 밝혀내는 연구 성과를 발표하였다. 이 가운데 강만길은 조선시대 조선사에 대해 가장 폭넓게 정리하였다. 그는 목정木釘 대신 철정이 사용된 점, 침수 및 방식법으로 연훈법과 도회법이 채택된 점, 전선의 다양화, 관선을 민간에서 조달하는 과정에서 민간 조선업이 발전한 점 등을 조선시대 조선술이 이전에 비해 변화된 모습이었다고 논급하였다. 그는 "조선시대의 선박이 내해 운행용 목조 범선의 한계를 넘어서지 못하였다"고 지적하였다.[39]

한국선박사에 대해 조선공학적인 관점에서 연구한 최초의 학자는 고故 김재근 교수였다. 그는 1976년 『조선왕조군선사연구』를 출간한 것을 시작으로 『한국선박사연구』(1984), 『우리 배의 역사』(1989), 『거북선』(1992), 『속한국선박사연구』(1994), 『한국의 배』(1994) 등의 저서를 통해 한국선박사에 관한 체계를 수립하였다. 김재근 교수는 18세기 유학자 신경준의 『여암전서』에 수록된 〈논병선화차제비어지구〉와 『헌성유고』 중의 〈조선식도〉 등과 같은 새로운 사료를 발굴하여 연구에 활용하였을 뿐만 아니라, 귀선의 복원사업, 고려 초기 연안 상선인 완도선과 원대 원양 상선인 신안선의 발굴사업 등에도 주도적으로 참여하였다. 이와 같은 연구 활동을 통해 김재근 교수는 삼국시대부터 일제 식민지 시대에 이르기까지 한국선박사에 관한 거의 모든 주제들을 망라하여 조선공학적으로 분석해 내었다.

김재근은 한선의 특징과 그 구조법을 조선공학자의 관점에서 재현해 내는 데 중점을 두었고, 한선의 조선공학적 우수성에 대해 평가를 내리는 것에 대해서는 조심스러운 태도를 견지하고 있다. 하지만 그가 민족주의적 관점과 조선공학자의 관점 사이에서 갈등하고 있었음을 그의 연구물 곳곳에서 파악할 수 있다. 이를테면 그의 저서에서 발견되

---

39) 강만길(1969), 『이조조선사』, p.963.

는 다음과 같은 언급은 그의 민족주의적 시각의 발현으로 볼 수 있을 것이다.

1. 우리나라는 일찍이 중국식 조선술을 도입해 고려시대에는 이미 그것을 우리의 환경에 적합한 보다 간편한 한선 구조로 발전시켜 놓은 것이 분명하다.[40]

2. 한선이 속력이 느리다는 것이 마치 한선이 중국선이나 일본선에 뒤지는 것 같은 오해를 불러일으킬 수 있으나, … 선박의 우열을 가름하는 관점은 속력 뿐이 아니다.[41]

3. 한선이 오랫동안 유지되어 오면서 임란과 같은 난국을 타개하면서 나름대로 해상활동을 전개하는 원동력이 될 수 있었던 것은 그만큼 한선구조가 한국의 풍토와 실정에 적합하였기 때문이다.[42]

이외에 김재근이 한선의 특징을 조선공학적인 견지에서 가치판단을 내린 언급을 그의 저서에서 찾아보기는 힘들다. 그저 가치중립적으로 한선의 구조를 밝혀내는 데 주력하고 있는 것처럼 보인다. 그러나 다른 한편에서 신경준의 병선론의 제안에 대해 전통 한선에 비해 진보했다는 그의 평가는 그가 한선의 조선법을 조선공학적으로 우수한 것으로 보지 않았음을 시사한다. 실제로 김재근은 "한선의 구조법이 대체로 간략하여 시공이 조잡하다"고 언급하고 있다.[43]

김재근의 뒤를 이어 이창억, 이원식, 허일, 추이원펑崔云峰, 최병문 등이 한국선박사에 관한 연구논문과 저서들을 간헐적으로 출판하였지

---

40) 김재근(1984), 『한국선박사연구』, p.17.
41) 김재근(1984), 『한국선박사연구』, pp.21~23 ; 『우리 배의 역사』, p.119.
42) 김재근(1989), 『우리 배의 역사』, p.127.
43) 김재근(1989), 『우리 배의 역사』, p.67.

만, 한선의 조선공학적 장단점을 논하기 보다는 가치중립적인 관점에서 사실을 밝혀내는 데 그치고 있다.

이상에서 살펴본 바와 같이 선인들은 한선을 우수한 선형으로 보기보다는 단점이 많은 선박으로 보았던 데 반해, 현대 연구자들은 한선이 조선공학적으로 우수하지 않다는 사실을 알고 있으면서도 이를 명쾌하게 밝히기보다는 한선에 대한 사실 자체를 탐구하는 데 주력해 왔음을 확인하였다.

2000여 년을 이어져 온 한선은 독특한 특징을 갖고 있는 것은 사실이다. 우선 용골이 없고, 판재를 장삭으로 이어 붙여 선저를 평평하게 만들었다. 유럽형 선박들의 선수미가 뾰족한 것과는 달리, 한국 배의 선수미는 거의 평면으로 되어 있다. 외판을 결합하는 방식 또한 독특하여 턱붙이 클링커 방식(상각형 탑접, grooved clinker built)으로 이어붙였다. 바닥이 평평하고 선수가 평면으로 되어 있음으로 인해 한선은 능파성이 약해 속력이 느리고, 흘수가 얕아 센 바람에 약할 수밖에 없는 구조적 특징을 갖게 되었다. 일반적으로 한선은 늑골이나 횡격벽이 없어서 횡강력을 보강하기 위해 가룡목을 활용하였고, 이에 따라 내부에 적재 공간이 협소하고, 횡강력이 약할 수밖에 없었다. 물론 이와 같은 단점은 최근 중국의 펑라이에서 발굴된 고려선에 횡격벽과 늑골이 사용된 것으로 확인됨으로써 어느 정도 불식될 수 있을 것이다.[44] 그럼에도 불구하고 횡격벽과 늑골을 활용하여 한선을 건조하는 것이 얼마나 일반화 되었었는가 하는 문제는 새로운 자료와 연구를 통해 확인할 필요가 있을 것이다.

한선은 한반도 연해안의 특성에 잘 적응할 수 있는 구조적 특징을

---

44) 김성준(2007.3), 「蓬萊 高麗古船의 한국선박사상의 의의」, 『해운물류연구』 제52호(본서 10장).

갖고 있다는 점은 널리 인정되어 왔다. 한반도 남해안과 서해안은 조수 간만의 차가 매우 심하다. 특히 썰물일 때 한선은 바닥이 평평하여 기울어지지 않고, 뻘 위에 그대로 얹힐 수 있다. 그렇지만 평저선이기 때문에 흘수가 낮아 센 바람에 약했다. 한선은 또한 두터운 판재를 나무 못이나 쐐기 등을 사용하여 결합하였으므로 썩거나 부서진 부분을 수리하거나 개조하는 데 아주 편리하다. 한선은 뗏목배(raft)를 발전시킨 형태로 건조되었기 때문에 약간의 누수 현상이 발생하는 것은 피할 수 없었지만, 그 반면에 부양성이 뛰어난 장점이 있다.[45]

이상에서 정리해 본 것처럼, 한선은 전체적으로 보았을 때 조선공학적으로 우수한 선형이라고 말할 수 없을지라도 우리 선인들이 한반도 해역의 특성에 적응하는 과정에서 개발한 독특한 선형의 배였다고 평가할 수 있을 것이다.

II. 전통 한선 중선망 어선의 역풍 항해 성능

우리 선조들이 한반도 해역에서 이용한 전통 선박을 '한선'으로 통칭하게 된 것은 그리 오래된 일이 아니다. 고故 김재근 교수가 『우리 배의 역사』에서 "중국의 전통선을 정크선, 일본의 전통선을 화선和船이라 부르는 것에 대응하여, 한국의 전통선을 한선이라 통칭"할 것을 제안한 것이 1989년이었다. 김재근 교수는 우리 배를 한선이라는 고유 명사를 작명한 데 그치지 않고, "선종과 시대를 막론하고, 두텁고 평탄한 저판을 밑에 깔고 외판을 붙이고, 가룡목을 설치한 방식으로 건조된 것"을 한선의 구조적 특징으로 꼽았다.[46] 이후 이창억, 이원식, 허일,

---

45) 金成俊·許逸·崔云峰(2006.8), 「論韓國傳統船舶的硏究動向和造船技術的發展過程」.
46) 김재근(1989), 『우리 배의 역사』, pp.7~8.

추이원펑崔云峰, 최병문 등이 신안선, 완도선과 거북선, 장보고 선, 조운선 등을 대상으로 한 의미있는 연구결과를 발표한 바 있다.[47] 그러나 이들의 연구는 조선공학적 관점에서 한선의 조선법造船法과 선형 등에 초점을 맞추었고, 항해성능에 대해서는 이렇다 할 관심을 기울이지 않았다.

일반적으로 한선은 적재력이 부족하고 침수가 되는 점이 가장 큰 약점으로 지적된 반면, 역풍 항해 성능이 우수하다는 점이 그 장점으로 꼽히고 있다. 19세기 일본에서 제작된 한국어 교습서인『표민대화』에는 화선에 비해 한선이 역풍 항해 성능이 우수했음을 보여주는 논급이 있고,[48] 언더우드 박사도 한선이 네모돛을 사용했음에도 불구하고 키를 물 속 깊이 설치할 수 있어서 맞바람에 67도 30분까지 근접하여 항해할 수 있었다고 밝히고 있다.[49] 세모돛을 사용하는 서양의 슬루프형 요트의 경우, 이론적으로 맞바람에 대해 최대 $40°$까지 근접 항해가 가능하고,[50] 최신형 경기용 레이서 요트의 경우에는 항해자의 능력에 따라 최대 $32°$까지 항해할 수 있다고 한다. 현대의 요트와 비교할 때, 전통 한선의 역풍 항해 성능은 크게 뒤처지는 것이 사실이다. 그러나 네모돛을 사용하는 서양의 범선과 비교했을 때는 결코 역풍 항해성능이 뒤지지 않는다고 할 수 있다. 김재근 교수에 따르면, 일반적으로 세모돛배는 맞바람에 대해 $56.25°$까지 근접할 수 있고, 네모돛배는 $67.5°$까지 근접할 수 있다.[51] 실제로『표민대화』에는 한선이 일본의

---

47) 이창억(1996), 신안 고대선의 선형 특성 및 돛에 관한 연구」; 허일(2000), 「8~9세기 우리나라 서해 및 인접 해역의 항로와 선형 특성에 관한 연구」; 최병문(2004), 「조선시대 선박의 선형 특성에 관한 연구」; 崔云峰(2005), 「한중일 전통 선박에 관한 비교 연구 - 16~18세기 조곡운반선을 중심으로」; 이원식(2007), 「1592년식 귀선의 주요 치수 추정에 관한 연구」.

48) 허일(2006), 「표민대화(하) 역주의 시도」, pp.119~120.

49) Underwood(1934), *Korean Boats and Ships*, p.15.

50) 미야타 히데야키 외, 홍성완 역(2006), 『요트의 과학』, p.61.

화선에 비해 역풍 항해 성능이 뛰어났다는 점이 적시되어 있다.[52]

그러나 한선이 실제 역풍 항해성능을 측정하기 위한 실험항해나 시뮬레이션이 시도된 적은 없었다. 다행히도 국립해양문화재연구소가 2008년과 2010년에 서해 조기잡이 중선망 어선과 강진 옹기배를 각각 복원하여 실제 항해를 실시하였다. 필자는 전통항해기술 복원팀의 일원으로 2척의 시험선에 동승할 기회를 얻었다. 2008년에 전통 어선인 조기잡이 배 중선망 어선의 실제 복원선을 시험 운항해 볼 기회가 있었다. 따라서 중선망 어선의 시험 항해성능을 정리해 봄으로써 전통 한선의 역풍 항해성능에 대한 또 하나의 자료를 제공하고자 한다.

1. 시험선의 주요 제원과 측정 장비

시험선으로는 국립해양문화재연구소가 2008년에 복원한 조기잡이 중선망 어선을 활용하였다. 국립해양문화재연구소는 전통 한선과 조선 기술을 찾아 계승하기 위해 멸치잡이 배인 가거도 배(1997), 통영 지역 전통 풍선인 통구민 배(2001)를 각각 복원한 데 이어, 2008년에 서해 조기잡이 배인 중선망 어선을 복원하였다. 중선망 어선은 조선시대부터 근대에 이르기까지 서해안에서 조기잡이에 사용된 전통 배로, 전통 배의 구조가 고스란히 남아 있다. 구조적으로 조기잡이 배는 어로 작업에 편리하도록 상부 널이 넓고, 흘수선이 낮으며, 이물과

---

51) 김재근(1993), 『배의 역사』, p.107.
52) "무릇 조선배가 양중에 나갔던 것을 보니 아무래도 일본 배에는 배질이 미치지 못하는데, 섬 안에서는 조선 배가 역풍에 회여가는 모양은 과연 묘하더라. 일본선은 양전을 무수히 내여 무었기에 연장도 대단히 단단하여 부서질 곳은 없거니와 돛대가 한 개이므로 바람을 지고 가는 때는 잘 가되 바람을 안고 가기가 어렵고, 조선 배는 두 돛이므로 비록 바람 방향이 좋지 않아도 강하게 불지 않으면 바람을 나고 갈 수 있다.…" 허일(2006), 「표민대화(하) 역주의 시도」, pp.119~120, 121~122.

고물이 동일한 형태와 방법으로 본체에 연결되었다는 특징을 갖고 있다.

도면은 1920년대 조선총독부가 발간한 『조선어선보고』에 실려 있는 강화도 길상면 택리의 중선망 어선 설계도면을 사용하였다. 건조는 국립해양문화재연구소 야외 전시장에서 이루어졌으며, 건조기간은 2008년 7월 28일부터 9월 26일까지 두달여가 소요되었다. 조기잡이 배의 구조는 7개의 두터운 목재를 연결해 밑판을 만들고 밑판 좌우로 9단의 삼을 붙이고, 이물 18단, 고물 20단을 지어 올렸다. 돛대는 2개이고 치와 닻줄을 감아올리는 호롱, 나무 닻 등이 설치되었다.

중선망 어선의 구조는 편평한 배밑 부재를 병렬로 놓고, 긴 나무못으로 옆을 관통해 결구하였다. 배밑 부재는 1열 2~3개를 이었고, 7개의 판으로 구성되었다. 삼을 연결하는 구조방식은 'ㄴ'자형의 클링커식 구조로, 수중 발굴에서 인양된 고려시대 고선박에서 나타난 구조방식과 유사하다.[53] 조기잡이 중선망 어선의 주요 제원은 〈표 12-2〉와 같다.

〈표 12-2〉 주요 제원

길이	너비	깊이	돛대 높이	배수톤수
15.16m	4.93m	2.06m	13m	15톤

자료 : 국립해양문화재연구소(2009), 『전통선박과 조선기술』, p.15.

조기잡이 배는 가거도 배나 통구민 배보다 규모가 커서 이 배의 운용을 위한 '전통 항해연구팀'이 구성되었는데, 필자들은 그 일원으로 참여하였다. 이 연구결과는 시험 항해 과정에서 채록된 기록을 바탕으로 한 것이다.

---

53) 이상 국립해양문화재연구소(2009), 『전통선박과 조선기술』, pp.14, 25.

〈그림 12-2〉 조기잡이 중선망 어선 자료 : 국립해양문화재
연구소(2009), 『전통선박과 조선기술』, p.14.

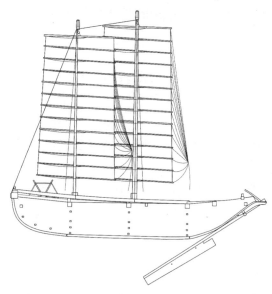

〈그림 12-3〉 조기잡이 중선망 어선의 입면도 자료 : 국립해양
문화재연구소(2009), 『전통선박과 조선기술』, p.24.

〈그림 12-4〉 측정 장비(좌로부터 노트북, GPS, 풍향풍속계, 디지털 나침반)

주요 항해 관련 데이터인 침로, 풍향, 풍속, 선위 등을 확인하기 위해 수동식 풍향 풍속계, GPS, 나침반, 전자해도에 탑재된 노트북을 활용하였다. GPS는 대만 GARMEN사의 GPS-Map76S 모델을 사용하였고, 나침반은 Raymarine사의 디지털 나침반을 사용하였으며, 풍향풍속계는 Nielsen-Kellerman사의 KESTREL2000 모델을 사용하였다. 전자해도는 MAXSEA ver.10.1.3.2과 GARMIN Mapsource ver.6.13.6을 이용하였다(〈그림 12-4〉 참조).

2. 시험 항해의 개요와 결과

1) 시험 항해의 개요

시험 항해는 영산강 하구언 둑 아래 국립해양문화재연구소 앞바다에서 시행되었는데, 내만이어서 바람을 충분히 받지도 못했고, 육상의 건축물로 인해 바람이 일정하지도 않았다. 시험 항해는 먼저 폰툰에서

① 출항   ② 돛 올리기

③ 범주   ④ 항해

〈그림 12-5〉 조기잡이 중선망 어선의 시험항해   자료 : ①②③ - 필자 촬영   ④ - 국립해양문화재연구소(2009), 『전통선박과 조선기술』, p.13.

모터보트로 조기잡이 중선망 어선을 끌어낸 뒤, 돛을 올리고 범주를 시도하였다. 바람의 방향과 세기에 따라 범주 항해가 불가능할 경우에는 모터보트로 예인하여 범주가 가능한 방향으로 선회 및 이동하였다 (〈그림 12-5〉 참조).

시험 항해시 풍향 및 선위, 침로는 다음과 같은 방법으로 측정하였다.

○ 침로 : 디지털 나침
반으로 확인

○ 선위 : GPS

○ 풍향 및 풍속 : 수동
풍향풍속계를 풍향
에 직각으로 맞추면
최대 풍속이 표시되
고, 최대풍속시의 풍
향을 기록하였다.
(〈그림 12-6〉 참조)

필자들은 2009년 4월 27
일, 6월 27일, 9월 26일 세
차례 시험항해에 참여하였

〈그림 12-6〉 풍향과 풍속 측정 측정자 : 김현곤

는데, 1차와 3차 항해시는 유의미한 기록을 얻지 못했다. 다행히도
6월 27일 시험 항해시는 두 차례 짧은 구간에서 맞바람 항해를 할
기회가 있었고, 항해 관련 데이터도 명확히 채록할 수 있었다. 채록된
데이터는 다음과 같은 과정을 통해 〈그림 12-7〉~〈그림 12-11〉까지를
얻었다.

○ GPS 선위 → GPS 선위를 Mapsource 프로그램과 연동(〈그림 12-7〉)
→ GPS 선위를 Google에 연동(〈그림 12-8〉) → 맞바람 항해 구간의
침로와 풍향 비교(〈그림 12-10&11〉)

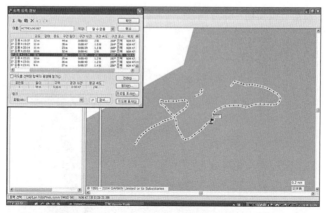

〈그림 12-7〉 GPS 선위를 Mapsource에 연동한 모습

〈그림 12-8〉 GPS 선위를 Google에 연동한 모습

〈그림 12-9〉 선위와 침로, 풍향을 함께 나타낸 모습

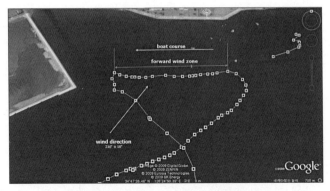

〈그림 12-10〉 맞바람 항해 제1구간시의 선위와 풍향

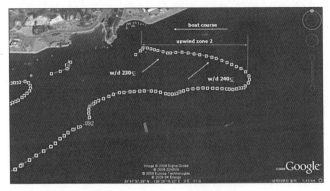

〈그림 12-11〉 맞바람 항해 제2구간의 선위와 풍향

2) 시험 항해의 결과

〈그림 12-10〉과 〈그림 12-11〉에 나타난 바와 같이, 맞바람 항해는 두 구간에서 이루어졌는데, 이를 분석해 보면 다음과 같다. 〈그림 12-10〉에 나타난 구간의 경우, 실제 선위상 진침로는 268°였고, 상대풍향은 210°±15°였다. 상대 풍향이 편차가 컸던 것은 육상의 건물들로 인해 일부 구간에서 골바람이 형성되었기 때문이다. 역풍 항해 성능을 알아보는 데는 210°와 225° 두 방향의 풍향을 기준으로 하였다. 195°의 경우 거의 옆바람에 가깝기 때문에 역풍 항해라고 보기에는 무리가

있기 때문이다. 시험선의
속력은 평균 2노트였고, 풍
속은 7노트였다. 〈그림 12-
11〉에서는 시험선의 진침
로가 첫 구간에서는 303°,
둘째 구간에서는 275°였고,
상대풍향은 첫 구간은 240°,
둘째 구간에서는 230°였다.
시험선의 속력은 평균 2노
트, 풍속은 7노트였다. 본
선 진침로와 속력, 상대풍
향과 풍속을 알고 있을 때
진풍향은 〈그림 12-12〉와
같이 구할 수 있다.

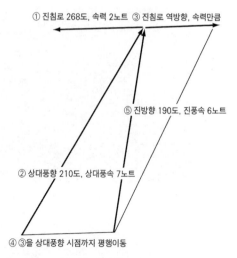

① 진침로 268도, 속력 2노트 ③ 진침로 역방향, 속력만큼

⑤ 진방향 190도, 진풍속 6노트

② 상대풍향 210도, 상대풍속 7노트

④ ③을 상대풍향 시점까지 평행이동

〈그림 12-12〉 **진풍향을 구하는 방법** 자료 : 본선 진침로 268도, 본선 속력 2노트, 상대풍향 210도, 상대풍속 7노트

이와 같은 데이터를 바탕으로 진풍향에 대한 시험선의 접근각을 도출하면 〈표 12-3〉과 같다.

〈표 12-3〉 조기잡이 중선망 어선의 역풍 항해 성능

구간	진침로	상대풍향	진풍향	역풍 근접각
Zone 1	268°	210°	190°(223°)	78°(45°)
		225°	209°(209°)	59°(37°)
Zone 2-1	303°	240°	227°(327°)	76°(53°)
Zone 2-2	275°	230°	215°(215°)	60°(35°)

주 1. 시험선의 진속력 2노트, 상대풍속 7노트.
　 2. 진풍향과 역풍 근접각 (-) 안의 각도는 이 책의 초판 210쪽 〈표 10-2〉의 수치로, 오류였기에 여기에서 바로 잡는다.

〈표 12-3〉에 정리한 바와 같이, 조기잡이 중선망 어선은 맞바람에 대해 1구간에서는 최대 59°까지 근접하여 항해하였고, 2구간에서는

최대 60°까지 근접하여 항해하였다. 네 차례의 기록을 평균하면 68.25°이다. 이 기록만으로도 현대의 일반 요트의 성능에 버금간다고 할 수 있다. 그러나 이러한 결과를 해석하는 데는 몇 가지 주의가 필요하다.

첫째는 항해 구간이 내만이어서 조류의 영향이 전혀 없었다.

둘째는 바람이 상대적으로 약했고, 일부 구간에서 섬과 육상의 건물들로 인해 바람이 봉쇄된 구간이 있었다.

셋째는 바람이 약했기 때문에 파도와 너울이 거의 없었다. 이상과 같은 요인들은 조기잡이 어선이 맞바람을 헤쳐 가는 데 유리하게 작용하였다.

이상에서 분석해 본 바와 같이, 조기잡이 중선망 어선은 비록 짧은 구간에서, 그리고 상대적으로 바람이 약하고, 파도와 너울이 거의 없는 내만에서의 항해이기는 했지만, 평균 68.25°까지 근접하여 맞바람에 항해하였다. 언더우드는 한선이 맞바람에 대해 67.5°까지 근접하여 항해할 수 있다고 밝혔다. 이 사실들을 비판적으로 종합해 본다면, 전통 한선의 역풍 항해 성능이 상대적으로 뛰어났다는 점은 실증적으로 입증되었다고 할 수 있다. 다만 내만에서 비교적 짧은 시간 동안 항해했다는 한계가 있다. 따라서 향후 근해에서의 실제 항해를 통해 전통 한선의 항해 성능을 실증적으로 검증해 볼 필요가 있다.

III. 개량형 한선 옹기배의 항해 성능

이 글에서는 2010년 9월 실시된 강진 옹기배 복원선의 시험 항해시 동승하며 수집한 항해 기록과 자료를 토대로 한선의 항해 성능에 대한 새로운 정보를 제시하고, 그 의미를 해석할 것이다. 강진 옹기배는 선형적으로 전통 한선이라기보다는 개항 이후 화선의 영향을 받은 개량형 한선에 속한다. 그러나 선수 형상과 키를 제외한 돛과 노 등은 전통 한선과 동일하게 장비되어 있어 한선의 항해 성능을 밝혀내는 데 활용해도 무리가 없을 것이다. 1에서는 시험 항해에 사용된 강진 옹기배와 주요 장비에 대해 간략하게 정리한 뒤, 2에서는 시험 항해의 개요에 대해 살펴보고, 3에서는 시험 항해의 결과에 대해 요약할 것이다. 마지막으로 이를 바탕으로 한선의 항해 성능에 대한 새로운 정보를 제시할 것이다.

1. 시험 항해선의 제원과 주요 장비

1) 강진 옹기배의 주요 제원

시험선으로는 국립해양문화재연구소가 2010년 복원한 강진 옹기배 (선명 : 봉황호)를 활용하였다. 강진 옹기배는 일제 식민지 시기부터 1980년대까지 남해안 일대에서 옹기 운송선으로 활용된 선박으로 선형적으로는 개량형 한선에 속한다. 복원된 강진 옹기배의 주요 제원은 〈표 12-4〉와 같다. 시험선 이외에도 항해 중 만일의 사태를 대비하여 80톤급

〈표 12-4〉 강진 옹기배의 주요 제원

구분		경하시	만재시
배수톤수(ton)		30.0	60.18
수선장(m)		18.455	19.469
수선폭(m)		5.551	5.563
선수 흘수(m)		0.469	0.887
중앙 흘수(m)		0.585	0.983
선미 흘수(m)		0.701	1.079
돛대 높이	야훗 돛대	7.8m	
	이물 돛대	16m	
	허리 돛대	17m	

자료 : 국립해양문화재연구소(2010), 『옹기배와 전통 항해』, p.30.

인 네 대박이 스쿠너선(schooner) 코리아나 호가 왕항시 전 구간을 동행하며 비상시 예인하였고, 복항시에는 서해어업지도사무소의 예인선이 예인하였으며, 구간별로 해경경비정과 행정선이 동행하기도 하였다.

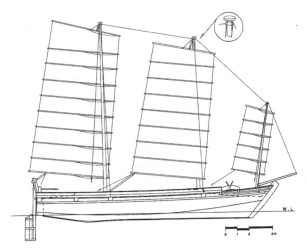

〈그림 12-13-a〉 강진 옹기배의 측면도

〈그림 12-13-b〉 범장 항해 중의 강진 옹기배

2) 주요 항해 계기

시험선에는 항해 계기가 일체 장비되어 있지 않았다. 따라서 속력과 침로, 선위, 풍향, 조류 등 항해에 관한 정확한 정보를 계측하기 위해 GPS, 나침반, 온도계, 정밀시계, 풍속계 등과 조석표, 노트북에 탑재된 전자 해도, 조위예측프로그램, 기상 수신용 프로그램, 조류 흐름도 예측 프로그램 등을 활용하였다(〈그림 12-14〉 참조).

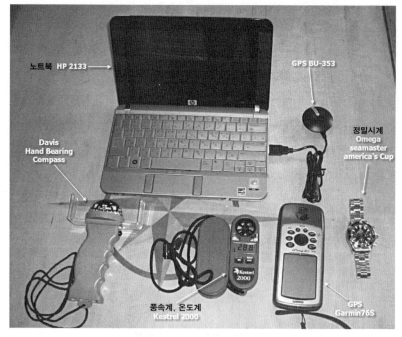

〈그림 12-14〉 주요 항해 계기

3) 선원

항해에는 선원의 능력이 절대적인 영향을 미친다. 특히 바람과 조류에 의해 좌우되는 풍선의 경우에는 선원의 항해 능력이 곧 배의 항해성능을 좌우하게 된다. 이번 시험 항해에는 일제시대부터 1970년대까지 옹기배의 사공으로 승선한 경험이 있는 80대의 신 모씨를 뱃사공으로 하여, 옹기배 사공으로 승선한 바 있는 70대의 원 모씨를 돛잡이, 김현곤을 포함한 전문 요트 항해가 2인이 항해 보조자로 각각 승선했고, 항해 운영 및 기록, 취재 등을 위해 11명이 동승하였다.

2. 시험 항해의 개요

시험 항해는 2010년 9월 8일 강진을 출항하여 9월 13일 목포로 회항하는 6일 간의 일정으로 진행되었다. 하지만 9월 11일 여수 소호 요트장에서 여수 구항까지의 약 5.4마일은 항해거리가 짧은데다가 환영식과 옹기 장터 등의 행사가 이어졌고, 9월 12일 여수 구항을 출항하여 13일 목포로 회항하는 전 구간은 서해어업지도사무소 소속의 '해진호'에 의해 예인되어 옹기배의 항해 성능을 검증할 만한 여건이 되지 않아서 데이터 수집에서 제외하였다. 따라서 실질적인 시험 항해는 9월 8일 강진 출항시부터 9월 10일 여수 소호 요트경기장에 도착할 때까지의 3일 간으로 한정하였다. 각 구간별 항해일정을 정리해보면 다음과 같다.

1) 1일차 항해(2010. 9. 8)

1일차인 2010년 9월 8일의 항해 현황을 상황별로 정리해 보기로 한다. 8일 오전 중에는 강진 봉황리에서 출항식을 거행한 뒤 11시부터 본격적인 항해가 시작되었다. 그러나 완도를 지나서 신지도까지는 거의 범주항해를 하지 못하고, 행정선, 해경 경비정, 코리아나 호에 의해 견인되거나 노로 항해하였다. 신지도를 지나면서부터는 조류와 바람, 파향이 모두 풍하여서 양호한 기상 상황이어서 범주 항해를 시도하였다.

<표 12-4> 1일차 항해 개요(2010. 9. 8)

출항지	전남 강진 봉황리	34° 33.4700 N, 126° 47.3289 E
입항지	전남 완도 평일도	34° 21.0130 N, 127° 00.8347 E
항해거리	29마일	
총 항해시간	2010. 9. 8. 11 : 00 ~ 2010. 9. 8. 19 : 10 (8h 10m)	
명목 속력	3.55노트	
범주	항해거리	3.03마일
	범주 시작 위치	34° 18.6236 N, 126° 54.5555 E
	범주 종결 위치	34° 20.4723 N, 126° 57.4398 E
	항해 시간	17 : 41 : 33 ~ 18 : 10 : 39 (29m 6s)
	평균 속력	6.04노트
	예정 침로	40°± 5°
	풍향	140°±20°
	풍속	8~14노트
	파고	내만 0.3m, 완도 외항 2.5m
	파향	160°±5°
	조류속도	0.8~1.28노트
	조류방향	05~18°
견인 거리	25.97마일	
견인 시간	7h 40m 54s	

　그러나 1일차 항해에서는 29마일, 8시간 10분의 항해 중 단 3.03마일, 29분 06초 동안만 온전한 범주 항해를 했을 뿐이다. 따라서 범주 항해 속력은 6.04노트를 기록하였는데, 이는 뒤바람과 뒤파도의 영향을 크게 받은 덕분이라고 할 수 있다. 결국 1일차 범주 항해는 일시적인 뒷바람 항해뿐이어서 전통 범선의 맞바람 하에서의 항해 성능을 시험해 볼 기회가 없었다. 특히 완도항 앞바다에서 일시적인 앞바람과 조류로 바람을 헤쳐야[54] 하는 상황에서 배가 앞으로 나아가지 못하고 오히려 뒤쪽으로 밀리는 상황이 발생하였다. 이는 데이터로서의 가치가 없어 제외시켰다. 1일차 항해 개요, 항적도, 조류도는 〈표 12-4〉와 〈그림 12-15〉, 〈그림 12-16〉을 참조하라.

---

54) 뱃사람들이 앞바람에 맞서 항해하는 것을 '바람을 헤친다'고 표현한다.

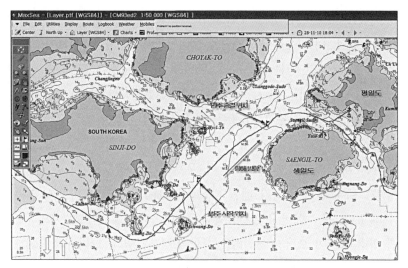

〈그림 12-15〉 1일차 항적도(2010. 9. 8)

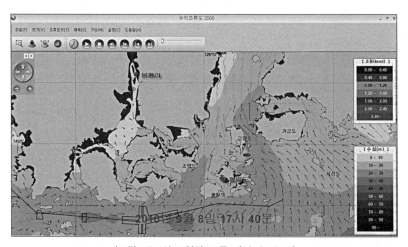

〈그림 12-16〉 1일차 조류도(2010. 9. 8)

2) 2일차 항해(2010. 9. 9)

2일차인 2010년 9월 9일에는 아침 7시 30분 완도군 평일도를 출항하여 여수 외나로도에 17시 45분에 입항하였다. 총 항해거리 26.5마일을 항해하는 데 10시간 15분이 소요되어 전체 평균 속력은 2.47노트를 기록하였다. 이 가운데 20.7마일을 코리아나 호에 예인되었으며, 예인된 시간은 6시간 18분 55초였고, 나머지 5.8마일을 3시간 56분 05초 동안 범주하는 데 그쳤다. 따라서 범주 속력은 1.45노트에 불과했다.

범주를 시작한 오전 11시 40분 경 옹기배의 침로는 45°± 5°, 풍향은 우현 앞바람(100°±20°), 조류는 좌현 정횡에서 흘렀다. 그러나 조류보다는 바람의 영향을 크게 받아 옹기배가 좌측으로 밀려 시산도 방향으로 근접하게 되자 배를 나돌려(tacking)[55] 침로를 바꾸지 않을 수 없었다. 침로를 바꾸었으나 동남동풍의 영향으로 침로는 거의 180°를 향하게 되어 오히려 역진하는 상황이 발생하였다. 그리하여 옹기배가 시산도에서 약간 멀어지자 다시 배를 나돌려 원래 침로(45°±5°)로 복귀하려 했으나 역시 동남동풍의 영향으로 침로는 거의 북쪽(5°)으로 향하게 되었다. 이로써 옹기배는 육지 쪽으로 근접하게 되어 다시 배를 나돌려 남쪽으로 침로를 바꾸어 다시 역진하게 되었다.

상황이 이렇게 되자 노령인 신 모씨가 힘에 부쳐 쉬게 되어 대양항해가인 김현곤이 돛잡이를 맡게 되었다. 그 결과 옹기배는 김현곤의 지휘하에 한 차례 나돌림을 실시하여 침로를 북동 방향으로 잡아 범주 항해를 시도하여 20°로 전진한 뒤, 한 차례 더 나돌림을 하여 동남 방향으로 항해한 뒤 48°로 무리없이 범주 항해를 하였다. 이틀째 항해의 범주 항해 종료 시점인 15시 전후의 풍향은 100°내외였음을 감안하면 당시 옹기배는 맞바람에 대하여 약 60°까지 근접하여 항해한 셈이다. 이후 옹기배는 두 번째 묘박지인 외나로도항에 근접하게 되어 범주를 종료하고, 코리아나 호의 예인을 받아 묘박하였다. 묘박시 돛을 너무 빨리 내리는 바람에 역조에 떠밀려서 노를 저어도 전진하는

---

55) 풍선의 사공들은 태킹(tacking)을 '나돌린다'고 말하고, 자이빙(jibing)을 '되돌린다'고 말한다.

데 어려움이 있어 부득이 코리아나 호와 연결한 예인줄을 인력으로 끌어서 닻을 내렸다. 2일차 항해의 항적도와 범주 시점과 종료 시점의 조류도, 그리고 항해 개요에 대해서는 〈표 12-5〉와 〈그림 12-17~19〉을 참조하라.

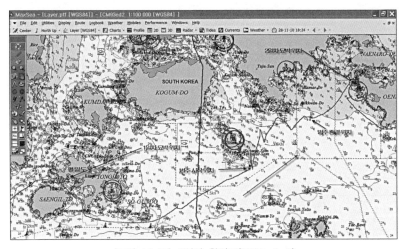

〈그림 12-17〉 2일차 항적도(2010. 9. 9)

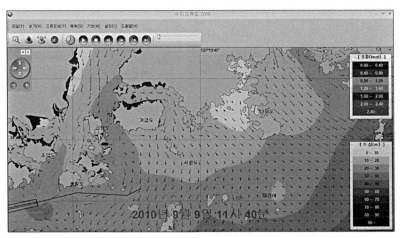

〈그림 12-18〉 2일차 11시 40분 기준 조류도(2010. 9. 9)

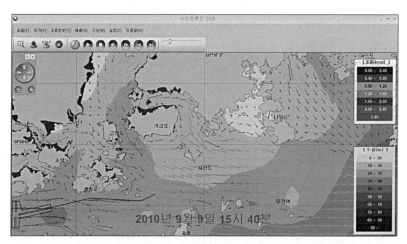

〈그림 12-19〉 2일차 15시 40분 기준 조류도(2010. 9. 9)

〈표 12-5〉 2일차 항해 개요(2010. 9. 9)

출항지	전남 완도 평일도	34° 21.0130 N, 127° 00.8347 E
입항지	전남 여수 외나로도항	34° 27.7056 N, 127° 27.2380 E
항해거리	26.5마일	
항해시간	2010. 9. 9. 07 : 30 ~ 2010. 9. 9. 17 : 45 (10h 15m)	
명목속력	2.59노트	
범주	항해거리	5.8마일
	범주 시작 위치	34° 21.7207 N, 127° 17.3796 E
	범주 종결 위치	34° 25.3359 N, 127° 22.8882 E
	항해시간	11 : 42 : 21 ~ 15 : 38 : 26 (03h 56m 05s)
	평균 속력	1.45노트
	예정 침로	45°±5°
	풍향	100°±20°
	풍속	12~14노트
	파고	1m 내외
	파향	140°±5°
	조류 속도	0.5~1.85노트
	조류 방향	130°~165°
견인거리	20.7 마일	
견인시간	06h 18m 55s	

3) 3일차 항해(2010. 9. 10)

3일차인 2010년 9월 10일 항해는 여수 외나로도의 묘박지를 아침 7시 45분에 출항하여 오후 5시 42분 여수 소호 요트경기장에 계류하는 여정으로 이루어졌다. 이날 범주는 전체적으로 바람을 지고 가는 순풍 항해였다. 그러나 풍향과 조류가 서로 엇갈려서 순풍의 효과가 상쇄되었다. 특히 노령의 사공이 돛질을 적절히 하지 못함으로써 순풍 효과가 반감되는 결과로 이어졌다. 우선 외나로도 출항시 닻을 올리는 데 닻줄이 바지용 돛에 엉켜서 이를 푸는 데 많은 시간을 허비했고, 결국 닻줄을 절단하고 출항하지 않을 수 없었다.

가막만에 진입하여 순풍을 받아 범주 항해를 시도한 2차 범주시에 순간 속도가 6.5노트를 나타내기도 하였으나, 사공이 적절히 돛을 조절해주지 않음으로써 키에 많은 수압이 작용하여 오히려 속도가 감소하고 말았다. 최종 목적항인 여수 소호 요트 경기장으로 입항할 때는 계류용 부선과 충돌할 뻔한 위험한 상황이 발생하였다. 입항을 위해 코리아나 호에 의해 4노트 이상으로 예인되던 옹기배는 정박을 위해서 돛을 내리고 타력을 감소시켜야 했으나, 돛을 접지 않음으로써 계류용 부선에 충돌할 상황이 초래되었다. 당시 동승했던 김현곤이 대기 중이던 부선에 계류줄을 던져 배를 정지시키는 임기응변이 없었다면 자칫 큰 사고로 이어질 수 있었다.[56]

3일차 전체 항해거리는 27.2마일이었고, 총 항해시간은 9시간 57분이었으며, 평균 속력은 2.73노트였다. 이 가운데 11.8마일, 5시간 32분 19초를 두 차례에 나누어 범주항해하였는데, 범주 속력은 2.2노트였다.

---

56) 이와는 대조적으로 국립문화재연구소의 공식 보고서에는 당시 상황을 "계류장과 충돌하려 할 때 육상에서 우리 배를 밀었다. 우리 쪽에서도 삿대로 계류장을 밀었다. '끼이익 우지끈' 부딪치는 소리가 요란하다. … 내가 본 최고의 접안이었다"고 적었다. 국립해양문화재연구소(2010), 『옹기배와 전통 항해』, p.95.

3일차 항해의 항적도와 조류도, 항해 개요에 대해서는 〈표 12-6〉과 〈그림 12-20〉, 〈그림 12-21〉을 참조하라.

〈표 12-6〉 3일차 항해 개요(2010. 9. 10)

출항지	전남 여수 외나로도항 34° 27.7056 N, 127° 27.2380 E		
입항지	전남 여수 소호요트장 34° 44.2231 N, 127° 39.0569 E		
항해거리	27.2마일		
총 항해시간	2010. 9. 10. 07 : 45 ~ 2010. 9. 10. 17 : 42 (09h 57m)		
명목 속력	2.73노트		
범주	항해거리	㉮ 5.6 ㉯ 6.2 소계 : 11.8 마일	
	범주 시작 위치	㉮ 34°28.1699N, 127°34.5318E ㉯ 34°37.9876N, 127°39.6266E	
	범주 종결 위치	㉮ 34°33.3639N, 127°37.9513E ㉯ 34°44.2225N, 127°39.0586E	
	항해시간	㉮ 11 : 00 : 21 ~ 14 : 58 : 39 (03h 58m 18s) ㉯ 16 : 06 : 57 ~ 17 : 40 : 58 (01h 34m 01s) 소계 : 05h 32m 19s	
	평균 속력	㉮ 1.4노트 ㉯ 3.9노트 소계 : 2.2노트	
	예정 침로	㉮ 30°± 5° ㉯ 0°± 5°	
	풍향	100°±20°	
	풍속	㉮ 4~8 내외 ㉯ 12 ~ 14	
	파고	㉮ 1m 내외 ㉯ 0.3m 이내	
	파향	남남동(160°±5°)	
	조류속도	㉮ 0.1~1.6 ㉯ 0.1~0.4	
	조류방향	다양한 조류방향	
견인 거리	15.4마일		
견인 시간	03h 25m		

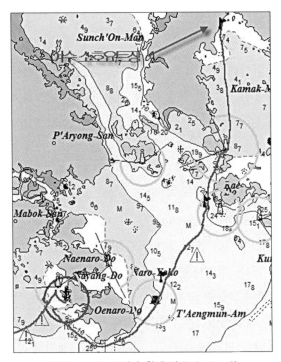

〈그림 12-20〉 3일차 항해도(2010. 9. 10)

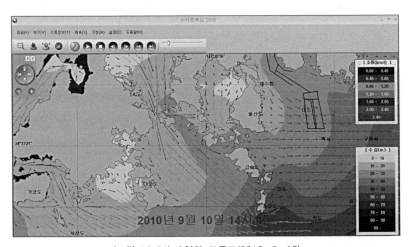

〈그림 12-21〉 3일차 조류도(2010. 9. 10)

3. 시험 항해의 결과

이상의 시험항해의 결과를 요약해보면 다음과 같다. 강진 옹기배 복원선을 활용한 한선의 항해 성능 시험은 2010년 9월 8일부터 9월 10일 전남 강진군 봉황리를 출항하여 9월 10일 전남 여수시 소호동에 입항하는 구간 동안 82.7마일을 항해하는 동안 이루어졌다. 야간 항해의 위험을 피하기 위해 첫째 날인 8일에는 강진에서 완도 평일도까지 29마일을 항해하였고, 둘째 날인 9일에는 완도 평일도에서 여수의 외나로도까지 26.5마일을 항해하였으며, 마지막 날인 10일에는 외나로도에서 여수 소호 요트경기장까지 27.2마일을 각각 항해하였다. 3일간 전체 82.7마일을 항해하는 데 28시간 22분이 소요되어 명목 항해속력은 2.92노트였다. 이 중 62.07마일, 18시간 24분 30초는 맞바람 또는 무풍 등으로 예인되었는데, 예인 중의 평균 속력은 2.77노트였다.

범주 항해만을 평가해 본다면, 일부 구간을 제외하고 전체적으로 순풍항해였다. 20.63마일, 9시간 57분 30초는 돛만으로 항해하였는데, 평균 2.07노트를 기록하였다. 이는 언더우드가 언급한 한선의 최고 속력 3~4노트에는 미치지 못한다.[57] 하지만 사공이 80대의 노령인

〈표 12-7〉 전체 항해 개요

· 출항지	전남 강진군 봉황리
· 목적지	전남 여수시 소호동
· 총 항해 거리	82.7마일
· 총 항해 시간	28h 22m
· 명목적 평균 항해 속력	2.92노트
· 예인 거리	62.07
· 예인 시간	18h 24m 30s
· 평균 예인 속력	2.77노트
· 범주 거리	20.63마일
· 범주 시간	9h 57m 30s
· 평균 범주 속력	2.07노트

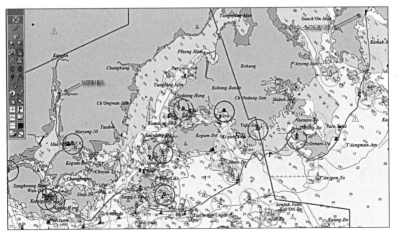

〈그림 12-22〉 전 구간 항적도

점, 그리고 공저자(김현곤)와 2명의 요트 경험자를 제외한 나머지 승선원들의 항해 경험이 일천하다는 점, 그리고 예인 속력이 2.77노트에 불과했다는 점 등을 고려하면 그렇게 느린 속력은 아니었다고 평가할 수 있다.

범선 항해성능의 핵심이라고 할 수 있는 역풍 항해는 2일차에 이루어졌는데, 시풍향 110°에 거슬러 침로 48°로 항해하였다. 당시 풍향은 100°±20°에서 불어 왔는데, 100°에서 불어왔다고 가정할 경우 옹기배가 맞바람에 40° 가까이 근접하여 항해한 것이 된다. 이는 범선으로는 항해하기 불가능한 이른바 'No-Go-Zone'에 해당하므로 기각한다. 상대풍향 110°, 상대풍속 12노트, 진침로 48°, 선속 1.45노트로 하여 진풍향을 구하면 118°가 되어 옹기배는 역풍에 대하여 70°까지 근접하여 항해한 셈이다. 비록 짧은 거리에서 이루어진 역풍 항해였지만, "한선이 67°30′ 이상 근접하여 역풍항해를 할 수 있다"는 언더우드의 언급을 실증적으로 확인하였다는 점에서 의미가 있는 실험항해였다.

---

57) Underwood(1934), *Korean Boats and Ships*, p.57.

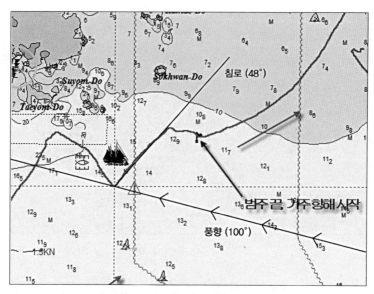

〈그림 12-23〉 역풍 항해시의 항해 성능

　이상에서 살펴본 바와 같이, 옹기배 복원선을 활용한 한선의 항해 성능 시험은 나름대로 유의미한 성과를 거두었다. 옹기배는 맞바람에 대하여 약 70°까지 근접하여 항해함으로써 언더우드 박사의 주장이 사실임을 확인시켜 주었다. 하지만 이번 시험 항해에서는 아쉬움이 남기도 했다.

　첫째, 옹기배가 전통 한선이라기보다는 화선의 영향을 받은 개량형 한선이었다는 점이다. 전통 한선의 선수 형상은 평면平面인 데 반해, 일본 화선의 선수 형상은 첨두형이다. 옹기배의 선수가 첨두형이었다는 점은 선속이나 능파성 면에서 평면형 선수에 비해 다소 유리하게 작용했다고 할 수 있다.

　둘째, 옹기배의 키 또한 전통 한선의 현수타가 아니라 직타에 가까웠다. 언더우드는 한선이 역풍 항해에 강한 이유로 센터보드(centerboard) 역할을 하는 현수타를 꼽았다.[58] 옹기배의 키가 직타였다는 사실은 역풍항해에 다소 불리하게 작용할 수 있었다. 따라서 첨두형 선수와 직타는 역풍 항해 성능에 미치는 영향 면에서 서로 상쇄되었다고 할 수 있다.

셋째, 돛대와 돛이 적절하게 제작되었는지 의문이 든다. 옹기배의 이물 돛대와 허리 돛대의 높이는 각각 16m와 17m였다. 이는 경하시의 수선장 18.45m나 만재시의 수선장 19.50m에 비해서도 낮았다. 보통 현대 요트의 경우 길이 대 돛대 높이의 비는 대략 1 : 1.1~1.2배이다.[59] 그런데 옹기배는 길이에 비해 돛대 높이가 낮게 제작되었다. 돛대 높이가 길이에 비해 낮다는 것은 풍압이 낮게 형성된다는 것을 의미하고, 이는 곧 배의 항해 성능에는 불리하게 작용할 수 있었다. 범선의 항해성능에 돛의 면적과 활대 등이 큰 영향을 미치는 데 옹기배 복원선의 경우 돛의 면적이나 활대의 간격 등을 어떠한 근거에 의해 제작했는지 그리고 실제 치수가 어떠했는지를 밝혀줄 만한 아무런 자료를 남기지 않고 있다.

마지막으로 승조원들이 범선 항해에 능숙하지 않았다. 비록 과거 옹기배의 사공 경력이 27년이나 되었다고는 하지만, 옹기배의 항해를 책임졌던 사공이 80대의 노령이었다는 점, 그리고 그의 통솔 능력의 부족, 나머지 선원들의 항해 경험 부족 등은 옹기배의 항해 성능에 결정적으로 부정적인 영향을 미쳤다. 이상과 같은 한계점은 추후 전통 한선의 시험 항해를 통해 재검증함으로써 극복해야 할 과제로 남게 되었다.

---

58) Underwood(1934), *Korean Boats and Ships*, p.15.

59) 요트를 크게 경기용(racer)과 크루저(cruiser)로 나눌 경우, 경기용의 경우 길이 대 돛대의 비율은 1 : 1.3~1.35이고, 크루저의 경우 보통 1 : 1.1~1.2 정도로 본다. 여기에서 옹기배가 속도를 다투는 풍선이 아니었으므로 크루저의 경우와 비교하였다.

서양선에 대한 조선인의 인식과 대응

15세기 중반 이후 진행된 유럽인의 해양팽창은 면밀한 계획 하에 추진된 것은 아니었다.[1] 그러나 해양사가인 패리(J. H. Parry)가 지적한 것처럼, 18·19세기가 되면 비유럽인들이 유럽인들의 팽창을 더 이상 저지할 수 없다는 사실이 명백해졌다.[2] 1498년 바스쿠 다 가마(Vasco da Gama, 1460~1524)가 인도의 캘리컷(Calicut)에 도착한 이후 포르투갈인을 필두로 한 유럽인들은 인도 대륙과 인도네시아 제도諸島를 비롯한 동남 아시아는 물론, 중국과 일본까지 그 활동 영역을 넓혀 가고 있었다. 1510년 인도의 고아(Goa)가 포르투갈인에게 점령되었고, 1514년에는 포르투갈 상선이 중국의 광동에 처음으로 입항하였다.[3] 포르투갈인들 은 1537년에는 마카오(Macao)를 점령[4]하고 창고와 거류지를 만든 것에 대해 황제로부터 묵허默許를 얻어냄으로써 중국 무역에 공식적으로

---

1) J. H. Parry, 김성준 역(1998), 『약탈의 역사』, p.11.
2) J. H. Parry(1998), 『약탈의 역사』, p.11.
3) J. H. Parry(1998), 『약탈의 역사』, p.72.
4) 김재승(1987), 「조선 해역에 이양선의 출현과 그 영향(1)」, 『海技』 1987년 4월호, p.26.

참여할 수 있게 되었다.5) 포르투갈인들은 여기에서 그치지 않고, 일본까지 그 활동 영역을 넓혀 나갔다. 포르투갈인들은 1562년에 오무라大村씨로부터 나가사키長崎를 개항한다는 허가를 받아낸 데 이어, 1567년에 처음으로 나가사키에 입항하였다. 나가사키는 1571년에 공식적으로 포르투갈인들에게 개항되었다.6) 1600년에 처음으로 내일來日한 네덜란드 상인들도 1641년에는 나가사키에 상관을 설치함으로써 공무역을 할 수 있게 되었다.7)

조선도 이러한 세계사적 흐름에서 벗어나 있을 수는 없었다. 1627년 (인조 5)에 네덜란드 상선인 우베르케렉 호(Ouwerkerek)8)가 바타비아 (Batavia, 오늘날 자카르타)를 출항하여 나가사키로 항해하던 도중 제주도에 표착漂着하였다. 당시 벨테브레(Jan Janse Weltevree), 히스벨츠(Theodorick Gijsbertz), 베어베스트(Jan Perteree Verbaest) 등의 선원 3명이 청수를 구하러 제주도에 상륙하였으나 제주 관헌에게 체포되어 포로가 된 적이 있었다. 이때 포로로 잡힌 네덜란드 선원 중 한 사람이 조선으로 귀화한 박연朴淵(또는 朴燕, Jan Janse Weltevree, 1595~?)이다. 박연은 조선 여인과 결혼하여 훈련도감에서 소속되어 명나라에서 들어온 홍이포紅夷砲 제작법과 조종법을 가르치며 여생을 한국에서 마쳤다. 나머지 두 사람은

---

5) J. H. Parry(1998), 『약탈의 역사』, p.72.

6) (1984), 『세계사연표』, 역민사, p.41.

7) 프래트, U. S. Department of State(1962), A Historical Summary of US-Korean Relations, Washington : Government Printing Office, 김원모 역(1982), 「일본 및 조선에 대한 통상사절단 파견안」, 『한미수교100년사 - 관계자료 및 연표』, (『신동아』 1982년 1월호 별책부록), p.24 ; 김재승(1987), 「조선 해역에 이양선의 출현과 그 영향(1)」, 『해기』 1987.4, p.26. 네덜란드 선박으로서 처음으로 일본에 도착한 선박은 1600년 리프데 호였고, 네덜란드와 일본이 平戸에서 무역을 시작한 것은 1609년이었다. 최재수(1998), 「네덜란드의 경이적인 약진(2)」, 『해양한국』, 한국해사문제연구소, 1998.3, p.173 각주 4번 참조.

8) 홍이섭은 이때 표류한 선박의 이름을 Auderkeres 호로 표기하고 있다. 홍이섭 (1994), 「조선후기 해양사」, p.455 참조.

〈그림 종-1〉 강진 병영에서 제초작업 중인 하멜 일행 자료 : 하멜기념관 전시물(강진)

광해군 때 만주 출병시 출정하여 사망하였다.[9]

박연에 뒤이어 조선에 나타난 서양인도 네덜란드인이었다. 1653년 (효종 5)에 나가사키로 항해하던 네덜란드 상선 스페르베르 호(Sperwer)가 제주도 해안에 표착하였는데, 64명의 선원 중 38명이 구조되어 제주 관헌의 보호를 받은 바 있었다. 당시 선원 가운데 서기였던 하멜(Hendrik Hamel, ?~1692)은 억류된 지 13년 만인 1666년 9월 15일(음력) 동료 선원 7명[10]과 함께 탈출하여 일본을 거쳐 1668년 7월 20일 암스테르담으로 귀환하여 『하멜표류기』를 써서 조선을 서양에 처음으로 소개하였다.

박연이나 하멜이 조선에 들어오게 된 것은 우발적인 것이었던 까닭에 조선인들에게도 단지 일회적인 사건일 수밖에 없었다.[11] 그러나 1780

---

9) 홍이섭(1994), 「조선후기 해양사」, p.455.
10) 당시 탈출한 8명과 잔존한 8명의 명단에 대해서는 홍이섭(1994), 「조선후기 해양사」, p.456 참조.

년대 정조 연간이 되면 조선도 더 이상 유럽인들의 관심 영역에서 벗어나 '은둔의 나라'에 머물러 있을 수만은 없게 되었다. 1787년(정조 11) 5月에 프랑스의 해군대령인 라 뻬루스(Jean Francois Galaupe de la Pérouse, 1741~1788)가 군함 부솔 호(Boussole, 나침반)와 아스트롤랍 호(Astrolabe, 아스트로라베)를 이끌고 세계일주 항해를 하던 도중 우리나라 남해안과 동해안을 탐사하고 울릉도를, 처음으로 발견한 다줄레(동승했던 천문학자)의 이름을 따 다줄레 섬(Isle Dagelet)이라고 명명하였다.[12] 당시 울릉도의 어민들은 뻬루스의 탐사대를 목격하고 봉화불을 밝히는 등 발빠른 대응을 한 것으로 보인다.[13] 그러나 이들이 탐사활동만 하고 지나쳐서인지 실록에는 이들에 대한 기록은 나타나 있지 않다.

이제 다음 차례는 특정한 목적을 갖고 조선에 내항한 유럽인을 조선인이 직접 접하게 되는 단계이다. 통상이나 기독교 포교의 자유 등 특정한 목적을 갖고 조선에 접근해 오는 유럽인들을 조선인들이 어떻게 대처했던 것이 현명했던 것일까?[14] 이때 조선인들이 어떻게 대처했느냐에 따라 이후 역사는 달라졌을 것임에 분명하다. 망원경, 시계, 각종 천측의, 서학, 역법 등의 각종 서양문물은 조선 후기 지식인들

---

11) 홍이섭(1994), 「조선후기 해양사」, p.453.
12) L. A. Millet-Mureau, ed., *The Voyage of La Pérouse round the World, in the Years 1785, 1786, 1787 and 1788*, vol.1, p.19 [한상복(1980), 「라 뻬루즈의 세계일주 탐사항해와 우리나라 근해에서의 해양조사 활동」, p.57 재인용].
13) 뻬루스의 항해일지에는 다음과 같이 기록되어 있다. "오후 1시경에 나는 우리를 정찰하러 오는 두 척의 배를 보았다. 그들은 우리에게 1리이그 이내의 거리로 접근하여 두 시간 동안이나 추적하다가 오전에 떠나왔던 항구로 되돌아가 버렸다. 그리고 이들은 우리가 해안에 왔다는 사실을 알렸음에 분명한데, 오후에는 육지의 각 산봉우리에서 봉화불이 올려지는 것을 관측하였다." 한상복(1980), 「라 뻬루즈의 세계일주 탐사항해와 우리나라 근해에서의 해양조사 활동」, p.56 재인용.
14) 異樣船과 黑船에 대한 조선측과 일본측의 대응양태에 대해서는 이현종(1976), 「이양선과 흑선에의 대응양태 - 우리의 세도쇄국과 일본의 존왕해방론」, 『월간 중앙』 1976년 1월호를 참고하라.

에게는 그리 낯선 것이 아니었다. 그러나 기독교 신앙과 서양선은 조선에게는 일종의 서양의 충격(Western impact)으로 작용하였다. 기독교 신앙은 그것이 서학이라는 테두리 안에 포함되어 전해져 왔기 때문에 그 충격의 양상이 다소 늦게 나타났다. 그러나 서양선은 그 실체가 분명했고, 그것이 일종의 공포감을 불러일으키는 존재였기 때문에 조선으로서도 대응책을 강구하지 않을 수 없었다. 게다가 이양선이라는 것이 '단순히 모양이 다른 배'에 그쳤던 것이 아니라, 거기에는 통상 요구, 개항, 기독교 포교의 자유 등 특정한 목적이 결부되어 있었기 때문에 조선의 위정자들과 일반 백성들에게는 더욱 중요했다.[15] 이 글에서 다음과 같은 문제를 제기하고자 한다.

첫째, 조선이 식민지로 전락하게 된 긴 노정에서 조선이 서양의 충격[16]을 제대로 인식하지 못하고 대응하지 못한 것이 하나의 원인으로 작용하지는 않았는가 하는 점이다. 어떤 외적 압력에 대응한다는 것은 그에 대해 인식했음을 전제로 한다. 따라서 서양의 충격의 상징이라고 할 수 있는 서양선에 대해 조선인들이 어떻게 인식했고, 대응했는가를 밝히는 것은 식민지화로 귀결된 우리의 전근대사를 반성적으로 재성찰하는 계기가 될 것이다.

둘째, 한국·일본·중국 등 이른바 동양 3국이 개항을 전후하여 서로 상이한 역사 발전경로를 걷게 된 원인은 무엇인가? 이 문제를 해명하기 위하여 선행 연구를 참조함으로써 해답의 실마리를 제기하고자 한다.

셋째, 15세기 이후 유럽 문명이 비유럽 문명을 압도하게 된 근원은 무엇이었는가? 이는 유럽 문명권이 비유럽 문명권을 압도하게 된

---

15) 이현종(1976), 「이양선과 흑선에의 대응양태」, p.155 ; 민두기(1986), 「19세기 후반 조선왕조의 대외위기의식 - 1차·2차 중영전쟁과 이양선 출몰에의 대응 - 」, pp.271~276 참조.
16) 일본의 충격도 서양의 방식을 차용했다는 점에서 서양의 충격이라고 보아도 무방하다.

장기적인 배경을 이해하는 데 도움을 줄 수 있을 것이다. 그러나 이 문제는 이 글과는 직접 관련이 없고, 양 문명을 비교해야 하는 방대한 작업이므로 여기에서는 시론 수준에서 간단히 언급하는 데 그치기로 한다.

　이와 같은 문제의식을 갖고 조선인들이 서양선에 대해 어떻게 인식했는가를 세 시기로 대별하여 인식 및 대응상의 한계점을 중심으로 살펴보고자 한다.

Ⅰ. 1860년 북경함락 이전까지의 서양선에 대한 인식과 대응

　조선 해역에 서양의 선박들이 출몰하기 시작한 것은 선조 연간부터였지만,[17] 우리측 사료에 이양선異樣船이라는 이름이 공식적으로 등장하게 된 것은 1797년(정조 21) 9월[18]이었다. 이때 동래 용당포에 나타난 배는 영국의 브러튼(William Robert Broughton)의 지휘 하에 북태평양을 탐사하던 프로비던스 호(Providence)였다. 당시 경상도 관찰사였던 이형원李亨元은 다음과 같이 보고하였다.

　　"이국의 배 1척이 동래 용당포 앞바다에 표류하였습니다. … 배의 길이는 18발把(약 32미터), 너비는 7발(약 12미터)이며, 좌우 아래에 삼목杉木 판대기를 대고 모두 동철銅鐵 조각을 깔아 튼튼하고 정밀하였으므로

---

17) 1578년(선조 11) 포르투갈 선박이 우리나라 섬에 표착했던 사실이 Prenestino의 『1578년 일본행 포르투갈선 표류항해기록』에 나타나 있으며(崗本良知, 「16世紀日歐交通史の研究」), 1582년 선조 15년에도 서양인 馬理伊 등이 제주도에 표착자여 명나라 사신을 통해 돌려보낸 바 있다(文獻攝要, 최남선, 「조선의 문화」, 『육당강연집』) [이상 홍이섭(1994), 「조선후기 해양사」, pp.452~453 참조].
18) 이하에서 날짜는 특별한 언급이 없는 한 음력이다.

물방울 하나 스며들지 않는다고 하였습니다."[19]

또 삼군통제사 윤득규尹得逵는 정조에게 다음과 같이 보고하였다.

"동래부사 정상우의 정문呈文에 '용당포에 달려가서 표류해 온 사람을 보았더니 서양 사람인 듯 하다고 합니다. 또 배에 실은 물건을 보니 유리병, 천리경, 무공은전無孔銀錢으로 모두 서양 물산이었습니다. 글자와 말소리를 하나도 알아들을 수 없었고, 오직 '浪加沙其(나가사키)'라는 네 글자가 나왔는데, 이는 왜어로 장기도長崎島이니 아마도 상선이 장기도로부터 표류하여 이곳에 도착한 것 같습니다. 손으로 대마도 근처를 가리키면서 입으로 바람을 내고 있는데, 이는 순풍을 기다리는 뜻인 듯합니다."[20]

프로비던스 호가 단순히 표류한 서양선이었던 까닭에 조정에서는 특별한 반응을 보이지 않았고, 정조도 순풍이 불면 떠나보내도록 조치하였다.[21] 그러나 현계흠玄啓欽이라는 천주교인은 프로비던스 호에 승선한 뒤 "그와 같은 배 한 척만 있으면, 조선의 전선 100척은 쉽게 무찌를 수 있다"고 말한 죄로 고문을 당하고 투옥되었다.[22]
이처럼 최초의 이양선에 대해 프로비던스 호를 직접 목격한 민간인 (현계흠)이나 관리들은 그 크기와 튼튼함에 놀라움을 표하고 있지만, 관리들은 상황 파악과 함께 이양선의 모양을 객관적으로 기술하는

---

19) 『정조실록』정조 21년 9월 6일(壬申條), 『정조실록』23(민족문화추진회, 1993), p.209.
20) 『정조실록』정조 21년 9월 6일(壬申條).
21) 『정조실록』정조 21년 9월 6일(壬申條).
22) W. E. Griffis, 신용복 역, 『은자의 나라』 III, p.33. 그리피스는 프로비던스 호의 來朝연도를 1799년으로 기록하고 있으나 이는 착오이다.

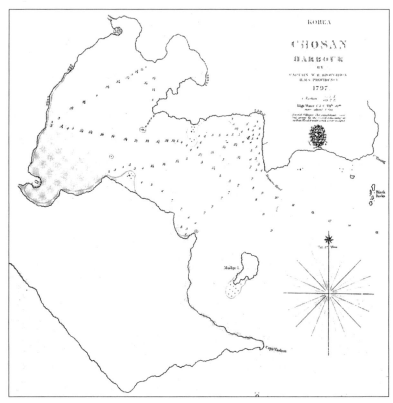

〈그림 종-2〉 프로비던스 호의 James Vashon이 그린 부산 해도 자료 : 김재승(1997),
『근대한영해양교류사』, p.262.

데 그치고 있고, 조정도 이제까지 관례에 따라 순풍이 불면 떠나가도록
조치하였다.

1816년(순조 16) 7월에는 알세스트 호(Alceste, 함장 Murray Maxwell 대령)와
라이러 호(Lyra, 함장 Basil Hall 대령) 등 영국 군함 두 척이 서해안의 마량진馬
梁鎭 바다에 출현하였다. 이 선단은 영국이 "점증하는 광동성의 각종
과세로부터 영국 동인도회사의 상업을 보호하기 위하여 북경조정에
특사로 파견"[23]한 애머스트(Sir Jeffrey William Pitt Amherst)를 태운 선단이었
다. 이 선단은 1816년 2월 9일(양력) 영국을 떠나 브라질을 경유하여

중국에서 임무를 마친 뒤 9월 1일(양력)에 한국 서해안의 백익도白翊島(대청군도, James Hall Islands로 명명)24)에 도달했다. 이에 마량진 첨사 조대복趙大福과 비인현감 이승렬李升烈이 승선하여 내조 목적을 문정問情하였고, 이들의 문정을 토대로 충청수사 이재홍李載弘이 조정에 장계로 보고하였다.

"마량진 갈곶 밑에 이양선 두 척이 표류해 왔습니다. … 이양선을 인력과 선박을 많이 사용하여 끌어들이려고 하였으나 끌어들일 수 없었습니다. … 큰 배(Alceste 호)나 작은 배(Lyra 호)를 막론하고 그 제도가 기기 괴괴하며, 층이나 칸마다 보배로운 그릇과 이상한 물건이 있었고, 기타 이름을 알 수 없는 쇠와 나무 등의 물건이 이루 다 셀 수 없을 정도로 많았습니다. … 그러는 사이에 서북풍이 불자 크고 작은 배가 불시에 호포號砲를 쏘며 차례로 돛을 달고 넓은 바다로 나갔습니다."25)

알세스트 호와 라이러 호에 대한 사료로는 조선측의 공식문서인 장계 외에도 당시 알세스트 호의 선의로 승선하고 있었던 존 맥리오드(John McLeod)가 쓴 항해기가 남아 있다. 맥리오드는 이 항해기에 조선인들의 반응을 다음과 같이 기록하고 있다.

"(1816년) 9월 1일 우리는 조선의 해안에 있는 섬들 사이에 정박했다. 주민들은 손을 목으로 가져가 목이 잘리는 시늉을 하거나 해안으로부터 배를 밀어내는 시늉을 하는 등 손짓과 몸짓으로 배가 상륙하는 것을 크게 꺼리는 모습을 보여주었다. … 9월 4일 우리는 … 꽤 커

23) John McLeod(1976), 「1818년의 조선연안항해기」, 『신동아』 1976년 3월호, p.324.
24) John McLeod(1976), 「1818년의 조선연안항해기」, p.326.
25) 『순조실록』 순조 16년 7월 丙寅條(19일).

보이는 마을 앞에 정박하였다. 저녁 무렵이 되자 5·6척의 커다란 배가 라이러 호로 접근해 왔다. 거기에는 이 지역의 수장인 듯한 사람이 많은 사람을 거느리고 있었다. 그는 라이러 호의 선장과 얘기를 나눈 뒤 이미 어두워졌음에도 불구하고 알세스트 호로 다가왔다. … 그들은 배에 타고 있던 선원들을 하나 하나 세어가며 정원을 파악한 뒤에도 포와 총을 세기도 하고, 갑판을 재기도 했다. 그리고 그들이 원하는 대로 포를 한방 쏘았는데, 포탄이 날아간 거리와 물의 표면 위로 나타난 궤적이 그들을 놀라게 한 것 같기도 했다. … (다음날 아침) 우리는 육지로 상륙했다. 노수장老首長은 머리를 흔들어 비통한 침묵 속에서 두 손을 꽉 움켜쥐었다. … 그는 거기 돌위에 주저앉아 뒤따르는 우리들을 암울한 표정으로 바라보았다. … 노수장은 해를 가리키며 해가 네 번 순환하는 모습을 표시했다. 그리고 손을 목으로 가져가 목이 잘리는 시늉을 하고 턱을 가슴에 떨어뜨리며 죽은 사람처럼 눈을 감았다. 그것은 4일 안에 그가 목숨을 잃을 것이라는 것을 암시하는 것이었다. … 우리가 만난 조선인들의 행동에는 인간적인 솔직함이 있었으며, 무례하다고 생각될 수 있는 성향은 없었다. … 외국인과의 교섭을 금지하는 법률은 아주 엄격하게 강화되어 있는 것처럼 보였고, … 거의 모든 경우 그들은 주는 물건을 모두 거절했다."[26]

이 항해기를 보면 조선인들이 아주 세세하게 이양선의 내부를 관찰하였고, 상륙하는 것을 막으려고 했지만, 이들이 상륙하자 관리들은 파직될 것을 염려하고 있고, 일반민들은 그들이 주는 물건을 거부함으로써 외국과의 통상을 금지한 국법을 지키려고 했음을 알 수 있다. 어쨌든 조선인들은 이양선 알세스트 호와 라이러 호를 '기괴'하게 바라

---

26) John McLeod, 「1818년의 조선연안항해기」, pp.326~331.

보았고, 그들이 소유한 대포의 위력에 놀라움을 금치 못하고 있음을 확인할 수 있다.

조선 해역에 통상을 요구하기 위해 나타난 최초의 이양선은 영국 동인도회사 소속의 상선 로드 애머스트 호(Lord Amherst)였다.[27) 로드 애머스트 호는 1832년(순조 32) 6월 21일 황해도 몽금포夢金浦 해안에 나타났다가 남하하여 충청도 홍주 고대도古代島 앞바다에서 20여일간 정박하며 조선 국왕에게 주문奏文을 전달해 줄 것과 통상조약을 체결할 것을 요청하였다. 이제까지의 이양선들과는 달리 로드 애머스트 호는 통상을 요구하였으므로 조선측에서는 이들에 대해 각별한 반응을 보이고 있다. 이는 실록에 이들에 대한 기록이 상세하게 남아있다는 사실을 통해 확인할 수 있다. 순조 32년 7월 21일에 공충公忠감사 홍희근洪羲瑾이 조정에 장계를 올렸다.

"(1832년) 6월 25일 이상한 모양의 삼포죽선三帆竹船 1척이 홍주의 고대도 뒷바다에 와서 정박하였는데, 영길리국英吉利國의 배라고 말하였습니다. … 선재는 대추나무를 썼고, 배의 형체는 오이를 쪼개 놓은 것같이 생겼으며, 머리와 꼬리 부분은 뾰족한데, 길이는 30발(약 51미터), 너비는 6발(약 10미터)이며, 삼나무 폭을 붙인 목은 쇠못으로 박았고, 상층과 중층은 큰 것이 10칸이고, 작은 것이 20칸이었으며, 선수와 선미에는 건영귀乾靈龜를 설치했습니다. … 급수선 4척을 항상 좌우에 매달아 놓고 필요할 때에는 물에 띄워 놓았습니다. 앞·가운데·뒤의 범죽帆竹은 각각 3층을 이루고 있고 흰 삼승범三升帆도 3층으로 나누어져 있었습니다. … 그들은 금년 2월 20일 서남풍을 만나 이곳에 와서 '국왕의 명으로 문서와 예물을 귀국의 천세 계하千歲 階下에게 올리고

27) 『순조실록』에는 安利 호로 기록되어 있다. 『순조실록』 순조 32년 7월 21일조 p.92.

비답이 내리기를 기다리기로 하였으며, 공무역을 체결하고 싶습니다'
라고 하였습니다. … 또 7월 12일에는 모양이 이상한 배 한 척이 서산의
간월도 앞바다로부터 태안의 앞 포구에 와서 마을 사람들에게 말을
하면서 책자를 해안가에 놓고 가버렸습니다."[28]

이어 비변사에서도 일처리의 미흡함을 들어 관련자를 문책할 것을
요청하면서 순조에게 다음과 같이 보고하였다.

"이 배는 필시 … 행상을 하는 배일텐데, 우연히 우리나라 지경에
이르러 주문과 예물을 가지고 교역을 시도해 보려고 하다가 계획이
이루어지지 않자 저들도 물러가지 않을 수 없었을 것이나, 다만 주문과
예물을 그대로 두고 간 것은 자못 의아롭습니다. 먼 곳에서 온 저들의
속셈을 비록 헤아리기는 어려우나 우리는 일처리를 신중히 해야 하겠
으므로 문정관과 역관 등으로 하여금 수량을 확인하여 궤에 봉해
두고 우리에게 준 책자는 모두 모아 봉하여 관고에 보관하게 해야겠습
니다. 공충수사公忠水使 이재형李載亨, 우후虞候 김영수金瑩綬, 홍주목사
이민회가 문정할 때에 거행이 지연되고 처리가 전착顚錯된 죄는 묻지
않을 수 없으니 … 파직의 율로 시행하소서. … 그들이 바친 책자로
보면 민월閩越과 광주廣州 등지로 왕래하는 상선이 1년이면 60~70척에
밑돌지 않는다고 하였으니, 이번에 우리나라에 와서 정복한 사실이
혹 대국에 전해질 염려도 없지 않으니 우리나라에서 먼저 발설하여
후환을 막지 않을 수 없습니다."[29]

이에 순조는 이들 3인을 파직하고, 자문咨文을 지어 청나라에 통보하

---

28) 『순조실록』 순조 16년 7월 19일(丙寅條).
29) 『순조실록』 순조 16년 7월 19일(丙寅條).

도록 지시하였다.[30] 한편 당시 로드 애머스트 호에 선교사로 승선했던 귀츠라프(Karl Friedrich August Gützlaff)는 귀국하여 항해기를 출판했는데, 이 항해기를 통해서도 조선인들이 어떠한 반응을 보였는지를 확인할 수 있다.

"7월 17일 … 우리가 갯가로 다가가 처음으로 목격한 것은 고깃배를 타고 있는 누더기 차림을 한 원주민 2명이었다. … 우리는 그 중 나이든 사람에게 몇 권의 책과 쇠단추를 주었더니 매우 좋아했다. 일행이 갯가에 발을 딛자마자 섬사람들이 많이 몰려 나왔다. … 이들의 표정이나 행동은 굉장히 신중하였다. … 그들은 우리가 언덕을 향해 오르기 시작하자 안절부절 어찌할 바를 몰라 했다. … 7월 18일 주민들은 그들에게 난처한 질문을 하거나 요구를 하면 손으로 목을 베는 시늉을 했다. 개중에는 쇠단추를 주면 몰래 호주머니에 숨기는 사람도 있었고, 책을 주니까 받아 갔다가 조금 뒤에 되돌려 주기도 하였다. … 우리에게 보여준 주민들의 적의는 그들에게 원인이 있다기보다는 조정이 그들에게 끈덕지게 설득해 온 이 나라의 철칙 때문임을 알 수가 있었다. … 7월 27일 우리 배에 타고 있는 모든 일행의 이름과 나이를 정밀하게 적었다. … 8월 7일 대체로 주민들은 겁이 많은 편이었다. 우리를 발견하기만 하면 도망치느라 법석을 떨었으나, 다른 한편으로 바닷가에 우리를 찾아와 우리가 주는 책을 즐겨 받기도 했다."[31]

---

30) 咨文은 순조실록 32년 7월 21일조에 함께 실려 있다. 그 내용을 살펴보면, 상황을 정리한 뒤, 英吉利國인들이 통상을 요구한 것은 사리에 타당한 바가 아니라는 사실을 지적하면서 변경의 정세에 관한 일인 만큼 상세히 보고한다는 내용으로 구성되어 있다.

31) Karl Friedrich August Gützlaff, 이규태 역주(1978), 「규츠라프 서해안 항해기」, 『주간조선』 1978년 6월 11일자, pp.15~17.

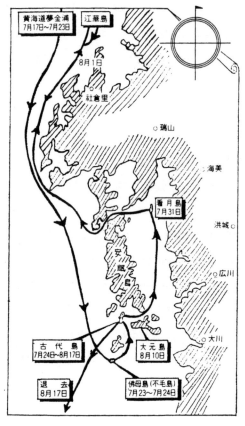

로드 애머스트에 대한 우리측 기록과 애머스트 호측의 기록을 통해 볼 때 이양선에 대해 정부 관리들과 일반 주민들의 반응이 엇갈리고 있음을 알 수 있다.32) 관리들은 이양선과 관련된 여러 사항을 세심하게 조사하였고, 이양선의 통상 요구를 거부하였으며, 청국과 문제가 발생할 것을 염려하여 즉시 청국에 보고하고 있는 반면, 일반 주민들은 호기심을 보이면서도 동시에 두려움을 갖고 대하였다. 물론 일반민들이 두려움을 가졌던 것은 이양선 자

〈그림 종-3〉 귀츠라프의 조선 항해도   자료 : 이규태
(1978), 『주간조선』 1978.6.11, p.17.

체 때문이라기 보다는, 귀츠라프가 지적한 것처럼, 이방인과의 접촉을 금하는 국법을 위반함으로써 처벌을 받을 것에 대해 염려했기 때문이었던 것으로 보인다. 어쩌면 정부측과 일반민들이 이양선에 대해 보여주었던 위와 같은 상반된 태도는 조선인들이 이양선에 대해 가졌던 기본적인 태도였다고 할 수 있다.

---

32) 김재승, 「조선 해역에 이양선의 출현과 그 영향(종)」, p.6.

순조 연간 이전에 출현한 이양선들은 조선측에 무력을 행사하거나 피해를 입히지 않았다. 그러나 헌종 연간에 오면 이양선들은 조선측에 직접적인 피해를 끼치게 된다. 그 첫 번째 예가 1845년(헌종 11) 6월 제주도 우도 일대에 출현하여 가축을 약탈한 뒤 해남 지역을 탐사하고 물러간 영국 군함 사마랑 호(Samarang, 함장 Sir Edward Belcher)였다. 사마랑 호는 남경조약 체결 후 개방된 중국 해안을 측량할 목적으로 항해하던 중 조선 해역에까지 이르게 되었다. 사마랑 호가 제주도 해역에 나타나 자 제주도민들은 크게 동요하였다. 당시 제주도에서 유배 중이던 김정 희(1786~1856)가 둘째 아우인 명희에게 보낸 편지에는 다음과 같이 당시 의 정황을 전하고 있다.

"… 지난 스무날 이후에 영길리 배가 우도에 와서 정박하였는데, 이곳에 서부터 한 200리 떨어져 있네. 그런데 저 배는 별다른 목적이 없이 다만 한낱 지나가는 배이거늘 온 섬이 시끄러워서 지금까지 20일 남짓하여도 가라앉힐 수가 없네. 제주성은 마치 한 차례 난리를 겪은 것 같다는데, 이곳은 겨우 일깨워 주어서 제주성과 같은 지경에 이르지 는 않았네. 경득이를 보내려고 하였으나 이로 말미암아 배가 묶여 버렸네."[33]

사마랑 호에 대해 조선 조정은 이들이 무역을 강요하기 위하여 온 것으로 판단하고, 사마랑 호의 내조 사실을 청국과 일본에 통보함과 동시에 청국 황제로 하여금 광동심박소를 통하여 조선이 금단의 땅임을 영국측에 통고하여 다시는 그러한 사건이 없도록 조처해 주도록 요청하 였다.[34] 그러나 당시 제주도민은 마치 난리라도 난 것처럼 20여 일

33) 김정희, 최완수 역(1986), 『秋史集』, 현암사, pp.271~272 [김재승, 「조선 해역에 이양선의 출현과 그 영향(2)」, p.26 재인용].

동안 생업이 마비되고, 선편도 두절되는 등 민심의 동요가 극심하였다.

이후 헌종 연간에서 철종 연간까지는 조선 해역에 이양선의 출몰이 다른 어느 시기 때보다도 극심하였다. 그러나 그에 대한 조선측의 반응은 이제까지의 반응과 크게 다르지 않았다. 이 시기(헌종 11년 이후 철종 10년까지)에 조선해역에 출몰했던 이양선들은 프랑스의 세실(Jean Baptist Thomas Cecil) 제독이 이끌고 온 프랑스 함대를 비롯하여, 미국의 포경선, 러시아의 뿌찌아친(Evfemi Vasilievitch Poutiatine) 제독이 이끄는 러시아 함대, 영국의 군함 및 상선 등 국적과 선종에서 이전 어느 시기 보다 다양해졌고, 그들이 내조한 목적도 선교의 자유를 빙자한 통상 요구,35) 탐사, 통상요구, 표류 등 다양하였다.36) 이 시기의 상황을 단적으로 보여주고 있는 예가 『헌종실록』 14월 12월 기사조己巳條이다.

> "이 해 여름, 가을 이래로 이양선이 경상·전라·황해·강원·함경 다섯
> 도의 대양 가운데에 출몰하는데, 혹 널리 퍼져서 추적할 수 없었다.
> 혹 뭍에 내려 물을 긷기도 하고 고래를 잡아 양식으로 삼기도 하는데,
> 그 수를 헤아릴 수 없이 많았다."37)

그러나 아직까지는 이양선과 조선측 간에 직접적인 물리적인 충돌은

---

34) 『備邊司謄錄』, 헌종 11년 9월 15일조 [이광린(1981), 『한국사강좌』 V, pp.7~8 재인용] ; 『헌종실록』 헌종 11년 7월 甲子條 [김재승, 「조선 해역에 이양선의 출현과 그 영향(2)」, p.26 재인용].

35) Cecil 제독은 1846년 헌종 12년 6월 내조하였는데, 주 목적은 1839년 기해사옥 때 프랑스인 선교사 3명이 처형된 것을 항의하면서 통상을 요구하기 위한 것이었다. 당시 Cecil이 조선국왕에게 전달해 달라고 써준 서한이 실록에 전하고 있다. 『헌종실록』 12년 7월 丙戌條(3일).

36) 헌종 12년에서 철종 10년까지 조선해역에 출현한 이양선에 대해서는 이광린 (1981), 『한국사강좌』 V, pp.5~9 ; 김재승, 위의 논문(2), pp.27~33을 참조하라.

37) 『헌종실록』 헌종 14년 12월 기사조(29일).

없었거나 설령 있었다 하더라도 사소한 수준38)이었기 때문에 조정에서
는 위기의식을 그렇게 크게 느끼지는 않고 있었다. 이는 조선의 지식인
들도 마찬가지였다. 이미 이수광(1563~1628)도 『지봉유설』에서 이양선
에 대해 다음과 같이 언급한 바 있다.

"요사이 일본으로부터 흥양지경興陽之境에 표도漂到하니 배가 극고대極
高大하고 층루대옥層樓大屋이다. 우리 군이 박전搏戰하면 불능공파不能攻
破하고 치령탈거致令脫去한다. 후에 왜사倭使에게 물어 영결리인의 땅을
알아내도록 해야 할 것이다."39)

이수광은 이양선이 크기 때문에 우리 수군이 이길 수 없을 것이라는
사실을 인식하고 있었다. 그러나 그가 그에 대한 대책으로 제시한
것은 고작 영길리국永結利國(영국)이 어디에 있는지를 알아보아야 한다는
것이었다. 이는 이수광이 생존했던 시기가 광해군 때였다는 점을 고려
하면 충분히 이해해 줄 수도 있다. 그러나 100여 년이 흘러 이양선이
물밀 듯 밀려오던 시대에 살았었던 김정희도 이수광과 같은 인식
수준에서 크게 벗어나 있지는 않았다. 이는 김정희가 권돈인(1783~1859)
에게 보낸 서한40)에 잘 나타나 있다.

"홍박紅舶(서양 군함)이 우리 경계를 넘어와 중문重門을 치는데 가만히

---

38) 당시 이양선과 조선측 간에 있었던 물리적인 충돌은 Samarang 호가 제주도에서
가축을 약탈한 것(1845년 헌종 11년 6월), 경상도 울진에 나타난 이양선이
총격을 가하여 사상자 5명을 낸 것(1850년 철종 원년 2월), 1853년 뿌찌아친
함대가 조선인과 접촉하는 과정에서 폭행사건을 일으킨 것 정도이다. 이광린
(1981), 『한국사강좌』 V, p.6 참조.
39) 이수광, 『芝峰類說』[홍이섭(1994), 「조선후기 해양사」, pp.454~455 재인용].
40) 이 편지는 1849년 초에서 음력 7월 사이에 쓰여진 것이다. 이광린(1969), 「해국도
지의 한국전래와 그 영향」, p.8.

볼 수만은 없으니, 위정자들은 『해국도지海國圖志』에서 주장하는 바를 채택하고 실시해야 하며, 만약에 모두 채택할 수 없으면 적어도 돛을 사용하는 선제船制만이라고 족히 모방해야 할 것입니다. … 영이英夷가 제작한 지도에 우리나라와 중국, 일본과의 경계가 세밀히 묘사되어 있음은 바로 그들이 우리나라 주위를 수삼차 두루 돌아다녔음을 말하는 것인데, 언제 그들이 돌아다녔는지 전혀 알지 못하니 한심할 뿐입니다. … 불랑佛朗(프랑스)·여송呂宋(스페인)·미리米利(미국) 사람들도 지도를 작성하기 위하여 같은 방법을 썼을 것이니, 이러한 그들의 왕래와 출몰을 알게 된다면 눈을 똑바로 뜨지 않을 수 없을 것입니다."[41]

이를 보면, 김정희가 홍박을 막아내기 위해서는 『해국도지』에서 주장하고 있는 바를 채택해야 할 것이며, 이를 다 채택하지 못할 경우에는 서양인들이 사용하고 있는 돛만이라도 채택해야 한다고 주장하여 경계심을 갖고 있음을 알 수 있다. 그는 이어 다음과 같이 적고 있다.

"번박番舶이 중국의 남북에 출몰하는 것을 심각하게 우려할 필요는 없으며, 중국의 사태(아편전쟁)는 우리에게 누를 끼치지는 않을 것입니다. … 만약 그들이 우리들을 침공할 생각이 있었으면, 왜 지금까지 가만히 있었겠습니까? … 조정에서는 우선적으로 민심의 동요를 막는 것을 최우선으로 해야 할 것입니다."[42]

이를 놓고 볼 때 김정희는 이양선의 위협을 그렇게 크게 느끼고

---

41) 김정희, 『阮堂先生全集』, 卷3書 牘32 [이광린(1969), 「해국도지의 한국전래와 그 영향」, pp.6, 8 재인용].
42) 김정희, 『阮堂先生全集』[이광린(1969), 「해국도지의 한국전래와 그 영향」, p.9 재인용].

있지는 않았던 것으로 보인다.43) 이는 그가 『해국도지』의 주장을 전면 적으로 받아들이거나 또는 적어도 그 선제船制만이라도 받아들여야 한다고 주장한 것에 비하면 소박한 견해가 아닐 수 없다. 『해국도지』는 청이 1840년 아편전쟁에서 패한 뒤 서양세력에 대항하기 위한 대책을 강구하기 위하여 청말의 학자 위원魏源(1794~1856)이 저술한 책으로, 1844년에 처음으로 간행된 뒤 1847년에 증보판이 간행되었고 우리나라 에는 증보판이 간행된 지 얼마 안 되어 수입되어 들어와 있었다.44) 그 핵심 내용을 정리해 보면 다음과 같다.

> "해상으로 쳐들어오는 양이洋夷를 막기 위해서는 과감하게 전함과
> 화기, 양병 및 연병練兵 등의 서양의 장기를 채용해야 하며, 그렇게
> 함으로써만이 양이에 대항할 수 있다. 광동에 조선창造船廠과 화기국火
> 器局을 설치하고, 각국 기술자들을 초빙하여 전함을 만들어 운전하게
> 하고, 복건성과 광동성에는 무시武試에 수사 일과水師 一科를 증설하되
> 서양 전함과 화륜선을 건조할 수 있고 비포飛砲, 수전水箭, 수뢰水雷
> 등을 제조할 수 있는 자들을 갑과甲科 출신으로 선발해야 하며, 연병으
> 로서는 병兵의 급여를 후하게 해야 할 것이다."45)

이상에서 살펴본 바와 같이, 1860년 북경함락 이전의 조선인들은 이양선에 대해 그 모양의 기괴함과 대포의 위력 등에 대해서는 놀라움 과 두려움을 보여주고 있으면서도 아직은 그 충격의 양상이 위협적이지 않았기 때문에 그에 대한 인식도 소박한 수준에 머물러 있을 수밖에

---

43) 이광린(1969), 「해국도지의 한국전래와 그 영향」, p.9.
44) 『海國圖志』의 내용과 한국 전래 시기 등에 대해서는 이광린(1969), 「해국도지의 한국전래와 그 영향」, pp.2~5를 참조하라.
45) 魏源, 『海國圖志』 卷2, 籌海篇 3, 談戰條 [이광린(1969), 「해국도지의 한국전래와 그 영향」, p.4 재인용].

없었다. 따라서 조정은 통상을 요구해 오는 경우에는 조선은 금단의 나라이므로 통상할 수 없다고 거부하고 있고, 표류해 온 선박은 관례에 따라 식량을 공급해 주고 청국을 통해 돌려보내던가 순풍이 불면 떠나가게 했던 것이다.

그러나 이 시기 조선인들이 이양선을 어떻게 인식했는가를 단적으로 보여주는 예는 이른바 '황사영 백서사건'(1801년)이 아닌가 한다. 가톨릭계에서 이른바 '양박청래洋舶請來'46)라고 부르는 이 사건은 당시 조정으로부터 탄압을 받고 있던 천주교도들이 "서양의 큰배西洋大舶를 청하여 한바탕 결판─場決判을 낸 뒤에야 신부도 편안하고 천주교 전교도 이루어질 수 있을 것이며, … 나라의 금령禁令이 반드시 누그러질 것"47)이라는 인식에서 청나라에 머물고 있던 서양 신부에게 이양선을 타고 와서 조선 조정에 압력을 행사해 줄 것을 요청하려다 발각된 사건이다. 이는 당시 조선인들이 이양선을 '조선의 배보다 강력한 것'48)으로 인식했던 조선인들의 인식의 심층을 보여주는 사건이라고 할 수 있다. 그러나 이 사건은 조정이 천주교도들을 탄압할 수 있는 타당한 구실을 제공해 주는 결과를 초래했을 뿐이었다.49) 따라서 북경함락 이전 시기까지의 조선 조정에게 가장 중요했던 외적인 문제는 바로 사교邪敎인 천주교를 어떻게 막느냐는 것으로 집중되게 되었다.50)

---

46) 이른바 洋舶請來에 대해서는 『교회사연구』 13집(한국교회사연구소, 1998)에서 특집으로 다루고 있으므로 거기에 실려 있는 논문 5편을 참고하라.

47) 『징의』 권2, 이환송질, pp.234~235(차기진(1998), 「조선후기 천주교 신자들의 성직자 영입과 洋舶請來에 대한 연구」, p.45 재인용).

48) 1849년 헌종 15년 4월 12, 13, 19일조에도 "如山如雲과 같은 大帆船"이니 "섬만한 大帆船"이라는 표현이 나타나 있다. 『일성록』, 헌종 15년 4월 12, 13, 19일조 [김재승, 「조선 해역에 이양선의 출현과 그 영향」(종), p.6 재인용].

49) 차기진(1998), 「조선후기 천주교 신자들의 성직자 영입과 洋舶請來에 대한 연구」, p.20.

50) 1846년 Cecil 제독에 뒤이어 1847년에 La Pierre 대령이 내조했을 때 당시 영의정이던 권돈인과 헌종이 나눈 대화를 보면, 당시 조정이 통상목적이 아닌 전교의

II. 북경함락에서 개항까지의 이양선에 대한 인식과 대응

조선인들이 이양선에 대해 새롭게 인식하게 된 계기를 제공해 준 사건은 북경함락이었다. 1860년 8월 북경이 영불연합군에게 함락되고 청의 황제 문종 함풍제(1850~1861)가 신경新京(현재의 장춘)으로 피난을 갔던 이 사건이 조선에 알려지자 관리들과 일반민의 놀라움은 대단하였고,[51] 서양세력이 곧 침략해 들어오리라는 소문이 떠돌아 지방으로 낙향하는 사람들이 많았다.[52] 이 소식을 접한 조선 조정에서도 중신회의가 열렸는데, 당시 철종과 조두순 간에 오고간 대화가 『승정원일기』에 전하고 있다.

철종이 "천하를 장악한 큰 나라가 오히려 적을 당하지 못하였으니, 그 서양 오랑캐의 무력을 가히 알 수 있다. … 연경이 위태로우면 우리나라라고 어찌 편안하겠는가? … 우리나라도 그 화를 면할 수 없게 되었다. 하물며 그들의 배가 우수함은 일순에 천리를 갈 수 있는 정도가 아니겠는가! 그렇게 되면 장차 이를 어찌할 것인가? 대비책을 강구할 수 없는데 그대들의 뜻은 어떤가?"라고 말하자, 영의정 조두순은 "국왕 전하는 학문을 게을리 하지 않고, 백성의 모범을 보여야 하며 민심의 동요를 진정시키기 위해 지방관의 임명에 신중을 기하여야 합니다"라고 진언하였다.[53]

자유를 주장하러 온 이양선과 천주교도에 대해 어떻게 인식했는지를 잘 보여주고 있다. 『헌종실록』 12년 7월 戊戌條(15일) 참조.

51) W. E. Griffis(1976), 『은자의 나라 한국』, p.58.
52) 『일성록』 철종 12년 1월 29일조(이광린, 『한국사강좌』 V, p.10 재인용). 그리피스 도 다음과 같이 적고 있다. "서울에서는 모든 관청 사무가 중단되었으며, 상류사회의 수많은 가족들이 산으로 피신하였다. 직책을 떠날 수 없는 양반관료들은 처자식만이라도 피난을 보내었다." W. E. Griffis, 『은자의 나라』, p.60.
53) 『承政院日記』, 철종 11년 1월 29일조 [김재승, 「조선 해역에 이양선의 출현과

이처럼 청이라는 대국의 천자가 거주하는 원명원이 불타고, 천자가 피난을 가는 전대미문의 사태에 직면해서도 조선의 위정자들은 이 사건이 영토정복을 목적으로 한 것이 아니고, 사교(천주교)와 마약 무역과 같은 통상의 문제로 야기된 충돌이라는 점을 한 가닥 위안으로 삼고, 조선에 퍼져있는 사교집단인 천주교도들이 외세와 야합하여 이양선을 불러들일 것을 염려하여 천주교도에 대한 탄압을 강화하였다.54) 따라서 북경함락 이후 조선의 위정자들은 "소집령을 발하고, 전비를 마련하기 위해 증세를 실시하고, 이양선에서 건져올린 소구경 총과 대포를 본떠 제작하고 강화도 포대를 수축"하는 등의 대책을 마련하는 것55) 이외에는 구체적이고 실질적인 해방책海防策을 수립하지 못했다. 이제 다음 단계는 이양선과 직접 교전을 치러야 하는 단계이다.

1864년 고종이 어린나이로 왕위를 계승하자 흥선대원군(李昰應, 1820~1898)이 섭정으로 정권을 잡고 집권체제를 강화해 나갔다. 대원군 집권 초기에 조선에게 가장 위협적인 존재로 비춰졌던 것은 영결리(영국)나 미리계旀里界, 또는 미리견米利堅(미국), 불랑佛朗(프랑스)이 아니라 아라사 俄羅斯(러시아)였다. 1860년 북경조약으로 러시아가 우수리(Ussuri, 烏蘇里)

그 영향(종)」, p.8 재인용].

54) 이광린은 조선의 위정자들이 천주교도에 대한 박해를 감행하게 된 원인을 황사영 백서사건 이후 천주교도들은 외세와 和應하는 분자로 낙인찍혀 있었기 때문에 洋夷가 쳐들어 올 때 이 세력에 和應할지도 모르는 천주교도들을 색출 처리하는 것을 당면과제로 정하고 있었기 때문이었다는 점을 지적하고 있다. 이광린 (1969), 「해국도지의 한국전래와 그 영향」, p.11.

55) Griffis는 당시 조선의 대응에 대해 다음과 같이 기록하고 있다. "이제 정부는 전비의 증세를 실시하였으며, 주로 富商들에게 이를 부과하였다. 이들이 만약 전비를 거부할 경우에는 고문이나 사형을 당하리라는 위협을 당하였다. 건장한 남자들에 대한 소집령이 내려지고 이른바 '프랑스 파편'이라고 하는 폭탄과 소구경총이 제조되었다. 서울의 주조소에서는 La Gloire 호의 난파(1847년에 La Victorieuse 호와 함께 전라도 薪峙島 앞바다에 좌초한 프랑스 군함 : 필자) 선원들이 남기고 간 총을 본떠 무거운 총이 제조되었다. 강화도 포대를 축조하여 수비대를 파견하였다." W. E. Griffis(1976), 『은자의 나라』, p.60.

강 유역을 차지하게 됨으로써 조선과 국경을 접하게 되었다.[56] 조선 조정이 이 사실을 인지하게 된 것은 1861년(철종 12) 연간이었으나,[57] 철종 말년까지 러시아와는 이렇다 할 문제가 없었다. 그러나 1864년(고종 원년) 2월에 러시아인이 경흥부사를 통해 통상을 요구하는 서한을 보내옴[58]으로써 조선은 불랑이나 영결리, 미리견 외에도 아라사라는 새로운 위협에 직면하게 되었다. 당시 통상을 요구하러 온 러시아인들은 총 5명(서양인 3명 포함)으로 얼어붙은 두만강을 말을 타고 넘어와서 서한만을 전했을 뿐이었다. 그러나 이전에는 이양선을 타고 와서 통상을 요구하던 것과는 달리 이제 육로를 통해 직접 위협할 수 있었다는 점에서 당시 집권자인 대원군에게는 바다 멀리 있는 프랑스나 영국보다 러시아가 더 위협적인 존재로 느껴졌을 것으로 보인다.[59] 이는 1865년(고종 2) 11월 이후 대원군이 접촉했던 천주교도들이 아라사가 장차 다른 나라를 병탄할 것이라고 얘기했다는 점을 상기하면 충분히 납득할 수 있는 일이다.[60]

이처럼 애당초 조선 조정이 염려했던 것은 러시아의 무력침공이었으나, 대원군 집권 초기에 문제가 되었던 것은 국경지역에 사는 조선인들의 월경 문제였다.[61] 조선인들이 러시아 영내의 연해주 지역에 정착하

---

56) W. E. Griffis(1976), 『은자의 나라』, pp.58~59.
57) 연갑수(1997), 「대원군 집권기 국방정책 - 지방포군의 증설을 중심으로」, p.247.
58) 『高宗實錄』 고종 1년 2월 28일조.
59) 연갑수(1997), 「대원군 집권기 국방정책」, pp.249~250 참조.
60) 南種三은 "아라사는 천하의 1/9이고 강력한 秦이 병탄하는 기세를 갖고 있어 비단 조선에 근심이 있을 뿐만 아니라, 비록 다른 나라라도 장차 차례로 병탄할 것"이라고 보고하였고, 洪鳳周는 "아라사는 재물을 탐내고 여색을 좋아하며 모질고 사납기가 막심하다"고 대원군에게 보고하면서, "이러한 근심을 없애려면 프랑스, 영국과 조약을 맺어서 約主로 삼아야 한다"고 진언하였다. 최석우(1969), 『병인박해자료연구』, pp.7~20 ; 연갑수(1997), 「대원군 집권기 국방정책」, p.250 재인용.
61) 연갑수(1997), 「대원군 집권기 국방정책」, p.251.

기 시작하자 자연재해나 가혹한 세금에 시달리던 국경지역의 조선인들의 월경이 급속히 증가하였다. 이에 따라 러시아 관헌은 1863년 말부터 조선인의 정착을 확인하고 이들을 관리하기 시작하였다.[62] 그러나 1869년(고종 6)에 함경도에 기근이 발생하여 조선인 이주민이 급증하여 10월 말에서 11월 초 사이에만 4500여 명이 러시아 지역으로 들어갔다. 당시 조선인의 정착을 위해 지원을 해 주었던 러시아도 재정이 부족하게 되자 조선인 이주자들을 억제하기 시작했고 이를 위해 조선 조정과 협상을 벌이기 시작했다.[63] 이와 같은 상황에서 대원군도 한때 천주교 신자인 남종삼(1817~1866)의 건의를 받아들여 조선주재 베르뇌(Berneux) 주교에게 의뢰하여 영국과 프랑스의 세력을 끌어들여 러시아의 남침을 막아보려고 생각하기도 했다.[64] 그러나 베르뇌 주교가 정치문제에 개입하기를 좋아하지 않아 불응하였고, 대원군도 이내 천주교도들을 달갑지 않게 생각하게 되어 1866년에 병인박해를 감행하게 되었다.[65]

　러시아가 당초 염려했던 것과는 달리 그다지 위협적이지 않았던 데 반해, 영국·프랑스·미국·독일 등의 이양선들은 조선을 전교와 통상을 위한 공략대상으로 삼고 본격적이고 조직적으로 접근해 왔다.[66]

---

62) 연갑수(1997), 「대원군 집권기 국방정책」, p.251 참조.

63) 대원군 집권 초기 조선인들의 월경문제와 관련하여 조선조정과 러시아 간의 관계에 대해서는 연갑수(1997), 「대원군 집권기 국방정책 - 지방포군의 증설을 중심으로」, pp.247~254를 참조하라.

64) 베르뇌 주교, 1864년 8월 18일자 서한, in Charles Dallet, 안응렬·최석우 역(1990), 『한국천주교회사(하)』, p.360.

65) 이광린(1981), 『한국사강좌』 V, pp.28~29 참조.

66) 이미 미국 하원 해사문제위원회 프래트 위원장은 1845년에 일본과 조선에 대한 통상사절단파견안을 하원 제28차 본회의에 제안한 바 있었다. 그 내용은 다음과 같다. "일본, 조선과의 수교는 미국 국민에게 크게 유익할 것이다. … 일본은 세계 제국간에 존경할 만하고도 훌륭한 문명과 국력을 겸비하고 있다. … 조선도 역시 많은 인구를 보유하고 있다. - 1,500만 명으로 추산된다 - … 조선과의 통상교섭을 통해서 중일에 비등하는 이점을 기대할 수는 없겠지만, 사절단 파견 제안계획에서 일본과 함께 조선을 포함하는 것이 바람직한 일인 것 같다."

그리피스는 고종 3년을 조선 역사상 가장 경이적인 해였다고 적고 있을 정도이다.[67] 대원군 집권 초기인 고종 3년에 조선 해역에 나타난 이양선 중 주요한 것들만 열거해보면, 독일인 오페르트(Oppert)가 2월과 6월에 각각 나타나 통상을 요구하고 갔고, 5월에는 미국 상선 서프라이즈 호(Surprise)가 평안도 선천포宣川浦에 표착하였으며,[68] 6월에는 이른 바 미국 상선 제너럴 셔먼 호(General Sherman) 사건이 발생하였고,[69] 12월에는 슈펠트(Robert Shufeldt) 중령이 이끄는 워슈셋 호(Washusett)가 제너럴 셔먼 호 사건을 조사하기 위하여 내조한 바 있다.[70]

이처럼 이제까지와는 다르게 조직적이고, 대규모로 이양선이 조선 해역에 출현하여 통상과 전교의 자유를 요구하였지만, 조선 조정의 대응은 전 시기와 크게 다르지 않았다. 1866년 2월 오페르트의 1차 내조 시[71]에는 "조선은 외국과의 통상을 법으로 금지하고 있으니 속히 퇴거해 달라"[72]고 요구하였고, 같은 해 6월 26일 2차 내조[73] 때도

프래트, 앞의 계획안, 『한미수교100년사』(『신동아』 1976.1), pp.24~25. 이 제안은 비록 부결되었지만, 미국은 1854년에 Perry 제독을 통해 일본을 개항시킨 바 있다.

67) W. E. Griffis(1976), 『은자의 나라』, p.63.

68) 『日省錄』 고종 3년 5월 17, 22, 23일조 참조.

69) 『日省錄』 고종 3년 7월 10, 15, 18일조 ;『承政院日記』 고종 3년 7월 25, 27, 29일조 참조. 미국측 사료로는 Williams(1868), *Diplomatic Correspondence, China Legation of the U.S.*, July, 31, 1868 [김원모 역(1976), 「제너럴 셔먼호 사건보고문」, 『한미수교100년사』(『신동아』 1976), p.34 참조하라].

70) 『承政院日記』 고종 3년 12월 25일조 참조.

71) 영국 상선 Rona 호(함장 James Morrison)를 용선한 오페르트는 상해를 출발하여 1866년 2월 12일(양력 3월 31일)에 충청도 海美縣 調琴津에 정박하였다. 이광린, 『한국사강좌 V』, p.40 참조.

72) 『日省錄』 고종 3년 2월 18, 21, 22일조.

73) 오페르트는 2차 내조 시에는 기선 Emperor 호(함장 James Morrison, 馬力勝)를 구입하여 운항하였다. 처음에는 調琴津에 정박하였다가 뚜렷한 대답을 얻지 못하자 북상하여 7월 11일에 江華 月串津에 정박하고 역관에게 통상허가를 상부에 간청해 주고 서울로 들어갈 수 있도록 해달라고 요구하였으나 뜻을

해미현감 김응집은 지연 전술을 쓰면서 물러나기만을 바랐고, 강화부의 역관도 조선은 국법으로 통상을 금지하고 있다고 대답하였다.[74]

이 시기 조선과 이양선과의 관계를 악화시킨 계기를 만든 것은 제너럴 셔먼 호 사건이었다.[75] 제너럴 셔먼 호는 1862년 미 해군이 소유했던 군함 프린세스 로얄 호(Princess Royal)로서 길이 180피트(54m), 너비 50피트(15m), 높이 30피트(9m)의 제원을 갖춘 80톤급 기범선이었다. 제너럴 셔먼 호는 프레스튼(W. B. Preston)이 소유선박으로 1866년 당시 천진天津에서 활동하던 영국계 회사 메도우 상사(Meadows & Company)에 기간용선(time-charter)된 선박이었다. 제너럴 셔먼 호(선장 Page)에는 120파운드 대포 2문이 장비되어 있었고, 선원은 24명이 승선하였다.[76] 제너럴 셔먼 호는 백령도 두모진豆毛津에 잠시 기항하였다가 7월 7일에 대동강 하류에 도착하였다. 이에 황해 감사 박승휘는 7월 8일 황주목사 정대식 등이 문정 차 제너럴 셔먼 호를 방문하였는데, 이들의 문정을 토대로 치계馳啓를 조정에 보고하였다.

"… 쑥 들어간 눈에 높은 코, 파란 눈, 노란 머리인 것으로 보아 서양인인 점은 의심할 바가 없다고 합니다. … 단국但國(덴마크)의 소재를 물었더니 서양 나라로 우리나라와는 1,500리 거리라고 했습니다. 자기네들의 배가 병선처럼 보이지만 실제로는 … 통상을 원하며 달리 상해할

이루지 못하고 상해로 물러났다. 엠페러 호가 調琴津에 정박해 있는 동안 조선인 천주교도 한 명이 함장 모리슨에게 접근하여 당시 박해를 피해 숨어 있던 Ridel 신부의 편지를 전하였다. Ridel 신부가 전한 편지의 내용은 Dallet가 쓴 『조선천주교회사』에 전하고 있다.

74) 『承政院日記』 고종 3년 7월, 5, 6, 12, 13, 16일조 참조.

75) 제너럴 셔먼 호 사건의 상세한 진상에 대해서는 김재승, 「조선 해역에 이양선의 출현과 그 영향(3)」, pp.6~9 ; 이광린(1981), 『한국사강좌』 V, pp.43~45를 참조하라.

76) 김재승(1997), 『근대한영해양교류사』, p.22.

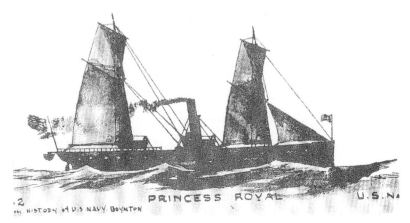

〈그림 종-4〉 제너럴 셔먼 호   자료 : 김재승(1997), 『근대한영해양교류사』, p.22.

마음은 없다고 했습니다. … 그래서 평양에 통상을 하러간다고 했는데, 우리나라 사람으로 교역할 자가 있는가를 묻자 없다고 대답했으며, 외양에 정박하는 것은 용인되고, 내양內洋으로 월입越入하는 일은 국법으로 금하고 있으니 평양으로 가는 것은 불가하다고 말했습니다. … 배의 구조는 안에는 회를 발랐으며, 밖에는 흑가유黑加油)를 발라 칠漆과 같았으며, 위에는 백분白粉이 있었습니다. 사방 판옥板屋이 두 곳인데 한 곳은 관인이, 하나는 종인從人이 거처하였습니다. 두 돛대는 모두 송목松木으로 잘 다듬어 기름을 발랐고, 위에 백양목 방기方旗를 달았으며 돛은 흰색 양대릉洋大綾으로 만들었습니다. 양쪽으로 각각 대포 1좌를 설치하여 밑에 나무 바퀴와 위에 철통鐵筒이 있습니다. 세 차례 쏘는 것을 보여주었으며 소리가 천둥같아 이목을 놀라게 하였습니다."77)

이어 의정부에서는 고종에게 다음과 같이 아뢰었다.

---

77) 『日省錄』 고종 3년 7월 15일조, 『한미관계100년사』, pp.29~30.

(7월 11일) "이양선이 내양에 출몰하는 것만도 놀라운 일인데, 양서兩西 연안 포구에 제멋대로 왕래하는 것은 또 근래에 없던 일입니다. 해방海 防이 엉성한 데 대해서는 실로 말할 것도 없겠으나, 이러한 때에 단속하 는 방도를 허술하고 느슨하게 해서는 더욱 안되겠습니다. … 지금 이렇게 선박이 동에 번쩍 서에 번쩍 하는 판국에 우리나라 사람이 화응한 자가 없을지 어찌 알겠습니까? 무릇 행동거지가 수상한 무리를 전의 초기에 따라 엄히 기찰하고, 만약 현장에서 붙잡힌 자가 있으면 공초를 받은 후에 곧 그 자리에서 효수하여 대중을 경계하도록 하는 것이 좋겠습니다."[78]

(7월 12일) "강화유수 이인기의 장계를 보니, … 영국인이라고 하고 통상과 물화의 교역을 요구하였다면, 이는 해미에 정박했던 배가 전전 하여 이곳에 도착한 것 같습니다. 이것은 엄히 막지 않아서는 안되니, 일을 하는 해사 역관을 보내 밤을 새워 내려 보내 물리치게 하는 것이 좋겠습니다."[79]

(7월 13일) "강화유수의 장계를 보니 '영국 상선이 … 교역을 청하면서 몇 가지 진헌물이 있다고 말하며, 닭, 생선, 과실, 채소 등을 구하였습니 다. 그러나 전례가 없어 마음대로 처리하기가 곤란하니 묘당으로 하여금 품처하게 하소서'라고 하였습니다. 서양 선박이 지금까지 머뭇 거리고 있는 것은 매우 놀라운 일입니다. 그러나 진헌 물종에 이르면 사체에 관계되는 일이니 문정 역관으로 하여금 효유하게 하여 물리치 게 하고 식량과 반찬 등을 후하게 내주어서 먼 곳 사람을 따뜻하게 대해주는 뜻을 보이는 것이 어떻겠습니까?"[80]

78) 『承政院日記』 고종 3년 7월 11일조.
79) 『承政院日記』 고종 3년 7월 12일조.
80) 『承政院日記』 고종 3년 7월 13일조.

이에 다음과 같은 전교가 하달되었다.

(7월 14일) "근래 이양선이 해양에 출몰하는 것은 무슨 까닭인지 모르겠으나, 듣건대 우리나라 사람 중 화응하여 들어가 지내는 자가 많다고 한다. … 근래 목백牧伯과 수재守宰들이 가혹하고 사나운 정사를 마구 행하는 탓이니 … 이것이 어찌 유독 저들만의 죄이겠는가. 그러나 이는 다 변방의 금령이 완전히 무너진 데서 나온 결과이니 … 특별히 탐문하고 살펴서 종적이 수상한 무리가 연해 여러 곳에 왕래하면 모두 잡아다가 일체 효수하여 대중을 경계하여 나라의 금령을 엄격히 하고 다른 풍속을 물리치는 국가의 뜻을 보이라는 내용으로 묘당에서 말을 만들어 행회하라."81)

그러나 제너럴 셔먼 호는 우리측의 제지를 무시하고 대동강을 거슬러 올라가 7월 13일에는 평양 신장포에까지 이르게 되었다. 당시 상류 지방에 폭우가 쏟아져 대동강 하류의 수위가 높아져 있었기 때문에 제너럴 셔먼 호는 대동강을 거슬러 올라가 7월 16일에는 만경대 부근에 정박할 수 있었다. 이에 당시 평양도 관찰사였던 박규수는 중군中軍 이현익李鉉益과 서윤庶尹 신태정申泰鼎 등을 파견하여 문정케 하였다. 제너럴 셔먼 호에 승선하고 있던 개신교 선교사 토마스(Thomas)와 중국인 이팔행李八行 등은 교역을 하러 왔으며, 야소교는 인심을 바르게 하고, 사속邪俗을 교화하여 인의예지를 겸비하고 있어 천주교와는 다르다고 주장하면서 천주교도를 박해하는 이유를 따져 물었다. 그러나 중군 이현익은 "천주교·야소교 모두 엄금하고 있고, 교역도 허가하지 않고 있으니 즉시 퇴거하라"고 요청하였다.82) 그러나 제너럴 셔먼

---

81) 『承政院日記』 고종 3년 7월 14일조.
82) 『日省錄』 고종 3년 7월 15, 18일조 [이광린(1981), 『한국사강좌』 V, p.44 재인용].

호는 이를 거부하고 평양을 향해 상류 쪽으로 계속 거슬러 올라갔다. 우리측에서는 중군 이현익이 작은 배를 타고 추적하여 제지하려 하였으나, 그들에게 붙잡혀 감금당하고 말았다. 이에 서윤 신태정이 중군의 석방을 요구하였으나, 제너럴 셔먼 호 측은 이를 거부하고 7월 19일에는 소총을 난사하며 황강정까지 이르렀고, 일행 중 5명이 작은 보트를 타고 상륙하였다. 그러나 당시 강 양쪽에는 모여 있던 2천여 명의 평양 군민들은 이현익 석방교섭이 실패로 끝났다는 소식을 접하고 격분하여 화살과 소총을 난사하고 돌을 던지는 사태가 발생하였다. 이에 제너럴 셔먼 호측은 불안감을 느끼게 되어 하류 쪽으로 내려가기 시작하여 양각도에 이르렀다. 이때 군민 중 퇴교退校 한 명이 작은 보트를 타고 제너럴 셔먼 호에 올라 이현익을 구하여 돌아왔다.[83] 그러나 대동강의 수심이 얕아져 제너럴 셔먼 호는 더 이상 항행하기가 불가능한 상황이었다. 제너럴 셔먼 호를 조용하게 퇴거시킬 수 없다고 판단한 평안도 관찰사 박규수는 7월 22일 철산부사 백낙연이 평양에 도착하자 그를 겸평양중군兼平壤中軍에 임명하고 서윤庶尹 신태정 등과 함께 화공과 포격을 가하도록 명령하고 자신도 직접 강변에 나가 독전하였다. 제너럴 셔먼 호는 며칠동안 우리측 공격을 용케 피하였으나, 7월 24일(양력 9월 2일)에 우리측의 화공선 공격을 받고 소실되고 말았다. 이양선 제너럴 셔먼 호를 물리친 평양도 관찰사 박규수는 7월 27일에 조정에 다음과 같이 치계하였다.

"이선異船이 더욱 광폭해져 포와 총을 쏘아 대고 아국인을 살해[84]하니 이를 제승하는 방법은 화공밖에는 없었습니다. 일제히 방화하여 그

---

83) 『承政院日記』 고종 3년 7월 27일조.
84) 제너럴 셔먼 호가 평양에 진입한 이후부터 소실될 때까지 13명이 사망하였다. 『承政院日記』 고종3년 7월 25, 27일조 참조.

배를 연소시키니 최란헌(Thomas)과 조능봉(중국인)이 뛰어나와 살려줄
것을 간청하였지만, 분노한 군민에게 타살되었습니다. … 이번 서양의
흉괴가 패강浿江에 기어 들어와 부장副將을 붙들어 가고 민인民人을
살해하니 그 녀석들의 도량跳梁함은 본래 혈도血刀로 다스린다 해도
부족합니다."[85]

대원군은 이양선을 물리쳤다는 소식을 듣고 크게 기뻐하여 박규수가
요청한대로 백낙연, 신태정의 품계를 올려 주었고, 박규수의 품계도
올려주었으며, 청조 예부에 글을 보내 양이를 물리친 사실을 통보하도
록 하였다.[86] 이제 다음 단계는 이양선과 직접 교전을 치르게 되는
양요 단계이다.

대원군 집권기에 국방이 강화되었다는 사실은 여러 연구자들의 연구
를 통해 이미 잘 밝혀진 바 있다. 실제로 1865년(고종 2) 3월에 함경도
남병영南兵營의 별포위군別砲衛軍이 설치됨으로써 지방에 처음으로 포군
이 설치된 바 있다.[87] 그러나 포군 설치가 증가하게 되고, 강화도와
도성을 중심으로 군비를 본격적으로 강화하기 시작한 것은 1866년
병인양요 이후였다.[88] 병인양요는 조선이 서양의 군함과 직접 교전을
한 최초의 전투이다. 이에 대해서는 기존 연구자들의 연구논문[89]이

---

85) 『日省錄』 고종 3년 7월 27일조, 『한미관계100년사』, p.31 ; 『承政院日記』 고종
    3년 7월 27일조.
86) 『承政院日記』 고종 3년 7월 27일조.
87) 연갑수(1997), 「대원군 집권기 국방정책」, p.271.
88) 연갑수(1997), 「대원군 집권기 국방정책」, pp.261, 271.
89) 백종기(1978), 「병인양요에 관한 사적 고찰」, 『대동문화연구』 12호 ; 김원모
    (1983), 「병인일기의 연구」, 『사학지』 17 ; 김원모(1983), 「로즈함대의 내침과
    양헌수의 항전」, 『동양학』 13집 ; 양교석(1985), 「병인양요의 일고찰」, 『사총』
    29 ; 우철구(1985), 「병인양요 소고」, 『동방학지』 49 ; 이원순(1986), 「병인양요
    일고」, 한국사연구협의회, 『한불수교100년사』 ; 연갑수(1996), 「병인양요와 흥
    선대원군 정권의 대응」, 『군사』 33호. 이 밖에도 프랑스측 사료로 M. H. 쥐베르

〈그림 종-5〉병인양요 당시 강화(1866) 자료 : 김재승, 「조선 해역에 이양선의 출현과 그 영향(2)」, 『해기』 1987. 5, p.29.

많이 있어 이를 참고할 수 있으므로, 여기에서는 병인양요에 대한 그리피스의 기술을 잠시 살펴본 뒤, 병인양요 이후 조선인의 이양선에 대한 인식과 대응을 중심으로 살펴보기로 한다. 그리피스는 병인양요 시 상황에 대해 다음과 같이 기술하고 있다.

"… 서울 주변의 언덕과 전망이 좋은 곳에는 김을 내뿜으며 움직이고 있는 이양선을 처음으로 본 수천 명의 구경꾼들로 하얗게 물들었다. … 이제 대원군은 몹시 두려운 생각이 들자 양이를 막기 위하여 전국을 분기시키기 시작하였다. 8도의 병사들이 징발되었고, 쇠조각이라면 모두 모아들이고, 대장간은 이제까지 알려진 온갖 병기들을 만드느라고 바빴다. 심지어는 농기구까지도 창과 칼로 바뀌었다. 이양선의

(1867), 「프랑스함대 강화도진공기」(『월간중앙』 1976.3)를 참조할 수 있다.

내침을 저지하기 위하여 한강에는 짐을 실은 평저선을 침몰시켰다. ··· 부산에 있는 일본인과 대마도의 다이묘大名를 통해 일본의 막부에 글을 보내 자신의 난국을 알리고 도움을 청하였다. 그러나 ··· 일본은 ··· 조선도 일본의 경우와 마찬가지로···전쟁을 하는 대신에 평화의 길을 택하라고 권고하려 하였다. ··· 조선인들은 대포를 쏘거나 깃발을 흔들기 전에 임진왜란 당시 선조들이 사용했던 계략을 써먹기 시작했다. 그들은 수백개의 허수아비를 세워서 이들을 적 포화의 사정 거래 내에 세워 두었다. ··· 침략자들의 퇴각은 너무도 갑작스럽게 이루어진 것이었기 때문에 오늘날까지도 조선의 애국자들은 불명예스러운 패주였다고 고소한 듯이 그들의 행동을 바라보고 있다.···이번 사건을 통하여 서울에 있는 대원군과 조신들의 기분은 어리석으리만큼 엉뚱하게 그 자존심이 부풀어 올랐다."[90]

병인양요 때 강화도를 점령당하고, 한강을 봉쇄당하게 되자, 대원군은 쇄국책을 강화하는 한편, 적극적으로 해방책을 강구하지 않을 수 없게 되었다.[91] 특히 우리 수군의 화포나 전함의 성능은 이양선에 대항할 길이 없었으므로 집권층으로서도 새로운 해방책을 마련해야 했다. 당시 조선의 해방 대책에 대해 김제형의 『근세조선정감』에는 다음과 같이 전하고 있다.

"병인년에 이상한 배 두 척이 팔미도에 와서 정박하므로 ··· 대원군은 이에 군비를 크게 정돈했는데, 기관을 설치하여 대포를 주조하고 화약을 제조하였다. 8도의 광대와 놀량패를 대오隊伍로 편성하여 총포에 대한 기술을 연습토록 하고 란후군攔後軍이라 호칭하여 각 고을에

---

90) W. E. Griffis(1976), 『은자의 나라』, pp.74~76, 80, 84, 86.
91) 이광린(1969), 「해국도지의 한국전래와 그 영향」, p.12.

배치하였다. 서울 동촌 백정들은 대오로 편성하여 별초군別抄軍이라고 불렀다. 일본 장창長槍을 본뜨고 한 대를 편성하여 왜창대倭槍隊라 부르고 창대에 범꼬리를 달아서 호미창대虎尾槍隊라 이름 하기도 하였다. … 해마다 일본 사람에게 주는 미포米布를 하납미포下納米布라 하였는데 3년치나 쌓여 있었다. 대원군이 훈도에게 유시하여 그 하납전下納錢으로 일본 군용총을 매입하였다. 당초에 나라 법이 환술幻術과 차력借力하는 법을 금하였다. 이때에 이르러 국내에 포고하여 무릇 한 가지라도 기예를 가진 자는 자천自薦하도록 허가하고 부국강병하는 방책을 바치는 자가 있으면 자격에 구애되지 않고 뽑아 쓴다 하였다. … 이리하여 한성근·이렴·이능·윤웅렬 등 차력하는 사람들이 진출하고, 김기두·강윤 등은 기계기술로써 진출하였다. 기이한 계책을 바치는 자가 날마다 운현궁 문간에 잇달았다. 면포가 총탄을 막을 수 있다고 말하는 자가 있으므로, 시험하도록 하였다. 면포에 솜을 넣어서 두어겹으로 만들었으나 탄환을 쏘니 모두 관통되었고, 열두 겹을 쌓으니 이에 뚫고 나가지 못했다. 드디어 면포 열세 겹에다 솜을 넣어서 배갑背甲을 만들고 머리에는 등넝쿨로 만든 투구를 쓰도록 하여 포군을 훈련시키니 한여름에는 군사가 더위를 견디지 못하고 모두 코피를 흘렸다. 또 학 깃을 엮어서 배를 만들면 포탄을 맞아도 선체가 가벼우므로 다만 퇴각할 뿐이고 부서지지 않을 것이라는 말이 있었다. 드디어 사냥꾼을 풀어 학을 잡아 그 날개를 모아서 배 하나를 만들고 비선飛船이라 불렀다. 배에다 아교로 깃을 붙였는데, 물에 들어가니 아교가 녹아서 쓸 수가 없었다."[92]

면포갑, 비선 등으로 이양선에 맞설 수 있다고 생각했던 것은 당시

---

92) 金齊炯, 이익성 역(1975), 『近世朝鮮政鑑』, pp.74~75.

〈그림 종-6〉신미양요(1871) 때 미군에 빼앗긴 '수기帥旗'(미해군사관학교 소장, 2007년 국립고궁박물관 대여 전시 중) 자료 : 김재승,「조선 해역에 이양선의 출현과 그 영향(종)」,『해기』1987. 8, p.13.

조선 일반민의 소박한 생각에서 나온 해방책이었다. 이러한 해방책은 지금 시점에서 생각해 보면 터무니없는 것이었지만, 이것이 단순히 제안에 그쳤던 것이 아니라 실제로 적용되었다는 데 그 문제의 심각성이 있었다. 이와 같은 대책으로는 이양선에 맞설 수 없었다는 사실은 신미양요 때 입증되었다. 신미양요 때 조선측 병사들이 면포갑을 입고 실전에 투입되었고, 그 때문에 희생자만 더 크게 늘어나는 결과를 초래하고 말았다.[93]

---

93) Rodgers 제독 휘하의 한 장교가 광성보를 관측하고 우리측 병사들이 "솜을 두텁게 넣은 방호복"(cotton-waded armor coats)을 입고 있음을 확인하였고 [(1866), Our Little Battle in Corean Waters ; A Naval Office's Story, *Overland Monthly* 8, 2nd Series, p.127], 다른 미국측 사료에는 "솜을 아홉겹 넣은 솜옷 (cotton armor nine layer thick)을 껴입고 무더운 날씨에 전투를 하였으나, 이 솜옷은 전혀 효과가 없었고 그로 인해 조선군은 더 많은 희생자만 냈다"는 기사가 보인다 [Albert Castle & Andrew C. Nahm(1968), Our Little War with the Heathen, *American Heritage* XIX, April, 1968, p.73. 이상 김재승,「조선 해역에 이양선의 출현과 그 영향(종)」, p.14 재인용].

이와 같은 소박한 대책 이외에도 삼군부三軍府를 설치94)하였고, 민보
民堡 설치를 추진하였으며,95) 포군을 증설96)하고, 전함과 기뢰포를
제조하는 등 보다 적극적으로 해방책을 강구하려는 움직임도 나타났
다. 이러한 움직임에 일정한 영향을 끼친 사람이 김윤식이다. 그가
대원군에게 건의한 내용을 요약하면 다음과 같다.

"양이를 제어하려면 무기가 정교해야 하며, 그에 대해서는 위원의
해국도지 주해편籌海篇에 잘 나타나 있습니다. 먼저 유능한 기술자를
널리 구하고, 해국도지를 참고로 하여 대포, 수뢰포 등을 제조하여
손돌항孫乭項 등 연해요해처沿海要害處에 장치하는 것이 가장 효과적입
니다."97)

이와 같은 김윤식의 주장은 단순한 건의에 그쳤던 것이 아니고,
대원군에 의해 채택되어 실행에 옮겨졌다.98) 이로써 최한기, 김정희

---

94) 이욱은 대원군이 삼군부를 고종 5년에 서둘러 설치하게 된 것을 대원군 자신의
권력을 강화하기 위한 것과 병인양요 이후 군사력을 강화해야 하는 현실적인
필요성 때문이었다고 보고 있다. 이욱(1996), 「대원군 집권기 삼군부 설치와
그 성격」, p.193.
95) 민보를 설치할 것을 처음으로 주장한 이는 신헌이었다. 그는 1867년 고종 4년
정월 상소에서 京兵團操, 獎選鄉砲, 勸設民堡, 北沿制兵, 篤修內政, 審料夷變 등의
여섯 가지를 주장하였다. 당시 조정에서는 민보 설치에 대해서는 반대여론이
우세했던 것으로 보이지만, 대원군의 결단에 의해 그해 7월에 신헌이 지은
『民堡輯說』을 배포하고, 민보를 설치하도록 하였으나, 여론의 반대로 좌절되었
다. 이에 대해서는 연갑수(1997), 「대원군 집권기 국방정책」, pp.261~268를
참조하라.
96) 당시 포군 증설 현황에 대해서는 연갑수(1997), 「대원군 집권기 국방정책」,
pp.268~285를 참조하라.
97) 김윤식, 『雲養集』 권 11 [이광린(1969), 「해국도지의 한국전래와 그 영향」, p.12
및 김재승, 「조선 해역에 이양선의 출현과 그 영향(종)」, p.12 재인용].
98) 이광린(1969), 「해국도지의 한국전래와 그 영향」, p.13.

등 식자층에게는 이미 1840년대 말에 소개되었던 『해국도지』가 조선의 정책에 본격적으로 반영되기 시작했다. 그리하여 프랑스 군이 물러가자 대원군은 본격적으로 전함과 수뢰포水雷砲를 제조하기 시작하여 반년만인 1867년(고종 4) 9월에 완성하였다. 『승정원일기』 고종 4년 9월 9일조에는 당시 진수식의 정황을 다음과 같이 전하고 있다.

"새로 제조한 전선은 매우 견고하고 가벼워 적을 적을 방어하는 데 이만한 것이 없다. 당해 감동당상鑑董堂上이 반년 간이나 수고하였으니, 뜻을 보이지 않을 수 없다. 새로 제조한 전선 3척을 주교사에 내주고 손상되는 대로 보수하는 절차를 주사舟司가 주관하게 하라. … 노량진 주교 북쪽 언덕에 이르자 병조판서 김병주가 꿇어 앉아 주필駐蹕을 계청하였다. … 신포信砲 한발을 쏘자 … 각 선이 함께 기를 끄덕이며 움직여 첨자찰尖子札을 만들면서 일제히 앞으로 향하였다. 초선이 포를 쏘아 경보를 알렸다. … 적선이 약 200보 안으로 다가온 것을 보고는 포를 쏘고 천아성을 불었다. … 약 30보 앞으로 다가오자 그대로 나를 울리고 북을 치고 화기를 사용하였으며, 배 주변으로 다가오자 적의 배를 향해 공격하였다. 맞붙어 한참을 싸운 다음에 적이 패하자 징을 그쳤다. … (대원군이) 구전으로 하교하기를 돈 1000냥을 운현궁에서 내줄 것이니 전선을 새로 제조하느라고 수고한 장인을 시상하라 하였다."[99]

『승정원일기』의 기록만을 보면 새로운 전함의 진수식이 성황리에 끝난 것으로 오인할 수 있다. 그러나 실제로는 전함이 전혀 제 성능을 발휘하지 못했음은 『근세조선정감』의 기록을 통해 확인할 수 있다.

---

99) 『承政院日記』 고종 4년 9월 10일조.

"대원군이 김기두 등을 시켜 그 제도를 본떠서 철갑선을 만들고 목탄을 때서 증기를 일으켜 기계바퀴를 운전했으나, 선체는 무거운 데 증기 힘이 약해서 능히 움직이지 않았다. 부수어 다시 배를 만들었는데, 비용이 수십만 냥이고 쌓였던 동과 철이 싹 없어져 버렸다. 대원군이 친림하여 진수시키면서 백성들도 자유롭게 보도록 하였다. 배를 물에 띄우고 불을 당겨서 기계를 재촉하였으나 배의 운행이 극히 더디어서 한 시간 동안에 겨우 십여 보를 떠갔고, 끝내는 여러 채 작은 배로써 줄을 매어 끌도록 하니 보는 사람이 모두 비웃으며 이런 물건을 장차 어디에 쓸 것인가 하였다. 대원군도 흥이 싹 가시었으나 끝내 후회하는 말은 없었는데, 그 후에 배를 깨뜨려서 동과 철은 대포 만드는 재료에 충당하였다."[100]

이 전함은 김제형이 기술한 것처럼 바로 분해된 것은 아니었다. 1868년 1월에 이 전함들은 강화도로 보내어져 연습에 이용하게 하였는데, 전함의 이름을 각각 천·지·현으로 하고 그 유지비용은 훈련도감·금어영·어영청 등 세 군영에서 서울 성내출입세를 거두어 충당하도록 하였다.[101] 이 전함이 실전에 투입되었는지의 여부는 알 수 없지만, 실제로 투입되었다 하더라도 이양선의 성능에 비할 수 없었음은 자명하다.

한편, 수뢰포에 대해서는 『승정원일기』 고종 4년 9월 11일조에 "해국도지에 있는 것을 모방하여 신관호의 감독하에 제작되었는데, 시험발사 시에 큰 배를 격파하였다"(昨又試放 能破大船)[102]고 기록되어 있다. 수뢰포는 그럭저럭 제성능 발휘하였던 것으로 보이는데, 이는 『근세조

---

100) 金齊炯(1975), 『近世朝鮮政鑑(상)』, p.76.
101) 『承政院日記』 고종 4년 9월 25일조.
102) 『承政院日記』 고종 4년 9월 11일조.

선정감』의 기록을 통해서도 확인할 수 있다.

　　"수뢰포를 제조하고 왕에게 노량으로 거동하도록 청하여 친히 사열하
　　도록 했는데, 이날에 관람하는 자가 더욱 많았다. 작은 배를 중류에다
　　띄워놓고 포를 장전하여 터뜨리니 강물이 용솟음쳐서 십여길이나
　　일어나면서 작은 배가 공중에 치솟았다가 부서져 떨어졌다. 수많은
　　군중들이 일제히 부르짖으며 신기하다 했으니 오히려 비방하는 자가
　　있어 '이것이 능히 잎사귀만한 작은 배를 파괴했으나, 어찌 능히 큰
　　배야 깨뜨릴 수 있으리오' 하였다. 그러나 대원군은 자못 만족한 얼굴이
　　었다."[103]

　　이와 같이 대원군은 국방을 강화하고 해방책을 강구하였지만, 그
해방책이란 것도 소박하고 순진하기 이를 데 없는 것이었다. 게다가
1868년 오페르트의 남연군 묘 도굴사건[104] 등의 사태를 겪으면서 대원
군은 더욱 쇄국으로 치닫게 되어,[105] 결국 신미양요(1871년)에서 패배를
맛보게 되었다. 그러나 대원군이 두 차례 양요를 그럭저럭 극복할
수 있었던 것은 국민들로부터 일정한 지지를 받고 있었고,[106] 미국과
프랑스의 압력이 상대적으로 약했기 때문이다. 그러나 서원철폐를
둘러싼 반대여론에 밀려 대원군은 집권 10년만에 권좌에서 물러나고,

---

103) 金齊炯(1975), 『近世朝鮮政鑑(상)』, p.77.
104) 이에 대해서는 『承政院日記』 고종 5년 4월 21, 26일조를 참조하라.
105) 상해 주재 미국영사였던 Geroge Seward는 Oppert 도굴사건으로 조미통상조약
　　　체결이 어려워질 것으로 전망하고 있으며(G. Seward to Mr. William Seward,
　　　US Consulate General Sanghai, Oct., 14, 1868, in Official Documents no.317,
　　　김원모 역, 「조선개항계획안」, 『한미관계100년사』, p.35), 그리피스도 오페르트
　　　의 도굴사건으로 "조선인들이 양인을 야만족이고 도둑이라고 생각하게 되었다"
　　　고 적고 있다 [W. E. Griffis(1976), 『은자의 나라』, p.110].
106) 이광린(1981), 『한국사강좌』 V, p.59.

고종이 1873년 11월 3일 서무를 친재하겠다는 의사를 밝힘으로써 친정체제를 수립하였다.107)

친정을 수립한 고종은 이유원(1814~1888)을 영의정, 박규수를 우의정, 민규호(1836~1878)를 호조참판, 조대비의 조카인 조영하(1845~1884)를 금위대장으로 발탁하였고, 최익현 등의 유학자들의 상소의 일부를 받아들여 토목공사를 중단하고, 청전의 사용을 중지시켰으며, 만동묘를 부활시켰다.108) 대외정책에서는 일본과의 타협 내지는 화해를 통하여 쇄국을 오래 지킬 수 있을 것으로 판단하여 1874년(고종 11) 7월 영의정 이유원과 우의정 박규수의 상소를 받아들여 서계문제로 국교가 재개되지 못하고 있는 상황을 타개해 보고자 하였다.109) 이에 일본에서도 외무성출사 모리야마 시게루森山茂를 파견하여 국교 재개 문제를 논의케 하였다. 그러나 1874년 11월에서 1875년 5월까지 수 차례 양측은 국교재개 문제를 논의하였으나 이견을 좁히지 못하여 협상이 결렬되고 말았다.110)

이와 같은 상황에서 일본이 이른바 운요 호雲揚號 사건(1875년)을 일으킴으로써 조선은 미국이 일본을 포함외교를 통해 개항시킨 전례를

---

107) 『承政院日記』 고종 10년 11월 5일조.
108) 이광린(1981), 『한국사강좌』 V, p.63 참조.
109) 이광린(1981), 『한국사강좌』 V, p.64 참조.
110) 당시 조선조정이 일본과의 국교 재개에 반대했던 것은 다음과 같은 세 가지 이유 때문이었다. 첫째, 書契를 대마도를 거치지 않고 외무성으로부터 직접 送來한 것은 교린 300년간 일찍이 없었던 일이고, 둘째, 교린문자에 스스로 존대를 나타내고 있고, 셋째, 宴饗儀節도 前規를 변경하려 하고 있다. 이 세 가지 이유 때문에 일본 측의 요구를 받아들일 수 없으므로 역관을 보내 일본 측과 협의케 하고 그 결과를 보고받은 뒤에 다시 논의하기로 결정되었으나, 森山茂가 堂上譯官 金繼運과의 회견을 거부하고 돌아감으로써 협상이 결렬되었다. 『承政院日記』 고종 12년 5월 10일조 [이광린(1981), 『한국사강좌』 V, pp.67~68 재인용].

〈그림 종-7〉 운요 호   자료 : 한국해양대학교 『박물관도록』

따라 타율적으로 개항하였다. 강화도조약은 한일관계뿐만 아니라 동
아시아 국제관계 전반에 걸쳐 획기적인 변화를 초래하였다. 이 조약으
로 말미암아 동아시아의 화이질서 테두리 안에서 교린을 명분으로
하고, 의례외교를 주로 하여 서렬적 원칙에 의하여 조직 운영되어
온 한일관계는 서구식 국제법 하에 호혜평등을 표방하고, 실질적 외교
통상을 위주로 하는 외교관계가 수립되게 되었다. 또한 조선은 부분적
으로나마 서구가 주도하는 근대적인 국제질서에 편입되게 되었다.[111]
강화도조약의 성격을 어떻게 규정짓던 간에 1860년 북경함락에서 1876
년 개항까지 우리나라가 걸었던 역사적 행로는 우리가 양이와 이양선에
대해 가졌던 인식과 대책이 실패했다는 것을 의미하는 것에 다름
아니었다.[112]

---

111) 김기혁(1991), 「강화도조약의 역사적 배경과 국제적 환경」, p.42 ; 성황용(1995),
　　　「개국의 역사적 의의」, p.28.
112) 장학근은 "이양선의 해양침입에 대항할 근대무기 개발에 실패한 조선은 일본의

III. 개항 이후의 이양선에 대한 인식과 대응

　　개항 이전까지 조선 조정이 양이와 이양선에 대해 잘못 대처했음을
암묵적으로 인정했다는 것은 개항 이후 조선 조정이 개화정책을 추진하
는 과정에서 병기 제조 기술을 배워 오도록 유학생을 청에 보내고,[113]
군함을 도입하려 했다는 사실로도 확인할 수 있다. 그러나 개항 이후
조선인들의 이양선[114]에 대한 인식과 대응은 개항 이전에서와 마찬가
지로 관념적인 측면에 치우쳐 있었고, 관념과 실제(또는 존재와 의식)
사이에 크나큰 괴리가 있음을 보여주고 있다. 이 시기의 조선인들이
이양선에 대해 어떻게 인식했고 대처했는가를 조선 조정의 입장과
실제 이양선에 승선했던 사람들의 입장으로 대별하여 살펴보기로 한
다. 먼저 이양선에 직접 승선한 경험이 있는 사람들의 입장을 정리해
보기로 하자.

　　개항 이후 정부 관리로서는 처음으로 이양선에 직접 승선하고 그에
대한 감상을 남긴 사람은 1876년 1차 수신사로 일본에 다녀온 김기수金綺
秀(1832~?)이다. 그는 『일동기유』에서 이양선에 대해 다음과 같이 적고
있다.

　　"… 한 척의 큰 배가 바다 중류에 서 있는데, 협판夾板·쌍범과 돛대

　　군함에 의해 1876년에 강제개항을 당할 수밖에 없었다"고 지적하고 있다. 장학근
　　(1985), 「구한말 해양방위책」, p.91.

113) 1881년 청에 領選使를 파견했던 것은 다름아닌 병기 제조기술을 습득하고 병기공
　　장을 건립하기 위하여 조선 최초로 관비유학생을 파견한 것이었다. 당시 총
　　38명의 유학생이 파견되었으나, 이들 중 18명만이 제대로 수학을 마칠 수 있었다.
　　이들 18명의 전공에 대해서는 장학근, 「구한말 해양방위책」, p.97를 참조하라.

114) 개항 이후에는 이양선이라는 용어보다는 火輪船이나 飛脚船이라는 용어가 더
　　많이 사용되었다. 그러나 화륜선이나 飛脚船도 이양선이므로 본고에서는 원문을
　　인용하는 경우를 제외하고는 이양선으로 통일하여 부르기로 한다.

사이에 연통은 가위 몽상도 할 수 없을 만한 것이었다. … 드디어 배에 총총히 오르니 … 모두가 일본인이었다. 배도 처음 보고 사람도 처음 보게 되니 비록 얼굴의 생긴 모양은 우리와 같지만, 의관이 다르고 언어도 서로 통하지 않기 때문에 저마다 엿보기만 할뿐 인사할 줄을 모른다. … 배가 모두 기관이라, 기관이 고장이 나면 배가 움직이지 못하게 된다. … 배 양쪽 머리는 밑바닥이 좁았다. 옆 길이는 100척, 높이는 20척이나 되었다. … 칼로 물건을 베는 것처럼 되어 있다. … 배가 가는 힘은 오직 석탄에서 나오는 것이니 석탄에서 불이 일면 기계가 저절로 돌아 배가 나는 듯이 가게 된다. 배는 반 이상이 물속에 잠겨야 하기 때문에 짐 실은 것이 가벼우면 사석沙石이라도 많이 실어야 안온하게 갈 수가 있다. … 배의 바깥은 갑판이라 하는데, 목판을 빽빽하게 깔고 석회로 틈이 없도록 바른 다음 칠을 하고 기름을 먹였다."115)

이는 개항 이전에 문정관들이 이양선에 승선하여 조사하여 보고한 장계의 내용이나 별반 다르지 않다. 즉 크기나 외양에 놀라면서도 이양선을 처음 보았기 때문에 외판, 갑판, 기관 등에 대해서 비교적 자세하게 묘사하고 있다.

김기수는 일본에 머무는 동안 육군성, 해군성, 박물원博物院, 공부성, 문부성 등을 관람하였다. 그는 해군성에 들러 대포 쏘는 것과 선가船架를 직접 구경하고, 당시의 정황을 다음과 같이 기록하고 있다.

"대포를 쏠 때 통역관 2인이 내 앉은 자리 양쪽 가로 달려와서 나를 단단히 붙잡아 안정시키니 이는 내가 놀라 움직일까 염려함이다.

---

115) 金綺秀, 이재호 역(1977), 『日東記游』, pp.362~363.

나는 웃으며, '내 비록 몸은 고달프지만, 벌써 부동심不動心할 나이가 지났는데, 약간의 대포 소리쯤이 어찌 나를 움직일 수 있겠는가하였다. … 바다 옆으로 도랑을 뚫고 바닷물을 끌어들였는데, 넓이는 큰 배 10여 척을 용납할 만하고 길이는 천여 보는 됨직하다. 이곳은 수전을 연습하는 장소였다. 그 가운데 한 척의 화륜선이 있으니, 저들의 이른바 증기선이란 것이다. 돛대가 30개이고, 여러 개의 밧줄 사다리가 있는데, 천가 만첩千架萬疊이 깁絲처럼 눈앞에 아른거린다. … 수뢰포 쏘는 것을 관람하였다. … 불을 선 끝에 붙이고 재빨리 루에 올라가 몸을 숨기는데 조금 후에 천지가 진동하면서 꽝하는 소리에 한 뭉치 불덩이가 하늘로 치솟아 올라가며 물결이 뒤집히고 한 줄기 소나기가 바로 유리창을 향하여 뿌리더니 얼마 후에 낙숫물이 뚝뚝 떨어진다. …"[116]

이를 통해 볼 때 김기수는 100여 척의 배를 정박시킬 수 있음직한 천여 보나 되는 박지泊地의 크기에 놀라움을 표시하고 있고, 대포 소리에 놀라지 않겠다는 의연함을 보이면서도 실제로는 천지가 진동하는 소리에 적잖이 놀라고 있음을 엿볼 수 있다.

김기수에 이어 1880년(고종 17) 김홍집이 2차 수신사로 일본에 파견된 바 있고, 그 다음해인 1881년(고종 18)에는 12명의 대표단으로 구성된 조사시찰단[117]이 파견되었다. 이때 일본의 세관제도를 시찰할 책임을 맡았던 이헌영(1837~1910)은 『일사집략』이라는 기행문을 남겼는데, 그는 이양선에 대해 다음과 같이 기록하고 있다.

---

116) 金綺秀, 『日東記游』, pp.388, 389.
117) 이 시찰단은 그 동안에는 紳士遊覽團으로 통칭되어 왔으나, 허동현의 견해에 따라 朝士視察團이라고 부르는 것이 타당할 것 같아 여기에서는 그의 견해를 따르기로 한다. 허동현(1993), 「1881년 조사시찰단 연구」, p.1 각주 참조.

"일본인의 화륜선에 올랐다. 배 이름은 안녕환安寧丸이며, 배 길이는 33~34발, 너비는 5~6발쯤 될 듯했다. 돛은 둘이며, 바깥엔 연통이 우뚝 솟아 있고, 안에는 기륜이 쌍으로 돌고 있다. 선체 가에는 쇠난간을 둘렀고 뱃머리에는 시계와 나침반이 달렸으며, 배의 창문은 유리로 되어 있는데, 그 크고 정교하고 호화로운 만듦새는 참으로 처음 보았다."118) "… 증기기관의 도는 것이 빠르기는 번개와 같고, 기물器物의 만들어짐은 그 빠르기가 귀신과 같은데, 조폐, 제지라든가 목재 다듬기, 피혁 다듬기, 실을 빼는 일들이 증기기관으로 하지 않음이 없다. 기선은 하루에 천리를 가고, 기차는 한 시간에 백 리를 달리는데, 특히 어찌 사람의 힘으로 이런 것을 할 수가 있으랴? 이 때문에 해상의 등대와 국내의 철도가 건설되었다."119) "… 미쓰비시三稜사의 천세환千歲丸을 탔다. … 배 길이는 180척쯤 되고, 너비는 20척쯤 되었다. … 물건은 안녕환의 것과 같았다. 작년에 왔던 수신사(1880년 2차 수신사 김홍집) 역시 이 배를 탔다고 한다."120)

김기수나 이헌영 모두 전형적인 성리학자 출신의 관료들이었다. 따라서 이들이 이양선에 대해 가졌던 인식이나 태도는 당시 조선인들이 이양선에 대해 가졌던 평균적인 인식이었다고 보아도 그리 틀리지는 않을 것 같다. 어쨌든 김기수나 이헌영은 모두 이양선에 대해 나름대로 관심을 갖고 세밀하게 관찰하였지만,121) 두 번의 양요와 운요 호 사건 등을 겪은 이후에도 이들은 이양선에 대해 관념적으로 이해하는 선에서 그치고 있음을 알 수 있다.

---

118) 李𥡝永, 권영대·문석규·이민수 공역(1982), 『日槎集略』, p.64.
119) 李𥡝永, 『日槎集略』, p.21.
120) 李𥡝永, 『日槎集略』, p.110.
121) 이는 이들이 기행문에 함내규칙을 싣고 있다는 사실로도 확인할 수 있다. 김기수, 『日東記游』, pp.457~458 ; 이헌영, 『日槎集略』, pp.289~290.

김기수와 이헌영과는 달리 개화파의 주도적인 인물이었던 박영효 (1861~1939)는 이양선에 대해 이들과는 다른 인식을 보여주고 있다. 그는 1882년 임오군란이 발생하고 난 뒤 사죄사신으로 일본을 방문하고[122] 당시의 행적을 『사화기략』으로 남겼는데, 조선국을 구경한 뒤 다음과 같이 기록하였다.

  "산판선舢板船을 타고 조선소로 건너가서 보니 … 배를 만드는 규모가 기이하고도 교묘하면서도 굉장하게 컸다. 화륜함 1척마다 각기 석갑石閘을 쌓아서 간수했는데, 1갑을 쌓는 비용이 50만 원이나 된다고 하였다. 소서기관小書記官 나카미조 야스타쓰中溝保辰가 이 한 수를 지어 기증하였다. … '배 만드는 공장이 물가에 있는데, 아주亞洲에선 남보다 먼저 시작했네. 석조石槽는 고래처럼 무지개를 탄토呑吐하고, 철렬鐵捩은 완연히 선반旋盤을 돌리네. 구조는 본디부터 황제黃帝의 창작은 아닌데, 기공技工이 어찌 재인梓人에게서 전했을까. 국가에서 해군의 중요함을 알았기에, 국고금 기만 량을 아끼지 않았었네'."[123]

『사화기략』은 그날 그날의 행적과 문서 수발관계 및 문서의 내용, 참석한 각종 행사들, 일본주재 서양 외교관들과의 만남 등 비교적 공식적인 일정을 중심으로 소략하게 기록되어 있다. 따라서 비록 일본인의 시를 빈 것이기는 하지만, 위의 기사로부터 박영효가 이양선의 위력과 해군의 중요성에 대해 김기수나 이헌영과는 다르게 인식하고 있음을 확인할 수 있다. 박영효는 부국강병을 도모하기 위해 국정전반에 대한 개혁을 구상하고 이를 실천에 옮기려고 했었다는 사실은 그가 갑신정변이 실패한 뒤 일본에서 망명생활을 할 때인 1888년에

---

122) 朴泳孝(1926), 「갑신정변」, 『신민』 14호, 1926.6, p.219.
123) 朴泳孝, 이재호 역(1997), 『使和記略』, pp.377~378.

완성한 건백서에 잘 나타나 있다.124) 특히 강병의 구체적인 방법으로 열 가지125)를 열거하면서 수군의 중흥中興水軍事을 그 하나로 꼽고 있다는 사실은 그가 이양선의 위력을 깊이 인식하고 있었음을 반증한다.

좋던 싫던 간에 개항을 단행한 조선 조정으로서는 해방책을 마련하지 않을 수 없었다. 그에 대한 구체적인 노력들은 1880년대 초부터 가시적으로 나타났다. 1881년 1월 통리기무아문의 설치, 1881년 3월 총포와 전함을 구입하기 위해 이원회와 이동인을 파일키로 결정, 1881년 5월 별기군 창설, 9월 군사유학생 파청, 1882년 2월 일본에 무라타 총村田銃126) 2만 정 발주, 1883년 3월 군사유학생 파일, 6월 기기국機器局 설치 등은 조선 조정이 추진한 강병책이었던 셈이다.127)

이 시기 조선 조정의 이양선 및 해방책에 대한 인식을 단적으로 보여주는 예는 군함 도입 시도였다. 군함 도입의 실무를 최일선에서 추진했던 인물이 이동인128)이었다. 그는 1879년 8월에 김옥균, 박영효 등과 협의 하에 일본의 정황을 살펴보기 위하여 일본으로 밀항하여 이듬해인 1880년 12월 18일에 귀국한 바 있었다. 그가 귀국하고 난 뒤 불과 52일 만인 1881년 2월 10일에 고종은, 조사시찰단129)을 일본에

---

124) 박영효의 건백서에 대해서는 최덕수, 「박영효의 내정개혁론 및 외교론 연구」; 김현철(1997), 「박영효의 정치사상에 관한 연구」를 참조하라.

125) 그가 강병책으로 제시한 열 가지 안은 다음과 같다. ① 군사학교 설립과 해외유학생 파견 ② 養兵 비용을 세입에서 확보할 것 ③ 병조로의 명령체계의 일원화 ④ 군대의 법률 개정 ⑤ 募兵에 관한 법률 개정과 병역근무 기간의 제한 ⑥ 수군의 중흥 ⑦ 무기고의 보수 및 무기의 수선 ⑧ 수만의 군대 양성을 통해 국내 치안의 대비 ⑨ 서북지방의 경비 강화 ⑩ 장수와 병사들의 사기 진작. 이상 김현철(1997), 「박영효의 정치사상에 관한 연구」, pp.267~268 참조.

126) 1880년 무라타 쓰네요시村田経芳가 개발한 군용소총으로 청일전쟁 당시 일본 보병의 주요 화기가 되었다.

127) 장학근(1985), 「구한말 해양방위책」, p.92.

128) 이동인에 대해서는 이광린(1975), 「개화승 이동인」; 이광린(1980), 「이동인에 관한 Satow의 문서」를 참조하라.

129) 1881년의 조사시찰단은 박정양, 조준영, 강문형, 심상학, 홍영식, 엄세영, 어윤중

파견하면서 통리기무아문의 계에 따라 총포와 군함 등의 도입 가능성을 탐문하기 위하여 전 부사 이원회를 참획관參劃官으로 임명하고 이동인을 참모관으로 수행시켜 일본으로 파견하도록 결정하였다.130) 당시 이동인에게 주어졌던 임무는 외형상으로는 조사시찰단의 향도로서의 역할을 수행함과 동시에 일본의 기선운항에 대해 살펴보라는 것이었다.131) 그렇지만 이동인에게 부여되었던 실질적인 임무는 군함 도입과 관련되어 있었다.132) 그러나 이동인은 도일을 준비하는 과정에서 주한 일본공사인 하나부사 요시모토花房義質에게 자신이 맡은 임무를 발설하고 말았다.133) 이에 일본공사 하나부사는 공사관 직원을 시켜 김홍집을 방문하여 조선이 군함을 구입할 의사가 있는지 확인하였으나, 김홍집은 이를 부인하였다.134) 그러나 당시 일본측은 조선이 조만간 군함을

등 7명은 1월 11일에, 이헌영, 민종묵, 조병직 등 3명은 2월 2일에 각각 동래어사 자격으로 일본을 정탐하러 오라는 암명을 받았다. 이들 각각에게 주어진 임무에 대해서는 허동현, 「1881년 조사시찰단 연구」, p.32를 참조하라.

130) 『承政院日記』 고종 18년 2월 10일조.

131) 박정양은 『從宦日記』에 이동인이 맡았던 임무를 다음과 같이 기록해 놓고 있다. "日國汽船之駕馭 艦長之統率 梢工之應役 船內餼料繼給等事"[허동현(1993), 「1881년 조사시찰단 연구」, p.32 각주 41 재인용].

132) 일본 外務卿인 이노우에 가오루(井上馨)는 이헌영에게 "기선을 구입해 가겠다고 했습니까? 반드시 國勢와 物議를 생각해 본 뒤에 기선을 써야 할 것입니다"라고 얘기한 내용으로도 간접적으로 이 사실을 확인할 수 있으며(『日槎集略』, p.157), 駐日 淸國公使 何如璋이 總理各國事務衙門에 보고한 내용에서도 확인할 수 있다 [허동현(1993), 「1881년 조사시찰단 연구」, p.31 각주 35를 참조하라].

133) 하나부사 요시모토(花房義質)가 일본 외무성에 보고한 문서에 따르면, 이동인은 하나부사에게 "이번 여러 가지 일은 나만이 쥐고 있는 秘事입니다. 我黨 私人밖에는 절대로 이것을 아는 자가 없으니 타인에게 알리면 곤란합니다"라고 말하였다고 한다. 『日本外交文書』卷14, NO.123, 「朝鮮政府密ニ視察員ヲ派出センコト竝ニ起債及砲艦購求ノ企アル事ニ付因由槪略內報ノ件」(장학근, 「구한말 해양방위책」, p.98 재인용).

134) 『日本外交文書』卷14, NO.122, 「朝鮮政府此回視察官ヲ購求セントスルノ說ヲ聞ンタニ因リ屬員石幡貞ヲ遣リ金宏集ニ會シ筆話書」[장학근(1985), 「구한말 해양방위책」, pp.99~100 재인용].

도입하게 될 것이라는 사실을 확신하게 되었고, 조사시찰단이 방일했을 때 가약이라도 맺고자 하였다.[135] 이와 같은 상황에서 군함 및 총포 구입건을 담당했던 이동인이 2월 15일 경 실종됨으로써 조선 조정의 군함도입 계획은 무산되고 말았다. 이동인이 실종되자 조선 조정은 2월 26일 경에 이동인을 대신하여 기선운항에 대하여 시찰해 오도록 김용원을 별견 형식으로 파일하게 되었다.[136]

이처럼 군함 도입 계획은 무산되었지만, 조선 조정으로서는 다른 차원에서나마 해방책을 강구하지 않을 수 없었다. 그러나 당시 조선 조정은 외국과의 빈번한 접촉에 따른 의전비용과 해외사절단 및 유학생 파견비용, 배상금 지급,[137] 해관海關 창설비, 무기 및 기기 구입비, 신식군대 재편비, 외국인 고용비 등 급증하기 시작한 재정부담을 기존의 세입원으로는 충당할 수 없는 형편이었다. 이에 조선 정부는 1882년 8월에는 청전 50만원, 동년 11월에는 일전 17만원을 차용하여 재정에 충당하였다.[138] 이러한 상황에서 조선 조정은 최소의 비용으로 해방체제를 구축할 수 있는, 이른바 청의 북양함대의 우산 속으로 들어가는 정책을 취하게 되었다.[139] 이는 청이 조선의 해방대담을 확약했던 조청상민수륙무역장정이 맺어진 직후인 1884년(고종 21) 1월에 기연해방영畿沿海防營의 설치로 가시화되었다. 기연해방영을 설치한 목적은 "조선의 해양을 지키는 청의 경비선을 뚫고 이양선이 조선의 연해에

---

135) 『日本外交文書』卷14, NO.123, 「朝鮮政府密ニ視察員ヲ派出センコト並ニ起債及砲艦購求ノ企アル事ニ付因由槪略內報ノ件」[장학근(1985), 「구한말 해양방위책」, p.99 재인용].

136) 허동현(1993), 「1881년 조사시찰단 연구」, p.32.

137) 임오군란 후 조선은 제물포조약으로 일본에 배상금 50만원을 5년 年賦로 지급키로 하였으나, 박영효가 3차 수신사로 일본에 갔을 때 5만원을 상환하고 기한을 10년으로 연장하였다. 박영효, 『使和記略』, pp.388~389.

138) 김정기(1976), 「조선 정부의 淸 차관도입(1882~1894)」, p.408 참조.

139) 장학근(1985), 「구한말 해양방위책」, p.105.

〈그림 종-8〉 클래드웰 대위가 촬영한 강화도 해군사관학교와 생도들(1893) 자료 : The Morning Calm(1899.2) ; 김재승(1997), 『근대한영해양교류사』, p.195.

접근하였을 때 조선은 연안포로써 그들의 근접을 격퇴시킨다"[140]는 것이었다. 기연해방영은 왕세자가 시좌한 가운데 병정의 조련이 시행될 정도로 해군력의 면모를 갖추어 갔고,[141] 이는 1893년(고종 30) 조선시대 최초의 근대적인 해군이라고 할 수 있는 남양부로 발전되어 갔다. 남양부는 "청주통어영을 남양부로 이전하여 해군통어영이라 칭하고, 민응식을 해군도통어사로 임명함으로써 출범"하게 되었으며,[142] 뒤이어 1893년 3월 22일에 해군사관학교 설치칙령이 발표됨으로써 해군장교를 체계적으로 양성할 채비를 갖추게 되었다.[143]

이제 남은 과제는 본격적인 해군력을 건설하는 데 필요한 사관학교

---

140) 『日省錄』 고종 20년 12월 5일조 [장학근(1985), 「구한말 해양방위책」, p.106 재인용].
141) 『高宗實錄』 고종 23년 4월 22일조 참조.
142) 『高宗實錄』 고종 30년 2월 26일조 ; 『續陰晴史』 고종 30년 2월 22일조 참조.
143) 김원모 편저, 『근대한국외교사연표』, p.137.

교사와 생도, 이들을 가르칠 교관, 군함을 도입하는 일만 남겨놓게 되었다. 먼저 사관학교 교사는 1893년 5월 1일 조선의 교섭통상사무독변 남정철이 청의 총세무사總稅務司 마근馬根에게 해군사관학교 건립비 명목으로 6000원의 차관을 요청하였으나, 청이 1000여 원의 차관을 보내와 그 돈으로 강화도에 해군사관학교 교사를 마련함으로써 해결되었다.144) 이어 영국 영사에게 영어를 가르칠 교사 1명과 항해운용술, 포술, 군사학 등을 가르칠 교관 1명을 보내 줄 것을 요청하는 한편, 윤선 1척을 구입할 수 있는 가능성을 타진하였다.145) 이에 영국은 윤선 판매에 대해서는 언급치 않고 군사교관으로 클래드웰(Cladwell) 대위와 영어교관 허치슨(W. Hutchison)을 파견하였다. 학교와 교관이 순조롭게 확보되자 생도 50명과 수병 300명을 모집할 계획을 수립 완료하였고,146) 1893년 10월 7일 수병 300명을 실제로 모병함으로써 최초의 해군이 탄생하게 되었다.147) 또 영국으로부터 군함을 도입하는 일이 어렵게 되자 독일계 세창양행에 군함 1척을 판매해 줄 것을 요청하였으나148) 실패하였다.

조선의 해군력 양성 계획은 청일전쟁(1894~1895)으로 인해 다시 한번 좌절되게 된다. 청일전쟁에서 일본측이 승리함으로써 일본이 조선에서의 주도권을 장악하기에 이르렀다. 종전 후 조선 공사로 온 이노우에

---

144) 「統制營學堂設置費 調達에 관한 건」, 『舊韓國外交文書』 淸案 1 [장학근(1985), 「구한말 해양방위책」, pp.108~109 재인용].

145) 장학근(1985), 「구한말 해양방위책」, p.110 참조. 원 사료는 『舊韓國外交文書』 英案 1 참조.

146) 「朝鮮國海軍統禦營江華島ニ設置南陽灣ニ分營設置內定情報ノ件」, 『日本外交文書(韓國篇)』(明治 26年 5月 4日) [장학근(1985), 「구한말 해양방위책」, p.109 재인용].

147) 「朝鮮國海軍設置令ニ關連シ次ノ日文書附記ス」, 『日本外交文書(韓國篇)』 [장학근(1985), 「구한말 해양방위책」, p.109 재인용].

148) 「朝鮮國海軍設置令ニ關連シ次ノ日文書附記ス」 [장학근(1985), 「구한말 해양방위책」, p.109 재인용].

〈그림 종-9〉 양무함(1903) 자료 : 한국해양대학교 『박물관도록』

가오루井上馨는 정권을 친일정권으로 개편하도록 압력을 행사하고 농민
전쟁에 탄압을 강화하면서 조정에 대해서는 차관정책을 추진하였
다.149) 이와 같은 상황에서 조선의 구식해방체제인 각 수영이 1895년(고
종 32) 7월 15일에 해체되기에 이른다.150) 게다가 신식군대를 창설한다
는 미명하에 군부관제 개편 계획안에는 포함되어 있었던 해군국은
관제 확정안에서는 삭제되어 버리고 말았다.151)

  그러나 조선 조정이 군함을 도입하려는 열망은 사그라지지 않아서
1881년에 군함 도입을 추진하기 시작한 지 꼭 22년 만인 1903년에
일본의 미쓰이 물산三井物産으로부터 3436톤급 양무함揚武艦을 도입하는
것으로서 결실을 보게 되었다.152) 그렇지만 군함 도입에 대한 일반
여론은 그리 호의적이지 않았다. 황성신문은 논설에서 "한 명의 수병도

149) 장학근(1985), 「구한말 해양방위책」, p.111.
150) 이때 統制營, 各道 兵水營, 各鎭營, 各鎭堡 등이 폐지되었다. 『高宗實錄』 고종
    32년 7월 15일조 참조.
151) 장학근(1985), 「구한말 해양방위책」, p.112 참조.
152) 양무함의 제원에 대해서는 장학근(1985), 「구한말 해양방위책」, p.113 ; 김재승,
    「조선 해역에 이양선의 출현과 그 영향(종)」, pp.14~15를 참조하라.

없는 실정에서 군함을 구입한 것은 재정 낭비"라고 비판하였다.153) 조선 조정은 양무함을 구입하는 데 55만원을 지불해야 했지만, 그 해 상반기 조선 조정이 지출할 것으로 예정된 예산안은 불과 17만 3913원154)에 불과했기 때문에 이러한 여론이 근거가 없는 것도 아니었다. 게다가 군함을 도입한 목적이 해방에 있었던 것이 아니라 "고종의 재위 40년을 축하하기 위한 것"155)으로 알려졌기 때문에 여론이 군함 도입에 반대했던 것은 어쩌면 당연했다고 할 수 있다. 군함 도입은 조선 조정의 오랜 숙원이었지만, 그 결과는 재정의 파탄을 초래할 뿐이었다. 게다가 양무함 도입은 해군력을 강화한다는 장기적인 계획에 따라 추진된 것이 아니라 조선의 재정을 파산시켜 식민화해 보겠다는 일본의 간계와 주권을 회복시킬 능력을 갖지 못한 위정자들의 허세가 맞아떨어져 성사된 것이었다.156)

이상에서 살펴본 바와 같이, 개항 이후 조선인들의 이양선에 대한 인식은 비록 이전 시기에 비해 보다 구체적으로 변했지만, 여전히 관념적인 측면에 머물러 있는 측면이 강했다. 조선 조정도 이양선으로 대표되는 외세(서양과 일본)의 위력을 체험한 이후였기 때문에 해방책을 다각도로 마련하려고 했지만, 이양선의 실체를 정확하게 인식하지 못했고, 제대로 대응하지도 못했다.

---

153) 『황성신문』 광무 7년 6월 1일조, 「論軍艦事件」 [장학근(1985), 「구한말 해양방위책」, p.115 재인용].
154) 『高宗實錄』, 광무 7년 8월 7일조 참조. 상세한 것은 장학근(1985), 「구한말 해양방위책」, p.116를 참조하라.
155) 알렌은 그의 연표에 다음과 같이 적고 있다. "군부대신(申箕善)이 약 55만원 상당의 전함을 일본으로부터 구입하는 발주 계약을 체결함. 이는 御極 40년 稱慶禮式을 위해 발주한 것임." Allen, in 김원모 편저, 『근대한국외교사연표』, p.205 [장학근(1985), 「구한말 해양방위책」, p.115 재인용].
156) 장학근(1985), 「구한말 해양방위책」, pp.117, 158.

Ⅳ. 맺는말

필자는 본고에서 개화 100년사를 서양의 충격의 상징이라고 할 수 있는 이양선에 대해 우리 선조들이 어떻게 인식하고 대응했는가를 세 시기로 대별하여 살펴보았다. 앞에서 논증한 바를 정리해 보면 다음과 같다.

첫 번째 시기인 1860년 북경함락 이전까지는 이양선의 압력이 본격적으로 조선에까지 미치지 않았고, 조선인들이 처음으로 이양선과 접촉하고, 그 존재를 파악하는 단계였다고 할 수 있다. 따라서 조선은 호기심과 두려움을 동시에 갖고 이양선을 바라보면서도, 전통적인 쇄국정책을 유지할 수 있었다.157)

두 번째 시기인 북경함락 이후 개항기까지는 이양선의 압력이 급증하고, 직접 교전까지 치르게 되는 단계이다. 이 시기에는 조선도 전통적 방식에 따라 대응책을 마련하는 한편, 쇄국을 보다 강화해 나갔지만, 두 차례의 양요를 물리쳤다는 허위의식158)에 사로잡혀 이양선으로 대표되는 외압의 실체와 시대적 흐름을 피상적으로 파악하는데 그치고 말았다. 이 시기 조선의 일반적인 여론을 주도했던 이론은 위정척사론이라고 할 수 있는데, 위정척사론이 외세의 침투에 능동적이고 효과적으로 대처하기에는 한계가 있었다.159)

---

157) 진덕규는 조선후기 조선의 대외관계에 대한 대응양식을 대체적으로 쇄국적 방어책을 구사하던 단계, 對淸依存的 대응책을 구사하던 단계, 以夷制夷的 대응책을 구사하던 단계로 구분할 수 있다고 주장하고 있다. 이를 필자가 구분한 시기에 적용해 보면 1860년까지는 전통적 쇄국책을 쓰던 시기로, 1860년에서 개항기까지는 수정된 쇄국책을 쓰던 시기였다고 볼 수 있다. 진덕규, 「한말 지배층의 대외 인식에 대한 비판적 인식」, pp.20~24 참조.

158) W. E. Griffis(1976), 『은자의 나라』, pp.86, 142.

159) 유승주(1986), 「개화기의 근대화 과정」, pp.64~69 참조 ; 진덕규(1990), 「한말 지배층의 대외 인식에 대한 비판적 인식」, p.24.

세 번째 시기인 개항 이후에는 만국공법 체제하에 편입된 이상 조선 조정도 좋든 싫든 해방책을 강구하지 않을 수 없었다. 이 시기에 조선 조정이 구사한 해방책은 정책의 특성에 따라 다시 몇 단계로 세분할 수 있다. 첫 번째 단계는 동도서기론東道西器論에 입각하여 해방을 추진했던 1876년부터 1882년까지의 시기로,[160] 삼군부 폐지, 통리기무아문· 통상사· 기계사· 군물사· 선함사 등의 설치,[161] 군함 도입 추진 등으로 가시화되었다. 두 번째 단계는 청에 의존하여 해방책을 강구했던 조청상민수륙무역장정이 체결된 1882년 10월부터 1895년 청일전쟁이 종결될 때까지의 시기이다. 이 시기 동안 조선 조정은 북양함대의 우산 속에 들어가 해방을 강구하고 재정여건이 호전되는 대로 자주적 해방체제를 구축한다는 정책[162] 기조 아래 해군사관학교와 남양부를 설립하고, 군함 도입을 다시 적극적으로 추진하였다. 이 시기의 조선 조정의 대체적인 여론은 동도서기론과 개화론이 상호 견제와 균형을 이룬 시기였다고 할 수 있으나 대세는 역시 동도서기론이었다.[163] 이후 시기는 일본의 압력이 점차 강화된 시기였기 때문에 조선 조정으로서는 이렇다 할 해방책을 강구하지 못하고, 양무함을 도입하는 것으로 허세를 충족시키는 것으로 만족해야 했다.

이상에서 살펴본 바와 같이, 조선은 서양의 충격의 상징적 표상인 이양선에 대한 인식과 대응 양 측면에서 모두 실패하였다. 그렇다면 조선이 실패한 이유는 무엇이었는가? 이는 동양 3국의 개화과정에 대한 비교 연구를 필요로 한다. 이에 대해서는 그 동안 여러 연구자들이 다양한 견해[164]를 제기한 바 있으므로, 여기에서는 이들의 연구성과를

---

160) 유승주는 東道西器論에 입각하여 근대화를 추진한 시기를 1876년부터 1882년까지로 잡고 있다. 유승주(1986), 「개화기의 근대화 과정」, pp.69~81 참조.
161) 『高宗實錄』 고종 17년 12월 21일조.
162) 장학근(1985), 「구한말 해양방위책」, pp.105~107.
163) 유승주(1986), 「개화기의 근대화 과정」, p.93 참조.

참고하여 필자의 견해를 제시하는 선에서 그치기로 한다.

먼저 3국의 근대화 과정의 결과부터 비교해보면, 조선은 식민지로, 청은 반식민지로, 일본은 독립·자본주의화·제국주의로 나아갔다.[165] 이는 서양의 충격에 대한 인식과 대응상의 차이에서 기인한 것이었다.[166] 천조관념天朝觀念[167]과 중화적 세계관에 젖어 있던 중국은 아편전쟁에서 패배하여 가장 먼저 개국(1842)했음에도 불구하고 문화적 우월감에 도취되어 있다가 결국에는 1860년 북경함락 이후 중체서용中體西用을 기반으로 한 양무운동[168]으로 나아갔고,[169] 미국의 포함외교에 의해 강제 개국한 일본(1854)은 화혼양재和魂洋才를 기반으로 한 메이지유신明治維新(1868)을 단행한 뒤 적극적인 서구화를 추진하였으며,[170] 중화적 세계관과 사대관에 젖어 있다가 가장 뒤늦게 개국한 조선은 위정척사론

164) 한중일 삼국의 근대화 과정에 대해서는 다음 논문을 참조하라. 김경태(1984), 「동아시아 3국의 분기와 제국주의 세계체제」, 『이화사학연구』 15집 ; 박일근 (1995), 「중국의 개국 : 정치사적 과정과 한일 양국에 미친 영향」, 『동북아』 1, 단국대학교 ; 김영작(1995), 「한중일 3국의 개국에 관한 비교연구」, 『동북아』 1, 단국대학교 ; 永井秀夫(1995), 「일본의 개국 : 서양화와 제국주의화의 출발점」, 『동북아』 1, 단국대학교 ; 박충석(1996), 「동북아 근대사에 있어서의 서구 수용 : 한중일 삼국의 초기 발상 양식을 중심으로」, 『동북아』 4 ; 伊藤彌彦(1996), 「메이지 정권의 초기의 서구화 추진」, 『동북아』 4 ; 신승하(1996), 「근대 중국에서의 초기 근대화 운동의 시말」, 『동북아』 4.
165) 김경태(1984), 「동아시아 3국의 분기와 제국주의 세계체제」, p.7. ; 김영작(1995), 「한중일 3국의 개국에 관한 비교연구」, p.159 ; 박충석(1996), 「동북아 근대사에 있어서의 서구 수용 위의 논문」, p.8.
166) 박충석(1996), 「동북아 근대사에 있어서의 서구 수용 」, p.8.
167) 天朝觀念에 대해서는 김영작(1995), 「한중일 3국의 개국에 관한 비교연구」, pp.120~123를 참조하라.
168) 양무운동의 배경과 전개에 대해서는 신승하(1985), 『근대중국의 서양인식』, pp.88~128 ; 신승하(1996), 「근대 중국에서의 초기 근대화 운동의 시말」 참조.
169) 박일근(1995), 「중국의 개국 : 정치사적 과정과 한일 양국에 미친 영향」, pp.125~126 ; 신승하(1996), 「근대 중국에서의 초기 근대화 운동의 시말」, pp.119~131.
170) 이에 대해서는 永井秀夫, 「일본의 개국 : 서양화와 제국주의화의 출발점」과 김영작, 「한중일 3국의 개국에 관한 비교연구」 참조.

과 동도서기론적인 입장에서 근대화를 추진하였다.171)

한·중·일 3국의 개항 이후의 대응양태를 비교해 볼 때, 한국과 중국은 위정척사론과 중체서용적 입장에서 서구의 문물만 수용하려 했던 데 반하여,172) 일본은 탈아론脫亞論적 입장에서 서구화를 추구하였다고 할 수 있다.173) 이를 한국과 중국을 한 편으로 놓고, 또 일본을 다른 한 편에 놓고 비교해 보면, 한국과 중국은 동도서기론을, 일본은 문명개화론, 즉 서도서기론西道西器論을 개화의 이론적 틀로 삼았다는 점을 확인할 수 있다. 이양선과 수뢰포 등의 서구 문물西器은 그들의 도西道로써 운용할 때 제 기능을 발휘할 수 있다. 이를 놓고 볼 때, 서구의 문물을 수입하고 운용하는 과정에서 어떤 틀이 성공할 가능성이 많았겠는가 하는 것은 자명하다.

그렇다면 이제 남은 문제는 왜 일본은 서도서기를 하였는데 반하여 중국과 한국은 동도서기를 하였는가 하는 점이다. 이 문제에 대한 실마리를 풀기 위해서는 서양의 충격이 어떠한 성격을 지닌 것이었는가를 이해할 필요가 있다. 서양의 충격은 서두에서 밝힌 바와 같이, 면밀한 계획하에 추진된 것이 아니라, 중세 이후 계속된 유럽팽창의 장기적 산물이었다. 또한 유럽이 이처럼 해양팽창을 장기간에 걸쳐 수행해 왔던 것은 특정 시기만의 문제가 아니라 유럽 문명에 내재한 본질적인 특징이었다. 즉 동양문명의 기조는 대륙문명이었던 데 반해, 서양문명의 기조는 해양문명이었다. 그러나 일본은 동양권에 속하면서도 그 지정학적인 위치로 인하여 해양문명에 속한다. 일본이 해양문

---

171) 박일근(1995),「중국의 개국 : 정치사적 과정과 한일 양국에 미친 영향」, pp.125~
    132 참조.
172) 중국의 洋武運動의 핵심사상은 이른바 中體西用으로, 이는 東道西器와 맥락을
    같이하고 있다.
173) 伊藤彌彦(1996),「메이지 정권의 초기의 서구화 추진」, pp.47~61 ; 永井秀夫
    (1995),「일본의 개국 : 서양화와 제국주의화의 출발점」, p.100.

명에 속한다는 사실은 해양문명의 첨병이라고 할 수 있는 이양선을 수용하고 습득하는 데 대륙문명인 중국과 조선에 비해 용이하게 하였다. 이 차이가 동양 3국의 개화 과정과 결과의 상위함으로 귀결되었던 내재적 요인 가운데 하나였다고 할 수 있다.

우리의 개화 100년사는 아무리 좋게 평가한다 하더라도 '실패한 역사'이자, '남의 장단에 춤을 춘 강요당한 역사'라고 아니할 수 없다.[174] 여기서 우리의 개화 100년사를 실패의 역사로 단정한 것이 일종의 역사 허무주의나 민족 패배주의로 빠지는 것처럼 느껴질 수도 있다. 그러나 여기에서 필자가 우리의 개화 100년사를 실패한 역사라고 규정한 것은 "과거의 실패를 얼버무리는 것은 또 다른 실패를 가져오는 원인이 될 것이며, 건망증이 심한 민족은 불행한 역사를 되풀이 한 예가 많다는 사실을 철저하게 반성함"[175]으로써 우리가 또다시 실패한 역사의 주인공이 되지 않기를 바라는 마음에서 미래의 교훈으로 삼아야 한다는 것을 역설하기 위함이었다.

우리의 역사를 돌이켜 볼 때 우리는 존재와 의식이 분리되어 살아왔다. 즉 우리의 지리학적 위치는 해양국가임에도 불구하고 우리는 늘 대륙국가라는 의식 속에서 살아 온 것이다. 이제 21세기 신해양시대를 맞이하면서 우리가 이에 어떻게 대처하는가에 따라 우리의 미래가 달라질 것이 분명하다. 그렇다면 우리에게 남겨진 과제는 우리의 존재와 의식을 일치시키는 일이다. 즉 우리는 해양국가이기 때문에 해양국가로 의식하고 행동해야 한다는 것이다. 170여 년 전(1832) 로드 애머스트 호를 타고 우리나라를 방문한 바 있는 귀츠라프가 한 말을 다시 한번 우리 자신에게 자문해 보아야 할 시점이다.

---

174) 강만길(1976), 「개항 100년 정신사의 반성」, 『신동아』 1976년 1월호, p.121.
175) 강만길(1976), 「개항 100년 정신사의 반성」, p.121.

"해양국가치고 개명하지 않은 상태로 쇄국 배외하는 이상한 제도를 지닌 나라로서 조선보다 더한 나라가 없다. … 조선은 이웃나라인 중국이나 일본처럼 빠른 개명을 하지 못하고 미개상태에서 빠져 나가지 못하고 있는 것이다. … 더욱 망칙한 것은 진취적으로 앞을 보고 개선해 나가려 하지 않고 쓸모없는 옛 형식에 악착같이 고집하고 있다는 점이다. … 배외를 둔 그들의 오만이 지속되는 한 그들은 열국 가운데서 가장 뒤쳐진 나라가 될 것이다."[176]

---

176) F. A. Gützlaff, 「규츠라프서해안항해기」, p.15.

ABSTRACT

Literature Review and Outlook
on the History of the Korean Ship

As of 2020, Korea was ranked as the world's No. 1 shipbuilding country and as the 7th largest ship owning country. Yet as recently as the 1960s, Korea could build no more than 100,000 gross tonnages of ships annually, and did not even possess a large-scale shipyard. Korea was able to emerge as the world leading maritime nation in the span of only 50 years because of its accumulation of related historical experience.

The author would like to summarize the history of research on the traditional Korean ship and its development. First of all the author introduces Imamura's, Dr. Underwood's, and Dr. KIM Zae-geun's researches on the traditional Korean ship in Section I. And then, Section II tries to describe the development of the shipbuilding technology from the earliest times to the 18th century. Finally the author summarizes the characteristics of the traditional Korean ship.

I. The History of Research on the traditional Korean Ship

It is foreigner who first conducted research on the traditional Korean ship. Mr. Imamura who was civil officer of Japanese Colonial Government in Korea published the book entitled *Huneno Chosen(Ship of Chosun)* in 1930. In this book he collected the information related on the maritime law of Chosun Dynasty. He made a conclusion that "maritime related laws of Chosun Dynasty roughly disregarded the living condition of the common people and were established mainly for the King and the nobility. So they made the Korean people away from the ocean."[1] As a typical colonial civil official he focused on pointing out the defects of the Korean ship and maritime related system of Chosun Dynasty. So he could not contribute the research on the Korean ship.

On the other hand, Dr. Underwood did analyze the shipbuilding and navigational arts in the traditional Korea, and Admiral YI and his Geobukseon(Turtle Ship). He classified the Korean ships in 1930s into 2 groups, those are river boat and ocean going ship. After that he analyzed dug-out, skiff, and river transport as river boats, and fishing boat as ocean going ship. As the results of these researches, Dr. Underwood summarized the characteristics of the traditional Korean ship as follows ;

1. The Korean ships have flat bottoms and the side plates are joined together with Garongmok(long wooden peg).

2. The Korean ships have no main frames or transverse bulkheads.

---

1) Tomo Imamura(1930), *Huneno Chosun*, pp.141~142.

3. The Korean ships did not drift so much by wind pressure because the deep submerged rudder might be functioned as a centerboard.
4. Even the Korean ships were equipped with a kind of square sail, they could sail to 67 degree and 30 minutes against the wind.
5. The Koran ships could sail at best 3 - 4 knots and the maximum size was 100 - 200 deadweight tons.

It is Dr. Underwood who first researched on Admiral YI's Geobukseon (turtle ship) from the academic point of view. He pointed out that Admiral YI's victories against Japanese navy must be regarded as one of the most important historical events for it crushed Toyotomi's ambition to conquer the continent. Dr. Underwood described that the Geobukseon (turtle ship) was little bit bigger and faster than warships of the times, covered with iron plates and equipped with cannons. He also inferred that the length overall of the Geobukseon(turtle ship) was 33 m, the width 8.4 m, and height from the bottom to the deck 2.25 m, the number of oars and cannons was around 20 and 40 according to *The Complete Book of Admiral YI* published in the late 18th century.[2]

Dr. Underwood concluded that "the Korean People manufactured the sturdy and seaworthy boat being adaptable for the natural and geographical condition of the Korean Peninsula."[3] Even though he made several mistakes mainly due to the limits of his generation and

---

2) Underwood(1934), *Korean boats and ships*, pp.73~78.
3) Underwood(1934), *Korean boats and ships*, p.71.

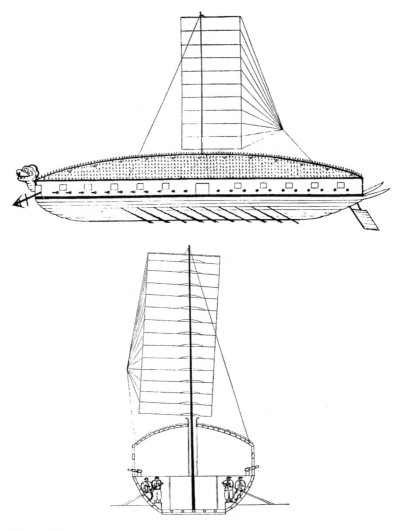

⟨Figure 1⟩ Geobukseon(Turtle ship) drawn by Underwood   source : Underwood(1934), *Korean Boats and Ships*, Fig. 47~48.

source, he refuted the Japanese opinion that The Korean ship could not sail against the wind.

It was late 1950s that the Korean themselves begun to do research on the history of the Korean ship. Prof. CHOI Young-hee was the first to publish the paper on the Korean ship in 1958, and Prof. KIM Yong-kuk and CHO Sung-do published the paper on Geobukseon(turtle ship) respectively in 1960s. Especially Prof. KANG Man-gil tried to explain the history of shipbuilding in Chosun Dynasty. He tried to collect information on shipbuilding and write on public organization relating shipbuilding, management of ship's timber, shipbuilding technology and the development of ship's hull.

It was late Prof. KIM Zae-geun who studied the history of the Korean ship from the shipbuilding engineer's point of view. He established the orthodox views on the history of the Korean ship by publishing a series of books. As results of his lifetime researches on the Korean traditional ship, he proposed the structural characteristics of the Korean ship as follows ;

1. The Korean ship was flat-bottom being adaptable for the Korean Peninsula, of which tidal differences are so high.
2. The side plates were thick and joined by rabbetted clinker joint.
3. The bottom plate was 2 times thicker that those of side plates.
4. The rudder was centerboard type.
5. The Korean ship had no frame or bulkhead, and instead the Gamok(short wooden peg) and Garongmok(long wooden peg) functioned as transverse bulkhead.

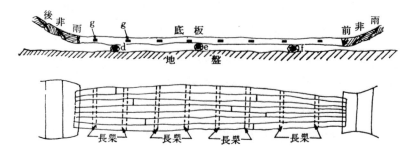

〈Fugure 2〉 Assemble of the Korean ship's bottom　Source ; KIM Zae-geun(1994),
Hankukeui Bai(Korean Ships), p.11.

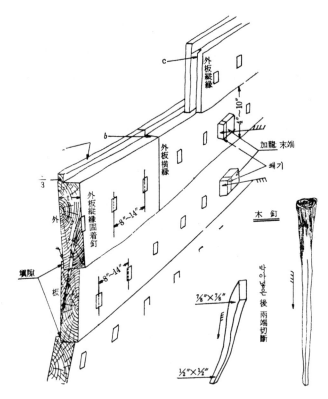

〈Figure 3〉 Joining Methods of Side Plates　Source : KIM Zae-guen(1994), *Hankukeui
Bai(Korean Ships)*, p.15.

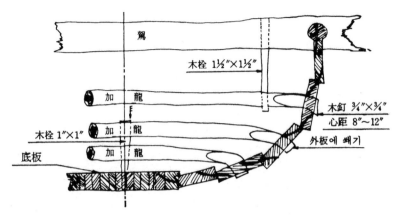

⟨Figure 4⟩ Gamok and Garongmok   Source : KIM Zae-geun(1994), *Hankukeui Bai(Korean Ships)*, p.24.

Late KIM Zae-geun pointed out the characteristics of the Korean ship that it had flat-bottom and joined with Garongmok(transverse beam) instead bulkhead, "it could be called as Hanseon(Korean Ship) like a Chinese ship called a Junk, and a Japanese a Wasen".[4]

Prof. KIM also tried to reveal the mysteries of the Geobukseon(Turtle ship) such as the internal structure and the shipbuilding technology. He refuted the opinion that the Geobukseon had the same internal structure of the Panokseon(Superstructure vessel) and was the first ironclad. He wrote "the Geobukseon had low draft, good turning capability, and excellent firing powers and was the greatest naval ship being covered with iron plate on bow and cover and being adaptable for the shallow Korean coastal waters."[5]

---

4) KIM Zae-guen, *Geobukseon*, p.209.

5) KIM Zae-guen, *Geobukseon*, pp.196, 227, 233~234, 249, 263.

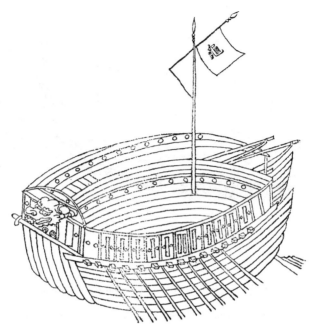

〈Figure 5〉 Geobukseon in Tongjeyoung drawn in *The Complete Book of Admiral YI* Source : KIM Zae-geun(1989), *Uri Baieui Yeoksa*(A History of Our Korean Ships), p.224.

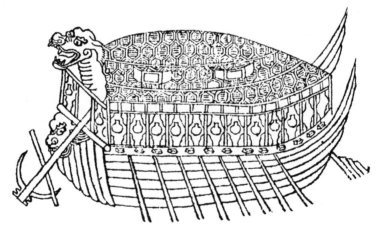

〈Figure 6〉 Geobukseon in Jeolla Jwa Su Young drawn in *The Complete Book of Admiral YI* Source : KIM Zae-geun(1989), *Uri Baieui Yeoksa*(A History of Our Korean Ships), p.225.

Late KIM Zae-geun published 7 books and tens of papers till his death in 1999 and tried to analyze and establish the whole history of the Korean ship from earliest times to the early 20th century. After him, Dr. CHOI Byung-mun, Dr. CHOI Geun-sik, Dr. HUGH Ihl, and Dr. CUI Yun-feng wrote the dissertations on the Korean ship. But those researches were mainly focused on the revision of Dr. KIM Zae-geun's ideas.

Recently Dr. LEE Won-sik studied the real dimension of the Geobuk-seon in the 16th century and disclosed the real size of the Geobukseon is 21.24m long, 7.06 m wide, and 1.92 m deep in 1592.[6] I published the finding of the Penglai No 3 Ship excavated in Penglai in China, 2005. In the above paper he introduced that the Penglai Goryo ship had bulkhead and frame even though it had flatbottom and the characteristics of the traditional Korean ship. The author proposed that Research subjects after excavation of Penglai Goryo Ship may be to find the information and proofs on Korean ocean going vessels, to reveal influence-relations between Korea and China, or Japan, and to find information and proofs on non-flat bottom ship.[7]

As the above described, the research and study on the history of the Korean ship is developed largely in both quantity and quality in the last century. Research subject also is expanded from the structure

---

6) LEE Won-sik(2007), A Study on a Presumption of the Principal Dimensions of the Turtle Ship built in 1592, Doctoral Dissertation, p.140.

7) KIM Sung-june(2007), Significance of Penglai Koryo Ancient Ship in the History of Korean Shipbuilding.

and shipbuilding technology of the Korean ship to navigation skill and sailing routes. Recently new historical materials were found one by one and results of research on those are being published one after another. So the authors might expect the history of the Korean shipbuilding to be more concrete and precise in the future.

II. The Development of the Korean ship

The earliest evidence of boats in Korea is an image carved onto a rock alongside the Taewha River in the Ulju-district of Ulsan. Engraved by ancient Koreans sometimes between the Neolithic and Iron Age, the images depict various animals such as tiger, deer, and whale, along with four boats. These boats are dug-outs, carved out of solid wood, which show that from early times Koreans built boats for venturing out to sea to hunt whales.

〈Figure 7〉 Whaling boat engraved onto a Rock

About 2,000 years ago, the Three Kingdoms that occupied the Korean peninsula and a portion of Manchuria−Goguryeo(37 BC ~ 668 AD), Baekje(18 BC ~ 660 AD), and Silla(57 BC ~ 935 AD)−were engaged in hegemonic competition with each other. During this period, each of the Kingdoms dispatched diplomatic envoys to China and Japan, along with launching naval offensives against rival states. In 396 King Gwanggaeto of Goguryo launched a naval assault against Baekje, which maintained the closest relations with Japan. Meanwhile, Silla operated a special Seonbuseo(Ship Administration Agency) to oversee trade shipping and curtail raids by Japanese pirates. These incidents are evidence that Goguryeo, Baekje and Silla all built and used ships.

〈Figure 8〉 Flat-bottom Ship-shape Earthenware in the 5th and 6th Century

There remain the proofs to show the Korean ship's shape in 5th and 6th century. There discovered 9 ship-shape earthenwares. These ship-shape earthenwares might be classified into two kinds, those are flat-bottom and sharp-bottom. These earthenwares were excavated in the Nobilities'tombs. The ancient Korean people thought that the souls go to the heaven by crossing the Yellow River, similar to the Styx in European culture, after death. So they buried the ship-shape earthenwares in tombs for the dead to cross the river on a boat. The author doesn't think there remained ship-shape earthenwares that can be regarded as exact copies of the Korean ship used by the ancient Korean themselves.

〈Figure 9〉 sharp-bottom ship-shape earthenware in 6th century

In 1975, a dug-out was excavated from Anapji Pond in the ancient Silla capital of Gyeongju. Generally referred to as Anapji Ship, the boat has a length of 5.5 meters, width of 0.6 meters at the bow and 1.3 meters at the stern. And a depth of 0.36 meters, with bottom planks of 15 to 18 centimeters in thickness. The Anapji Ship, which was used for leisurely cruising about the pond, was built by joining three hollowed-out logs together at the edges, boring holes in the side pieces, installing hoops in the middle of a central board, and attaching the floor planks with wooden pegs to form transverse beams. The methods of joining planks together with transverse beams was still used in the construction of later-day Korean ships, indicating that Koreans had developed a unique shipbuilding technology as early as the 7th century to the 9th century.

〈Figure 10〉 The Anapji Ship between the 7th and the 9th century

In 1983 and 1984, a wooden ship was excavated nearby Wando Island, off the southwest coast of Korea. The Wando Ship, which is thought to have been a coastal merchant ship from around the 11th century, apparently sank while sailing along the coast with a cargo of 30,000 ceramics pieces. Though the fore and stern parts of the main deck are missing, sections of the bottoms and sides were recovered.

The bottom of the Wando Ship built by fitting five thick planks together side by side, boring holes into the sides, and attaching the planks with Garongmok(long wooden pegs). After assembling the bottom, the port and starboard areas were built up form five wooden planks joined together with grooved clinker joints and a clinker surface, and reinforced with Pisak(short wooden pegs). In particular, the Wando Ship's use of only wooden pegs, with no iron nails, is another notable characteristic of traditional Korean ships. The Wando Ship is about 9 meters long, 3.5 meters wide, and 1.7 meters deep at its center, with an estimated deadweight of about 10 tons.

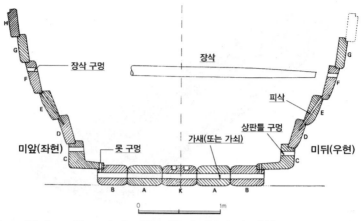

〈Figure 11〉 Assembly methods of The Wando Ship in the 11th century Source : KIM Zae-geun(1989), *Uri Baieui Yeoksa(A History of Our Korean Ships)*, p.77.

When the Chosun Dynasty was founded in 1392, it faced two pressing tasks. Externally, it had to put an end to the marauding of the Japanese pirates, while internally it had to transport rice, the basic form of states tax, form the provinces to Seoul. To vanquish the Japanese pirates who had been plundering the coasts of the Korean peninsula since the late Goryeo Dynasty, King Sejong launched a naval assault on the island of Tsushima involving 227 naval ships and 17,000 troops, which resulted in its capture in 1419.

In the early 17thcentury, naval ships were classified as large ships, medium-sized ships, battle ships, and fortified naval ships. It seems that these ships were not distinguished by special shipbuilding techniques, but instead classified by their size and purpose. During the early Chosun Dynasty, there appeared to have been merchant ships used exclusively for transporting rice levies, while by the mid-15th century there were also dual-purpose ships used for both naval and mercantile functions. No documents have survived to indicate how these ships were built, but fortunately drawing have been preserved that depict the Panokseon(superstructure vessels) and the Geobukseon (Turtle ships), which formed the foundation of Chosun's naval vessels from the 16th century, as well as a type of merchant vessel, the rice transport ship.

Panokseon(Superstructure vessel), Geobukseon(turtle ship), and rice tax transport ship differed in function and appearance, but their construction methods were basically similar. The construction of Panokseon(Superstructure vessel) and rice tax transport ships are described in detail in Gakseondobon(Drawing Books of Korean Ship), published in the late 18th century. According to the drawing, the Panokseon were built by assembling a bottom made of 15 planks, building port and starboard areas from 7 planks each held together with grooved joints and a clinker face, and attaching 14 Garongmoks (transverse beams) between the sides to provide lateral stability. The bow consisted of 15 planks attached vertically, while the stern area was built to stand tall, for a more imposing appearance and to protect the rudder from high waves.

The Panokseon had twin decks, with the lower deck occupied by oarsmen and the upper deck by gunners and archers to attack an enemy ship. During the Japanese invasion of Korea(1592~1598), Admiral YI Sun-shin led his flagship, a Panokseon, to a perfect 23 victories in 23 battles against Japanese naval forces. The Panokseon commanded by Admiral YI was about 20 meters in length along the bottom, with 8 oars on each side, and carried an estimated crew of 160 men.

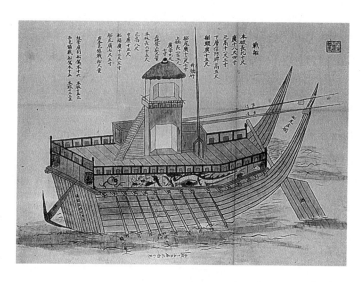

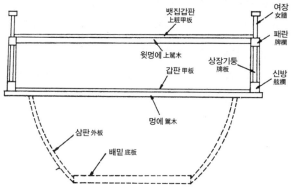

〈Figure 12〉 Panokseon and its cross section drawn in *Gakseondobon*

Together with the Panokseon, the key to defeating Japananese naval fleets during the Japanese invasions was Korea's famed Geobukseon (Turtle ship). The basic design of the Geobukseon appears to have existed from the early Chosun Period, but it was modified for use in naval warfare by Admiral YI and his aide NA Dae-yong. *The Complete Book of Admiral YI*, published in 1795, some 200 years after the Japanese invasions, contains two drawings of the Geobukseon(turtle ship), which indicate that their bottom and sides were the same as those of Panokseon(superstructure vessel), which differed only with the special cover.

Whereas the Panokseon(superstructure ship) featured a complex deck system, the Geobukseon(turtle ship) included a wooden cover that protected the upper deck. Cannons could be fired from both sides of the turtle ship. There was a cross-shaped opening in the wooden cover, which allowed access for the crew to operate the sails, and spikes on the surface to prevent enemy intruders from boarding the ship. At the fore area was the head of demon, which in addition to its symbolism was thought to function as a longitudinal beam, since the turtle ship would be at the vanguard of the fleet. According to the Japanese sources, the sides and cover of the turtle ship were partially covered with metal plates, making it a forerunner of later-day ironclads.

Thus far, there is a consensus among researchers that the Geobukseon was a twin deck vessel with a main deck and superstructure cover. If so, this would mean that the oarsmen and combat troops occupied the same deck, making it difficult for the two groups to function effectively. This raises doubt as to whether the turtle ship was really a twin-deck vessel, but no remains have been found, and all modern reconstruction models include a twin-deck structure. However, in a Chosun Dynasty drawing revealed to the public in 2004, a turtle ship is depicted as a triple-deck ship, with oarsmen's deck, gunnery deck, and superstructure cover. According to historical records in the 18th

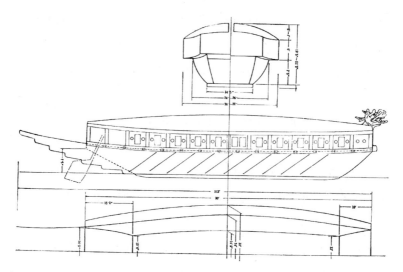

〈Figure 13〉 The Geobuk-seon(turtle ship) drawn by KIM Zae-geun   Source : KIM
Zae-geun(1994), *Hankukeui Bai(Korean Ships)*, p.237.

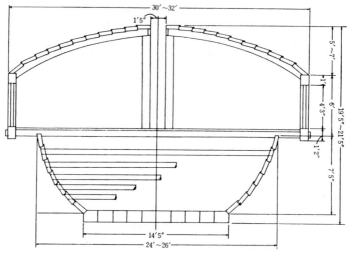

〈Figure 14〉 Cross Section of the Geobuk-seon(Turtle ship) drawn by KIM Zae-geun
Source : KIM Zae-geun(1994), *Hankukeui Bai(Korean Ships)*, p.238.

century, a turtle ship's measurements included a length of 34 meters at the main deck, and a height of 6-6.5 meters, with a capacity for a 160-man crew of 100 oarsmen, 50 gunners and archers, and 10 steersmen.

Tax rice transport ship was used for carrying the levied tax rice from the province to Seoul. The method of making rice transport ship is similar to those of Panok-seon(superstructure ship), but there are some differences. First of all, the plates of the Panok-seon's fore part were assembled vertically with each other, but those of the rice transport ship were joined together horizontally. The rice transport ship's measurement included a length of 17 meters, and a width of 3. 9

〈Figure 15〉 Sailing Ship painted by CHO Young-seok Source : KIM Zae-geun(1994), *Hankukeui Bai(Korean Ships in the 18th Cebtury), f.5.*

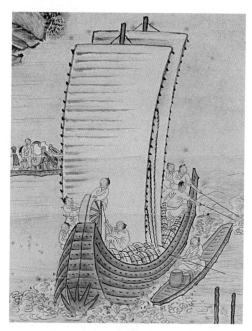

⟨Figure 16⟩ Tax-levied Grain Carrying Ship drawn by YOO Wun-hong in the 19th Century (National Museum of Korea)

meters at the bottom, and a depth of 3.3 meters, with a capacity for at maximum 100 tons.

Though Mr. Imamura, Dr. Underwood, and Prof. KANG Man-gil asserted that there was no ocean going vessel in the pre-modern times of Korea, there were ocean-going vessels such as Tongsinsa-seon (Diplomatic Envoy ship). The fleet of the diplomatic envoy ships to Japan consisted of 3 ships for Diplomats and 3 ships for carrying cargoes and belongings. The number of the envoys might be in total 300 - 500 peoples. The Tongsinsa-seon(diplomatic envoy ships) was decorated so beautifully for showing the excellence and the brilliance of the Korean culture to the Japanese. The Tongsinsa-seon was the greatest

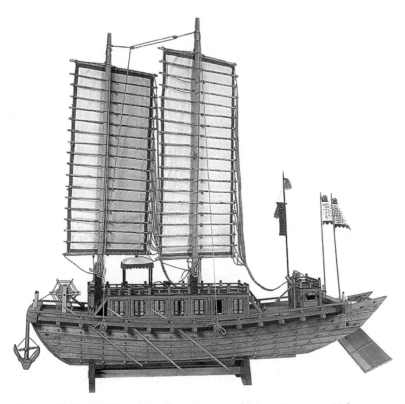

⟨Figure 17⟩ Model Ship of the Tongsinsa-seon(diplomatic envoy ship)

among the traditional Korean ships and the largest diplomatic ship in 1763 was a 30 meter long and a 3 meter deep, with a capacity of about 150 tons.

III. Concluding Remark

With a tradition spanning some 2,000 years, Korean ships have acquired several unique features. First, instead of a keel, they have a flat bottom made of planks joined together. Unlike the pointed bow and stern of European-style ships, Korean vessels have a practically flat bow and a stern with a blunted form. In addition, generally Korean ships have no mainframes or transverse bulkhead, but instead rely on transverse beams(Garongmok) for lateral stability. But after the excavation of Penglai Goryo Ship in 2005, it could be said that Korean ships have bulkheads and frames in ocean going vessel. The side panels were attached with unique grooved joints and a clinker-style surface.

Chinese and Japanese ships resemble Korean ships in terms of an absence of structural ribs, but each has its own characteristics as well. To reinforce lateral stability, the Chinese used a transverse bulkhead, while the Japanese used a kind of deck called Hunabari. The method for attaching the side planks of Chinese ships involved the use of iron nails. In Japanese ships, the side plate was usually made from a single, wide plank, and only when a single plank was not wide enough, then several planks would be joined together with iron nails. Moreover, Korea ships were made from very thick planks, whereas much thinner planks were used in Chinese and Japanese ships.

The structural characteristics of Korean ships were specially tailored to suit the conditions of Korea's coastal seas. Along the south and west coasts of the Korean peninsula, the rise and fall of the tides are extreme. So when the tide recedes, the flat bottom of Korean ships allows them to sit on the seabed without tipping over. Because Korean ships are built of thick planks that are joined with wooden pegs or wedges, they can be easily replaced or repaired in the case of wood rot or damage. Korean ships are also remarkable for their

⟨Figure 18⟩ Penglai Goryo Ship excavated in 2005, China source : *Proceedings of the International Symposium on Penglai Ancient Ship*(2006), f.6.

buoyancy, thanks to raft-style structure. Overall, even from long ago, Korean ships could be seen as product of the creativity of Koreans in adapting to the characteristics of Korean coastal waters.

참고문헌

〈사료〉

『高宗實錄』
『순조실록』
『정조실록』
『헌종실록』
『承政院日記』
『日本書紀』卷24, 성은구 역주(1987), 정음사.
『日省錄』
『국역 한국지』(1984), 한국정신문화연구원.
『세계사연표』(1984), 역민사.

『續日本紀』二, 卷11, 靑木和夫, 稻岡耕二, 笹山晴生, 白藤禮幸 校注(1990), 新日本古典
　　　文學大系 13, 岩波書店.
『續日本後紀』上, 森田悌 譯(2010), 卷8, 株式會社講談社.
『類聚三代格』前篇, 國史大系編修會 編(1983), 吉川弘文館.
『漢書』卷六, 中華書局(2000), 年版, 第1冊.

金文經 역주(2001), 『엔닌의 입당구법순례행기』, 중심.
金綺秀, 이재호 역(1977), 『日東記游』, 『해행총재』 X, 민족문화추진회.
김원모 역(1976), 「제너럴 셔먼호 사건보고문」, 『한미수교100년사』, 신동아.
김원모 편저(1984), 『근대한국외교사연표』, 단국대출판부.
金齊炯, 이익성 역(1975), 『近世朝鮮政鑑』, 탐구당.
朴泳孝(1926.6), 「갑신정변」, 『신민』 14호 / (1982), 『한국근세사논저집 ; 구한말

　　편』(1), 태학사.

朴泳孝, 이재호 역(1997), 『使和記略』, 『해행총재』 XI, 민족문화추진회.

박제가, 안대회 역(2003), 『북학의』, 돌베개.

申福龍 번역·주해(1991), 『입당구법순례행기』, 정신세계사.

李瀗永, 권영대·문석규·이민수 공역(1982), 『日槎集略』, 『해행총재』 XI, 민족문화
　　추진회.

장한철, 정병욱 역(1979), 『표해록』, 범우사.

정약용, 정해겸 역주(2004), 『經世遺表』 I, II, III, 현대실학사.

정약전·이강회(2005), 『유암총서』 「운곡선설」, 신안문화원.

최부, 박원호 옮김(2006), 『최부의 표해록 역주』, 고려대학교출판부.

『入唐求法巡禮行記』(1915), 大日本佛敎全書 제113권, 文海出版社有限公司印行.

岡田正之 識(1926), 『入唐求法巡禮行記』, 東京 : 東洋文庫刊.

國書刊行會 編(1906), 『入唐求法巡禮行記』, 續續群書類從 第12 : 宗敎部2, 東京 : 國書
　　刊行會.

堀一郎(1935), 『入唐求法巡禮行記』, 國譯一切經, 史傳部 25, 大東出版社.

白化文·李鼎霞·許德楠 修訂校註, 周一良 審閱(1992), 『入唐求法巡禮行記校註』, 花山
　　文藝出版.

小野勝年(1964~68), 『入唐求法巡禮行記の硏究』 4卷, 鈴木學術財團.

深谷憲一 譯(1995), 『入唐求法巡禮行記』, 中央公論社.

足立喜六 譯註·塩入良道 補註(1985), 『入唐求法巡禮行記』 2권, 東洋文庫 권157, 平凡社.

顯承甫·何泉達 點交(1986), 『入唐求法巡禮行記』, 上海古籍出版社.

Hall, Basil, 김석중(2003), 『10일간의 조선 항해기』, 삶과 꿈.

Dallet, Charles 저, 안응렬·최석우 역(1990), 『한국천주교회사』, 한국교회사연
　　구소.

Humboldt, Alexander v., trans. by, E. C. Otté(1866), *Cosmos, A Sketch of A
　　Physical Description of the Universe*, Vol. 2, NY ; Harper & Brothers (rep.
　　by Forgotten Books, 2012).

Griffis, W. E., 신용복 역(1976), 『은자의 나라』 III, 탐구당.

Gützlaff, F. A.(1834), 이규태 역(1978.6.11), 「규츠라프의 서해안 항해기」, 『주간
　　조선』.

McLeod, John(1976), 「1818년의 조선연안항해기」, 『신동아』 1976년 3월호.

Reischauer, Edwin(1995), *Ennin's Diary*, Ronald Press Co.

〈자료〉

국립문화재연구소(1995), 『일본소재문화재도록』.

국립문화재연구소(2004), 『미국보스턴미술관 소장 한국문화재』.

국립문화재연구소(2009), 『미국 코넬대학교 허버트 F. 존슨 미술관 한국문화재』,

국립중앙박물관(2005), 『도록』(무제).

국립해양유물전시관(2004), 『신안선보존복원보고서』.

국립해양유물전시관(2004), 『신안선 보존과 복원, 그 20년사』.

국립해양유물전시관(2005), 『군산 십이동파도 해저유물』.

국립해양문화재연구소(2008), 『근대한선과 조선도구』.

국립해양문화재연구소(2009), 『고려 뱃길로 세금을 걷다』.

국립해양문화재연구소(2009), 『전통선박과 조선기술 - 서해 조기잡이 중선망
　　　어선』.

국립해양문화재연구소(2010), 『전통 선박과 조선 기술 - 고려시대 청자 운반선』.

국립해양문화재연구소(2010), 『옹기배와 전통 항해』.

국립해양문화재연구소(2012), 『조운선』.

국립해양문화재연구소(2019), 『전통선박 조선기술 VI - 조선통신사정사기선』.

국립해양박물관(2017), 『통신사선 선단의 항로와 항해』.

국립해양조사원(2005), 『근해항로지』.

국립해양조사원(1999), 『중국연안항로지』.

경북대학교(2013), 『박물관도록』.

나주시·경담문화재연구소(2005), 『나주영산강 고선박 보존처리 보고서』.

나주시·(재)남도문화재연구원·동신대학교박물관(2004.6), 『나주 영산강 고선
　　　박(나주선) 긴급정밀(지표)탐사』.

나주시·한국관광공사(2009.8), 영산강 나주선 복원·활용 계획.

동국대 경주캠퍼스 박물관(2012), 『박물관도록』,

문화공보부·문화재관리국(1985), 『완도해저유물』.

문화재청·국립해양문화재연구소(2016), 『안산대부도2호선 수중발굴조사보
　　　고서』.

부산박물관(2013), 『부산박물관 소장유물도록, 珍寶』.

숭실대학교(1988), 『숭실대학교 부설 한국기독교박물관』.

한남대박물관(2013), 『도록』.

호암미술관(1995), 『대고려국보전 - 위대한 문화유산을 찾아서(1)』.

해군사관학교(1997), 『박물관도록』.
프래트(1962), U.S. Department of State, A Historical Summary of US-Korean Relations (Government Printing Office ; Washington) / 김원모 역(1982), 「일본 및 조선에 대한 통상사절단 파견안」, 『한미수교100년사 - 관계자료 및 연표 - 』, 『신동아』 1982년 1월호 별책부록.

『辭源』(1979), 北京, 商務印書館.
『漢語大字典』(1993), 四川/湖北 辭書出版社.
단국대학교 동양학연구소(2003), 『漢韓大辭典』 6 & 7.
강길운(2010), 『비교언어학적 어원사전』, 한국문화사.
백문식(2014), 『우리말 어원사전』, 박이정.
안옥규(1996), 『어원사전』, 한국문화사.
김성준(2015), 『해사영어의 어원』, 문현.
서정범(2000), 『국어어원사전』, 보고사.
李家源·權五惇·任昌淳 감수(1982), 『東亞漢韓大辭典』, 동아출판사.
張三植 著(1996), 『韓中日英 漢韓大辭典』, 敎育出版公社.
諸橋轍次 著(1985), 『大漢和辭典』 卷6, 大修館書店.
The New Encyclopaedia Britannica, Vol.8, 1988
UK Hydrograhic Office(2011), Admiralty Sailing Directions, China Sea Pilot, Vol.3.

〈저서〉

강종희(2005), 『해양강국비전』, 두남.
김성준(2006), 『산업혁명과 해운산업』, 혜안.
김웅 편저(1999), 『지정학과 해양세력이론』, 한국해양전략연구소.
김재근(1976), 『조선왕조군선연구』, 한국문화연구소.
김재근(1984), 『한국선박사연구』, 서울대학교출판부.
김재근(1989), 『우리 배의 역사』, 서울대학교출판부.
김재근(1992), 『거북선』, 정우사.
김재근(1993), 『배의 역사』, 정우사.
김재근(1994), 『속한국선박사연구』, 서울대학교출판부.
김재근(1994), 『한국의 배』, 서울대학교출판부.
김재승(1997), 『근대한영해양교류사』, 인제대학교출판부.

문경호(2014), 『고려시대 조운제도 연구』, 혜안.

민계식·이강복·이원식(2012), 『한국 전통선박 한선』, 한림원출판사.

미야타 히데야키 외, 홍성완 역(2006), 『요트의 과학』, 지성사.

박근옹 외(2007), 『21척 우리고유의 돛단배』, 대불대학교 산학협력단 출판부.

박원호(2006), 『최부 표해록 연구』. 고려대학교출판부.

손태현(1982), 『한국해운사』, 한국선원선박문제연구소.

손보기 엮음(1996), 『장보고와 청해진』, 혜안.

신승하(1985), 『근대중국의 서양인식』, 고려원.

오세영·윤일현·김성준 편(2004), 『초정 박제가의 실학사상과 해운통상론』, 신서원.

윤명철(1997), 『윤박사의 뗏목탐험』, 참나무.

윤명철(2002), 『장보고 시대 해양활동과 동아지중해』, 학연문화사.

윤명철(2003), 『한국해양사』, 학연문화사.

윤명철(2012), 『해양사연구방법론』, 학연문화사.

윤치부(1993), 『한국해양문학연구』, 학문사.

이광린(1981), 『한국사강좌』 V, 일조각.

이난영(2003), 『고려경 연구』, 통천문화사.

이동근 외(2003), 『역사와 해양의식』, 한국해양수산개발원.

이배근(1991), 『고려동경해설』, 기문사.

이원식, 『조선시기 조운선 설계도』, 원인고대선박연구소.

이원식(1990), 『한국의 배』, 대원사.

이종봉(2001), 『한국중세도량형제연구』, 혜안.

이재우(연도미상), 『바다와 문학』. 미출간.

정진술(2009), 『한국의 고대 해상로』, 한국해양전략연구소.

정진술(2009), 『한국해양사 - 고대편』, 경인문화사.

최근식(2005). 『신라해양사연구』, 고려대학교출판부.

최석남(1965), 『한국수군활동사』, 명양사.

최석우(1969), 『병인박해자료연구』, 한국교회사연구소.

최완기(1989), 『조선후기 선운업사 연구』, 일조각.

표해운(1947), 『조선지정학개관』, 건국사.

하우봉 외(2004), 『해양사관으로 본 한국사의 재조명』, 해상왕장보고기념사업회.

한국해양문화학회(2003.8), 『21세기 한국해양문화의 정의와 발전방향』.

허일 외(2001), 『장보고와 황해 해상무역』, 국학자료원.

今村 鞆(1930), 『船の朝鮮』, 螺炎書屋 ; 박현숙 역(2015), 『선의 조선』, 민속원.

東野治之(1999), 『遣唐使船』, 朝日新聞.

大連海運學院(1989), 『蓬萊古船與登州古港』, 大連海運學院出版社.

蓬萊古船國際學術研討會組織委員會(2006), 『蓬萊古船國際學術研討會 文集』.

山東省文物考古研究所·烟台市博物館·蓬萊市文物局(2006), 『蓬萊古船』, 北京 : 文物
　　　　出版社.

席龍飛·蔡薇 主編(2009), 『蓬萊古船國際學術研討會 文集』, 蓬萊古船國際學術研討會
　　　　組織委員會 : 長江出版社.

席龍飛(2015), 『中國古代造船史』, 武漢大學出版部.

孔祥星·劉一曼(1992), 『中國銅鏡圖典』, 文物出版社.

辛元歐(2004), 『上海沙船』, 上海書店出版社.

王冠倬 編著(2001), 『中國古船圖譜』, 北京 : 生活讀書新知 三聯書店.

陳育希(1991), 『中國帆船與海外貿易』, 厦門大學出版社.

水運技術詞典編寫組(1980), 『水運技術詞典』, 人民交通出版社.

上田雄(2006), 『遣唐使全航海』, 草思社.

石井謙治(1983), 『圖說和船史話』, 至誠堂.

石井謙治 責任編輯(1988), 復元日本大觀 4 『船』, 世界文化社.

石井謙治(1988), 『江戸海運と弁才船』, 財團法人日本海事廣報協會.

石井謙治(1999), 『和船 I』, 財團法人法政大學出版局.

須藤利一(1998), 『船』, 財團法人法政大學出版局.

安達裕之(1998), 『日本の船』(和船編), 財團法人海事科學振興財團 船の科學館.

余繼明 編著(2000), 『中國銅鏡圖鑑』, 浙江大學出版部.

造船史話編寫組(1978), 『造船史話』, 上海科學技術出版社.

Mahan, Alfred Thayer, 김주식 역(1999), 『해양력이 역사에 미치는 영향 1』,
　　　　책세상.

Needham, Joseph, 김주식 역(2016), 『동양항해선박사』, 문현.

Parry, J. H., 김성준 역(1998), 『약탈의 역사』, 신서원.

Underwood, Horace H.(1934), *Korean Boats and Ships* (reprinted by Yonsei
　　　　University Press, 1979).

〈논문〉

강만길(1969), 「이조조선사」, 『한국문화사대계』 III, 고대 민족문화연구소.

강만길(1976), 「개항 100년 정신사의 반성」, 『신동아』 1976년 1월호.

강병선(2005.11), 「나주선 보존복원에 관한 일고찰」, 『한국문화재보존과학회 제22회 학술대회 논문집』.

고동환(2003), 「조선후기 상선의 항행조건 - 영호남 해안을 중심으로 - 」, 『한국 사연구』 123.

고병익(1970), 「최부의 금남표해록」, 『동아교섭사의 연구』, 서울대학교출판부.

곽유석(2010.8), 『고려선의 구조와 조선기술 연구』, 목포대학교 대학원 박사학위 논문.

김경태(1984), 「동아시아 3국의 분기와 제국주의 세계체제」, 『이화사학연구』 15집.

김기혁(1991), 「강화도조약의 역사적 배경과 국제적 환경」, 『국사관논총』 25.

김길수(2008), 「한국의 미래해양전략과 추진주체」, 한국해운물류학회 제45회 정기학술대회.

김병근(2016), 「신안선의 항로와 침몰원인」, 『아시아·태평양 해양네트워크와 수중문화유산』, 신안선 발굴 40주년 기념 국제학술대회, 목포, 2016.10. 26~27.

김성범(2006.12), 「중국 봉래 고려선박 발굴과 우리나라의 해양문화유산」, 『바다』 21호.

김성준(1999), 「서양선에 대한 조선인의 인식과 대응」, 『한국해운학회지』 제29호.

김성준·허일·최운봉(2003.9), 「항해나침반의 사용 시점에 관한 동서양 비교연 구」, 『한국항해항만학회지』 제27권 4호.

金成俊·許逸·崔云峰(2006.8), 「論韓國傳統船舶的硏究動向和造船技術的發展過程」, 『蓬萊古船國際學術硏討會文集』.

김성준(2007.3), 「蓬萊 고려고선의 한국선박사상의 의의」, 『해운물류연구』 제52호.

김성준(2011.9), 「개량형 한선의 항해 성능에 관한 실증 분석」, 『해운물류연구』 27권 3호.

金成俊·崔雲峰(2015.6), 「航海指南針使用起点的東西方比較研究」, 『揚帆海上絲綢之 路』, 東海數字出版社.

김성준(2017.5), 「항해 나침반에 관한 A.v.훔볼트 테제 비판」, 호남사학회, 『역사 학연구』 제66집.

김성준(2017.12), 「황비창천명 항해도문 고려 동경에 새겨진 배의 국적」, 『역사와 경계』 제105호.

김성준(2020), 「'근현대 해양사 분과 연구동향과 발전을 위한 제언'에 대한 토론문」, 『국립해양문화재연구소·도서문화연구원, 전국해양문화학자 대회 10년, 진단과 전망』, 2020.6.23~24.

김영작(1995), 「한중일 3국의 개국에 관한 비교연구」, 『동북아』 1, 단국대학교.

김용국(1968), 「임진왜란 후 귀선의 변천과정」, 『학술원논문집』(人文社會科學 편) 제7집.

김정기(1976), 「조선 정부의 淸 차관도입(1882~1894)」, 『한국사론』 3.

김주식(2006), 「장보고에 대한 연구동향과 제언」, 『해양평론』. 장보고연구실.

김재근(1985), 「장보고 시대의 무역선과 그 항로」, 『장보고의 신연구』, 완도문화원.

김재승(1987), 「조선 해역에 이양선의 출현과 그 영향」(1~5), 『해기』 1987년 4~8월호.

김재승(2004), 「1763년 대일 통신사선의 건조」, 『해운물류연구』 제42호, 한국해 운물류학회.

김재승(2006), 「서평 : 최근식 저, 신라해양사연구」, 『해양평론』, 장보고연구실.

김현철(1997), 「박영효의 정치사상에 관한 연구」, 『군사』 34.

노경정(2010), 「고려시대 선박의 구조 변천 연구 - 수중발굴자료를 중심으로 - 」, 전남대학교 인류학과 대학원 석사학위논문.

민두기(1986), 「19세기 후반 조선왕조의 대외위기의식 - 1차·2차 중영전쟁과 이양선 출몰에의 대응 - 」, 『동방학지』 52.

박진경(2009), 「금계 고려동경연구」, 홍익대학교 석사학위논문.

박충석(1996), 「동북아 근대사에 있어서의 서구 수용 위의 논문」, 『동북아』 4.

서인범(2003), 「최부 표해록 연구 - 최부가 묘사한 중국의 강북과 요동 - 」, 『국사 관논총』 제102호.

설지은(2015), 『호서지역 고려시대분묘 출토 동경 연구』, 동국대학교 대학원 미술사학과 박사학위논문.

성황용(1995), 「개국의 역사적 의의」, 『동북아』 1.

손창련(2013.8), 『현대적인 조선공학 기술에 기반한 한국 전통선박의 재현』, 목포대학교 선박해양공학과 박사학위논문.

신승하(1996), 「근대 중국에서의 초기 근대화 운동의 시말」, 『동북아』 4.

연갑수(1997), 「대원군 집권기 국방정책」, 『한국문화』 20.

유승주(1986), 「개화기의 근대화 과정」, 『근대화와 정치적 구심력』, 한국정신문화연구원.

이광린(1969), 「해국도지의 한국전래와 그 영향」, 『한국개화사연구』, 일조각.

이광린(1975), 「개화승 이동인」, 『개화당연구』, 일조각.

이광린(1980), 「이동인에 관한 Satow의 문서」, 『사학연구』 31.

이욱(1996), 「대원군 집권기 삼군부 설치와 그 성격」, 『군사』 32호.

이원식(2007), 『1592년식 귀선의 주요 치수 추정에 관한 연구』, 한국해양대학교 공학박사학위논문.

이원철(2002), 「조선 시대 해운 용어에 관한 소고」, 『한국해운학회지』 제30호.

이창억(1996), 『신안 고대선의 선형 특성 및 돛에 관한 연구』, 부산대학교 공학박사학위논문.

이현종(1976), 「이양선과 흑선에의 대응양태 - 우리의 세도쇄국과 일본의 존왕해방론 - 」, 『월간중앙』 1976년 1월호.

장학근(1985), 「구한말 해양방위책」, 『사학지』 19호.

정수일(1996), 「남해로의 동단 - 고대 한중해로」, 손보기 엮음, 『장보고와 청해진』, 혜안.

정진술 외 공편(2007), 『다시 보는 한국해양사』, 해군사관학교.

정진술(2002), 「장보고 시대의 항해술과 한중항로에 대한 연구」, 『장보고와 미래대화』, 해군사관학교.

정진술(2003), 「장보고 시대 이후의 한중항로에 대한 연구」, 해군사관학교 해군해양연구소, 『장보고연구논총』.

정진술(2010), 「고대의 닻에 대한 소고」, 『해양평론』.

조성도(1963), 「귀선고」, 『해군사관학교 연구보고』 제2집.

주성지(2002), 「표해록을 통한 한중항로 분석」, 『동국사학』 제37집.

재단법인 해상왕장보고기념사업회(2006.2), 「장보고 무역선 복원 연구 - 제2차 연도 최종보고서」.

진덕규(1994), 「한말 지배층의 대외 인식에 대한 비판적 인식」, 『국사관논총』 60.

차기진(1998), 「조선후기 천주교 신자들의 성직자 영입과 洋舶請來에 대한 연구」, 『교회사연구』 13집.

최강현(1981), 「한국해양문학연구」, 『성곡논총』 12집.

최근식(2001), 「9세기 신라선과 그 구조」, 『한국사학보』 제11호, 고려사학회.

최근식(2002.7), 『장보고 무역선과 항해기술 연구』, 고려대학교 문학박사학위논문.

최근식(2012), 「장보고 시대의 항로와 배」, 완도군·한국해양재단, 『2012장보고 국제학술회의 발표집』.

최덕수(1988), 「박영효의 내정개혁론 및 외교론 연구」, 『민족문화연구』 21, 민족
　　문화연구소.

최병문(2004.2), 『조선 시대 선박의 선형 특성에 관한 연구』, 부경대학교 공학박
　　사학위논문.

최영희(1958), 「귀선고」, 『사총』 제3집, 고려대학교 사학회.

崔云峰(2005.8), 『한중일 전통 선박에 관한 비교 연구 - 16~18세기 조곡운반선을
　　중심으로 - 』, 한국해양대학교 공학박사학위논문.

최운봉·허일·김성준(2006), 「동양 3국의 전통 조곡 운반선의 선저 형상 비교
　　연구」, 『해운물류연구』 제49호, 2006.6.

최항순(2006), 「봉래고선 : 국제학술대회 보고」, 『해양과 문화』.

한상복(1980), 「라 뻬루즈의 세계일주 탐사항해와 우리나라 근해에서의 해양조
　　사 활동」, 『한국과학사학회지』 Vol.2, no.1.

황정숙(2006), 『고려 중후기 사상을 통해 본 동경 문양의 상징성 연구』, 대구가톨
　　릭대학교 대학원 박사학위논문.

허동현(1993), 『1881년 조사시찰단 연구』, 고려대학교 박사학위논문.

허일·이창억(1999), 「8~9세기 통일신라·당나라 시대의 해상 항로와 조선 기술」,
　　『장보고연구』 제2집.

허일(2000.2), 『8~9세기 우리나라 서해 및 인접 해역의 항로와 선형 특성에
　　관한 연구』, 부경대학교 공학박사학위논문.

허일·崔云峰(2003), 「입당구법순례행기에 기록된 선체구성재 누아에 대한
　　소고」, 『한국항해항만학회지』 제27권 제5호.

허일(2006), 「표민대화(하) 역주의 시도」, 『해양평론』, 장보고연구실.

허일·김성준·최운봉(2005), 『중국의 배』, 전망.

허일(2006), 「표민대화(하) 역주의 시도」, 『해양평론』, 장보고연구실.

홍이섭(1994), 「조선후기 해양사」, 『홍이섭전집』 I, 연세대학교출판부.

高西省(2000), 「論中韓兩國出土的航海圖紋銅鏡」, 山西省 考古學研究所, 『考古與文物』
　　第4号.

辛元歐(1999), 「장보고와 그 선대의 선형에 대한 고찰」, 『장보고연구』 제2집.

森 克己(1968), 「3. 遣唐使船」, 須藤利一 編, 『船』, 法廷大學出版局.

伊藤彌彦(1996), 「메이지 정권의 초기의 서구화 추진」, 『동북아』 4.

于力凡(2014), 「試析北宋八辨菱花形船舶銅鏡」, 首都博物館, 『首都博物館論叢』.

永井秀夫(1995), 「일본의 개국 : 서양화와 제국주의화의 출발점」, 『동북아』 1.

なにわの海の時空館(2001), 『菱垣廻船を通じてみるなにわの昨日、今日、明日』, 關西造船協會.

Choi, Hang S.(2006), "Preliminary Study on the Hydrodynamic Characteristics of the No. 3 Penglai Ancient Ship", *Proceedings of International Symposium on Penglai Ancient Ship*, Penglai, China, 22~24th, Aug., 2006.

Cuyvers, Luc(2006), Korea National Maritime Museum : Suggestion and recommendations, 「국립해양박물관 전시물 확보 및 운영에 관한 연구」, 한국해양대학교 국제해양문제연구소.

1장 한국은 해양민족인가?

    * 원전 :『해양평론』 2008년, 한국해양대학교 장보고연구실, pp.7~21의 글을 수정 및 보완.

2장 한국 선박사 개관

3장 한국 선박사 연구 동향과 전망

    * 원전 : 국립목포해양유물전시관, 『동아시아전통선박과 조선기술』, 2008. 11, pp.79~97.

4장 전통 한선의 항해 도구

    * 원전 : 국립해양문화재연구소·도서문화연구원, 『동아시아 전통선박과 신앙』, 2015.10.22., pp.31~49.

5장 장보고 시대의 배와 항해

    * 원전 :『해양평론』, 2006, pp.37~62.

6장 고대 동중국해 사단항로에 대한 해양기상학적 고찰

    * 원전 :『해양환경안전학회지』 제19권 제2호, 2013. 4, pp.155~163.

7장 『입당구법순례행기』에 기록된 선박부재 '누아艫框'에 대한 비판적 고찰

    * 원전 : 호남사학회, 『역사학연구』 66호, 2017.10.30., pp.235~258.

8장 고려 초기 나주선의 톤수 추정과 검증

    * 원전 : 호남사학회, 『역사학연구』 79호, 2020.8.31., pp.28~55.

9장 황비창천명 항해도문 고려 동경銅鏡에 새겨진 배의 국적

    * 원전 : 부경사학회, 『역사와 경계』 제105호, 2017.12, pp.245~281.

10장 펑라이蓬萊 고려고선의 한국선박사상 의의
* 원전 :『해운물류연구』 제52호, 2007.3, pp.63~82.

11장 최부의『표해록』과 항해선박사
1절『최부 표해록 역주』에 대한 항해학적 검토
* 원전 :『해양평론』 2009, 전망, 2009, pp.10~22.

2절『표해록』에 나타난 조선 시대 선원 조직과 항해술
* 원전 :『한국항해항만학회지』 제30권 10호, 2006. 12, pp.787~791.

12장 한선의 항해 성능
1절 한선에 대한 선인先人과 현대인의 평가
* 원전 :『해양평론』 2007, 전망, pp.9~28에 실린 글을 수정 및 보완.

2절 전통 한선 강화도 중선망 어선의 역풍 항해성능
* 원전 :『해양평론』 2011, 장보고연구실, 한국항해항만학회(김현곤 공저),
pp.91~105.

3절 개량형 한선 옹기배의 역풍 항해성능
* 원전 :『해운물류연구』 제27권 3호, 2011. 9, pp.475~491.(김현곤 공저)

종장 서양선에 대한 조선인의 인식과 대응
* 원전 :『한국해운학회지』 제29호, 1999, pp.301~339.

428